María Sabina – Botin der heiligen Pilze

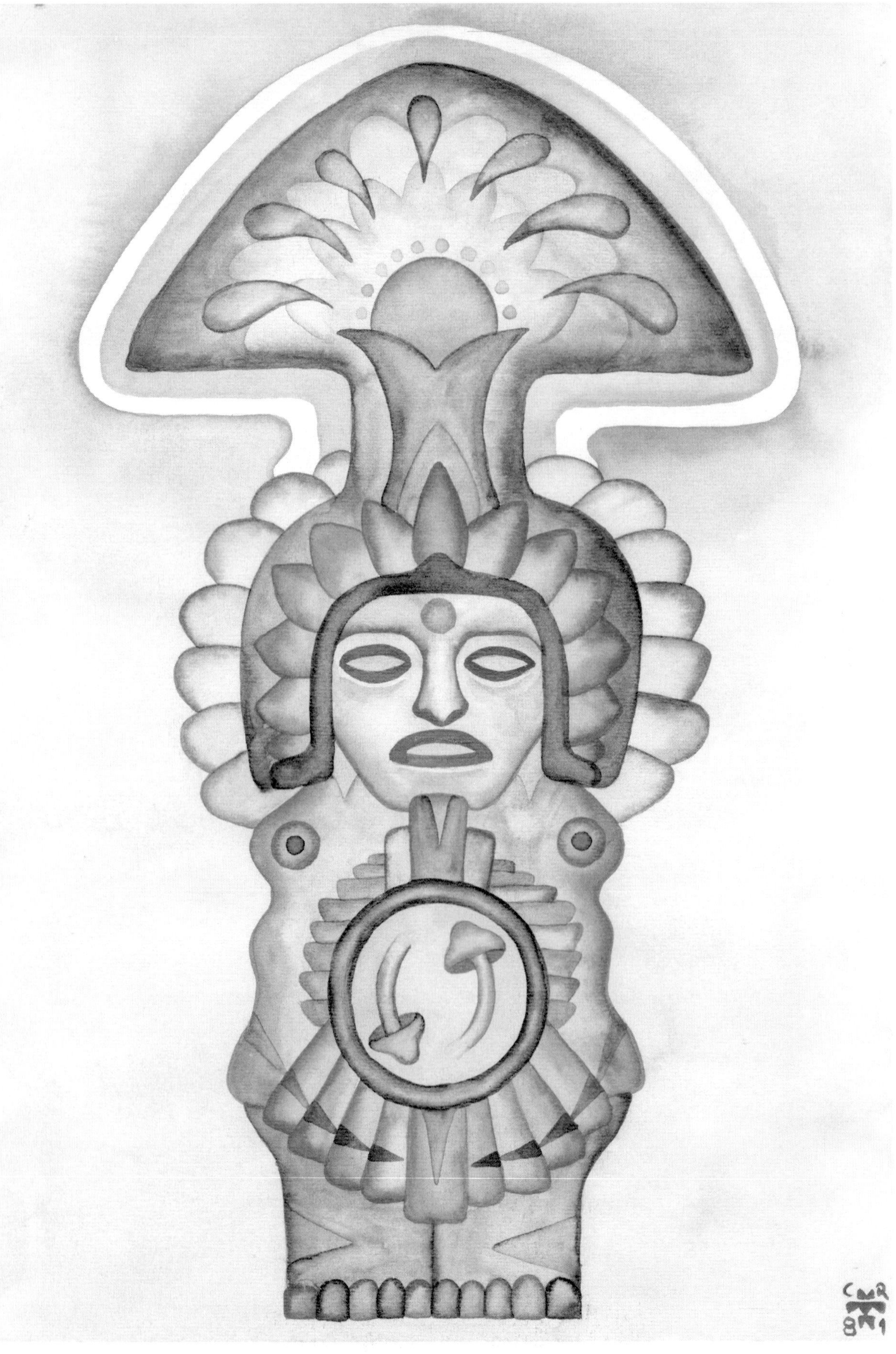

Maria Sabina
Botin der heiligen Pilze

Vom traditionellen Schamanentum zur weltweiten Pilzkultur

Herausgegeben von Roger Liggenstorfer und Christian Rätsch

Mit Beiträgen von
Betty Eisner, Álvaro Estrada,
Jochen Gartz, Albert Hofmann,
Hartwig Kopp-Delany, Hartmut Laatsch,
Hanscarl Leuner, Roger Liggenstorfer,
Jonathan Ott, Torsten Passie,
Christian Rätsch, Michael Schlichting,
René Strassmann und Franz X. Vollenweider

Erschienen als Geburtstagsgeschenk zum 90. Geburtstag von Albert Hofmann
11. Januar 1996

EDITION RAUSCHKUNDE
NACHTSCHATTEN CH-SOLOTHURN
MEDIENEXPERIMENTE D-LÖHRBACH

Impressum

Bildnachweis:
Soweit nicht anders vermerkt stammen alle Illustrationen aus dem Archiv Christian Rätsch und Claudia Müller-Ebeling.
Die Illustrationen zur Geschichte Bardo und der Nebelkönig wurden von Janine Warmbier extra angefertigt.

Die deutsche Übersetzung der Texte von Álvaro Estrada beruht auf der überarbeiteten und erweiterten 7. mexikanischen Auflage, erschienen unter dem Titel *Vida de María Sabina: La sabia de los hongos*.
Übersetzung von Daniela Baumgartner und Christian Rätsch.

Dieses Buch erscheint auch in einer limitierten, numerierten in Leinen gebundenen Sonderausgabe (Auflage 500 Stück) mit einer Würdigung zu Albert Hofmanns 90. Geburtstag (11.1.1996)
ISBN 3-907080-12-2 (Hardcover)

1. Auflage 1996

Verlegt durch
Nachtschatten Verlag
Ritter Quai 2-4
CH-4502 Solothurn
Fax ++41-65-220 350

als Joint Venture Produkt mit Werner Pieper's MedienXperimenten
(Alte Schmiede, D-69488 Löhrbach) erschienen in der Edition Rauschkunde

© 1996 für diese Ausgabe beim Nachtschatten Verlag
© der einzelnen Artikel bei den jeweiligen Autoren, sämtliche deutschen Rechte der Texte von Álvaro Estrada bei Nachtschatten Verlag

ISBN 3-907080-11-4 (Softcover)

Titelgestaltung (unter Verwendung eines Fotos von Albert Hofmann),
Satz und Layout von Janine Warmbier
Druck: Fuldaer Verlagsanstalt, Fulda
Printed in Germany

Inhalt

- 7 **Prolog: Eine Indianerin macht Kulturgeschichte**
- 11 **Teil I: María Sabina – die Botin der heiligen Pilze**
- 13 Albert Hofmann
  Meine Begegnung mit María Sabina
- 19 Álvaro Estrada
  Einleitung zum Text
- 21 María Sabina erzählt ihr Leben (aufgezeichnet von Álvaro Estrada)
- 89 Schamanische Gesänge der María Sabina
- 101 Álvaro Estrada
  Der Tod der María Sabina
- 115 **Teil II: Die Welten der Pilze**
- 117 Betty Eisner
  Ein Abenteuer in Huautla
- 133 Michael Schlichting
  Reise nach Oaxaca
- 139 Christian Rätsch
  Das Pilzritual der Mixe
- 143 Timothy Leary's erste Pilzerfahrung
- 145 **Farbtafeln**
- 153 Christian Rätsch
  Lòl lú'um – »Die Blüten der Erde«: Entheogene Pilze bei den Tiefland-Maya
- 161 Jonathan Ott
  Zum modernen Gebrauch des Teonanácatl
- 165 Christian Rätsch
  Heilige Pilze in modernen Ritualen
- 179 Roger Liggenstorfer
  Oink, der kosmische Kicherfaktor
- 183 René Strassmann
  Sarahs Stimmen – ein traditionelles europäisches Pilzritual
- 189 Jochen Gartz
  Ein neuer psilocybinhaltiger Pilz
- 193 Hartmut Laatsch
  Zur Pharmakologie von Psilocybin und Psilocin
- 203 Franz X. Vollenweider
  Perspektiven der Bewußtseinsforschung mit Halluzinogenen
- 211 Torsten Passie
  Psilocybin in der westlichen Psychotherapie
- 227 Hanscarl Leuner
  Religiöses Erleben durch Halluzinogene beim modernen Menschen
- 237 Hartwig Kopp-Delany
  Bardo und der Nebelkönig
- 245 **Bibliographie**

LES CHAMPIGNONS HALLUCINOGÈNES DU MEXIQUE

ÉTUDES ETHNOLOGIQUES, TAXINOMIQUES, BIOLOGIQUES, PHYSIOLOGIQUES ET CHIMIQUES

par

Roger HEIM et R. Gordon WASSON

Avec la collaboration de Albert HOFMANN, Roger CAILLEUX, A. CERLETTI, Arthur BRACK, Hans KOBEL, Jean DELAY, Pierre PICHOT, Th. LEMPERIÈRE, P. J. NICOLAS-CHARLES.

Psilocybe Wassonii Heim
siwatsitsíntli des Nahuas; *mujercitas* en espagnol

Dans les prairies humides, près de San Pedro Tlanixco (plateau de Toluca, nord de Mexico), octobre 1957, leg. G. Stresser-Péan et R. Weitlaner. Gr. nat.

Renée Gyssels pinx.

Roger Liggenstorfer & Christian Rätsch

Prolog:
Eine Indianerin macht Kulturgeschichte

Die Mazatekin María Sabina (1894-1985) ist nicht nur die Zeugin eines alten, präkolumbianischen Pilzkultes, sondern auch, in gewissem Maße, die Begründerin der neuzeitlichen Pilzkultur, die sich weltweit etabliert. Die Pilzkultur, das Pilzwissen, verbreitet sich zunehmend wie ein Myzel global über dem Planeten aus.

Mit »Pilzkultur« ist nicht eine Champignon-Zucht gemeint, sondern der bewußte Umgang mit psychoaktiven Pilzen, von denen es über hundert Arten gibt. Den mexikanischen Indianern sind derartige Pilze heilig, denn sie heilen und stellen den Kontakt zu Göttern und Göttinnen her.

María Sabinas Lebensgeschichte – im ersten Teil des Buches in ihren eigenen, einfachen aber bewegenden Worten erzählt – offenbart die phantastische Wirkung des Pilzes in Heilzeremonien. Der Pilz unterscheidet sich von den anderen psychoaktiven Substanzen dadurch, daß er selbst etwas zu sagen hat. Die Indianerin nennt seine Offenbarungen oder Mitteilungen *Lenguaje*, »Sprache«. Damit ist der Pilz ein »Pflanzenlehrer« oder eine »Meisterpflanze«. Der Pilz selbst wird zum Lehrer, zu einem »Pilzlehrer«. Der Pilz verhindert sogar die Etablierung von Drogengurus, weil er selbst redet.

Bevor María Sabina das Geheimnis des Pilzes aufdeckte, gab es weltweit fast kein Wissen über den göttlichen Pilz. Hätte die weise Mazatekin VALENTINA und R. GORDON WASSON nicht eingeweiht, wer weiß, vielleicht wäre das Wissen um die magischen Kräfte der psilocybinhaltigen Pilze gänzlich verschwunden. Es ist auf jedenfall María Sabina zu verdanken, daß wir heute soviel über die psychoaktiven Pilze wissen und daß wir aus ihrem Gebrauch soviel Nutzen ziehen können.

Die Pilze sind ein wahres Naturwunder. Ihre Lebenszyklen sind so fremdartig, daß man sie wirklich für Außerirdische oder Aliens halten könnte – TERENCE MCKENNA glaubt, daß sie von den Sternen als eine Art »kosmische Flaschenpost« zu uns gelangt sind. Aber sie sind ganz tief mit unserem Planeten, mit unserer Kultur und vor allem mit unserem Bewußtsein verwurzelt. Es haben noch niemals soviele Menschen psychedelische Pilz-Erfahrungen gemacht wie heute. Der Pilz wird zunehmend als heiliges Wesen, als Naturgottheit oder spiritueller Wegbereiter verehrt. Selbst Menschen, die in psychotherpeutischen Settings die Pilzwirkstoffe verabreicht bekamen, sind mit religiösen Gefühlen erfüllt und haben oft tiefe spirituelle Einsichten, durch die sie ihr Leiden überwinden können. Viele Menschen, die mit den Zauberpilzen Freundschaft geschlossen haben, erkennen die Heiligkeit der Natur, zu der auch sie gehören.

Alles weist darauf hin, daß auch unsere europäischen Ahnen das Geheimnis der Zauberpilze kannten. Offensichtlich würzten die Germanen ihren heiligen Met mit Spitzkegeligen Kahlköpfen (*Psilocybe semilanceata*); die Kelten reisten mit der »Feennahrung« – so heißen die Zauberpilze im Gälischen – in die Anderswelt. Die Orphiker ergründeten die dionysischen Mysterien mit einem Wein, der anscheinend mit *Psilocybe*-, *Panaeolus*- oder *Amanita*-Arten zu einem echten Göttertrunk veredelt wurde. Leider sind die heidnischen Naturreligionen Europas von den Christen radikal unterdrückt und ausgerottet worden. Dadurch wurde das Urwissen um die heiligen Pilze ausgerottet. Als die Christen in die Neue Welt zogen, um mit Hilfe der »Frohen Botschaft« einen der schrecklichsten Völker- und

Roger Liggenstorfer
ist Buchhändler und Verleger. In seiner verlegerischen Tätigkeit hat er sich auf Publikationen zur Drogenaufklärung spezialisiert. Er ist Mitbegründer der Genossenschaft HanfPlus und verschiedener anderer Initiativen zur alternativen Drogenpolitik. Mitglied des ECBS (Europäischen Collegiums für Bewußtseinsstudien) und Mitglied der Liega gegen Drogenprohibition. Er hat das Buch *Neue Wege in der Drogenpolitik* herausgegeben und viele Artikel zu diesem Themenbereich veröffentlicht. Zahlreiche Reisen nach Indien haben ihm die Augen für die inneren und äußeren Räume geöffnet. Aus seiner Liebe zur Musik aller Völker und ethnischen Minderheiten heraus organisiert er seit 1994 das Uhuru-Weltmusik-Festival.

Dr. phil. Christian Rätsch
ist Altamerikanist und Ethnopharmakologe. Er lebte fast drei Jahre mit den Lakandonen-Indianern im mexikanischen Regenwald und bereist seither viele Orte in der äußeren und der inneren Welt. Er erforscht seit zwei Jahrzehnten die Wirkung der Pflanzenwelt auf den Menschen sowie die damit verbundenen schamanischen Techniken und Rituale. Zahlreiche Publikationen zeugen von seiner forscherischen und abenteuerlichen Tätigkeit (z.B. *Ein Kosmos im Regenwald*, *Chactun – Die Götter der Maya*, *Pflanzen der Liebe*, *In-dianische Heilkräuter*, *Naturverehrung und Heilkunst*, *Hanf als Heilmittel*). Er ist ethnologischer Beirat des Europäischen Collegiums für Bewußtseinsstudien (ECBS) und im Vorstand der Arbeitsgemeinschaft für Ethnomedizin (AGEM). Als Ethnologe versteht er sich als eine Art »Neuro-Trance-Mitter« zwischen den Kulturen und arbeitet z.Zt. als »Berufs-Myzelium«.

»Das Gerede der Gesundheitsapostel von der Schädlichkeit dieses oder jenes oder jeden 'Rausches' ist nicht nur dumm (in einer Welt der Vergänglichkeit); es ist auch – bewußt oder unbewußt – unaufrichtig. Wer hätte in dieser Zeit, die ihren politischen und technischen Wahnideen bedenkenlos (auch im 'Frieden') Millionen von Menschenleben opfert, das moralische Recht, vom 'schlechten Beispiel' und der 'Sittenverderbnis' zu reden, die von weintrinkenden Mönchen, haschischrauchenden Sufis oder pilzeessenden Indianerpriestern ausgingen? Und doch wird es getan. – «
RUDOLF GELPKE
Von Fahrten im Weltraum der Seele
(1962: 409)

Panaeolus subalteatus, gefunden in Norddeutschland

»Die Wiederherstellung direkter Kommunikation mit dem planetaren Anderen, dem Geist in und hinter der Natur, ist auf die Verwendung halluzinogener Pflanzen angewiesen. Diese Kommunikation mag unsere letzte und beste Hoffnung sein, um die steilen Wände jener kulturellen Starre aufzulösen, mit der wir geradewegs auf den Ruin zusteuern. Wir brauchen eine neue Optik, um unseren Weg in der Welt zu erkennen.«
TERENCE MCKENNA
Plan – Plant – Planet
(1990: 6)

Kulturmorde der Menschheitsgeschichte zu begehen, versuchten sie auch dort den Pilzkult zu unterdrücken – zum Glück erfolglos. Ironischerweise haben die Spanier sogar dazu beigetragen, die psychedelische Mykoflora Mexikos um die in Rinder- und Pferdedung wohnenden Pilze *Stropharia cubensis*, *Panaeolus (Copelandia) cyanescens* und *Psilocybe semilanceata* zu bereichern!

Die Indianer haben sich immer eingebettet in der Natur gefühlt und waren dadurch in der Lage, das Wissen um die Heilkraft des Pilzes zu bewahren. Wenn man diese Pilze zu sich nimmt, geht man eine Symbiose mit einem Naturwesen ein. Man bekommt einen direkten Zugang zur Weisheit der Natur, zur göttlichen Schöpfung; deswegen ist der Pilz *teonanacatl*, das »Fleisch der Götter«, der Götterpilz. Er wirkt bewußtseinserweiternd und erkenntnisfördernd. Er kann aber auch gnadenlos sein. Er kann den Menschen in seine eigene Hölle schleudern, er kann ihn aber auch mit der totalen Erleuchtung beschenken. Deshalb nannte der große Philosoph und Literat ALDOUS HUXLEY ihn *moksha*-Medizin. Der Pilz verschafft anscheinend Zugang zu einem kollektiven Urwissen (vergleichbar mit SHELDRAKE's morphogenetischen Feldern).

Durch den Pilzgenuß gewinnt man sehr deutlich den Eindruck, daß die rituelle Einnahme des Pilzes und die dadurch erzeugten Erfahrungen am Anfang der Kultur und Religion sowie am Anfang des Schamanismus stehen.

Nie zuvor haben so viele Menschen die Heiligkeit der Pilze gesehen wie heute. Der Pilz ist keine »Droge« im Sinne der Tagespresse und des Gesetzgebers, sondern ein echtes Heilmittel – vor allem für zivilisationsgeschädigte Erdenbürger.

Ein echtes Heilmittel bekämpft keine Symptome, sondern ergreift den Menschen in seiner Gesamtheit und führt ihn zum Heil. Z.B., weil er die Ursache des Übels aufdeckt. Es gibt kein anderes Heilmittel, das auf so vielen Ebenen wirkt wie der Pilz, er ist ein holistisches Heilmittel. María Sabina nennt die Pilze liebevoll *niños santos*, »heilige Kinder«. Ja, die Pilze sind die heiligen Kinder der Mutter Erde. Durch sie ist es uns Menschen möglich, die Heiligkeit der Natur, zu der wir selbst gehören, zu erkennen.

Unser krankes Verhältnis zur Erde und zur Natur zeigt sich deutlich in der Angst vor den psychedelischen Pilzen. Der Hauptwirkstoff Psilocybin ist als »nicht verkehrfähiges Betäubungsmittel« im Betäubungsmittelgesetz klassifiziert. Die Tagespresse zählt die Pilze gerne zu den »Rauschgiften«. Pilzbücher und Pilzführer warnen vor der »Giftigkeit« der einheimischen *Psilocybe*-Arten; und in der »harten wissenschaftlichen« Literatur wird die bewußtseinserweiternde Wirkung als Intoxikation oder Vergiftung dargestellt. Welch ein Gegensatz zu den Aussagen der Indianer und Pilzliebhaber, die in dem Pilz ein göttliches Wesen und ein Geschenk der Natur sehen!

Die Entdeckung der psychedelischen Pilze hat nicht nur Philosophen, Literaten und Hippies den Weg zum kosmischen Bewußtsein gezeigt, sondern auch viel Forschung stimuliert. Zunächst ist daraus die Wissenschaft der Ethnomykologie, deren Begründer R. GORDON WASSON (1898-1986) ist, entstanden. Bei der phytochemischen Erforschung gelang es ALBERT HOFMANN das grundsätzliche Paradigma der Ethnopharmakologie aufzustellen und allen späteren Forschergenerationen vorzuleben. In den letzten drei Jahrzehnten wurden zahlreiche

Wissenschaftler durch die Pilze zu eigenen Forschungen angeregt. Es wurde auf medizinischen, pharmakologischem, psychiatrischen, neurophysiologischen Gebiet experimentiert und geforscht. Altertumsforscher förderten Beweise für archaische Pilzkulte zu Tage. Ethnologen zogen in alle Welt, um den Spuren der rituellen Pilzverwendung zu folgen.

Die interdisziplinäre Forschung hat derweil gezeigt, daß die psilocybinhaltigen Pilze überall auf der Welt, d.h. auf jedem Kontinent, vorkommen, sozusagen ein weltumspannendes Myzelium bilden. Für jeden stellt die Natur den Pilz bereit, zur Verfügung, die Natur ist wirklich großzügig mit ihrem Pilzlehrer. Man braucht nur die richtigen Augen und Ohren!

Pilzkulte - weltweit? - Beim heutigen Stand der ethnomykologischen Forschung läßt sich klar zeigen, daß es traditionelle und/oder moderne (innovative) Pilzkulte in aller Welt gibt oder gab. Erst kürzlich wurde an der Elfenbeinküste der traditionelle Gebrauch psychedelischer Pilze, *Tamu*, »Pilz der Erkenntnis« (*Conocybe* sp.) genannt, entdeckt (SAMORINI 1995). Und es gibt sicherlich noch mehr zu entdecken!

All die Artikel im zweiten Teil dieses Buch zeigen, daß mit bewußtseinsverändernden Pilzen sehr wohl bewußt umgegangen werden kann. Sie können nicht nur für die Beflügelung des Geistes und der Erkenntnis fördernd wirken, sondern auch als Heilmittel eingesetzt werden. Es ist daher absolut unverständlich, daß solche Naturphänomene verboten sind. Der Mensch wird vermeindlich vor solchen Pflanzen oder Pilzen geschützt. Das Umgekehrte müßte der Fall sein: Die Natur muß vor dem Menschen geschützt werden (man denke nur an die unseligen und völlig sinnlosen Atombombentests). Der bewußte Umgang mit geistbewegenden Pflanzen und Pilzen könnte dazu beitragen, die Natur besser zu verstehen, ihre Heiligkeit zu erkennen und sie deshalb besser zu schonen. Die Symbiose, die sich beim Verzehr psychoaktiver Pilze zwischen dem Mensch und der Natur vollzieht, ist einzigartig. Aber um wirklich erkennen zu können, müßte man schon mal ein paar Pilzchen essen.

Die Pilze, diese Geschenke der Natur, dürfen nicht länger geächtet oder verboten bleiben. Der sinnvolle, d.h. gewinnbringende und heilsame Umgang damit kann erlernt werden. Dies ist aber nur möglich, wenn sich genug Menschen trauen von diesen kostbaren Geschöpfen der Natur zu kosten, sie im richtigen Rahmen einnehmen und die erweiterten Bewußtseinszustände tiefgründig erforschen. Neuzeitliche Pilzrituale und der Einsatz von Psilocybin in der Psychotherapie bieten eine Möglichkeit dazu. Es ist höchste Zeit, die westliche Mykophobie zu überwinden und den psychedelischen Pilz wieder zu verehren.

Im Sinne einer echten Rauschkunde ist es besonders wichtig von den Pilzen direkt lernen zu können. Der Pilz hat uns persönlich die letzten zwanzig Jahre begleitet und uns bei unserer aufklärerischen und drogenpolitischen Arbeit unterstützt und immer wieder auf's Positivste befruchtet. Wir freuen uns, daß wir mit diesem Buch ein weiteres Denkmal *(denk' mal!)* dem Pilz und seinen großartigen Kräften widmen können.

Petroglyph aus dem südlichen Skandinavien. Das Pilzsymbol deutet die Reise in die jenseitige Welt an

»Der Düngerling ist der perfekte Alchemist: er verwandelt Mist in Gold, in das goldene Licht der Erleuchtung.«
GALAN O. SEID
Die neue Alchemie

»Somit kommt es dazu, daß wir alle in zwei Klassen geteilt sind: Die die Pilze eingenommen haben und wegen ihrer subjektiven Erfahrung disqualifiziert sind, und diejenigen, die die Pilze nicht genommen haben und wegen ihrer totalen Unkenntnis des Themas nicht qualifiziert sind.«
R. GORDON WASSON
(1961)

Danksagung

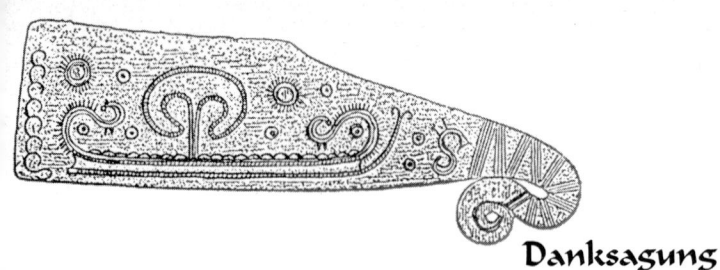

Der Pilz – die »kosmische Flaschenpost« – spricht:
»Mein Myzelgeflecht hat weder Organe noch Hände, um die Welt zu bewegen; aber höhere Tiere mit manipulativen Fähigkeiten können Partner meines Sternenwissens werden und können, wenn sie in gutem Glauben handeln, zusammen mit ihrem demütigen Pilzlehrer zu den Millionen Welten zurückkehren, deren Erben alle Bürger unseres Sternenhimmels sind.«
TERENCE UND DENNIS MCKENNA

Wir ehren und danken unseren Ahnen und Stammesältesten: María Sabina dafür, daß sie den Pilzgeist hat zu uns sprechen lassen; Valentina und Gordon Wasson, daß sie den Mut besaßen, die »heiligen Kinder« zu verspeisen; Albert Hofmann, daß er den Geist aus der Flasche befreite; und Tim Leary, daß er die Theorie von Dosis, Set und Setting entdeckte. *Wir tragen Euch im Herzen!*

Dieses Buch konnte nur durch die aufopfernde Bereitschaft und den idealistischen Einsatz aller Mitwirkenden entstehen. Wir danken den Autoren für ihre Kooperation und Begeisterung. Hartwig Kopp und René Strassmann haben das Projekt nicht nur geistig, sondern auch materiell unterstützt. Wir danken Janine Warmbier für die liebevolle und einfühlsame Buchgestaltung.

Bei der Vorbereitung dieser Buchausgabe halfen uns dankenswerterweise Daniela Baumgartner, Rudolf Brenneisen, Gabriella von Däniken, Franz X. Faust, Abhiyanah Freitag, Wolfgang Kundrus, Sandra Leitner, Terence McKenna, Ralph Metzner, William R. Micks, Patricia Ochsner, Werner Pieper, Paul Rätsch, Sebastian Rätsch, Giorgio Samorini, Bert Marco Schuldes, Paul Stamets und Agnes Tschudin.

Für Inspiration, tatkräftige Unterstützung und Hilfe im richtigen Augenblick danken wir unseren Nymphen Anupama und Claudia von ganzem Herzen. *Der Große Gott Pan lebt!*

Roger Liggenstorfer und
Christian Rätsch

María Sabina nimmt die heiligen Pilze für das nächtliche Heilritual
(Foto: Archiv Albert Hofmann)

Teil 1:

Maria Sabina
Die Botin der heiligen Pilze

»Es liegt eine Welt jenseits der unseren, eine Welt, die weit weg, ganz nah und unsichtbar ist. Und es ist dort, wo Gott weilt, wo die Toten weilen, die Geister und die Heiligen, eine Welt, in der alles schon geschehen und alles bekannt ist. Jene Welt spricht. Sie hat eine eigene Sprache. Ich gebe wieder, was sie sagt.

Der heilige Pilz nimmt mich bei der Hand und führt mich in jene Welt, in der alles bekannt ist. Sie sind es, die heiligen Pilze, die auf eine Weise sprechen, die ich verstehen kann. Ich frage sie, und sie antworten mir. Wenn ich von der Reise zurückkehre, die ich mit ihnen unternommen habe, so erzähle ich, was sie mir erzählt haben und was sie mir gezeigt haben.«

María Sabina
(in Halifax 1981: 162)

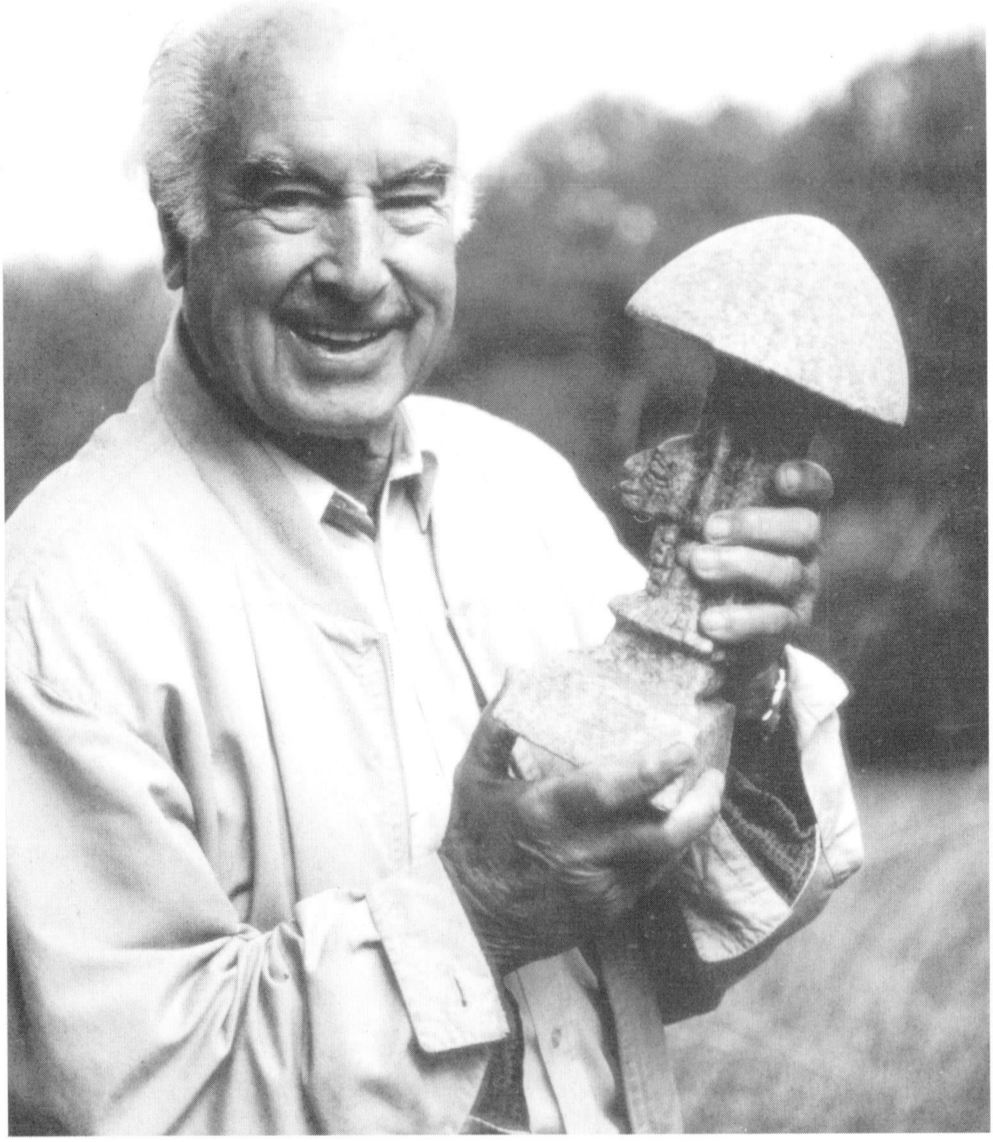

Albert Hofmann
Meine Begegnung mit María Sabina

Wenn man sich in die Lebensgeschichte der indianischen Schamanin oder *Curandera* (»Heilerin«) María Sabina vertieft, die im vorliegenden Buch lebendig dargestellt ist, wird man in eine fremdartige Welt, in eine abgelegene Gegend in den südlichen Bergen Mexikos versetzt, die von der Wirklichkeit, in der wir Menschen in der europäischen Industriegesellschaft leben, zutiefst verschieden ist. Es sind ganz andere soziale Verhältnisse, eine andere Glaubens- und Gedankenwelt, andere Wertmaßstäbe, die das Leben dieser einfachen Indianerfrau bestimmt haben. Schon als Kind mußte sie körperlich hart arbeiten um überleben zu können; sie hat nie eine Schule besucht und konnte daher weder lesen noch schreiben. Als kleines Mädchen aß sie, innerer Eingebung folgend, die »heiligen Pilze«, die schon ihre Vorfahren um Rat angefragt und um Hilfe gebeten hatten. So wuchs sie in das Amt einer »weisen Frau«, einer Medizinfrau und Priesterin im altindianischen Pilzkult hinein und gelangte als solche bei ihren Landsleuten zu hohem Ansehen und wurde im Alter noch weit über die Landesgrenzen von Mexiko hinaus bekannt und berühmt.

Bei aller Verschiedenheit und Fremdartigkeit des kulturellen Rahmens und im individuellen Lebenslauf der María Sabina entdeckt man bei ihr aber auch uns vertraute, offenbar allen Menschen gemeinsame Wesenszüge, ein Sehnen und Suchen nach einer besseren Welt. Die Fremdartigkeit auf der einen Seite und die Verbundenheit im gemeinsamen Menschlichen und auch Allzumenschlichem auf der anderen Seite machen die Lebensgeschichte dieser mexikanischen Schamanin zu einer spannenden, auch für uns geistig bereichernden Lektüre.

Die Verwendung von gewissen Pilzen im Rahmen von religiösen Zeremonien und magisch bestimmten Heilpraktiken bei den Indianern Mittelamerikas reicht weit in die präkolumbianische Zeit zurück. Hinweise dafür liefern sogenannte Pilzsteine, die in Guatemala, in El Salvador und in den anschließenden gebirgigen Gegenden Mexikos gefunden worden sind. Es handelt sich dabei um Steinplastiken von der Form eines Hutpilzes, in dessen Stiel das Antlitz oder die Gestalt eines Gottes oder tierartigen Dämons eingemeisselt ist. Die meisten haben eine Grösse von ungefähr 30 Zentimetern. Die ältesten Exemplare werden von den Archäologen bis in das 5. Jahrhundert vor Chr. zurückdatiert. Daraus kann man schließen, daß der Pilzkult, der magisch-medizinische und der religiös-zeremonielle Gebrauch der Zauberpilze, über zweitausend Jahre alt ist.

Alle die ungezählten Vorgänger und Vorgängerinnen von María Sabina im Amt des Pilzkultes sind unbekannt geblieben. In den Chroniken der spanischen Mönche und Naturalisten aus dem 16. Jahrhundert, die bald nach der Eroberung von Mexiko durch HERNAN CORTÉZ ins Land kamen, in denen man die ersten schriftlichen Angaben über den Gebrauch der »heiligen Pilze« findet, sind wohl einige Namen von Indianern, die solche Pilze verwendeten, angeführt. Sie werden im Zusammenhang mit Prozessen genannt, die gegen Personen, die dem Pilzkult huldigten, geführt wurden, denn die Verwendung der Zauberpilze wurde von den christlichen Missionaren als »Teufelswerk« verdammt und verfolgt. So wurde denn der den Indianern heilige Pilzkult in den Untergrund verdrängt, blieb aber dort, den Augen des weißen Mannes verborgen, im Geheimen bis

Dr. Dr. h.c. mult. Albert Hofmann, geb. 1906, war Naturstoffchemiker bei Sandoz, in deren Forschungslaboratorien er die chemische Struktur (1938) und die psychedelische Wirkung (1943) des LSD, sowie das Psilocybin und Psilocin entdeckte. Über 120 Originalarbeiten dokumentieren seine ungewöhnliche wissenschaftliche Tätigkeit. Seine überragenden Leistungen wurden mit vielen Ehrendoktortiteln und anderen akademischen Ehrungen honoriert. Zu seinen wichtigsten Publikationen gehören *LSD - mein Sorgenkind* und *Einsichten - Ausblicke*. Seine Gemeinschaftsarbeiten mit RICHARD E. SCHULTES (*Pflanzen der Götter*) und GORDON WASSON (*Der Weg nach Eleusis*) gehören zu den bedeutendsten Werken der modernen Ethnopharmakologie. 1993 stand er glanzvoll im Lichte der Weltöffentlichkeit, die das 50jährige Jubiläum seiner ersten LSD-Erfahrung feierte.

Psilocybin

Die Strukturformeln der Pilzwirkstoffe in Albert Hofmanns eigener Handschrift

»Die entheogene Droge Psilocybin war durch Albert Hofmann aus María Sabinas Pilzen isoliert worden. LSD, ein halbsynthetisches pilzliches Entheogen, war von Hofmann, der etwas ganz anderes gesucht hatte, 12 Jahre bevor Wasson den Schleier des heiligen Mysteriums in México gelüftet hatte, entdeckt worden. Beide Drogen zusammen wurden zu den wichtigsten Wegbereitern einer weltweiten anachronistischen Wiedergeburt archaischer Religionen, von der die westliche Gesellschaft bis in ihren Kern erschüttert wurde.«
JONATHAN OTT
Ayahuasca Analoge (1995: 11)

in unsere Tage erhalten. Erst in der Mitte unseres Jahrhunderts entdeckten amerikanische Forscher das geheime Weiterbestehen eines zeremoniellen Gebrauchs gewisser Pilze in den südlichen Bergen Mexikos.

Die umfassendsten Untersuchungen über den heutigen Gebrauch des *Teonanacatl*, wie die aztekische Bezeichnung für die Zauberpilze lautet, die mit »Göttlicher Pilz« übersetzt werden kann, verdankt man dem Forscherehepaar Dr. VALENTINA PAWLOVNA und R. GORDON WASSON. Es war nun die schicksalshafte Bestimmung von María Sabina in den Blickpunkt dieser modernen ethnomykologischen Forschung zu geraten. Sie war es, die aus was für Gründen immer, das Geheimnis um die heiligen Pilze lüftete, indem sie den Fremden Zutritt zu nächtlichen Pilzzeremonien gewährte. Aus ihrer Hand erhielten R. GORDON WASSON und sein Photograph ALAN RICHARDSON in Huautla de Jiménez, einer Ortschaft in der mexikanischen Provinz Oaxaca, in der Nacht vom 29. auf den 30. Juni 1955 im Rahmen einer solchen Zeremonie, sehr wahrscheinlich als erste Weiße, den heiligen Pilz zu essen. Durch die daraufhin folgenden Publikationen der Wassons in Büchern und Zeitschriften über die mexikanischen Zauberpilze wurde María Sabina weiterum berühmt.

Ich lernte diese aussergewöhnliche Frau schon zu der Zeit persönlich kennen, als ihr Name noch nur einem kleinen Kreis bekannt war. Diese Bekanntschaft verdanke ich, wie so vieles Andere, Erfreuliches und Unerfreuliches, letztendlich der Entdeckung von LSD, eines das Erleben der äußeren und inneren Welt zutiefst verändernden Wirkstoffes. Um das zu erklären, muß ich weiter ausholen und zuerst erzählen, wie ich als Chemiker in die Erforschung der mexikanischen Zauberpilze einbezogen wurde.

Nachdem die WASSONS bei ihren völkerkundlichen, auf die Rolle und Bedeutung der Pilze in den verschiedenen Kulturen spezialisierten Studien, auf den mexikanischen Pilzkult gestoßen waren, und die magischen Wirkungen des *Teonanacatl* an sich selbst hatten erfahren können, beschlossen sie, die Zauberpilze auch einer naturwissenschaftlichen Untersuchung zuzuführen. Zu diesem Zweck traten sie mit einem bekannten Pilzforscher, dem Mykologen Professor ROGER HEIM, Direktor des Museum National d'Histoire Naturelle in Paris in Verbindung. HEIM begleitete die WASSONS auf weiteren Expeditionen in das Mazatekenland und führte die botanische Bestimmung der heiligen Pilze durch. Er fand, daß es größtenteils noch nicht beschriebene Blätterpilze der Gattung *Psilocybe* waren. HEIM ließ die Pilze in verschiedenen Laboratorien chemisch untersuchen. Nachdem es nirgends gelungen war, das wirksame Prinzip zu isolieren, fragte er auch noch in den pharmazeutisch-chemischen Forschungslaboratorien der SANDOZ in Basel an, ob wir Interesse hätten, die Untersuchungen fortzuführen. Er hoffte, daß in den Laboratorien, in denen ich das LSD entdeckt hatte, das ähnliche Wirkungen auf die menschliche Psyche entfaltet wie die Zauberpilze, dank den dort vorhandenen Erfahrungen mit dieser Art Wirkstoffe es doch noch gelingen könnte, das Problem zu lösen. Auf diese Weise zog das LSD die mexikanischen Zauberpilze in mein Laboratorium.

Tatsächlich gelang es mir und meinem Laborassistenten HANS TSCHERTER in verhältnismäßig kurzer Zeit das psychisch wirksame Prinzip aus den Pilzen zu extrahieren und in Form von zwei farblosen kristallisierten Substanzen, die ich Psilocybin und Psilocin nannte, zu isolieren. In der Folge konnte ich mit meinen Mitarbeitern diese beiden Wirkstoffe auch ohne Zuhilfenahme der Pilze im Glaskolben synthetisch herstellen. Anstatt ein halbes Dutzend der bitter schmeckenden Pilze zu essen, genügt die Einnahme von etwa 0,01 g Psilocybin um die gleichen Veränderungen im Erleben der äußeren und inneren Welt hervorzurufen.

Die Aufklärung der naturwissenschaftlichen-chemischen Seite des Zauberpilze-Problems brachte mich in persönliche Verbindung mit GORDON WASSON. Er lud mich ein, an Erforschung von weiteren mexikanischen Zauberdrogen teilzunehmen. Im Rahmen dieser Zusammenarbeit reisten meine Frau und ich im Herbst 1962 nach Mexiko um an einer Expedition ins Mazatekenland, die WASSON vorbereitet hatte, teilzunehmen.

Nach einem zweiwöchigen abenteuerlichen Ritt über die Berge der Sierra Mazateca kamen wir am Schluß unserer Expedition auch noch nach Huautla de Jiménez. Es konnte nicht ausbleiben, daß wir hier María Sabina aufsuchten, die abgelegen am Berghang außerhalb der Ortschaft wohnte. Das Haus, in dem fünf Jahre vorher die historische Pilzzeremonie mit WASSON und RICHARDSON stattgefunden hatte, war abgebrannt. In ihrer neuen Hütte, in der wir uns nun mit María Sabina befanden, herrschte, wie wahrscheinlich auch damals in der alten, eine unvorstellbare Unordnung, in der sich halbnackte Kinder unter Hühnern und Schweinen tummelten. María Sabina war damals eine Frau von Anfang sechzig Jahren, doch ihr gelbbraunes, schon etwas verrunzeltes Gesicht mit den dunklen, tiefliegenden, eng aneinanderstehenden Augen und der breiten Nase ließ sie älter erscheinen, obschon ihr Haar noch tiefschwarz war, das in der Mitte gescheitelt ihr in zwei langen, dünnen Zöpfen über den Rücken fiel. Sie ging wie alle Frauen der Gegend barfuß und trug ein langes, weißes mit roten und schwarzen Bordüren verziertes Kleid, die übliche Bekleidung der Mazatekenfrauen. Sie bewegte sich langsam, doch leicht und gelöst. Besonders beeindruckte mich ihr gescheites, im Ausdruck ungewöhnlich wandelbares Gesicht.

María Sabina war hocherfreut, ihren Freund WASSON wiederzusehen. Als ich ihr durch Doña Herlinda, unsere mazatekische Dolmetscherin erklären ließ, es sei gelungen, den Geist der Pilze in Pillen zu bannen, war sie voll staunender Bewunderung. Auf unsere Anfrage war sie sofort bereit, uns damit »zu dienen«, das heißt, uns eine Konsultation im Rahmen einer nächtlichen Zeremonie zu gewähren. Wir vereinbarten, daß diese in der kommenden Nacht im Haus von Doña Herlinda stattfinden sollte. Im Laufe des Tages machte ich noch einen Gang durch Huautla de Jiménez, das sich entlang einer Hauptstraße am Berghang hinzieht und beobachtete das bunte Treiben der noch fast rein indianischen Bevölkerung.

Dann begleitete ich GORDON WASSON bei seinem Besuch im hiesigen Instituto Nacionál Indigenista [Nationales Institut für Indianerfragen]. Diese staatliche Organisation hat die Aufgabe, die Probleme der eingeborenen Bevölkerung, das heißt der Indianer, zu studieren und lösen zu helfen. Ihr Leiter berichtete uns von Schwierigkeiten, die sich zur Zeit auf dem Sektor der Kaffeepolitik ergaben. Der Präsident von Huautla, der sich in Zusammenarbeit mit dem Institut bemüht hatte, durch Aus-

»Einige Schamanen, auch María Sabina, mußten sogar in der Stadt Oaxaca Gefängnisstrafen wegen angeblicher Verführung zum Pilzhandel mit Touristen verbüßen, was so ziemlich das gleiche ist, wie den Papst wegen Abgabe von Hostien und Wein in den Knast zu stecken.«
JONATHAN OTT
Ayahuasca Analoge (1995: 14)

»Pilzsteine«

Aus dem südlichen Mesoamerika, hauptsächlich Chiapas (Mexiko), Guatemala und El Salvador, sind mehrere um die 30 cm hohe Steinartefakte bekannt, die in der Fach- und Populärliteratur als »Pilzsteine« bezeichnet werden. Diese Steinartefakte sind zum Teil weit über 2.000 Jahre alt. Der deutsche Geograph CARL SAPPER (1898) hielt sie für »Pilzförmige Götzenbilder«. Der amerikanische Gelehrte DANIEL G. BRINTON (1898) war der Meinung, bei diesen Objekten handele es sich um Mondsymbole. Der amerikanische Archäologe THOMAS W. GANN (1911) hingegen sah in ihnen Phallussymbole. R. GORDON WASSON (1961), der Begründer der Ethnomykologie, glaubte in den Pilzsteinen das Symbol einer archaischen entheogenen Pilzreligion zu erkennen. Der deutsche Altamerikanist ULRICH KÖHLER (1976) hält die Pilzsteine für Töpferei-Formen und der mexikanische Mykologe GASTÓN GUZMÁN (1984) sieht in den Pilzsteinen Repräsentationen von Speisepilzen (*Boletus edulis*). Am meisten verbreitet ist die Ansicht, daß es sich bei den Pilzsteinen um rituelle Objekte handelt, die mit der Einnahme psilocybinhaltiger Pilze verbunden waren. Heutzutage sammeln *Psilocybe*-Pilzfreunde aus aller Welt Reproduktionen solcher Pilzsteine um damit ihre Hausaltäre zu schmücken. [CR]

schaltung des Zwischenhandels den Kaffeepreis für die produzierenden Indianer günstiger zu gestalten, war im vergangenen Juni ermordet und seine Leiche verstümmelt aufgefunden worden. Auf unserem Rundgang kamen wir auch in die Domkirche, aus der Gesang und Orgelmusik ertönte. Der alte Pater Aragón, mit dem WASSON von seinen früheren Aufenthalten befreundet war, lud uns in der Sakristei zu einem Gläschen Tequila ein.

Als wir gegen Abend bei Herlindas Haus eintrafen, war dort María Sabina mit großer Begleitung schon eingetroffen, mit ihren beiden hübschen Töchtern Apolonia und Aurora und mit einer Nichte, die alle noch Kinder mitbrachten. Apolonia reichte ihrem Kind, sobald es Anstalten machte, zu schreien, immer wieder die Brust. Dann erschien auch noch der alte Curandero (»Heiler«) Don Aurelio, ein mächtiger Mann, einäugig, in schwarz-weiß gemustertem Serape (Umhang). Auf der Veranda wurden Kakao und süßes Gebäck serviert. Der Bericht aus einer alten Chronik kam mir in den Sinn, in dem geschildert wird, wie vor dem Genuß des Teonanacatl *chocolatl* getrunken wurde. Nach Einbruch der Dunkelheit begaben wir uns alle in den Raum in dem die Zeremonie stattfinden sollte. Er wurde abgeschlossen, indem man die Tür mit dem einzig vorhandenen Bett verstellte. Nur ein Notausgang in den Hintergarten für die unvermeidlichen Bedürfnisse blieb unverriegelt.

Es ging schon gegen Mitternacht, als die Zeremonie begann. Bis dahin lag die ganze Gesellschaft schlafend oder der Ereignisse, die da kommen sollten, harrend im Dunkeln auf den am Boden verteilten Bastmatten. Von Zeit zu Zeit warf María Sabina ein Stück Kopal (ein weihrauchartiges Harz) in die Glut eines Kohlebeckens, wodurch die Luft in dem überfüllten Raum etwas erträglicher wurde. Ich hatte der Curandera durch Herlinda, die als Dolmetscherin auch wieder mit von der Partie war, erklären lassen, daß eine Pille den Geist von zwei paar Pilzen enthalte. (Aus magischen Gründen werden die Pilze immer in Paaren dosiert. Es waren Pillen mit je 5,0 Milligramm synthetischem Psilocybin).

Als es soweit war, verteilte María Sabina die Pillen, nach feierlicher Räucherung, genau wie die Pilze, in Paaren an die anwesenden Erwachsenen. Sie selbst nahm zwei Paar, entsprechend 20 mg Psilocybin. Ihrer Tochter Apolonia, die auch als Curandera amten sollte, und Don Aurelio gab sie die gleiche Dosis. Aurora erhielt ein Paar, ebenso GORDON WASSON, während meine Frau Anita und Irmgard (eine Mexikanerin österreichischer Abstammung, die uns als Expertin für indianische Gewebe auf der Expedition begleitet hatte) nur je eine Pille zugeteilt erhielten.

Für mich hatte eines der Kinder, ein etwa zehnjähriges Mädchen, unter Anleitung von María Sabina den Pressaft von fünf Paar Blättern *Hojas de la Pastora* (»Blätter der Schäferin«; *Salvia divinorum*) zubereitet. Es ist dies eine weitere Droge, die gleich wie die Zauberpilze von den indianischen Schamanen in ihren magisch bestimmten Heilpraktiken verwendet wird, und deren Erforschung der Hauptzweck unserer Expedition war. Der Trank soll besonders wirksam sein, wenn er von einem unschuldigen Kind hergestellt wird. Der Becher mit dem Pressaft wurde ebenfalls geräuchert und von María Sabina und Don Aurelio feierlich besprochen, bevor er mir überreicht wurde.

Nachdem die Drogen verteilt und die Kerze auf dem »Altar« gelöscht war, wartete man im Dunkeln die Wirkung ab. Dieser »Altar« war ein alter Tisch, auf dem neben allerlei Gerümpel ein Kruzifix und einige Heiligenbilder standen.

Es war noch keine halbe Stunde verflossen, als die Curandera etwas murmelte; auch ihre Töchter und Don Aurelio waren unruhig. Herlinda übersetzte und erklärte uns, was los war. María Sabina hatte gesagt, den Pillen fehle der Geist des Pilzes, denn nach dieser Zeit begänne der Pilz schon zu wirken. Ich besprach mit Gordon, der neben mir lag, die Situation. Für uns war es klar, daß die Resorption des Wirkstoffes aus den Pillen, die sich zuerst im Magen auflösen müssen, langsamer erfolgt als beim Kauen der Pilze, wobei ein Teil des Wirkstoffes schon durch die Mundschleimhaut aufgenommen wird. Aber wie konnten wir in einer solchen Lage mit einer wissenschaftlichen Erklärung aufwarten? Anstatt Erklärungsversuche zu machen, beschlossen wir zu handeln. Wir gaben María Sabina zusätzliche Pillen zum Verteilen. Die beiden Curanderas und der Curandero erhielten je ein weiteres Paar. Sie hatten nun eine Gesamtdosis von je 30 Milligramm Psilocybin eingenommen.

Nach etwa zehn weiteren Minuten begann dann auch der Geist des Pilzes aus den Pillen seine Wirkungen zu entfalten, die bis zum Morgengrauen anhielten. Dem Gebet und Gesang von María Sabina antworteten die Töchter inbrünstig und Don Aurelio mit tiefem Bass. Wollüstig schmachtendes Stöhnen von Apolonia und Aurora machte den Eindruck, das religiöse Erleben der jungen Frauen im Drogenrausch sei mit sexuell-sinnlichen Empfindungen verbunden. Während der zeremoniellen Handlungen, die sich teils auf dem »Altartisch«, teils am Boden neben dem rauchenden Kopalbecken abspielten, wurde die Kerze von Zeit zu Zeit ausgelöscht und dann wieder angezündet.

Zwischendurch rieb mir die Curandera unter magischem Gemurmel die Vorderarme mit dem Saft von Tabakblättern ein. Dieser Geist von *San Pedro* [Petrus] soll vor Krankheiten schützen.

In der Mitte der Zeremonie, die stets den Charakter einer Konsultation hat, kam die Frage von María Sabina nach unserem Anliegen. GORDON WASSON erkundigte sich nach dem Befinden seiner Tochter, die unmittelbar vor seiner Wegreise nach Mexiko in Erwartung eines Kindes vorzeitig in die Klinik eingeliefert werden mußte, und von der ihn seither keine Nachricht hatte erreichen können. Er erhielt die beruhigende Auskunft, Mutter und Kind befänden sich wohl. Das bestätigte sich, als er nach New York zurückkehrte. Als Einzelfall ist das selbstverständlich noch kein Beweis für die wahrsagerischen Fähigkeiten der Curandera.

Wohl als Wirkung der *Hojas* befand ich mich eine Zeitlang in einem Zustand gesteigerter Empfindsamkeit und intensiven Erlebens, der aber von keinen Halluzinationen begleitet war. Meine Frau Anita, Irmgard und Gordon erlebten einen durch die fremdartige, mystische Atmosphäre mitbestimmten euphorischen Rauschzustand.

Als die Zeremonie zu Ende war und wir uns beim Morgengrauen von María Sabina und ihrem Clan verabschiedeten, ließ uns die Curandera durch Herlinda sagen, die Pillen hätten die gleiche Kraft wie die Pilze, es sei kein Unterschied vorhanden. Das war eine Bestätigung von kompetentester Seite, daß das synthetische Psilocybin mit dem

Literatur zu den Pilzsteinen

BRINTON, DANIEL G.
1898 »Mushroom-shaped Images« *Science* N.S. 8(187): 127.

GANN, THOMAS W.
1911 »Exploration Carried On in British Honduras During 1908-9« *Annals of Archaeology and Anthropolo-gy* 4: 72-87.

GUZMÁN, GASTÓN
1984 »El uso de los hongos en Mesoamérica« *Ciencia y Desarrollo* 59: 17-27.

KÖHLER, ULRICH
1976 »Mushrooms, Drugs, and Potters: A New Approach to the Function of Precolumbian Mesoamerican Mushroom Stones« *American Antiquity* 41 (2): 145-153.

SAPPER, CARL
1898 »Pilzförmige Götzenbilder aus Guatemala und San Salvador« *Globus* 73(20): 327.

WASSON, R. GORDON
1961 »The Hallucinogenic Fungi of Mexico: An Inquiry into the Origins of the Religious Idea Among Primitive Peoples« *Botanical Museum Leaflets, Harvard University* 19(7): 137-162.

Albert Hofmann schrieb bereits für die längst vergriffene deutsche Erstausgabe das Vorwort

natürlich im Pilz vorhandenen Wirkstoff in jeder Beziehung identisch ist. Als Abschiedsgeschenk überließ ich María Sabina ein Fläschchen Psilocybin-Pillen. Nun könne sie auch in der Zeit, in der keine Pilze wachsen, Konsultationen geben, erklärte sie freudestrahlend unserer Dolmetscherin Herlinda.

Das war meine Begegnung mit der »weisen Frau« María Sabina vor über dreißig Jahren, die inzwischen eine weit über die Grenzen ihres Landes hinaus bekannte, berühmte, nicht unumstrittene Persönlichkeit geworden ist. Sie spielte die Star-Rolle in einem Film, bei dessen Erstaufführung in Mexico-Stadt 1979 sie persönlich anwesend war.

Der Kontakt mit den Fremden und die Preisgabe der Zauberpilze wurde María Sabina von den meisten ihrer Landsleute übelgenommen. Sie empfanden das offenbar als Verrat am heiligen Brauchtum. Besonders ihre Kollegen und Kolleginnen, die anderen Heilpriester und Heilpriesterinnen der Gegend, soweit sie nicht zusammen mit ihr auch mit den WASSONS in Verbindung kamen, wurden ihr feindlich gesinnt. Wahrscheinlich hat jemand aus diesen Kreisen in der Folge ihr Haus in Brand gesteckt.

Die Profanierung des Pilzkultes blieb bei der wissenschaftlichen Erforschung nicht stehen. Die Publikationen über die Zauberpilze zogen eine Invasion von »Hippies« ins Mazatekenland nach sich, von denen sich viele schlecht, manche sogar kriminell aufführten. Eine weitere unerfreuliche Folge war die Entstehung eines eigentlichen Tourismus nach Huautla de Jiménez, durch den der Charakter der Bevölkerung litt und die Ursprünglichkeit des Ortes weitgehend zerstört wurde.

Ist daher das Verhalten der Curandera María Sabina zu verurteilen, die dem Fremden, dem weißen Mann Zutritt zur geheimen Zeremonie gewährte und ihn den heiligen Pilz kosten ließ? Aus der angeführten Sicht wohl. Andererseits ist es als verdienstvoll zu betrachten, daß sie damit die Tür für die Erforschung des mexikanischen Pilzkultes in seiner heutigen Form und für die wissenschaftliche, botanische und chemische Untersuchung der heiligen Pilze geöffnet hat. Daraus ist ein pharmazeutisch wertvoller Wirkstoff, das Psilocybin, hervorgegangen. Ohne ihre Hilfe wären vielleicht, oder gar wahrscheinlich, das uralte Wissen und die Erfahrungen, die in diesen geheimen Praktiken verborgen waren, spurlos verschwunden, ohne Früchte getragen zu haben.

Solche Feststellungen und Überlegungen gelten für die meisten ethnologischen Forschungen. Wo immer Forscher und Wissenschaftler die zusehends spärlicher werdenden Reste alten Brauchtums aufspüren und aufklären, geht dessen Ursprünglichkeit verloren. Dieser Verlust wird nur mehr oder weniger aufgehoben, wenn aus den Forschungsergebnissen bleibende kulturelle Werte für kommende Generationen hervorgehen.

In diesem Sinne ist es verdienstvoll, die Lebensgeschichte der »weisen Frau« María Sabina aufgezeichnet und damit der Nachwelt erhalten zu haben, ein Lebensbild aus einer ursprünglichen Welt, die in der vorrückenden technischen Zivilisation wohl bald verschwinden wird.

Álvaro Estrada
Einleitung zum Text

Bestimmt waren es nicht nur das Gold und die Naturschätze von *Anáhuac*, auch nicht die Kultur und die Kunst der Mittelamerikaner, die bei den Mönchen und den spanischen Konquistadoren, die im 16. Jahrhundert in dieses Land gekommen waren, tiefes Erstaunen ausgelöst hatten, sondern auch die Arzneimittel der Eingeborenen (»wunderliche Zusammenstellungen« von Kräutern und halluzinogenen Pflanzen) erregten in der Kolonialzeit Mexikos die Aufmerksamkeit der Schriftsteller, Botaniker und Mediziner des Abendlandes und gaben Anlaß zu deren Studium und deren Verdammung.

Von der »Heiligen Inquisition« wurden diejenigen unterdrückt und verfolgt, die *ololiuhqui*-Samen (*Turbina corymbosa*), *péyotl*-Kakteen (*Lophophora williamsii*), *teonanácatl*-Pilze (*Psilocybe spp.*) und andere Halluzinogene aßen.

Später dann waren es die Verdammungen von der Kanzel herab, die durch Jahrhunderte andauern sollten und bewirkten, daß die indianischen Ärzte die Rituale und die Verehrung der Zauberpflanzen zu einer Privatsache, besser gesagt zu einem Geheimnis erklärten.

Diese »dämonischen« Praktiken der Indianer verschwinden heute so schnell aus dem Bewußtsein des Volkes, wie die westliche Kultur in Mexiko voranschreitet; so wie gegenwärtig auch in anderen asiatischen und amerikanischen Volksgruppen ähnliche Phänomene im Untergehen begriffen sind. In Huautla de Jiménez jedoch, ein Ort in der *Sierra Mazateca* im mexikanischen Bundesstaat Oaxaca, haben westliche Forscher einen wahren Schatz an Eingeborenenpraktiken gefunden: den Pilz, den die Wissenschaft mit dem Attribut »halluzinogen« belegt hat, der eine zentrale Stellung innerhalb der Indianerreligion einnimmt. Der Pilz, der in der präkolumbianischen Zeit als *teonanácatl*, »Fleisch der Götter« oder »wunderbarer Pilz« bekannt war, soll die Macht besitzen, alle Krankheiten zu heilen; er soll auch die mystische Kraft haben, durch die die außergewöhnliche, esoterische Sprache der Schamanen erschaffen wurde. In den Stunden der Trance spricht der *sabio*, der »Weise« oder »Wissende« - so nennen die Mazateken ihre Schamanen -, sowohl mit den Stammesgottheiten, als auch mit den christlichen Heiligen; ein Synkretismus, der in unserer Zeit unumgänglich ist.

Hat schon irgendjemand über die halluzinogenen Pflanzen und ihre Verwendung geschrieben? - »Berichte, die wir in Mexiko über den spezifischen Gebrauch des *teonanácatl* bei den Indianern gefunden haben«, sagte mir der Ethnomykologe ROBERT GORDON WASSON[1], »sind wertvoll, jedoch unvollständig. SAHAGÚN, MOTOLINÍA, DIEGO DURÁN, der Pater DE LA SERNA, RUIZ DE ALARCÓN, TEZOZOMOC und der Botaniker und Arzt von Philipp II., FRANCISCO HERNÁNDEZ, haben über dieses Thema geschrieben. Es besteht kein Zweifel darüber, daß die Informanten der Chronisten nicht alles erzählten, was sie über die verschiedenen halluzinogenen Pflanzen wußten, die ihnen bekannt waren und die sie verwendeten. Denn es war einer ihrer Grundsätze, religiöse Geheimnisse nicht einem Fremden zu enthüllen. Doch weiß man heute, daß die Einnahme von gewissen Pflanzen in der Vergangenheit stets mit der Religion verbunden war. Alle Religionen haben ihre Geheimnisse, selbst die christliche Religion spricht von Mysterien.«

GONZALO AGUIRRE BELTRÁN schreibt in seinem Buch *Medicina y*

Álvaro Estrada
wurde in der Mazateken-Stadt Huautla de Jiménez geboren und spricht sowohl Mazatekisch als auch Spanisch. Durch seine Vertautheit mit Land und Leuten gelang es ihm die Lebensgeschichte der María Sabina aufzuzeichnen. Heute lebt der studierte Ingenieur in Mexiko Stadt. Zur Zeit arbeitet er an einem neuen Buch über die Hippiezeit in Huautla.

Der entheogene Peyotekaktus (*Lophophora williamsii*) wurde und wird von den mexikanischen Indianern als Gottheit verehrt (Illustration aus SAHAGÚN)

[1] in einem Interview, aufgenommen in Mexiko Stadt im Juni 1975.

Titelbild der überarbeiteten mexikanischen Ausgabe (8. Auflage 1994) der Lebensgeschichte der María Sabina

Mit dem Wort *Schamane*, das aus dem Tungusischen kommt und soviel wie »Wissender« oder »Zauberer« bedeutet, werden heutzutage eine Reihe von traditionellen Heilern benannt, die über eine bestimmte Bewußtseinstechnologie, verbunden mit einer besonderen Begabung verfügen, durch die sie zielgerichtet in veränderte Bewußtseinszustände eintreten können, um nach Belieben in eine »andere Wirklichkeit« zu reisen. Der Schamane wurde auch »Spezialist für die Geisterwelt« genannt. [CR]

Magía (»Medizin und Magie«), daß »die falschen Vorstellungen, die so berühmte Gelehrte wie [HERNANDO RUIZ DE] ALARCÓN, [JACINTO DE LA] SERNA und [PEDRO] PONCE von diesem wesentlichen Aspekt der indianischen Medizin hatten, aus ihrer besonderen Einstellung zu erklären sei, deren religiöse Grundlage es ihnen unmöglich macht, in der Mystik der Eingeborenen etwas anderes zu sehen, als das Werk des Dämons.«

Zusammenfassend kann man sagen: Wir haben herausgefunden, daß weder die Indianer ihr gesamtes Wissen preisgaben, noch daß sich die Chronisten von ihren Vorurteilen befreien konnten und dadurch kein unparteiisches oder objektives Zeugnis über den altmexikanischen Kult um das »Fleisch der Götter« ablegten.

Meine Motive, das Leben der María Sabina niederzuschreiben, waren folgende:

1.) Mir lag daran, ein Zeugnis über die Gedanken und das Leben der weisen Mazatekin abzulegen, die von vielen ausländischen Journalisten und Autoren bislang nicht umfassend beurteilt werden konnte;

2.) beabsichtigte ich, ein brauchbares Dokument für die Ethnologie, die Ethnomykologie, die Volkskunde und für andere Fachwissenschaften zu erstellen.

3.) Schließlich war es meine Absicht, einem breiten Publikum einen genaueren Einblick in die Gebräuchen der Indianer zu vermitteln; und nicht zuletzt lag mir daran, die Jugend darauf hinzuweisen, die Elemente der Indianerreligion mit mehr Respekt zu behandeln.

Auch wollte ich mit dieser Arbeit jungen Autoren, vor allem den eingeborenen, einen Anreiz bieten können, sich den traditionellen Bräuchen der Indianer von neuem zuzuwenden, und sie somit vielleicht aus der bald schon bevorstehenden und endgültigen Versenkung zu retten. Der vorliegende Text ist das Ergebnis einer Reihe von Interviews, die ich periodisch von September 1975 bis August 1976 durchführte. Während dieses Jahres lebte ich abwechselnd (aus beruflichen Gründen) in Mexiko Stadt und in Huautla, um María Sabina zu besuchen und um mich mit ihr zu unterhalten. Obwohl ich selbst in Huautla geboren bin und die Sprache der Mazateken spreche, war meine Arbeit nicht leicht. Die Tonbänder mit den Worten der weisen Mazatekin sind in meiner Verwahrung. Um die Lektüre zu vereinfachen, ließ ich jedoch den Fragenkatalog wegfallen, den ich María Sabina vorgelegt hatte. Bei der Schlußredaktion des Textes, wie auch während der ganzen übrigen Zeit, war ich mir der Verantwortung voll bewußt, die daraus erwächst, die Biographie einer Frau niederzuschreiben, die weder lesen noch schreiben kann und auch des Spanischen nicht mächtig ist, die daher niemals wissen wird, ob das, was über sie geschrieben wurde, richtig oder falsch ist.

Ich möchte die große Hilfe, die mir in der einen oder anderen Form von meinen Verwandten und Freunden zuteil wurde nicht unerwähnt lassen. Außerdem danke ich Rosa María González Estrada für ihre Tipparbeit und ihre Unterstützung bei der Erstellung des Manuskriptes. Auch möchte ich R. GORDON WASSON und HENRY MUNN für ihre uneigennützige Hilfe meinen Dank aussprechen. Beide Männer haben einen Teil ihres Lebens dafür geopfert, in unermüdlicher Forschungsarbeit Verständnis für den *homo religiosus* aufzubringen; für den religiösen Menschen, der in der Vergangenheit den göttlichen Pilz zu sich nahm. *Dank euch allen!*

Kapitel 1

Ich weiß nicht, wann ich geboren wurde. Aber meine Mutter, María Concepción, sagte mir, daß ich am Morgen des Tages zur Welt gekommen sei, an dem man das Fest der Jungfrau Magdalena gefeiert hat. Das war in Río Santiago, einem Ort des Gemeindebezirks Huautla. Keiner meiner Vorfahren kannte sein Alter[1]. Meine Mutter wurde in der Nähe von Huautla, in Richtung San Andrés, geboren und wuchs dort auf. Mein Vater, Crisanto Feliciano, kam in Río Santiago auf die Welt und ist dort auch groß geworden. Als die beiden zusammenzogen - verheiratet waren sie nicht - war sie ungefähr vierzehn und er etwa zwanzig Jahre alt. Meine Mutter muß ungefähr drei Jahre mit ihrem Mann zusammengelebt haben, als ich geboren wurde. Unmittelbar nach meiner Geburt wurde ich getauft. Meine Taufpaten hießen Juan Manuél und María Sebastiana. Sie waren Bauern und meinem Vater sehr zugetan. Meine Schwester, María Ana, kam zur Welt, als ich gerade zwei Jahre alt war. Wir waren die einzigen Kinder. Ich kannte meinen Vater nicht sehr gut. Er starb nämlich, als ich drei Jahre alt war. Ich weiß nur, daß er sehr fleissig war. Er baute Mais und Bohnen an. Das Milpaland dafür hatte er sich dank seiner vielen Arbeit kaufen können. Er brachte die Erträge der Ernte auf den Markt von Huautla oder in die umliegenden Dörfer.

Unsere Behausung in Río Santiago war eine kleine Hütte mit Wänden aus Lehm und Schilf und einem Dach aus Zuckerrohrblättern. Meine Mutter machte *Tortillas* [Maisfladen] und stellte den Topf mit den Bohnen aufs Feuer. Davon bekamen wir dann zu essen. Zu den Mahlzeiten tranken wir *Pinole*[2] mit etwas Rohzucker gesüßt. Das wurde heiß getrunken. Damals gab es keinen Kaffee. Noch bevor die Nacht hereinbrach, legten wir uns schlafen. Mein Vater stand sehr zeitig am Morgen auf, meist kurz nach dem ersten Hahnenschrei, und ging hinaus, um das Feld zu bestellen. Wir schliefen angekleidet auf dem Boden auf

---

[1] Der Taufschein von María Sabina, erst ausgestellt am 25.8.79 vom Pfarrer Arturo Garcia, basiert auf den Originaldaten, die sich im Archiv der Kirche von Huautla befinden. Es fällt auf, daß die Namen der Taufpaten, die im Dokument eingetragen sind, nicht mit den von María Sabina angegebenen übereinstimmen. Aus sachlichen Gründen muß man jedoch erklären, daß es noch heute schwierig ist, mit Genauigkeit die Namen einiger Mazateken in Erfahrung zu bringen, was auf die fehlerhafte Aussprache, die Namen europäischen Ursprungs erlitten haben, zurückzuführen ist. Ein Beispiel mag diesen Sachverhalt etwas erhellen: Während eines Interviews erzählte mir María Sabina von einem Onkel namens N'dosto. Sie gab an, die Namen spanischen Ursprungs nicht zu kennen, aber Evaristo G. Estrada sagte mir, daß der Name N'dosto mit dem Namen Antonio Justo übereinstimme. »Es ist wahrscheinlich«, sagte uns ein anderer Informant, »daß diejenigen, die dieses Dokument als erste verfaßt haben, die Namen der Personen erfanden, weil jene nicht mehr wußten, wie sie hießen.« Man beachte weiterhin, daß keinem der Namen ein Familienname folgt, wohl deshalb, weil man früher keine Familiennamen verwendete. Aus dem vorliegenden Dokument ist zudem ersichtlich, daß das von María Concepción angegebene Geburtsdatum ihrer Tochter María Sabina nicht stimmt, denn der Tag der Jungfrau Magdalena ist der 22. Juli. Bezüglich der Vornamen der Eltern ist lediglich der erste Vorname des Vaters unterschiedlich und erscheint als Lauriano.

[2] Getränk aus geröstetem Mais mit Wasser und Gewürzen vermischt, besonders mit Kakao, Anis, Ingwer oder Zimt (bzw. Kaneel).

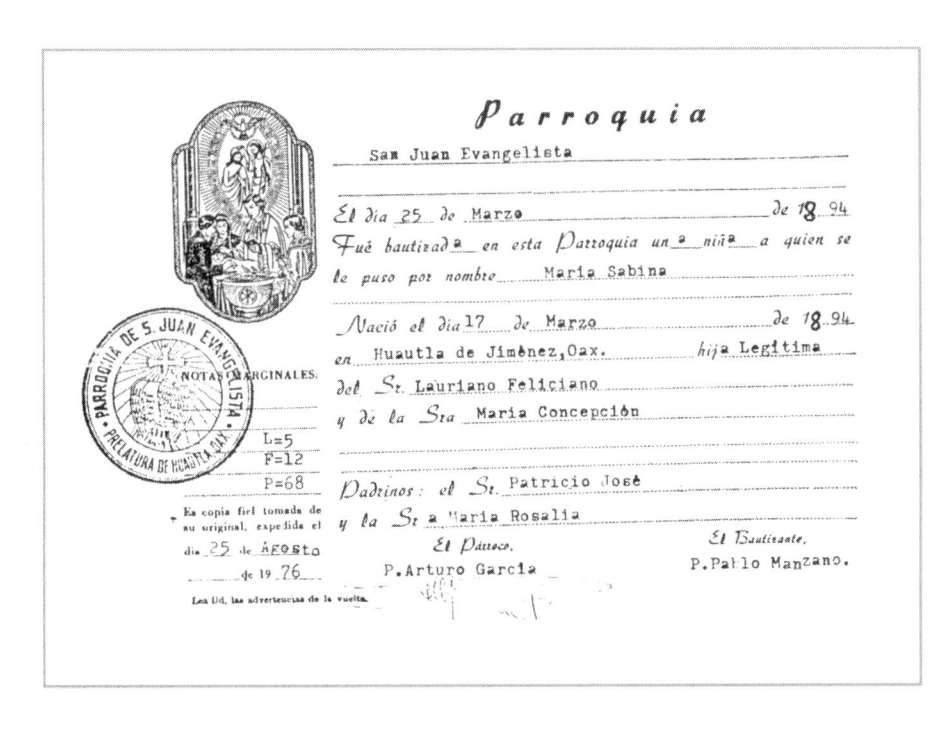

Seit der Kolonialzeit haben die mexikanischen Indianer spanische Namen angenommen. Oft behalten sie aber indianische Namen, die meist geheimgehalten werden. María und Sabina sind beides Vornamen. Sabina ist ein alter römischer Name, der durch die Gemahlin des Kaisers Hadrian berühmt wurde. Sabina wurde von Hadrian als »neue Demeter« gehuldigt. [CR]

[3] Umhang aus Wolle in rechteckiger Form und mit einem Schlitz in der Mitte, um den Kopf durchzustecken.

[4] Dieser Terminus wird häufig im Text verwendet. Es ist der Name, den man einem mazatekischen Schamanen gibt. Die mazatekische Bezeichnung lautet *Chotá-a T chi-née*, »weise Person«. Bei den Mazateken findet man drei Arten von *curanderos*, »Heilern«. Auf der unteren Ebene findet man den *hechicero*, »Zauberer« (Tji-ée), von dem gesagt wird, er könne sich in den Nachtstunden in ein Tier (nagual) verwandeln. Er besitzt die Fähigkeit, Böses zu verursachen und andere Personen in nagua-loε zu verwandeln. Auf der mittleren Ebene findet man den eigentlichen *curandera*, »Heiler«(ʃchatáa-xi-bandáa), genauer gesagt, denjenigen, der Massagen verschreibt, Getränke verabreicht, Kunstgriffe verwendet und seine eigene Sprache hat, wenn er im Augenblick des Heilungsvorgangs die »Herren der Plätze, der Berge und der Quellen« anruft. Diese beiden Kategorien sind unter der gesamten mexikanischen Landbevölkerung sehr verbreitet. In Huautla hingegen gibt es noch eine dritte und höhere Kategorie, die des *sabia*, »Weisen« und Arztes, mazatekisch: Chatá-a-Tchinée, der nichts Böses verursacht und auch keine Mixturen zur Heilung verwendet. Sein Therapeutikum ist der Pilz, den er einnimmt. Dieser weise Mediziner hat die Kraft, Kranke zu diagnostizieren und zu heilen. Nicht nur er nimmt die Pilze, er gibt auch dem Kranken davon zu essen.

Petaten (Matten aus getrockneten Palmblättern). So schliefen wir alle.

Als meine Schwester, María Ana, geboren wurde, war mein Vater bereits krank. Gegen seine Krankheit gab es kein Heilmittel. Ihr Ursprung lag nicht in dieser Welt, sie war eine Strafe des mächtigen *Señor de los Truenos* (»Herr des Donners«), der die Saat beschützt und ihr Fruchtbarkeit gibt. Als mein Vater noch ledig war, hatte er den Zorn dieses mächtigen Herrn heraufbeschworen. Die Geschichte trug sich folgendermaßen zu:

Eines frühen Morgens machte sich der junge Crisanto Feliciano auf den Weg zur *Milpa* (das traditionelle Maismischfeld). Er wollte es säubern. Das trockene Laub mußte aufgelesen und das Unkraut mußte gejätet werden. Er nahm seine Hacke und seine *Machete* (»Buschmesser«) mit. Wie alle Männer seiner Zeit trug er eine Hose und ein Hemd aus reiner Baumwolle. An den Festtagen zog er einen *Cotón*[3] über, der ihm bis ans Knie reichte und den er über der Hüfte mit einem Seidengürtel zusammenband.

Zwei Tage arbeitete Crisanto Feliciano auf seinem Feld und sammelte Laub und Unkraut zusammen und auch alles andere, was dem Gedeihen einer guten Saat schaden konnte. Als er damit fertig war, schichtete er in der Nähe einer Milpa, die nicht ihm gehörte, alles zu einem Haufen auf und entzündete ihn. Die Zweige, die Blütenstengel, die trockenen Blätter und das Unkraut brannten wie Zunder. Es war Nachmittag und man spürte den Abend schon nahen. Der Wind blies heftig. Die Tage waren heiß gewesen, und man roch überall die Trockenheit und Dürre. Die Flammen des brennenden Haufens loderten auf, der Wind spielte mit ihnen und trieb sie immer näher an das angrenzende Stück Ackerland heran. So weit schlugen die Flammen auf das andere Feld hinüber, daß dort einige Maisstauden erfaßt wurden und in Brand gerieten. Als Crisanto das sah, beeilte er sich, das Feuer zu ersticken, das auf dem fremden Maisfeld brannte. Es war nicht viel, was den Flammen zum Opfer gefallen war. Doch Crisanto wußte, daß der Schaden, der dem Saatfeld zugefügt worden war, auch wenn es ein noch so geringer Schaden war, den Tod verursachen konnte. Er wußte, daß jede Saat vom Herrn des Donners beschützt wurde. Wenn irgendjemand Maiskolben stahl, so mußte er sterben. Auf einem Feld, das so beschützt und behütet ist, richten weder Ratten, noch Mäuse, noch Vögel einen Schaden an. Eine Milpa, die in Frucht steht und vom Herrn des Donners beschützt wird, gedeiht im Überfluß. Crisanto war verurteilt zu sterben, nachdem er ein Maisfeld hatte in Brand geraten lassen. Es waren nur einige Stauden, doch es war genug, um den Fluch des Herrn des Donners auf sich zu ziehen. Menschen, die bewußt oder auch fahrlässig geheiligter Saat Schaden zufügen, erkranken an Knoten, die ihnen am Hals und aus der Brust hervortreten. Die Knoten platzen auf, wenn sie reif sind, und verwandeln sich in eitrige, ekelerregende Geschwüre. Später dann sterben diese Menschen. Der Schaden, den die geheiligte Saat erleidet, kann durch nichts wieder gut gemacht werden. Es nützt nichts, wenn man die zerstörten Stauden ersetzt, und es hat auch keinen Zweck, dem Besitzer den angerichteten Schaden mit Geld zu bezahlen.

Crisanto wußte, daß er verloren war, aber er hatte eine Hoffnung. Sein Großvater und sein Vater waren beide *sabios*, »Weise«[4]. Sie nahmen *niños santos*[5] zu sich, um mit den Herren der Berge zu sprechen. Die

Weisen haben die Fähigkeit mit den Wesen zu sprechen, die Herr über allen Dinge der Welt stehen. Und diese wiederum sprechen mit dem Herrn des Donners. Sie können ihn bitten, Crisanto zu vergeben, durch dessen Fahrlässigkeit geheiligte Maisstauden verbrannt waren.

So dachte Crisanto, und das gab ihm Hoffnung zum Weiterleben. Er wollte seine Verwandten noch nicht in Schrecken versetzen, und so zog er es vor, im Augenblick sein Leid zu verschweigen. »Irgendwann später werde ich mit ihnen reden«, sagte er zu sich selbst. Die Monate vergingen und der junge Crisanto verbarg weiter sein Leid.

Eines Tages nahm sein Vater Pedro Feliciano die *niños santos* zu sich. In jener Nacht sah der Weise, daß sein Sohn bald an den Geschwüren sterben werde. Am folgenden Tag, der Morgen brach gerade an, sagte er zu ihm: »Crisanto, mein Kind, ich hatte eine schreckliche Vision. Ich habe gesehen, wie du in einen Truthahn verwandelt wurdest. Der 'Kleine, der aus dem Boden sprießt' hat mir offenbart, daß du zum Sterben verurteilt bist. Ich weiß auch den Grund. Der 'Kleine, der aus dem Boden sprießt' hat ihn mir gesagt.«

So sah sich Crisanto gezwungen, seinem Vater die Sache mit dem verbrannten Maisfeld zu erzählen. Sein Vater tröstete ihn und sagte: »Wir werden gegen die Macht des Herrn des Donners ankämpfen. Wir werden den 'Kleinen, der aus dem Boden sprießt' nehmen. Wir werden die Herren bitten, dir zu vergeben.« Und so hielten der Weise, Pedro Feliciano, und dessen Vater, Juan Feliciano, mehrere Male Nachtwache mit dem »Kleinen, der aus dem Boden sprießt«; aber sie erreichten nichts. Auch die Zauberer und *chupadores*[6], die herbeigerufen worden waren, hatten keinen Erfolg. Einige Zeit später, als Crisanto eines Nachts nicht schlafen konnte, fuhr er sich mit der Hand über die Brust, und seine Finger blieben erstarrt liegen, als sie oberhalb der Brustwarzen kleine Erhöhungen ertasteten. »Was mag das wohl sein?«, fragte er sich. Und plötzlich war ihm alles klar. Es waren die Knoten des Fluchs, die anfingen, aufzuplatzen. Er hatte Angst und war voll von tiefem Kummer. In dieser Nacht dachte er über sein ganzes Leben nach. Er dachte auch daran, wie jung er war. Er war nicht älter als zwanzig Jahre. Und der Kummer ließ ihn den Rest der Nacht nicht mehr schlafen.

Am darauffolgenden Morgen sagte Crisanto festentschlossen zu seinem Vater: »Ich möchte mir eine Frau nehmen. Ich habe auf dem Weg nach Huautla ein Mädchen gesehen. Sie wohnt bei ihren Eltern, kurz vor San Andrés. Vielleicht könnt ihr sie bitten, daß sie zu mir zieht und bei mir lebt.« Seine Eltern warteten nicht lange und trugen dem Mädchen die Bitte vor. So ging Crisanto eines Tages hinaus, um sie zur Frau zu nehmen. Sie hieß María Concepción. Sie gingen beide nach Río Santiago, um dort zu wohnen. Mein Vater litt an seiner Krankheit, doch meine Mutter hatte Verständnis dafür. Die ersten Knoten waren aufgeplatzt und eitrige Geschwüre hatten sich gebildet. Später dehnten sie sich über den Hals und einen Teil der Brust aus. Die Jahre vergingen, und der Zustand meines Vaters verschlechterte sich. Ich glaube, ich war ungefähr drei Jahre und meine Schwester, María Ana, noch keine vier, fünf Monate alt, als er starb. Weder die Zauberer, weder die Curanderos, noch die Weisen konnten ihm Heilung bringen. Der Arme starb und verwandelte sich in einen Truthahn. Es ist nämlich so, daß der tödliche Fluch des Herrn des Donners

[5] *Nixti-santo* (niños santos = »heilige Kinder«), *Ndi-xi-tjo* (el pequeño que brota = »der Kleine, der aus dem Boden sprießt«), *Ndi-santo* (santitos = »kleine Heilige«) und *Ndi-tzojmi* (cositas = »Sächelchen«), sind vier euphemistische Ausdrücke, die man im Mazatekischen zur Bezeichnung der [entheogenen] Pilze verwendet. María Sabina nennt sie *niños santos* oder einfach nur *niños*. Die Mazateken unterteilen die Pilze in eßbare und giftige. Zwei eßbare Arten heißen *Tjain-T'xua* (= »weißer Pilz«; nanacate im modernen Náhuatl) oder *Tjain-ní* (= »roter Pilz«; möglicherweise *Boletus edulis* oder *Amanita caesarea*). Beide Pilzarten werden wegen ihres Geschmacks besonders geschätzt. Sie schmecken »wie Hühnerfleisch, das man in *tezmole* [dicke scharfe Schokoladensoße] kocht«. Die giftigen Pilze bezeichnet man als *Tjain-zoa* (»Wahnsinnspilz«). Ganz zweifellos haben die Mazateken ein perfektes Wissen bezüglich der verschiedenen Pilzarten.

[6] Die *chupadores* sind eine spezielle Art von Curanderos. AGUIRRE BELTRÁN behandelt das Thema sehr anschaulich, indem er den Terminus *succión* (= »An-, Aussaugen«) anstelle von *chupar* (= »saugen«) verwendet: »Das Aussaugen wird so gemacht, daß der Mund direkt auf die Stelle gesetzt wird, wo die Krankheit vermutet wird, oder man nimmt ein Röhrchens, das man zwischen Mund und betroffene Stelle setzt. In beiden Fällen zieht der Arzt die Krankheit heraus, besser gesagt, den Geist der Krankheit, der sich in diversen kleinen Objekten materialisiert. Diese sind je nach Region und ethnischer Gruppe entweder Feuersteinklingen, Papierfetzen oder Würmer usw.« (AGUIRRE BELTRÁN, *Medicina y magía*, Mexico, D.F.: INI, 1963, S. 52.)

[7] Der *Chicon Nindó* (»Herr der Berge«) ist ein mythologisches Wesen bei den Mazateken. Man sagt, daß er der Beherrscher und Besitzer der Berge sei, und man setzt ihn mit dem weißen Mann gleich, der die Macht habe, Geister zu beschwören und böse Einflüsse oder Geister, die Krankheiten hervorrufen, zu bannen. Einige identifizieren ihn mit Quetzalcoátl, der »Gefiederten Schlange«

[8] Von den Versionen, die man in Huautla hört, und die von älteren Personen erzählt werden, ist die folgende repräsentativ für die Methode, mit der Zauberer dieses Ritual durchführen: Wenn der Mais anfängt zu reifen, etwa Anfang Juli, stehen die Arbeiter beim Morgengrauen an der Milpa und warten auf das tjin-tjin eines Truthahns, das vom östlichen Horizont herüberkommt. Es ist, als ob ein riesiger Truthahn von den Besitzungen des Herrn des Donners herunterspringt. Man sagt, daß dieser mächtige Herr den Truthahn schicke, damit er den Arbeitern die Nachricht überbringe, der Augenblick sei gekommen, das Ritual zu vollziehen, d.h. die Saat kann übergeben werden. Die Arbeiter sind Nachbarn, die zusammen den Mais aussäen, ohne Geld dafür zu nehmen. Es sind Freiwillige, die ihre Arbeitskraft der Gemeinschaft zur Verfügung stellen. Das erklärt auch, wieso die Familie, die die Pflanzung besitzt, die Arbeiter einlädt, am Fruchtbarkeitsritual für den Schutz der Saat teilzunehmen, bis zu dem Augenblick, wenn der Truthahn die Nachricht überbringt. Zu diesem Zweck versammeln sich die Arbeiter in der Morgendämmerung um einen (aus Erfahrung guten) mächtigen Zauberer, der das Ritual eröffnet. Er schickt die Arbeiter auf die Milpa um von dort 13 Maisstauden, »die mitsamt der Wurzel ausgegraben wurden«, mitzubringen. Nach der Rückkehr in die Hütte, nimmt der Zauberer die Stauden in Empfang, löst die Maiskolben heraus, und legt sie in das Weihrauchbecken. Danach sucht er einen Truthahn aus – den größten, wenn die Familie mehrere besitzt, oder aber er gibt sich mit dem einzigen, der da ist, zufrieden. Die Familien mästen die Truthähne im Laufe des Jahres, genauer gesagt vom Zeitpunkt der Aussaat an bis zum Augenblick der Reife der Maiskolben. Der Zauberer nimmt den ausgewählten Truthahn und opfert ihn, indem er ihm mit der Machete den Kopf abschlägt. Er läßt das Blut des Tieres in ei-

eine schleichende Krankheit hervorruft. Die Person, die von diesem Fluch getroffen wird, leidet über Jahre hinweg. Das kann vier, fünf, sechs oder auch sieben Jahre dauern. In dieser Zeit entwickeln sich die Knoten zu ekelerregenden Geschwüren. Einige Menschen, die zu diesem Leid verurteilt sind, verlieren angesichts des bevorstehenden Todes den Mut zum Leben, andere wiederum kämpfen gegen den Fluch des Herrn des Donners an.

Die Zauberer gehen hinaus, dorthin, wo das Echo wohnt, dorthin also, wo es Berge und Hänge gibt, und sprechen in ihrer Sprache. Dort erflehen sie die Hilfe vom *Chicon Nindó,* dem »Herrn der Berge«[7]. Aber es läßt sich wenig machen. Gegen den Fluch des Herrn des Donners läßt sich gar nichts machen. Der Hals des Erkrankten ähnelt dem Hals eines Truthahns. Und das kommt daher, weil der Herr des Donners einen heiligen Truthahn in seinen Diensten stehen hat. Dieser Truthahn hat den Auftrag, Menschen und Tiere zu bestrafen, die es wagen, der Saat Schaden zuzufügen. Der Truthahn verwandelt Menschen und Tiere in Truthähne. Deshalb sterben sie mit Geschwüren am Hals. Die Zauberer opfern Hühner und bringen dem Chicon Nindó Kakaobohnen und Truthahneier als Gaben dar.[8]

---

nen Krug laufen; es werden noch 13 zerriebene Kakaobohnen dazu gemischt. Wenn alles zubereitet ist, besprengt der Zauberer mit dieser Mischung die Hacken, die Grabstöcke, die Macheten, die Futtersäcke und alles andere Arbeitsgerät, das zur Aussaat gebraucht worden war. Der Zauberer ruft den mächtigen Herrn des Donners an, und bittet ihn, den Mais zu beschützen. Er bittet darum, daß den, der eine Staude herausreißt, oder eine stiehlt, der Fluch treffen möge, daß ihm Knoten am Hals wachsen, daß nichts ihn heilen solle, und daß es auf der ganzen Erde kein Mittel geben möge für den, der es wagt, der Milpa Schaden zuzufügen. Der Zauberer und die Arbeiter bewegen sich auf die Saat zu, und der Zauberer besprengt die Ränder der Milpa mit dem Truthahnblut, in das die Kakaobohnen gemischt sind. Der Zauberer geht an alle Ecken des Feldes, er geht entlang allen Krümmungen und Biegungen, er geht an alle Stellen, von denen er glaubt, sie könnten ein Zutritt für Diebe sein. Nachdem alles besprengt worden ist, begibt sich die Versammlung wieder zurück ins Haus des Besitzers, wo der Zauberer die 13 Maiskolben aus dem Weihrauchbecken nimmt. Später werden die Maiskolben zusammen mit den Stauden von den Arbeitern im Zentrum des Saatgebiets vergraben. Inzwischen wurde das Truthahnfleisch in Tezmole [scharfe Schokoladensoße] zubereitet. Die Arbeiter können dann davon essen. Außerdem werden scharfe Tamales [in Maiskolben- oder Bananenblättern gebackener Maiskuchen] in Form von Kugeln zubereitet und ebenfalls Gebäck aus Sauerteig gemacht. Die Arbeiter setzen sich zusammen und fangen an zu essen. Der Zauberer übernimmt den Vorsitz und sagt zu ihnen: »Jeder einzelne von euch soll daran denken, daß es nicht zulässig ist, auch nur einen Krümel von dem, was ihr essen werdet, wegzuwerfen, denn es ist eine geweihte Speise, die auch nicht von den Hunden berührt werden darf. Wenn das passierte, wäre die Zeremonie, die wir veranstaltet haben, beschmutzt. Ihr dürft nicht vergessen, daß ihr von jetzt an verpflichtet seid, darauf zu achten, daß ihr 52 Tage sexuell enthaltsam lebt. In diesen Tagen, darf es keinen Zorn und keine bösen Gefühle unter den Teilnehmern geben. Wenn während des Essens ein unerwarteter Besucher kommen sollte, dürfen wir ihm nichts anbieten, denn alles, was es in diesem Augenblick in diesem Haus zu essen gibt, ist geheiligt. Das Wasser, die Tezmole, die Tamales, der Kaffee, gehören dem Herrn des Donners. Und man darf nichts davon anbieten, weil der Besucher, dem unser Ritual fremd ist, unsere Zeremonie entweihen könnte, indem er mit einer Frau schläft. Der Sexualakt löscht die ganze Reinheit der Zeremonie aus. Und wer unser Ritual auf diese Weise entweiht, der soll bestraft werden. Ihm sollen die Hoden verfaulen.« Also essen die Arbeiter und die Familie des Saatbesitzers mit größter Vorsicht. Jeder einzelne hält seinen Teller unter das Kinn, damit nicht ein einziger Krümel von den Tamales oder ein Tropfen der Tezmole zu Boden fallen kann. Die Teller werden völlig leer gegessen. Die Tezmole muß ganz aufgegessen werden. Die Tischgenossen wollen keine Spur von dem hinterlassen, was sie gegessen haben. Außerdem fühlt sich keiner satt, sie alle haben das Gefühl, ihr Magen sei leer; denn in Wirklichkeit haben sie nicht sich, sondern den Herrn des Donners gespeist. Falls ein Arbeiter oder ein unverhoffter Besucher die Zeremonie verletzt, werden die Truthähne, die man für die kommende Maisernte mästen will, mager ausfallen und sind somit rituell ungeeignet. Der Besitzer des Maises legt Kreuze, die er aus den Blättern der Pflanze macht, an gut sichtbare Stellen der Milpa. Nicht nur beim Mais, sondern auch bei Zuckerrohr- und Bohnenpflanzungen.

Kapitel 2

Meine Mutter war nun Witwe, und sie erkannte, daß sie von seiten ihrer Schwiegereltern nichts zu erwarten hatte. So beschloß sie, zu ihren Eltern zurückzugehen. Sechs Jahre hatte sie mit Crisanto Feliciano zusammengelebt. Bei seinem Tod war sie noch jung, sie war ungefähr zwanzig Jahre alt. Mein Vater muß so mit 25 oder 26 Jahren gestorben sein; genau weiß ich das Alter nicht, als er aus dem Leben ging. Die Eltern meiner Mutter waren sehr arm. Meine Mutter nahm uns mit zu ihnen. Bald hatte sie Río Santiago ganz vergessen.

Mein Großvater Manuel Cosme war schon fast ein alter Mann. Er verdingte sich als Hilfsarbeiter bei den Großgrundbesitzern. Meine Großmutter, María Estefanía, führte den Haushalt und versorgte das Stück Land um die Hütte herum, wo Mais und Bohnen angepflanzt wurden. Dort wuchsen auch Kürbisse und Chayotes [Sechium edule]. Der Ort, an dem wir damals wohnten, und wo ich heute noch wohne, liegt sehr nahe beim Nindó Tocoxho[1]. Damals, als Crisanto Feliciano sich eine Frau nahm, hatten die Großeltern das Haus in Richtung San Andrés verlassen. Später dann wohnten sie in diesem hochgelegenen Teil, von wo aus man dort unten die Ortschaft Huautla sehen kann. Es gab einige Häuser aus Stroh und Schiefer. Bäume und Gras bedeckten alles. Aber die Kirche war schon erbaut worden.

Meine Großeltern erzählten, daß sie in ihrer Jugend im Dienste des Pfarrers Catarino García[2] gestanden hatten. Dieser Pfarrer wohnte viele Jahre in Huautla. Er hatte mit einigen Indianerfrauen Kinder. Vor dem Tod äußerte er eine Bitte: Er wollte unter dem Altar der Kirche von Huautla begraben werden. Diese Bitte hat man ihm auch erfüllt. Das Leben bei den Großeltern war hart.

Gewöhnlich standen wir vor dem Morgengrauen auf. Beim Licht eines Kienspans setzten sich meine Großmutter, meine Mutter und meine Tante Juanita hin und verarbeiteten Wolle, Seide und Baumwolle. Die Großeltern züchteten im Haus Seidenraupen. Die Seidenraupen brauchten fast ein Jahr, bis sie groß waren. Zuerst, ungefähr im März, legten die Schmetterlinge ihre Eier auf die Petate. Fünf Monate später schlüpften die Raupen aus den Eiern, und wir gaben ihnen zu fressen. Wir gaben ihnen Blätter vom *Mora*-Baum [*Rubus adenotrichos*], und die fraßen sie mit lautem Schmatzen. Wir sortierten die Seidenraupen aus. Wir nahmen die kleineren heraus, damit ihnen die größeren kein Leid zufügen konnten. Die Seidenraupen wuchsen und wurden so groß wie ein Finger. Drei Monate nach dem Ausschlüpfen fingen sie an sich zu verpuppen. Wir holten ihnen Blütenstengel und steckten sie in die Hauswand, und in dieses Bett von Blütenstengeln legten sie ihre Seide ab. Es war nicht leicht, Seidenraupen zu züchten. Man mußte ihnen sehr viel Aufmerksamkeit schenken. Während des Tages oder auch nachts über wurde die Seide von den Blütenstengeln abgenommen. Wir entfernten den Abfall der Raupen. Man mußte sie gut füttern. Wenn man das nicht tat, dann produzierten sie entweder nicht genügend oder aber keine qualitätsvolle Seide.

Schließlich wurde die Seide gereinigt und gesponnen. Man brauchte sie, um Gürtel daraus zu machen, die die Männer zu ihrer Kleidung trugen. Aus der Wolle und Baumwolle machten wir Stoffe und aus den Stoffen machten wir unsere Kleider. Unser Leben war eintönig. Wenn das Tageslicht noch weit weg war, wachten wir auf. Im Morgengrauen, beim ersten Hahnenschrei,

---

[1] Ein heiliger Berg, der südöstlich vor Huautla liegt und unter dem Namen Cerro de Adoración (»Hügel der Anbetung«) bekannt war. Die Legende erzählt, daß dort der Chicon Nindó, der »Herr der Berge« wohne.

[2] Gebürtig aus der Sierra de Ixtlán, Oaxaca. Ein Zeitgenosse des indianischen Präsidenten Benito Juárez.

Xochipilli, der aztekische Gott der Musik, des Gesanges und der entheogenen Pflanzen in seiner Gestalt als Macuilxochitl, »Fünf-Blume« (*Florentiner Codex*, Buch I)

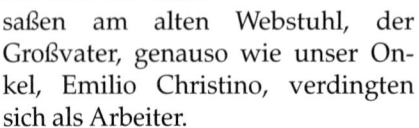

tranken wir den ersten Schluck unserer Pinole, um den Hunger zu stillen und die Kälte zu lindern. Von Zeit zu Zeit gab es Limonen- oder Orangenblättertee und ganz selten Kaffee. Meine Mutter machte Tortillas und stickte. Die Großmutter und die Tante saßen am alten Webstuhl, der Großvater, genauso wie unser Onkel, Emilio Christino, verdingten sich als Arbeiter.

Je größer meine Schwester und ich wurden, um so größer wurde der Berg an Arbeit für uns. Wir hüteten die Hühner oben bei den Bäumen oder wir sammelten Blütenstengel und trockene Zweige für das Feuer, auf dem dann das Essen zubereitet wurde. Ich werde ungefähr elf und meine Schwester vielleicht neun Jahre alt gewesen sein, als der Großvater uns mit hinaus nahm zum Maispflanzen. Er machte Grabstöcke für uns, mit denen wir Löcher in die Erde stießen. In die Löcher legten wir dann mit ungeschickten Händen die Maiskörner hinein. Die ganze Familie ging zur Aussaat. María Ana und ich hatten große Mühe, die Erde umzugraben. Ich glaube, daß unsere Maiskörner ziemlich unregelmäßig auf den Boden fielen. Wir waren eben noch sehr klein und unerfahren. Im Gegensatz zu uns steckten die Erwachsenen die Saatkörner perfekt in eine Reihe und in die vorschriftsmäßige Tiefe. Als die Zeit der Ernte herankam, und die Maisstauden schon groß waren, viel größer als María Ana und ich, da mußten wir laut und herzlich lachen. Wenn die Arbeit auf dem Feld vorbei war, schickte man uns hinaus auf den Berg. Dort mußten wir Hühner hüten oder auch zwei, drei Ziegen, die dann später verkauft wurden. Wir nutzten diese Zeit aus, um mit unseren Puppen zu spielen. Die machten wir uns selbst. Eine meiner Puppen bekam den Namen Florencia José. Sie war aus einem Stück Stoff gemacht. Ich nähte für sie einen Überwurf aus Seide. Im Haus konnten wir nicht spielen. Meine Tante Juanita und der Großvater waren ziemlich streng. Es gefiel ihnen nicht, wenn wir spielten, alles war Arbeit und immer nur Arbeit.

Wenn es darum ging, Bohnen zu stecken, dann rief man uns. Wenn Mais gepflanzt werden sollte, mußten wir mit hinausgehen. Wir waren bei der Aussaat dabei und genauso bei der Ernte.

An gewöhnlichen Tagen aßen wir Bohnen, wenn es welche gab. Oder wir waren zufrieden mit einfachen Tortillas, die man mit Chili-Pfeffer [*Capsicum sp.*] bestreute. Aber zu Allerheiligen gab es Quelite [*Amaranthus hybridus* oder *Chenopodium album*], Yerbamora [*Schwarzer Nachtschatten, Solanum nigrum*] oder Guasmole [Früchte des Ingwergewächses *Renealmia exalta*]. Zu den Festtagen kaufte der Großvater Rindfleisch oder Ziegenfleisch, daß die Großmutter in einer scharfen Soße zubereitete. Das bißchen Essen, das uns die Großmutter am Morgen gab, stillte das Hungergefühl für nur kurze Zeit. Ich glaube, daß unser Lebenswille sehr stark war, stärker noch, als der vieler Männer. Dieser

Lebenswille ließ uns Tag für Tag erneut kämpfen, und zum Schluß bekamen wir ein paar Bissen, die stillten unseren Hunger, den von María Ana und den meinen. Tante Juanita versteckte das Essen, und wenn meine Mutter uns etwas gab, so plagte uns der Hunger doch bald darauf wieder. Wir strengten uns an, einen einzigen Bissen im Mund zu behalten, jeden Abend, jeden Morgen.

Viele Männer hatten erfahren, daß meine Mutter Witwe war. Sie kamen und wollten um ihre Hand anhalten. Sie umwarben sie. Sie kamen, wie es der Brauch ist, im Morgengrauen und brachten Schnaps und Hühner als Geschenke mit, die sie meinem Großvater Manuel Cosme überreichten. Meine Mutter gab dem Werben niemals nach. »Meine einzige Verpflichtung, jetzt und in der Zukunft, wird es sein, meine Kinder aufzuziehen«, war ihre Antwort. Und das, obwohl sie nur sechs Jahre in der Ehe gelebt hatte. Für den Rest ihres Lebens blieb sie allein und wohnte bei mir.

Blick auf Huautla de Jiménez (1962), von Albert Hofmann fotographiert

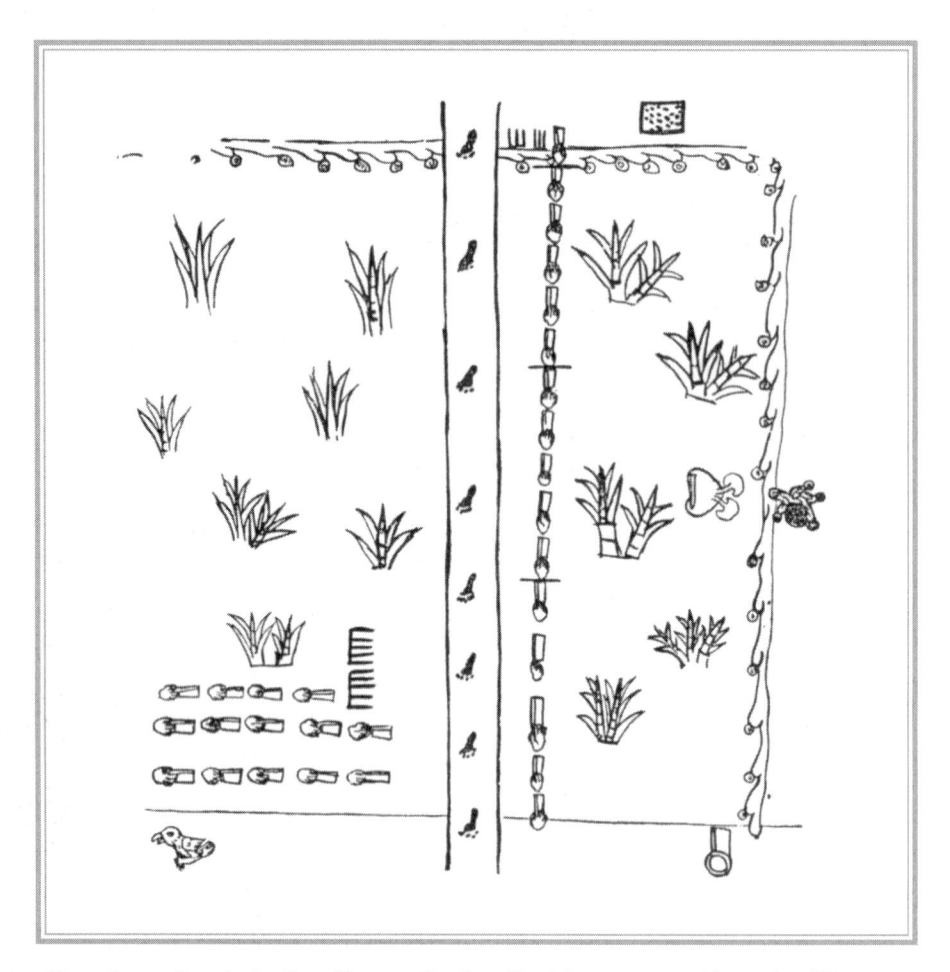

Eine altmexikanische Landkarte, die den Ort *Nanacatepec*, »Berg der Pilze« auf der rechten Seite eingetragen hat (aus: *Códices Indígenas* Nr.27).
Die Azteken gingen in der vorspanischen Zeit in die Berge rund um das Hochtal von Mexico-Tenochtitlan um dort die heiligen Pilze zu sammeln. Noch heute ist die Berggegend bei Cuernavaca für ihren Reichtum an Zauberpilzen bekannt.

Die aztekische Namenshieroglyphe *Nanacatepec*, »Berg der Pilze«

Kapitel 3

Eines Tages erkrankte mein Onkel, Emilio Cristino, so stark, daß er nicht mehr aufstehen konnte. Ich war ein Kind von fünf, sechs oder sieben Jahren. Ich habe nie erfahren, was für eine Krankheit er hatte. Großmutter María Estefanía war sehr in Sorge und ging hinaus, um einen Weisen zu suchen, der Juan Manuel hieß. Er sollte den Onkel heilen.

Der Weise, Juan Manuel, war ein älterer Mann, und er kam nach Einbruch der Dunkelheit in unsere Hütte. Er trug ein Bündel aus Bananenblättern bei sich, das er mit sehr großer Vorsicht behandelte. Ich kam näher heran. Ich wollte sehen, was er in dem Bündel trug. Aber der Weise, Juan Manuel, nahm es ganz schnell in seine Hände und erlaubte mir nicht, näher zu kommen. Er warf mir einen strengen Blick zu und sagte: »Niemand darf jetzt sehen, was ich mitgebracht habe. Das ist nicht gut. Ein neugieriger Blick kann das zerstören, was ich bei mir habe.« Die Neugierde hielt mich wach. Ich sah, wie der Weise, Juan Manuel, die Bananenblätter auseinanderrollte. Er nahm eine Menge Pilze heraus, frisch und groß, so groß wie ein Handteller. Ich hatte die Pilze schon gesehen, im Wald, oben auf dem Berg, wo ich die Hühner und Ziegen hütete. Dort gab es viele Pilze. Ihre braune Farbe hob sich stark gegen die grünen Weiden ab.

Der Weise, Juan Manuel, war gekommen, um Onkel Emilio Cristino zu heilen. Zum ersten Mal war ich Zeuge einer *velada*[1], bei der die *niños santos* eingenommen wurden. Verstanden habe ich das erst später. Ich sah, wie der Weise, Juan Manuel, die Kerzen anzündete und mit den Herren der Berge und den Herren der Quellen sprach. Ich sah, wie er die Pilze aufteilte und paarweise zählte, und wie er jedem Anwesenden, auch dem Kranken, davon gab. Etwas später, als es völlig dunkel war, sprach er. Er sprach und sprach. Seine Stimme klang sehr schön. Sie gefiel mir. Manchmal sang der Weise. Er sang und sang. Ich verstand seine Worte nicht genau, aber sie gefielen mir. Seine Sprache war ganz anders, als die, die wir tagsüber sprechen. Es war eine Sprache, die mich in ihren Bann zog, ohne daß ich sie verstand. Es war eine Sprache, die von den Sternen erzählte, von Tieren und von anderen Dingen, die mir unbekannt waren.

Die Nacht war schon lange angebrochen, doch ich verspürte keine Müdigkeit. Ich saß ganz regungslos auf meiner Petate und verfolgte mit großen Augen diese *velada*. Oh ja, eines verstand ich. Es waren die Pilze, die den alten Juan Manuel dazu gebracht hatten, zu singen. Nach Mitternacht zündete der Weise eine Kerze an und stellte sie auf den Boden. Ich sah, daß er tanzte, und er erzählte, daß er Tiere sehe, Gegenstände und Personen. Ich konnte das alles nicht so ganz verstehen. Der Weise sprach ohne Unterlaß. Er brannte Weihrauch ab und rieb die Unterarme des Kranken mit *San Pedro*[2] ein.

Gegen Morgen hin richtete sich der kranke Onkel, der unterdessen schon nicht mehr so schwach aussah, ein wenig auf. Der Weise, Juan Manuel, hatte ihn mit seiner Sprache belebt. Der Onkel stellte sich aufrecht hin. Das hatte er schon seit einigen Tagen nicht mehr getan. Durch seine Krankheit war er bettlägerig. Zwei Wochen später war Onkel Emilio Cristino wieder bei voller Gesundheit.

Seit der *velada*, bei der der Weise, Juan Manuel, den Onkel geheilt hatte, waren einige Tage vergangen. María Ana und ich paßten oben bei den Bäumen auf unsere Hühner auf,

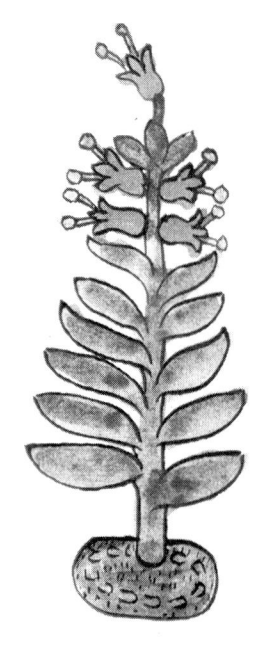

Altmexikanische Darstellung des stark nikotinhaltigen Bauerntabaks (*Nicotiana rusticana*)

[1] Spanisch *velada* heißt eigentlich »Nachtwache«; wird aber als Bezeichnung der nächtlichen Pilzzeremonie benutzt.

[2] *San Pedro* bezeichnet ein Gemisch aus zerriebenem Bauerntabak (*Nicotina rustica*) und Kalk, manchmal auch mit Knoblauch. Sein Gebrauch ist zeremoniell und man schreibt ihm die Kraft zu, gegen böse Einflüsse und gegen Zauberei wirksam zu sein. Er wird in einem Stoffsäckchen wie ein Skapulier getragen. Der Bauerntabak ist identisch mit dem *piciete* oder *piziate*, wobei das Wort sicherlich eine Verballhornung des altmexikanischen Náhuatl-Ausdrucks *picietl* ist.

»Dieser Pilz ist ein transdimensionaler Eingang, den verschmitzte Feen ein wenig haben offenstehen lassen, damit ein jeder eintritt, der den Schlüssel finden kann und die Kraft zu benutzen wünscht - die Kraft der Vision -, diesen besonderen und natürlich vorkommenden psychoaktiven Komplex genauer zu erkunden«
TERENCE MCKENNA
(1989: 75)

damit sie nicht den Sperbern oder den Füchsen zum Opfer fielen. Wir saßen unter einem Baum, und plötzlich sah ich ganz nah bei mir, in Reichweite meiner Hand, einige Pilze stehen. Es waren dieselben Pilze, die der Weise, Juan Manuel, gegessen hatte. Ich erkannte sie genau. Meine Hände gruben ganz behutsam einen Pilz aus und dann noch einen. Ich nahm sie nah, ganz nah zu mir heran und betrachtete sie. »Wenn ich dich esse und dich und auch dich, ich weiß, dann werdet ihr mich schön singen lassen«, sagte ich zu ihnen. Ich erinnerte mich, daß die Großeltern immer mit tiefer Ehrfurcht von diesen Pilzen sprachen. Deshalb wußte ich, daß sie nicht böse waren. Ich dachte nicht mehr lange darüber nach. Ich führte die Pilze zum Mund und kaute sie. Ihr Geschmack war nicht sehr angenehm. Im Gegenteil, sie schmeckten bitter und nach Wurzeln und Erde. Ich aß sie ganz auf. María Ana, meine Schwester, sah mir zu und tat das gleiche.

Nachdem wir die Pilze gegessen hatten, überfiel uns eine leichte Übelkeit und ein Schwindelgefühl, so als wären wir betrunken. Aber diese Übelkeit verging, und danach waren wir sehr zufrieden. Ein wenig später fühlten wir uns sehr wohl. Das war eine neue Kraft für unser Leben. So empfand ich es.

Wenn wir in den folgenden Tagen Hunger hatten, aßen wir die Pilze. Und wir hatten nicht nur einen gefüllten Magen, sondern auch einen zufriedenen Geist. Die Pilze bewirkten in uns, daß wir zu Gott beteten, er möge uns nicht so leiden lassen. Wir erzählten ihm, daß wir ständig Hunger hätten und daß uns ständig kalt sei. Wir hatten nichts – nur Hunger und Kälte. Ich wußte nicht, ob die Pilze wirklich gut oder böse waren. Nicht einmal, ob man sie essen konnte oder ob sie giftig waren, wußte ich. Aber ich spürte, daß sie zu mir sprachen. Nachdem ich sie gegessen hatte, hörte ich Stimmen. Stimmen, die von einer anderen Welt kamen. Es war wie die Stimme eines Vaters, der Ratschläge erteilt. Die Tränen liefen uns in Bächen über das Gesicht, so als weinten wir über die Armut, in der wir lebten.

Am nächsten Tag aßen wir wieder die Pilze, und ich hatte eine Vision: Ein Mann erschien. Er war gut gekleidet. Er war groß wie ein Baum. Ich hörte die geheimnisvolle Stimme, die sagte: »Das ist dein Vater, Crisanto Feliciano.« Mein Vater, der schon seit einigen Jahren tot war, gab mir so die Ehre, ihn kennenzulernen. Der stattliche Mann, mein Vater, sprach. Er zeigte auf mich und sagte die folgenden Worte: »María Sabina, knie nieder, knie dich hin und bete!« Ich kniete nieder und betete. Ich sprach zu Gott, mit dem ich mich jedesmal mehr vertraut und immer näher fühlte. Ich empfand, daß alles, was mich umgab, Gott war. Da merkte ich auch, daß ich viel sprach, und daß meine Worte wunderschön waren.

María Ana und ich aßen die Pilze immer wieder. Wir aßen sie viele viele Male. Manchmal kamen mein Großvater und meine Mutter zu uns herauf und hoben uns vom Boden auf, wo wir hingestreckt lagen oder knieten. »Was haben sie getan«, fragten sie. Sie nahmen uns auf die Arme und trugen uns ins Haus. Wir lagen in ihren Armen und lachten und sangen und weinten weiter. Niemals schimpften sie uns aus oder schlugen uns, weil wir Pilze gegessen hatten. Denn sie wußten, daß es gefährlich war, einen Menschen zu beschimpfen, der die *cositas* gegessen hatte. Das kann nämlich entgegengesetzte Gefühle in ihm wecken, und es ist möglich, daß der bestrafte

Mensch merkt, wie er verrückt wird. In der folgenden Regenzeit, als die Pilze wieder zurückgekommen waren, aßen wir sie weiter. Einige Zeit später erfuhr ich, daß sie wie Gott waren; daß sie einem Weisheit verliehen; daß sie Krankheiten heilten; und daß unser Volk sie vor vielen vielen Jahren zu sich genommen hatte; daß sie Macht besaßen; daß sie das Blut Christi waren.

Jahre später, als ich das zweite Mal Witwe war, gab ich mich für immer der Weisheit hin, um Menschen von ihren Krankheiten zu heilen und um immer in der Nähe Gottes zu sein. Den Pilzen soll man Ehrfurcht erweisen. Im Inneren fühlte ich, daß sie mit mir verwandt waren. Sie waren wie meine Eltern, sie waren mein Blut.

Es ist wahr, ich bin mit meinem Schicksal geboren, dem Schicksal, eine Weise zu sein. Ich bin eine Tochter der *niños santos*.

Ich ging niemals zur Schule, wo man lesen und schreiben und Spanisch sprechen lernt. Meine Eltern beherrschten nur die Sprache der Mazateken. Ich habe nie eine andere Sprache gelernt. Außerdem wußte ich nicht, was die Schule war, noch wußte ich, daß es sie gab. Und wenn es sie gegeben hätte, wäre ich nicht hingegangen, weil wir gar keine Zeit hatten. Früher hat man viel gearbeitet.

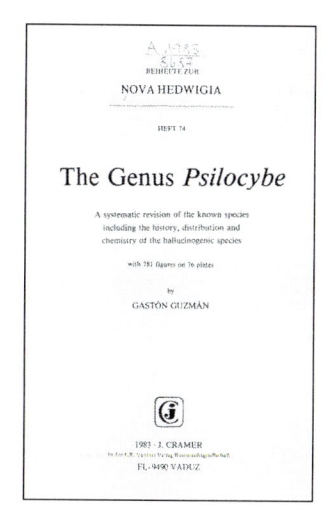

Titelseite der bisher umfangreichsten Monographie zur Pilzgattung *Psilocybe*

Allgemeine Namen für psychoaktive Pilze in Mexiko

Aztekisch	nanacatl	»Fleisch« / »Pilz«
	teonanacatl	»Fleisch der Götter«
[Molina]	xochinanacatl	»Blumen-Fleisch«
	teyhuinti-nanacatl	»berauschender Pilz«
Purépecha	cauigua-terékua	»Pilze, die trunken machen«
Mazatekisch	díshitu	»aus der Erde geboren«
Modernes Maya	lol lú'um	»Blüten der Erde«
Lakandon	kuxum	»Lebendes der Erde«
Modernes Náhuatl	nanakatsisten	»Fleisch [der ?]«
	tlakatsitsin	»hombrecitos« (kleine Leute)
	a-pipil-tzin	»Kinderlein der Wasser«
Mixe	maax wiin mux	»Pilze der Erd[göttin]«
	pi:tpi	»Spindelstab«
Zapotekisch	beyo-zoo	
	mbèydó	
	pea-zoo	
	bi-neechi	
Spanisch	hongos	»Pilze«
[Mexikanisch]	hongitos	»Pilzchen«
	niños	»Kinder«
	niños santos	»heilige Kinder«
	santitos	»kleine Heilige«
	cositas	»Dingchen«

Die mexikanischen Zauberpilze

Folgende Pilzarten (außer der Amanita muscaria), die fast alle den Hauptwirkstoff Psilocybin (daneben Psilocin und andere Indole) enthalten, werden in Mexiko rituell eingenommen:

Amanitaceae – Knollenblättergewächse/Wulstlinge
Amanita muscaria (L. ex Fr.) [1821] Hooker ssp. flavivolvata Sing.
    Lakandon äh kib lu'um, »das Licht der Erde«
    Tzeltal/Tzotzil yuy chauk, »Donnerkeil-Pilz«
    Quiché kaquljá okox, »Donnerkeil-Pilz«; itzel okox, »diabolischer Pilz«; xibalbaj okox, »Unterweltspilz«
    Cakchiquel ruk'awach q'uatzu:y, »teuflischer Pilz«
    Kekchi rocox aj tza, »Teufelspilz«
    Modernes Náhuatl cuicicitlal
    Taraskisch terecua-cauica, »berauschender Pilz«
    Span. yuyo de rayo, »Donnerkeil-Pilz«

Bolbitiaceae – Mistpilze
Conocybe siligineoides HEIM 1956
    Mazatekisch di-nize-ta-aya. ta'a'ya

Coprinaceae – (Mistpilze) Tintlinge
Copelandia cyanescens (Berk. et Br.) SINGER 1949
Copelandia tropicales (Ola'h) SINGER & WEEKS
Panaeolus sphinctrinus (Fr.) QUELET 1872
    [syn. *Panaeolus campanulatus* L. var. *sphinctrinus* (Fr.) Bresadola; cf. Reko 1940 und Schultes 1940][1]
    Mazatekisch to-shka, »berauschender Pilz«
    Zapotekisch beya-zoo, »berauschender Pilz«
    Span. hongo borracho, »trunkener-Pilz«

Panaeolus fimicola (Fr.) Quelet ex Fries
Strophariaceae – Schuppenpilze/Träuschlingsartige
Psilocybe aztecorum HEIM 1958
    Nahua apipiltzin, teu-nanácatl, tejuinti, teyhuinti nanácatl
    Span. dormilón, »Langschläfer«, niñotos, »Jungs«

Psilocybe caerulescens MURRILL 1923 (var. *caerulescens* HEIM)
    Span. derrumbe, »Abgrund«, razón-bei, cañadas, »Schluchten«
    Mazatekisch di-chi-te-ki-sho
    Modernes Nahuatl teotlaquilnanácatl, »der heilige Pilz, der in Farben malt«

Psilocybe caerulescens MURREL var. *mazatecorum* HEIM 1956
    Mazatekisch ntixitho ntikixo, »Abgrund«

Psilocybe caerulescens var. *ombrophila* (HEIM) GUZMÁN = *P. mixaeensis*
    Mixe atkat

Psilocybe caerulescens var.. *nigripes* HEIM 1957
    Chatina cui-ya'-jo'-o-su, »Pilz der großen Vernunft«
    Mixe kong, »Herr/Herrscher«, ko:ngmus, »Herrscher-Pilz«
    Mazatekisch ndi-ki-sho, ndi-shi-tjo-ki-sho, »die kleinen lieben »Dinger, die hervorschießen«
    Span. derrumbe negro, »der schwarze Abgrund«

Psilocybe caerulipes (PECK) Sacc. 1887
Psilocybe cordispora HEIM 1956
    Mixe pi:tpimus, pitpi, enedi:z, »Donnerzähne«
    Mixe (Coatlán) atka:t
    Span. dulces clavitos del Señor, »Süße Nelken des Herrn«

Psilocybe fagicola HEIM & CAILLEUX 1959, var. *fagicula* GUZMÁN
    Span. Señores principales, »Die Herren Prinzipale«

Psilocybe fagicola HEIM & CAIL. var. *mesocystidiata* GUZMÁN
    Span. Señores principales, »Die Herren Prinzipale«

Psilocybe gastoni SING. [?]
    Mazatekisch di-nizé-te-aya

Psilocybe heimii GUZMAN 1978
    Span. pajarito de monte, »kleiner Vogel des Waldes«

Psilocybe hoogshagenii HEIM 1958 [var. *Hooghagenii*]
    Mixe atka:t, atkadmus, »Richter-Pilz«
    Nahuatl cihuatsinsintle
    Span. los chamaquitos, »kleine Jungs«, los niños, »Kinder«

Psilocybe hoogshageni var. *convexa* = *P. semperviva* HEIM & CAILLEUX [?]
    Modernes Nahuatl teotlaquilnanácatl, »der heilige Pilz, der in Farben malt«

Psilocybe mexicana HEIM 1956
    Span. pajaritos, »Vögelchen«, angelitos, »Engelchen«, piule de churis, chamaquillos, »Kleine Jungs«
    Modernes Nahuatl teotlaquilnanácatl, »der heilige Pilz, der in Farben malt«
    Chinantekisch a-mo-kid, manadjezuhe, amok-ya, a-ni
    Chatina cui-ya-jo-to-ki, cuir-ya-jo-oki, »der kleine Pilz-Heilige«; cuiya'jo'oki, »Heilige Pilz des Zacatal«
    Mazatekisch di-chi-to-nizé, di-nizé, »kleiner Vogel«; ndi-shi-tjo-ni-se, ntisithonise, t-ha-na-sa, toshka, tsmai-ye,tsamikindi
    Mixe kongk, pi-tpa, enedi:z, »Hagel/Donnerzähne«, pi:tpimus, amokia
    Zapotekisch mbey-san, »Pilz-Heiliger«

Psilocybe muliercula SING. & SMITH - *Strophariacea*
    Modernes Náhuatl cihuatsinsintle, nano-catsintli, netochhuatata quauhtan-nanácatl (?)
    Matlazinca ne-to-chu-táta, »(liebe) kleine heilige Herren«
    Span. mujercitas, »Mädchen«, niñas, »Töchter«, niño, »Sohn«

Psilocybe semperviva HEIM & CAILLEUX 1957
Psilocybe Wassonii HEIM 1957
    [möglicherweise mit *P. muliercula* synonym; vgl. OTT 1993: 312]
    Nahua siwatsitsíntli, »Kleine Mädchen«
    Span. mujercitas, »Mädchen«

Psilocybe yungensis SINGER & SMITH 1958
    [syn. *Psilocybe acutissima* HEIM 1958, *Psilocybe isauri* SINGER 1959; Span. derrumbe negro, »der schwarze Abgrund«]
    Mazatekisch di-nezé-ta-a-ya, si-shi-tjo-leta-ja, di-shi-to-ta-a-ya
    Mixe atkad, »Richter«, piitpa
    Span. pajarito de monte, »Waldvöglein«, hongo genio, »genialer Pilz«

Psilocybe zapatecorum HEIM 1956
    [syn. *Psilocybe candidipes* SINGER & SMITH 1958; Zapotekisch njte-jé]
    Zapotekisch mbey san, badao zoo, badoo, bei, be-meeche, beya-zoo, beneechi, patao-zoo, paya-zoo, peacho, pea-zoo
    Chatina cui-ya-jo-otnu, »Der große Pilz-Heilige«
    Mazatekisch di-nizé-ta-a-ya, nche-je
    Span. piule de barda, »Rauschpflanze der Dornenkrone«
    derrumbe negro, »der schwarze Abgrund«
    razón-guiol, »die leitende Vernunft«
    razón viejo, »alte Vernunft«
    hongos de la razón, »Pilze der Vernunft«
    corona de cristo, »Krone des Christus«
    derrumbe de agua, »Abgrund des Wassers«

Stropharia cubensis EARLE 1906 = *Psilocybe cubensis* (EARL) SING.[2]
    Span. San Isidro, San Isidro Labrador, honguillos de San Isidro Labrador, »Pilze des heiligen Isidro Labrador [= der Heilige der Landwirtschaft]«
    derrumbe del estiércol de vaca, »Abgrund der Kuhfladen«
    Zapotekisch nocuana-be-neeche
    Mazatekisch nti-xi-tjole-ncha-ja, »Pilz wie der, der auf Kuhfladen wächst«
    Modernes Náhuatl teotlaquilnanácatl, »der heilige Pilz, der in Farben malt«
    Chol (Panlencano) tenkech
    Yukatekisches Maya lòl lú'um, »Blüten der Erde«

---

[1] Die Anwesenheit von Psilocybin in dieser Spezies ist fraglich; vgl. OTT & GUZMAN 1976). In Europa gewachse Exemplare haben beim Verspeisen keinerlei Wirkung entfaltet. Allen et al. 1992 haben diese Art aus ihrer Liste der psilocybinhaltigen Pilze getrichen.

[2] Dieser inzwischen weltweit verbreitete Pilz wurde durch afrikanische Rinder nach Amerika eingeschleppt (GUZMAN 1983: 57).

Kapitel 4

Als sich unsere Kindheit dem Ende zuneigte, war die Last der Arbeit für María Ana und mich immer größer geworden. Wir hatten gelernt, Tortillas herzustellen, Essen zuzubereiten, zu waschen und zu putzen. Eines Morgens kamen ein paar Leute, die lang und breit mit meiner Mutter und meinen Großeltern sprachen. Die Leute gingen wieder, und meine Mutter sagte mir, sie seien gekommen und wollten um meine Hand anhalten. Ich sollte mit einem jungem Mann eine Ehe eingehen. Die Leute kamen noch das eine und andere Mal, aber ich sah keinen heiratsfähigen jungen Mann unter ihnen. Ich lernte den, der mein Mann werden sollte, an dem Tag kennen, als er kam, um mich zu sich zu holen. Hochzeit gab es keine. Meine Mutter befahl mir, ohne mich weiter zu fragen, meine Kleider zusammenzupacken, und sagte zu mir, daß ich von jetzt an nicht mehr zu ihnen gehören würde. »Jetzt gehörst du diesem jungen Mann, der dein Ehemann ist. Geh mit ihm. Behandle ihn gut. Jetzt bist du eine junge Frau.« Das waren ihre Worte. So ist es der Brauch. Ich war vierzehn Jahre alt. In den ersten Tagen meines neuen Lebens hatte ich Angst. Ich wußte nicht, was vor sich ging. Später fand ich mich damit ab. Im Laufe der Zeit mochte ich meinen Mann sehr gern. Er hieß Serapio Martínez. Er war ein junger Mann von zwanzig Jahren. Er liebte es, sich sauber zu kleiden und schien nicht dumm zu sein. Später stellte ich dann fest, daß er ein gutes Herz hatte. Er trank wenig Schnaps, fast nichts. Die Arbeit auf dem Feld sagte ihm nicht besonders zu. Mit Stolz darf ich sagen, daß er lesen und schreiben konnte. Er widmete sich dem Verkauf von rotem und schwarzem Garn, mit dem man die Überwürfe säumt, die die Frauen tragen. Auch verkaufte er Kochgeschirr, Teller und Tassen. Er reiste nach Córdoba, nach Veracruz, nach Tehuacán und nach Puebla, um die Ware einzukaufen, die er dann in Huautla und den umliegenden Dörfern wieder verkaufte. Er ging immer zu Fuß und trug die Ware auf seinen Schultern. Er brauchte acht Tage für den Fußmarsch nach Puebla und zurück. Nach einiger Zeit hatte er soviel Geld, daß er sich Lasttiere kaufen konnte. Auf ihre Rücken packte er dann alles, was er gekauft hatte und schaffte es nach Hause.

Als ich ihm sagte, daß ich schwanger sei, nahm er das ganz normal auf. Er zeigte keinerlei Gefühle, weder Freude noch Traurigkeit. Er sagte bloß: »Also dann bereite dich darauf vor, Mutter zu werden.« Wenn er von seinen Reisen zurückkam, dann erzählte er mir, in welchem Zustand die Wege sind oder was das Garn und das Kochgeschirr jetzt kosten.

Irgendwann einmal sprach er wieder wie gewöhnlich kein Wort. Als ich ihn fragte, warum er so schweigsam sei, antwortete er: »Ich weiß, daß sie in Huautla Leute rekrutieren. Sie sollen mit der Waffe kämpfen. Die einen nennen sich Carrancistas, die anderen Zapatistas. Sie ziehen mit Gewehren und Pferden umher. Bald werden sie kommen und auch mich holen. Sie werden mir ein Gewehr in die Hand drücken. Wenn sie sehen, daß ich gut bin, werden sie mir sicher auch ein Pferd geben.

Die Worte von Serapio sollten sich erfüllen. Die Soldaten holten ihn. Er leistete keinen Widerstand. Das alles geschah, als Caterino, mein erstes Kind, kaum zehn Tage alt war. »Mach dir keine Sorgen, Sabí«, sagte Serapio, »ich werde einen Weg finden, dir ein bißchen Geld zu schicken.« Als er fortging schaute ich ihm nach, bis ich ihn aus den Augen verlor. Er ging mit ein paar Männern, die gekommen waren, um ihn zu holen. Ich weinte sehr viel. Aber ein paar Tage später hatte ich mich damit abgefunden. Die Vorstellung, daß er bald wieder zurückkommen werde, half mir dabei. Ich blieb allein mit meiner Mutter in der Hütte. Die Großeltern waren bereits gestorben. Onkel Emilio und Tante Juanita waren auch schon tot.

Die neuen Soldaten waren für einige Zeit in Huautla einquartiert. Danach zogen sie fort. Anfangs war Serapio ein Kornett. Ein Jahr später war er Major des Heeres und stand im Dienst des Generals Adolfo Pineda[1]. Du weißt Alvaro, daß er dein Großvater war. Während all der Zeit, als Serapio im Krieg war, bekam ich Geld, das er mir in unregelmäßigen Abständen schickte. Ein Soldat ging von Haus zu Haus und hinterließ mündliche Nachrichten, gab Briefe und Geld ab. Serapio schrieb nicht. Ich konnte ja nicht lesen. Nur einmal schickte er mir eine schriftliche Nachricht. Ich suchte jemanden, der lesen konnte. Er sollte mir sagen, was da geschrieben stand. Serapio ließ mir ausrichten, daß ich mich um ihn nicht zu beunruhigen brauche und daß er wohlauf sei. Ein anderes Mal bekam ich weder eine Nachricht, noch Geld, nur eine grausame Notiz, die besagte: »Serapio ist im Kampf gefallen.« Ich weinte. Ich warf mich über den kleinen Körper meines Sohnes Caterino, der erst kurz zuvor auf die Welt gekommen war, und weinte.

Zu jener Zeit lebte das Dorf in Angst und Schrecken. Alle, die Angehörige im Krieg hatten, befanden sich in ständiger Beklemmung. Es kam ein Mann und sagte. »Sabí, sei nicht mehr traurig! Serapio lebt.« Kurz darauf kam ein anderer und sagte: »Serapio ist vermißt. Niemand weiß etwas von ihm. Doch wir vertrauen darauf, daß er bald wieder unter uns ist.« Später dann wurde neue Hoffnung geweckt: »Serapio ist bereits wieder unter uns!« Und kurz danach eine neue Enttäuschung: »Nein. Er ist schon gestorben.« Am Ende hatte ich mich an dieses Leben mit all seinen jähen Schrecken gewöhnt. Und es gab Augenblicke, in denen es für mich nicht mehr wichtig war, ob Serapio tot war oder noch lebte. Die Gerüchte, die an meine Haustür kamen, wurden nur noch mit kalter Dankbarkeit entgegengenommen.

Aber ich merkte, daß mein Herz sich mit großer Freude füllte, als Serapio sechs Monate später vor mir stand. Auf den ersten Blick erkannte ich ihn nicht wieder. Er trug Sturmriemen und ein schweres Gewehr, eine Uniform und etwas, das man auf den Kopf setzt [ein sogenanntes Kepí]. Er erzählte mir wenig von seinem Leben als Soldat, nur soviel, daß sie ihn ausgesucht hatten als Kornett und daß er, als sein Vorgesetzter im Gefecht fiel, das Signalhorn habe liegenlassen, um das Gewehr eines toten Soldaten an sich zu nehmen. Man erkannte, daß er sehr schnell war. Um ihn auf die Probe zu stellen, ließen sie ihn einmal neben einem Pferd daherlaufen, und sie sahen, daß er viel aushielt. Die Schnellen hatten mehr Möglichkeiten aufzusteigen, die Schnellen und die Mutigen. Der Mut stand ganz oben an. Und Serapio war mutig, seine Jugend half ihm dabei. Serapio kehrte wieder in den Krieg zurück, und ich machte mir jetzt keine so großen Sorgen mehr. Er kam dann acht Monate später zurück, und ging nicht wieder fort. Mein Sohn Caterino hatte angefangen zu laufen.

Es stimmt, Serapio trank wenig und arbeitete viel. Aber ihm gefielen die Frauen. Er brachte viele Frauen in mein Haus. Wir lebten zu dritt unter ein und demselben Dach, als das passierte. Die Frauen verließen das

[1] Ein Mazateke aus Huautla, der zur Carrancista-Bewegung gehörte.

Haus meistens wieder nach fünfzehn oder dreißig Tagen. Ich war nicht eifersüchtig denn ich fühlte mich als die wirkliche Frau von Serapio. Von ihm habe ich drei Kinder: Caterino, Viviana und Apolonia. Jedes der Kinder wurde im Abstand von eineinhalb Jahren geboren. Daß mein Mann an den Frauen so großen Gefallen fand, war auch ein Grund, warum unsere Beziehung nicht so war, wie ich es mir gewünscht hätte. Ich mochte ihn sehr gern, aber es schmerzte mich, zu wissen, daß er in ein junges Mädchen aus der Tierra Caliente [dem tropischen Tiefland] verliebt war. Er ging weg von mir, weil er der anderen den Vorzug gab. In der Tierra Caliente bekam Serapio die »Krankheit des Windes«[2]. Drei Tage lag er im Todeskampf, dann starb er. Seine Lasttiere und sein Geld fielen der anderen Frau zu.

So endete meine Ehe. Sechs Jahre lang hatte ich einen Ehemann. Genauso lange wie meine Mutter mit ihrem Mann zusammengelebt hatte. Und genauso wie meine Mutter, wurde ich mit ungefähr zwanzig Jahren Witwe.

[2] mazatekisch: *Tchíin-tjao* (= Bronchopneumonie). »Diese wird von den orkanartigen Stürmen übertragen. Wenn die Wolken bei einem herannahenden Unwetter ganz dunkel sind, bringen sie Tchíintjao«, erklärte der Schamane Ricardo García Enriquez aus Xochitonalco, Agencia Municipal de Huautla. [In Mesoamerika ist der Glaube, daß bestimmte Krankheiten durch Winde *(aíres, ik')* übertragen werden, weit verbreitet. Auch in der städtischen Bevölkerung Mexikos gibt es nach wie vor die Vorstellung von »schlechten Winden«. CR]

Foto der María Sabina aus einer mexikanischen Zeitung (März 1983)

Zur Geschichte der Mazateken

»Einer der ethnographisch interessantesten Eingeborenenstämme des südlichen Mexico sind die Maçateca-Indianer, deren Zahl heute auf 18-20000 geschätzt werden kann und die im nordöstlichen Teil des Staates Oaxaca, von den Abhängen der Sierra bis weit in das Flachland der Golfküste hinein verstreut wohnen.

Sie selbst nennen sich *ää* (nasal); der Name maçateca, d.h. Herren der Hirsche, ist ihnen von den erobernd nach Süden vordringenden Azteken gegeben worden, denen sie sich übrigens, ebenso wie die Mixes, niemals dauernd unterwarfen.

Von historischen Reminiszenzen sind unter den Eingeborenen selbst nur dürftige Bruchstücke erhalten. Danach sollen sie von Norden her über einen Rio Colorado eingewandert und nach langen Kämpfen mit den Nahoastämmen des Zentralhochplateaus nach der Golfküste zu gedrängt worden sein. Diese, den Maçateca allem Anscheine nach sehr geläufige und feststehende Überlieferung gewinnt eine gewisse Bedeutung in dem noch immer herrschenden Meinungsstreit über die früheren Wohnsitze der heutigen mexikanischen Indianer, die mit Vorliebe nach dem Süden des Kontinents verlegt werden.

Der letzte, gewissermaßen authentische Überlieferer dieser historischen Legende war ein Mazateke namens Manuel Vicente, der, ein Abkömmling der alten Könige von Mazatlan, im Jahre 1869 angeblich im Alter von 130 Jahren starb. Mein direkter Gewährsmann ist Othon Garcia, gleichfalls ein Vollblutmazateke und ehemaliger Gemeindepräsident des grossen, über 6000 Einwohner zählenden Mazatekendorfes Huautla.

Das Königs- oder Kazikentum bestand in aller Form und selbst von der mexikanischen Zentralregierung geduldet, noch bis zum Jahre 1857. Die neue Verfassung machte ihm nominell ein Ende, doch bestand es praktisch bis in die 80er Jahre fort, wo der letzte Kazike, Beherrscher von Chilchotla, samt seinen Anhängern ermordet wurde. Seine Witwe sah ich noch im Jahre 1903 auf der Finca Sta. Helena, nicht weit von Chilchotla.

Die Kaziken wurden je von einem oder mehreren verbündeten Dörfern auf Lebenszeit gewählt und empfingen von ihren Untertanen freiwilligen Tribut in Form von Naturalien: Mais, Bohnen, Zuckerrohr, Kaffee, Kakao usw., oder Industrieerzeugnissen, z.B. Kleidern. Sie waren aber durchaus Herrscher von Volkes Gnaden, konnten zur Verantwortung gezogen, abgesetzt und selbst an Gut und Leben gestraft werden. Der Kazike war nicht nur Richter, sondern zugleich Oberpriester. Die Stelle der Religion ersetzte – und ersetzt vielfach noch heutigen Tags – ein äusserst primitiver Tierkult und eine Unzahl gewiss uralter heidnischer Zeremonien.

Jeder Kazike wählte sich ein heiliges Tier, dem in dem Gemeindehause oder, wie in Chilchotla, in der Kirche ein Ehrenplatz eingeräumt und göttliche Ehren erwiesen wurden. Als solche heiligen Tiere werden vornehmlich die Schlange, der Tiger [*sic!* gemeint ist der Jaguar], der Adler und der Kaiman erwähnt. Von ihrem Wohlbefinden hing das Glück der Dorfbewohner ab.«

WILHELM BAUER
Heidentum und Aberglaube unter den Maçateca-Indianern
(1908: 857f.)

Kapitel 5

Ich habe in der Zeit, als ich mit Serapio zusammenlebte, niemals die *niños santos* gegessen, denn nach unserer Glaubensüberzeugung darf eine Frau, die die Pilze ißt, keinen sexuellen Verkehr mit Männern haben. Diejenigen, die eine *velada* halten wollen, dürfen vier Tage vor und vier Tage nach der *velada* keinen sexuellen Verkehr ausüben. Manche halten sogar fünf Tage ein. Ich habe die *niños santos* nicht genommen, weil ich fürchtete, daß mein Mann es nicht verstehen würde. Man soll die Bedingung ehrlich erfüllen.

In den ersten Jahren meiner Witwenschaft machten sich die Beschwerden der Niederkunft bemerkbar. Das Kreuz und die Lenden taten weh. Ich ließ eine Frau kommen, die massiert, und sie verschaffte mir ein wenig Erleichterung. Auch ging ich ins *Temascal* [Dampfbad][1], aber ohne große Ergebnisse. Dann zog ich einen Curandero und einen *chupador* zu Rate, doch sie konnten mir nicht helfen. Zuletzt entschloß ich mich, wieder die *niños santos* zu nehmen. Ich nahm sie ganz für mich allein. Ich zog keinen Weisen heran.

Die *cositas* arbeiteten in meinem Körper, aber ich erinnere mich, daß meine Worte keine guten Worte waren. Ich nahm die Pilze nur, um das Becken ab und zu sanft zu pressen und zu drücken. Ich verabreichte mir selbst am ganzen Körper Massagen, überall da, wo es weh tat. Die Tage vergingen und ich wurde gesund.

Ich hatte mich entschieden, die Pilze zu nehmen, weil ich rein war. Ich hatte keinen Mann. Tief im Inneren wußte ich, daß ich eine Ärztin war. Ich wußte, welcher Art mein Schicksal war. Ich fühlte es ganz tief in mir. Ich spürte, daß ich eine große Kraft besaß, eine Kraft, die immer während der *veladas* in mir erwachte. Doch die anderen zu Hause hatten Hunger. So fing ich denn wieder zu arbeiten an, um meine Mutter und meine drei Kinder zu ernähren. Die schwere Arbeit, die ich ständig zu leisten hatte, schreckte mich nicht. Ich konnte die Erde umgraben und Holz hacken. Ich wußte, wie man sät und Maisstauden abknickt. Ich arbeitete genauso, wie ein starker Mann. Manchmal ging ich nach Teotitlan, wo ich Töpfe kaufte, die ich dann in Huautla weiterverkaufte. Die Seidenraupenzucht verschwand, und die anstrengende Arbeit, Wolle und Baumwolle zu spinnen, nahm ab, als die Händler von Huautla die Stoffe aus der Stadt [Oaxaca] mitbrachten. Seit damals kennen wir farbige Stoffe und Decken.

In den Jahren, in denen ich Witwe war, baute ich Mais und Bohnen an. Auch Kaffee erntete ich. An den Tagen, an denen ich auf dem Feld arbeitete, schaufelte ich Gruben aus dem Boden und setzte meine kleinen Kinder hinein, damit sie mich bei der Arbeit nicht stören konnten. Dann wieder verkaufte ich Brot und Kerzen auf den Ranchos und in den umliegenden Dörfern, wie San Miguel, Tenango und Río Santiago.

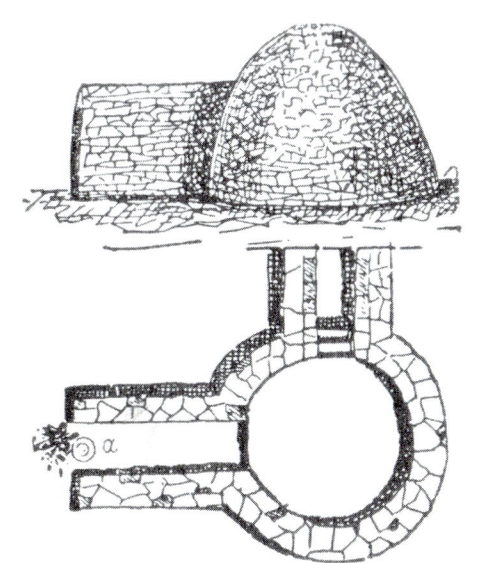

[1] Das *Temascal*, von aztekisch *temazcalli*, ist entweder eine provisorisch errichtete Schwitzhütte oder ein als Dampfbad eingerichteter Bau aus Steinen und/oder Beton. Das *Temascal* ist ein uraltes mesoamerikanisches Kulturelement. Es wurde zur Reinigung vor Ritualen und vor allem zur Behandlung Kranker verwendet. Schon BERNARDINO DE SAHAGÚN hat ausführlich über die große medizinische Bedeutung des aztekisches Schwitzbades berichtet. [CR]

»Kaum eine mazatekische Hütte entbehrt ihres backofenartigen Schwitzhauses, des altindianischen *temazcalli*. Es ist ein niedriger, kaum einen Meter hoher, halbzylindrischer Bau aus lose aufeinander geschichteten Feldsteinen und außen mit Lehm beworfen. In einer dicht daneben befindlichen Grube werden Steine über einem Holzfeuer erhitzt, rasch in den Baderaum gebracht und mit Wasser übergossen. Der heisse Wasserdampf mit seiner stark schweisstreibenden Wirkung gilt, mit Recht, als wichtigstes Heilmittel für fast alle Krankheiten. Um die Schweissabsonderung zu erhöhen, schlagen sich die Indios, noch im Dampfbad, mit Büscheln belaubter dünner Äste. Das nachträgliche Begießen mit kaltem Wasser wird von ihnen für schädlich gehalten.«
WILHELM BAUER
Heidentum und Aberglaube unter den Maçateca-Indianern
(1908: 862)

Das Geschenk für die Götter

»Neben dem von der katholischen Kirche vorgeschriebenen Gottesdienst und teilweise in höchst seltsamer Verquickung mit diesem üben die Mazateken noch heute ihren altheidnischen Kult aus, wie vor ihrer Bekehrung durch die spanischen Mönche. Dahin gehört vor allem das Anrufen der 'Herren der Berge' sowohl zur Gewährung von Wohltaten wie zur Abwendung von drohendem Unheil und der Beschwörung desselben auf das Haupt des Feindes und seiner Familie. Die Herren der Berge lassen sich klugerweise ihre Leistungen im voraus honorieren. Der Hilfeheischende wendet sich zunächst an einen Zauberer, der ihm das Zauberbündel – tsucmí shiisendá, d.h. 'Geschenk für die Götter' – zurechtmacht.

Das Zauberbündel und die damit zusammenhängenden Zeremonien sind in den zwei von mir besuchten Gegenden, in der Niederung am Rio Tonto und im Gebirge um Huautla, etwas verschieden. Jenes besteht am Rio Tonto aus einem Hühnerei, sieben Stückchen weisser und sieben Stückchen brauner Rindenfaser, sieben bunten Papageienfedern, ebenso vielen Kakaobohnen und Kopalkörnern, die rund um das Ei gruppiert mit Mais- oder Bananenblättern umhüllt und an beiden Enden mit Bast zusammengeschnürt werden. Schon während der Zusammenstellung des Bündels spricht der Zauberer die entsprechenden Gebete für den Bittsteller, der das Bündel dann nur noch an der passenden Stelle, im Felde oder im Haus, zu vergraben hat. Im Felde, und zwar häufig an den vier Ecken und in der Mitte eines jeden Ackers, geschieht dies zur Zeit der Aussaat und wiederum zur Zeit der Ernte, ebenso manchmal bei anhaltender Trockenheit; im eigenen Hause, um Krankheit und Ungemach fernzuhalten, im fremden, feindlichen, um über dieses Krankheit und Unheil heraufzubeschwören.

In Huautla wird das Zauberbündel erst an dem Orte, wo der Zauber seine Wirkung tun soll, z.B. vor dem Bette eines Kranken, von dem Zauberer zusammengestellt, der selbst die ganze Zeremonie leitet. Hier ist zehn die heilige Zahl. Das Ei wird auf den Boden gelegt, so dass seine Spitze nach dem Kranken hinweist. Zu beiden Seiten des Eis werden fünf Kakaobohnen und fünf winzige Federbündelchen gruppiert. Es sind, wie am Rio Tonto die bunten Federn des guacamayo genannten Papageis, aber nicht, wie dort, die ganzen Federn, sondern nur kleine, besonders feine und weiche Teile der Fahne, die mit den Fingern abgetrennt werden müssen, ohne mit Messer oder Schere in Berührung zu kommen. Sie werden in Stückchen der faserigen Rinde des Maulbeerbaumes eingehüllt, so dass nur die Spitzen hervorschauen, und mit Bastfäden zusammengebunden. Sind die zehn Kakaobohnen und die zehn Federbündelchen gleichmässig auf beiden Seiten des Eis verteilt, wobei die Spitzen der Federn nach der Spitze des Eis gerichtet sein müssen, so entzündet der Zauberer zehn Kopalkörner auf einer für den Zweck des Zauberns eigens angefertigten, popoxcajete (azteksich) genannten Pfanne. In den aufsteigenden Rauch murmelt und jammert er seine Gebetgesänge und fuchtelt dazu mit Armen und Beinen und unter Verübung von allerlei Hokuspokus.

Der aufsteigende Weihrauch wird offenbar als der Überbringer des Gebets an die Luft bevölkernden Dämonen gedacht. [...]

Wenn der Kopal verbrannt und das Gebet gesprochen ist, wickelt der Zauberer die Opfergabe in Bananenblätter und vergräbt sie unter dem Bette des Kranken, ohne aber die Erde festzustampfen. So bleibt es, bis der Kranke genesen ist. Dann wird das Bündel wieder ausgegraben, in frische Bananenblätter über die alten eingewickelt und an einer verborgenen Stelle in der Nähe des Hauses, z.B. zwischen dem dichten Laub eines Baumes, aufgehängt, um die bösen Geister fernzuhalten.

Feliciano Severiano, ein alter Zauberer am Rio Mosco, gab mir diese und die folgenden Daten über das mazatekische Zauberwesen. Die einzelnen Teile des Zauberbündels bedeuten: die Rindenstückchen Kleider, und zwar die weisse Rinde die Hemden, die braune die Cotones oder Obergewänder; die Papageienfedern Schmuck; die Kakaobohnen Geld; die Kopalkörner aber gelten als Zeichen göttlicher Verehrung. Über die Bedeutung des Eis als Mittelpunkt und offenbar wichtigster Bestandteil des Geschenks für die Götter war keine befriedigende Auskunft zu erlangen.«

Wilhelm Bauer
Heidentum und Aberglaube unter den Maçateca-Indianern
(1908: 860f.)

Kapitel 6

Viele Jahre nachdem ich Witwe geworden war, ich weiß nicht genau wie viele Jahre es waren, erkrankte meine Schwester, María Ana, zum ersten Mal. Sie hatte Schmerzen im Leib. Es waren stechende Schmerzen und so stark, daß sie sich krümmte und stöhnte. Jedes Mal, wenn ich sie sah, war es schlimmer geworden. Wenn sie sich besser fühlte, nahm sie die Hausarbeit wieder auf. Aber eines Tages verlor sie die Beherrschung über sich und fiel auf der Straße in Ohnmacht. Ihre Ohnmachtsanfälle traten danach immer häufiger auf.

Ich hatte große Angst um ihre Gesundheit und holte Curanderos herbei, um sie heilen zu lassen, aber mit Betrübnis mußte ich zusehen, daß ihr Leid immer größer wurde. Eines Morgens erhob sie sich nicht mehr von ihrem Lager. Sie zitterte am ganzen Körper und stöhnte. Ich machte mir Sorgen wie nie zuvor. Ich rief mehrere Curanderos zu Hilfe, aber es war zwecklos. Sie konnten meine Schwester nicht heilen.

Als ich an diesem Nachmittag wieder zu meiner Schwester ging, stellte ich sie mir tot vor. Meine einzige Schwester tot. Nein, das durfte nicht sein. Sie durfte nicht sterben. Ich wußte, daß die *niños santos* Macht besaßen. Ich hatte sie als Kind gegessen, und ich erinnerte mich, daß sie nichts Böses bewirkten. Ich wußte, daß unser Volk sie gegessen hatte, um Krankheiten zu heilen. Daraufhin faßte ich einen Entschluß. In derselben Nacht noch wollte ich die Pilze essen. Und das tat ich dann auch. Meiner Schwester gab ich drei Paar. Ich selbst aß viele. Ich wünschte, sie würden mir eine ungeheure Kraft verleihen. Ich möchte nicht lügen, aber ich werde wohl an die dreißig Paar von den *derrumbes*[1] gegessen haben. Als die *niños* in meinem Körper arbeiteten, betete ich und bat Gott, er möge mir helfen, María Ana zu heilen. Ganz allmählich merkte ich, daß ich immer leichter sprechen konnte, je länger ich sprach. Ich ging näher an die Kranke heran. Die *niños santos* führten meine Hände zu ihrem Leib, und ich preßte ihre Lenden. Ganz sanft massierte ich sie dort, wo nach ihren Aussagen die Schmerzen saßen. Ich sprach und sang. Ich fühlte, daß mein Gesang schön war. Was die *niños* mir sagten gab ich weiter. Ich fuhr fort, den Leib und die Lenden meiner Schwester zu drücken und zu pressen, und plötzlich trat eine starke Blutung ein. Wasser und Blut traten aus, so als würde sie gebären. Ich hatte keine Angst, denn ich wußte, daß »der Kleine, der aus dem Boden sprießt« sie durch mich heilte. Die *niños santos* gaben mir Ratschläge, und ich führte sie aus. Ich versorgte meine Schwester, bis die Blutung nachließ. Dann hörte sie auf zu stöhnen und schlief ein. Meine Mutter setzte sich zu ihr und paßte auf sie auf.

Ich konnte nicht schlafen. Die *santitos* arbeiteten weiter in meinem Körper. Ich erinnere mich, daß ich eine Vision hatte: Einige Personen von hohem Ansehen erschienen vor mir und flößten mir Respekt ein. Ich wußte, daß das die Grundexistenzen [*los Seres Principales*] waren, von denen meine Vorfahren gesprochen hatten. Sie saßen um einen Tisch, auf dem viele beschriebene Papiere lagen. Ich wußte, daß es wichtige Papiere waren. Es waren mehrere Grundexistenzen, so ungefähr sechs bis acht. Einige schauten mich an, andere lasen in den Papieren auf dem Tisch, wieder andere schienen etwas zu suchen unter all den Papieren. Ich wußte, daß sie nicht aus Fleisch und Blut waren, daß sie nicht aus Wasser und Tortillas gemacht waren. Ich wußte, daß es eine Offenbarung war, die mir die *niños santos*

Es gibt vier Varietäten von *Psilocybe caerulescens*. Drei davon werden von den Mazateken benutzt

[1] Spanisch *derrumbe* heißt »Abgrund«. Damit wird die Pilzart *Psilocybe caerulescens* MURRIL var. *Mazatecorum* HEIM bezeichnet. [Die von María Sabina angegebene Menge von ca. 60 Pilzen dieser sehr potenten Art ist eine ungewöhnlich hohe Dosierung. CR]

[2] Das himmlische Buch, in dem María Sabina während ihrer Pilztrips liest, wirkt wie eine Entlehnung aus der frühjüdischen Mystik. In der Apokalypse des Jeseia wird eine Jenseitsoffenbarung beschrieben, bei der sich Jeseia selbst in ein himmlisches Wesen verwandelt und in den Himmel fliegt: »Im siebten Himmel zeigt ihm ein Engel, der alle anderen an Glanz übertrifft, ein himmlisches Buch, in dem jegliches Ereignis in der Menschenwelt minutiös aufgezeichnet ist.« (I.P. COULIANO, *Jenseitsreisen*, München: Diederichs, 1995, S. 202) [CR]

[3] Übereinstimmend mit den Erklärungen, die uns die alten Leute von Huautla gegeben haben, sind die *Seres Principales* (Grundexistenzen, Grundwesen, Grundwesenheiten) Persönlichkeiten, die ein Gemeindeamt innehaben, oder aber man versteht darunter den Titel, den man einer Person gibt, die eine wichtige Stellung bekleidet. Im Mazatekischen sagt man *Chotáa-tjí-tjón*. In den Visionen der María Sabina sind die *Seres Principales* Personifikationen der Pilze, die sie gegessen hat. Die Pilze verwandeln sich in »Persönlichkeiten, die mit wichtigen Papieren umgehen.« Jemand in Huautla hat gesagt, daß die *Seres Principales* gleichsam Schatten oder Personen seien, die man normalerweise als Bauern gekleidet sieht, deren Gewänder einem aber in der Trance leuchtend und bunt erscheinen.

gewährt hatten. Plötzlich hörte ich eine Stimme, eine Stimme, die sanft und streng zugleich war. Wie die Stimme eines Vaters, der seine Kinder liebt, sie aber mit Härte erzieht. Eine weise Stimme sagte zu mir: »Das sind die Grundexistenzen.« Ich verstand. Die Pilze sprachen zu mir. Ich empfand ein grenzenloses Glücksgefühl. Auf dem Tisch der Grundexistenzen erschien ein *Buch*, ein geöffnetes *Buch*, das immer größer wurde, bis es so groß war wie ein Mensch. Auf seinen Seiten standen den Buchstaben. Es war ein weißes *Buch*, so weiß war es, daß es einen blendete.

Eine der Grundexistenzen sprach zu mir und sagte: »María Sabina, dieses ist das *Buch der Weisheit*. Es ist das *Buch der Sprache*. Alles, was in ihm geschrieben steht, ist für dich bestimmt. Das *Buch* gehört dir. Nimm es und arbeite damit.« Ich war zutiefst bewegt und rief aus: »Das also gehört mir. Ja, ich nehme es.«[2]

Das *Buch* lag vor mir. Ich konnte es wohl sehen, aber nicht berühren. Ich wollte es streicheln, doch meine Hände griffen ins Leere. Ich beschränkte mich darauf, es zu betrachten, und in diesem Augenblick begann ich zu *sprechen*. Da merkte ich, daß ich das *Heilige Buch der Sprache* las. Mein *Buch*. Das *Buch* der Grundexistenzen. Ich hatte die Vollkommenheit erlangt, ich war nicht mehr nur ein einfacher Adept. Sie hatten mir das *Buch* gegeben, als Auszeichnung, gleichsam als eine Ernennungsurkunde. Wenn man die *niños santos* nimmt, kann man die Grundexistenzen[3] sehen, nur dann, und nicht anders. Die Pilze sind nämlich heilig. Sie geben einem Weisheit. Die Weisheit ist die *Sprache*. Die *Sprache* steht in dem *Buch*. Das *Buch* händigen einem die Grundexistenzen aus. Und die

Grundexistenzen erscheinen einem aufgrund der starken Kraft der *niños*.

Ich habe die Weisheit des *Buches* gelernt. Danach, in meinen späteren Visionen, erschien das *Buch* nicht mehr, denn ich bewahrte seinen Inhalt bereits in meinem Gedächtnis.

Die *veleda*, bei der ich meine Schwester, María Ana, heilte, gestaltete ich so, wie es die alten Mazateken taten. Ich verwendete Kerzen aus purem Wachs und Blumen, Lilien und Gladiolen, man kann aber auch alle anderen Blumenarten verwenden, sie müssen nur Farbe und Duft tragen, außerdem benutzte ich Copalharz und *San Pedro*. In einem Kohlebecken brannte ich das Copalharz ab und in den Rauch steckte ich meine Hände, in denen ich die *niños santos* hielt.

Bevor ich sie aß, sprach ich zu ihnen und bat sie um ihre Gunst. Ich bat sie darum, uns zu segnen; ich bat sie darum, uns den Weg zu zeigen; die Wahrheit, die Heilung, ich bat sie darum, uns die Kraft zu geben, dem Übel nachzuspüren, ihm ein Ende zu bereiten. Ich sagte zu den Pilzen: »Ich werde euer Blut trinken, euer Herz werde ich zu mir nehmen, denn mein Gewissen ist rein und sauber wie das eure. Laßt mich die Wahrheit schauen. Mögen San Pedro und San Pablo mir beistehen.« Sobald ich mich schwindelig fühlte, löschte ich die Kerzen. Die Dunkelheit hilft einem dabei, auf den Grund der Dinge zu sehen.

Während derselben Sitzung, später, nachdem das *Buch* wieder verschwunden war, hatte ich eine andere Vision. Ich sah den Obersten Herrn der Berge, den Chicon Nindó. Ich sah einen Reiter auf meine Hütte zukommen. Ich wußte, denn die Stimme sagte es mir, daß jenes Wesen eine hohe Persönlichkeit war. Sein Pferd war herrlich. Ein weißes

Pferd, so weiß wie Meerschaum. Ein wunderschönes Tier.

Die hohe Persönlichkeit brachte ihr Tier an der Tür meiner Hütte zum Stehen. Ich konnte beide, den Reiter und das Pferd, durch die Wände meiner Hütte sehen. Ich befand mich innerhalb des Hauses, aber meine Augen besaßen die Kraft, durch jedes Hindernis zu schauen. Die Persönlichkeit wartete darauf, daß ich herauskomme. Entschlossen ging ich hinaus, ich wollte dem Chicon Nindó begegnen. Ich blieb neben ihm stehen. Ja, es war der Chicon Nindó, er, der im Nindó Tocoxho weilt, er, der der Besitzer der Berge ist, er, der über die Macht verfügt, Geister zu beschwören, er, der auch die Kranken heilt, er, dem man Truthähne opfert, er, dem die Curanderos Geld – Kakaobohnen[4] – geben, damit er heilt.

Ich blieb in seiner Nähe stehen, und er kam auf mich zu. Ich sah, daß er kein Gesicht hatte, obgleich er einen weißen Hut trug. Sein Gesicht war wie ein Schatten.

Die Nacht war schwarz. Die Wolken bedeckten den Himmel, doch der Chicon Nindó war wie ein Wesen, umgeben von einem leuchtenden Schein. Ich blieb stumm.

Der Chicon Nindó sprach kein Wort. Plötzlich gab er seinem Pferd die Sporen und setzte seinen Weg fort. Er verschwand hin zu dem Ort, woher er gekommen war, hinüber zu dem riesigen Cerro de Adoración, hinüber zum Nindó Tocoxho. Dort wohnt er, und ich wohne auf dem Cerro Clarín, der dem Nindó Tocoxho am nächsten liegt, und so sind wir Nachbarn. Der Chicon Nindó war gekommen, weil ich ihn in meiner *Sprache der Weisheit* gerufen hatte.

Ich ging ins Haus zurück, und hatte noch eine Vision: Ich sah, wie etwas vom Himmel herabfiel mit großem Getöse, wie ein Blitz. Es war ein leuchtender Gegenstand und er blendete mich. Ich sah, daß der Gegenstand durch ein Loch in der Wand fiel. Das Ding, das vom Himmel gefallen war, verwandelte sich in eine Art pflanzliches Wesen und es war genauso wie der Chicon Nindó von einem leuchtenden Schein umgeben. Es sah aus wie ein Strauch voll mit verschiedenfarbigen Blüten und obenauf leuchtete der Schein. Sein Körper war ganz bedeckt mit Stengeln und Blättern. Dort stand er in der Mitte der Hütte. Ich konnte ihn von vorne sehen. Seine Arme und Beine waren wie Äste, durch und durch frisch. Von Innen glühte aus ihm heraus ein rötliches Feuer. Das Pflanzenwesen versank in diesem rötlichen Grund und verschwand schließlich ganz. Als die Vision sich auflöste, schwitzte ich. Ich war in Schweiß gebadet. Mein Schweiß war nicht warm, er war kühl und frisch. Ich merkte, daß ich weinte und daß meine Tränen aus Kristall waren. Sie klirrten wie Glasperlen, wenn sie auf den Boden fielen. Ich weinte weiter und ich gab ein Pfeifen von mir und klatschte in die Hände. Ich erzeugte Töne wie ein Instrument und ich tanzte. Ich tanzte, weil ich wußte, daß ich der großartige Bajazzo war. Im Morgengrauen schlief ich ruhig ein. Ich schlief aber keinen tiefen Schlaf, sondern ich fühlte, wie ich mich in einem Traum wiegte, so als wenn sich mein Körper in einer riesengroßen Hängematte wiegte, die vom Himmel getragen wurde und die von einem Berg zum anderen schwang.

Ich wachte auf, als die Erde bereits in vollem Sonnenlicht erstrahlte. Es war am Morgen. Ich tastete meinen Körper ab und den Boden um mich herum. Ich mußte mich überzeugen, daß ich in die menschliche Welt zurückgekommen war. Jetzt war ich

[4] Kakaobohnen waren schon im alten Mexiko eine Währung; allerdings wurden damit meist die Dienste der Prostituierten bezahlt. [CR]

nicht mehr in der Nähe der Grundexistenzen. Als ich erkannte, was mich alles umgab, ging ich zu meiner Schwester, María Ana. Sie schlief. Ich wollte sie nicht wecken. Auch sah ich, daß ein Teil der Wände meiner Hütte eingefallen war und ein anderer Teil kurz davor stand einzustürzen. Heute glaube ich, daß ich es selbst war. Mit dem Gewicht meines Körpers habe ich die Wand eingeschlagen, während die *niños santos* in mir arbeiteten. Ich vermute, daß ich gegen die Wand schlug und sie einriß, als ich tanzte. In den folgenden Tagen fragten die Leute, die vorbeikamen, was im Haus geschehen sei. Ich beschränkte mich darauf, ihnen zu erzählen, die Regengüsse und die heftigen Windstöße der letzten Tage hätten bewirkt, daß die Lehm- und Schilfwände sich lockerten und daß sie schließlich eingestürzt sind.

María Ana wurde gesund. Sie wurde für immer gesund. Zur Zeit lebt sie mit ihrem Mann und ihren Kindern in der Nähe von Santa Cruz de Juárez.

Vom Zeitpunkt der Heilung an hatte ich den vollen Glauben in die *niños santos* gewonnen. Die Leute hatten bemerkt, wie schwierig es gewesen war, meine Schwester zu heilen. Viele Leute haben es erfahren und wenige Tage danach kamen sie, um mich aufzusuchen. Sie brachten ihre Kranken mit. Sie kamen von weither. Ich heilte sie mit der *Sprache* der *niños*. Die Leute kamen von Tenango, Río Santiago oder von San Juan Coatzospan[5]. Die Kranken waren blaß und bleich. Aber die Pilze sagten mir, welches Mittel ihnen half. Sie rieten mir, was ich tun sollte, um zu heilen. Die Menschen suchten mich weiterhin auf. Und seitdem ich das *Buch* in Empfang genommen hatte, begann ich Teil der Grundexistenzen zu werden. Wenn sie erscheinen, setze ich mich zu ihnen, und wir trinken zusammen Bier und Schnaps. Ich gehöre zu ihnen seit der Zeit, als sie um einen Tisch saßen, auf dem wichtige Papiere lagen, und sie mir die Weisheit übergaben, das vollendete Wort: Die Sprache Gottes.

Die *Sprache* bewirkt, daß die Sterbenden zum Leben zurückkehren. Die Kranken erlangen ihre Gesundheit wieder, wenn sie die Worte vernehmen, die von den *niños santos* ausgehen. Es gibt keinen Sterblichen, der diese *Sprache* lehren könnte.

Nachdem ich meine Schwester, María Ana, geheilt hatte, erkannte ich, daß ich meinen Weg gefunden hatte. Die Leute wußten das, und sie kamen zu mir, damit ich ihre Kranken heile. Auf der Suche nach Heilung kamen die, die von bösen Geistern verzaubert worden waren, die, die ihren Geist durch einen Schrecken, der sie im Gebirge, am Fluß oder auf dem Weg traf, verloren hatten. Für einige gab es keine Mittel und sie starben. Ich heile mit der *Sprache*, mit der *Sprache* der *niños santos*. Wenn sie es mir raten, dann opfere ich Hühner und lege sie auf die Stelle, wo es schmerzt. Der Rest ist die *Sprache*. Aber mein Weg hin zur Weisheit sollte bald auf Hindernisse stoßen...

---

[5] San Juan Coatzospan ist eine mixtekische Siedlung, eingebettet in einer rein mazatekische Region.

Kapitel 7

Zwölf Jahre war ich schon Witwe, da fing ein Mann namens Marcial Carrera an, um mich zu werben. In Wirklichkeit brauchte ich gar keinen Mann. Ich konnte für mich selbst sorgen. Ich konnte arbeiten. Meine Familie mußte wenigstens nicht solche Leiden erdulden wie ich. Die Familie hatte Hunger, das schon, aber er war nicht so quälend, wie der, den María Ana und ich in unserer Jugend ertragen mußten. Meine Arbeit warf soviel ab, daß jeder von uns etwas zum Essen und zum Anziehen hatte. Marcial Carrera ließ nicht nach. Ganz so, wie es der Brauch will, brachte er seine Eltern, und sie sprachen mit meiner Mutter. Meine Mutter redete auf mich ein und sagte, ich solle diesen Mann nicht abweisen. Sie sagte, daß ein Mann im Haus mir eine Hilfe sein und die Arbeit erleichtern könne. Die Tage vergingen und ich überlegte alles, denn der, der um mich warb, schien kein »Mann der Arbeit« zu sein. Mehr noch, es ging das Gerücht um, er sei einer, der sich jeder Verpflichtung entziehe und zudem ein Trinker sei.

Aber schließlich gab ich nach. Ich stellte meine Bedingungen. Wenn Marcial mich zur Frau haben wollte, dann sollte er bei mir wohnen, denn ich hatte nicht die Absicht, meine Mutter und meine Kinder, meine Petate, meine Töpfe, meine Hacken und Macheten in sein Haus hinüberzunehmen. Mir schien mein Haus besser zu sein, als das des armen Marcial.

Marcial nahm die Bedingungen an und kam und lebte in meinem Haus. Mit der Zeit stellte sich heraus, daß Marcial wirklich viel Schnaps trank. Er war ein Curandero. Er verwendete Truthahneier und Arafedern[1], um seine Zauberei durchzuführen. Er schlug mich oft und brachte mich häufig zum Weinen. Es machte ihm keinen Spaß, auf der Milpa zu arbeiten, auch konnte er nicht mit der Hacke umgehen.

Als ich erkannte, daß Marcial wenig Geld verdiente, und es nicht ausreichte, die kleinen Unkosten, die im Haus anfielen, zu decken, da sah ich mich von neuem gezwungen, zu arbeiten. Ich fing wieder an, Brot und Kerzen zu verkaufen.

In den dreizehn Jahren, die ich mit Marcial zusammengelebt habe, brachte ich sechs Kinder auf die Welt. Sie starben alle, nur meine Tochter Aurora blieb am Leben. Meine Kinder starben an Krankheiten oder sie wurden getötet. Während ich mit Marcial lebte, nahm ich niemals die *niños*. Ich fürchtete, er würde mich nicht verstehen und würde die körperliche Reinheit einer Weisen zerstören.

Marcial fand genauso wie mein erster Mann, Serapio, großen Gefallen an anderen Frauen. Die Kinder einer Frau, mit der er intime Beziehungen hatte, schlugen ihn und brachten ihm mit der Machete schwere Verletzungen bei. Er verblutete auf offener Straße und starb.

»Ein Gemisch von Tabaksblättern und Kalk, in kleinen Portionen gekaut, gilt als vorbeugendes Mittel gegen die Wirkung des Schlangenbisses, zugleich aber als Stimulans gegen Ermüdung bei der Feldarbeit und auf dem Marsche. Die kleine Kalebasse mit dem Kautabak gehört notwendigerweise zu der im übrigen äusserst dürftigen Ausrüstung des reisenden Mazateken.«
WILHELM BAUER
Heidentum und Aberglaube unter den Maçateca-Indianern
(1908: 862)

[1] Gegenstände, die man bei der Zauberei verwendet, wie z.B. Arafedern, Kakao, insbesondere Kakaobohnen als Zahlungsmittel, Truthahneier, »weil sie mehr Kraft besitzen als Hühnereier«, Wachskerzen, Copalharz, Kohlebecken und Bauerntabak (*San Pedro*).

Ethnohistorische Quellen zum altmexikanischen Pilzgebrauch

»Nanacatl. Sie werden Teonanacatl, 'Fleisch der Götter', genannt. Sie wachsen in den Ebenen, im Gras. Der Kopf ist klein und rund, der Stengel lang und dünn. Er ist bitter und kratzt, er brennt in der Kehle. Er macht einen töricht; er verwirrt einen, bedrängt einen. Er ist Heilmittel bei Fieber, bei Gicht. Nur zwei, drei werden gegessen. Er macht traurig, bedrückt, bedrängt; er läßt einen fliehen, erschrecken, sich verstecken. Derjenige, der viele von ihnen ißt, sieht viele Dinge, die ihn erschrecken und die ihn erheitern. Er flieht, erhängt sich selbst, stürzt sich von einem Felsen, schreit, hat Angst. Man ißt ihn mit Honig. Ich esse Pilze; ich nehme Pilze. Von einem, der hochmütig, dreist, eitel ist, sagt man: 'Er hat sich selbst bepilzt.«
(SAHAGUN XI, 7)

Ein weiterer aztekischer Text berichtet rudimentär über die Pilz-Rituale:

»Das erste, was man bei derlei Zusammenkünften aß, war ein schwarzer Pilz, den sie Nanacatl nannten. Er wirkt berauschend, erzeugt Visionen und reizt zu unzüchtigen Handlungen. Sie nehmen das Zeug schon früh am Morgen des Festtages und trinken vor dem Aufstehen Kakao. Die Pilze essen sie mit Honig. Wenn sie sich mit ihnen trunken gemacht haben, beginnen sie erregt zu werden. Einige singen, andere weinen, andere sitzen in ihren Zimmern, als ob sie tief in Sorgen versunken wären. Sie haben Visionen, in denen sie sich selbst sterben sehen, und das tut ihnen bitterlich leid. Andere wiederum erschauen Szenen, wo sie von wilden Tieren angefallen werden und glauben aufgefressen zu werden. Einige haben schöne Träume, meinen sehr reich zu sein und viele Sklaven zu besitzen. Andere aber haben recht peinliche Träume: sie haben das Gefühl, als seien sie beim Ehebruch ertappt worden oder als wären sie arge Fälscher oder Diebe, die nun ihrer Bestrafung entgegensehen. So haben alle ihre Visionen. Ist der Rausch, den die Pilze hervorrufen, vorbei, sprechen sie über das, was sie geträumt haben und einer erzählt dem anderen seine Visionen.«
(SAHAGUN IX)

Ein Missionar berichtete (natürlich abfällig) von einer Pilzzusammenkunft:

»Und was geschah, war, daß ein Indianer aus Tenango mit Namen Juan Chichitón ins Dorf kam... Er hatte Pilze, die er in den Bergen gesammelt hatte, mitgebracht, mit denen er einen großen Götzendienst veranstaltete... In einem Haus, wo man sich zur Feier eines Heiligen versammelt hatte, wurde die ganze Nacht das Teponastli [eine aztekische Trommel] gespielt und gesungen... Nach Mitternacht gab Juan Chichitón, der als Priester in diesem feierlichen Ritual amtete, allen Anwesenden die Pilze nach Art einer Kommunion zu essen, und Pulque zu trinken, so daß alle den Verstand verloren, daß es eine Schande war.«
DON JACINTO DE LA SERNA
Chronik (17.Jh.)

Kapitel 8

Die Tatsache, daß ich zum zweiten Mal Witwe geworden war, erleichterte mir in gewisser Weise den Entschluß, mich ganz meinem Schicksal hinzugeben, dem Schicksal, das mir bereits von meiner Geburt an auferlegt war: eine Weise zu sein. Mein Schicksal war es, zu heilen, zu heilen mit der *Sprache* der *niños santos*. Ich nahm diese Bestimmung an, obwohl ich auch weiter hart arbeiten mußte, um meine Familie zu erhalten. Heute ist es etwas leichter, nachdem mein Sohn Caterino angefangen hat, mich zu entlasten. Er handelte mit Garn, das er in der Tierra Caliente weiterverkaufte, in einem Gebiet, wo er ständig auf den Spuren seines Vaters wandelte.

Ich bin nicht ganz sicher, aber ich glaube, ich war über vierzig Jahre alt. Ich fühlte mich nicht in der Lage, herumzureisen und Brot und Kerzen auf den Ranchos[1] zu verkaufen. In der Zeit, als mein Mann Marcial noch lebte, konnte ich mit meinen Ersparnissen ein Haus von ungefähr zwölf Metern Länge bauen, mit Holzwänden und einem Strohdach. Das Haus stand an der Straße nach San Miguel. In jenem Haus richtete ich einen kleinen Laden ein, in dem ich Schnaps und Zigaretten verkaufte. Später dann konnten Reisende auch Essen bei mir bekommen.

In den Tagen nach meiner zweiten Witwenschaft wollte ich den Curanderismo praktizieren, so wie es Marcial gemacht hatte. Ich fühlte, daß ich heilen sollte. Ich spürte aber auch, daß ich mit den *niños santos* heilen sollte, aber etwas hielt mich davon ab. So wie die Angst, die einer hat, sich an das auszuliefern, was ihm gegeben ist, das, was ihm bestimmt ist.

Ich versuchte es mit dem Curanderismo, aber das befriedigte mich nicht. Ich hatte das Gefühl, etwas Unlauteres zu tun. Ich dachte darüber nach, daß die reine Frau, die Frau Christi, die Frau Morgenstern, nicht den Curanderismo ausüben sollte. Ich war für etwas Höheres bestimmt. Als Curandera vergrub ich Eier als Opfergaben an die Herren der Berge. Ich vergrub sie an den Ecken des Hauses oder innerhalb des Hauses, aber ich sah, daß nach einiger Zeit an der Stelle, wo ich die Eier vergraben hatte, Maden herauskrochen, und das ließ Ekel und Angst in mir aufkommen. Ich wußte, daß das nicht der Weg meines Schicksals war.

Ich erinnerte mich an meine Vorfahren. Mein Urgroßvater, Juan Feliciano, mein Großvater, Pedro Feliciano, meine Großtante, María Ana Jesús, und mein Großonkel, Antonio Justo, waren alle Weise und genossen alle großes Ansehen.

Die *Tierra Caliente Mazateca* ist ein Gebiet im Tiefland von Oaxaca. Die dortigen Bewohner leben vom Fischfang, vom Kaffee-Anbau und von Barbasco *(Disocorea spp.)*. In den Dörfern dieser Region werden verschiedene Dialekte des Mazatekischen gesprochen.

[1] Gehöfte oder kleine Ansammlungen von Häusern, die, wie Satelliten, um einen größeren Ort, der das Handelszentrum der Gegend darstellt, gelegen sind.

»Wenn ein Kind erkrankt, so zerschlägt die Mutter auf seinem Kopfwirbel ein frisches Ei und fängt den am Hinterkopf herabfließenden Inhalt mit einer Kürbisschale auf. Zeigt sich im Dotter ein weisser Punkt, so ist das Kind durch den bösen Blick behext. Die besorgte Mutter sammelt sodann sieben verschiedene Kräuter und reibt damit den Körper des Kindes von der Fußsohle bis zum Scheitel ab. Knistern die Kräuter bei der Prozedur, so ist das ein gutes Zeichen: es 'schreien die bösen Geister, die davongejagt werden'.«
WILHELM BAUER
Heidentum und Aberglaube unter den Maçateca-Indianern
(1908: 861)

Titelseite eines mexikanischen Buches zum Erlernen magischer Techniken

Der in Südmexiko verehrte *niño santo,* »heiliges Kind«, wird
von María Sabina als Personifikation des psychedelischen
Pilzes betrachtet
(Altarbild in einer Kirche von San Cristobal de Las Casas
(Chiapas)

Kapitel 9

Für mich stehen die Zauberei (*brujería*) und der Curanderismo auf einer niedrigen Stufe. Die Zauberer und die Curanderos haben auch ihre *Sprache*, aber sie ist verschieden von der meinen. Sie bitten den Chicon Nindó um seine Gunst. Ich erbitte die Gunst von Gott Christus und vom heiligen Petrus, von der heiligen Magdalena und der Heiligen Guadelupe.

In mir ist kein Platz für Zauberei, für Zorn und Lüge, denn ich trage keinen Unrat in mir, ich bin rein. Die Krankheit verläßt den Körper, wenn die Kranken erbrechen. Sie kotzen die Krankheit heraus. Sie kotzen, weil es die *niños* so wollen. Wenn die Kranken nicht erbrechen, dann muß ich es tun. Ich übergebe mich für sie. Auf diese Weise stößt man das Übel aus. Die *niños* haben die Macht, denn sie sind das Fleisch Gottes (*carne de Dios*). Und die, die glauben, werden gesund. Die, die nicht glauben, werden nicht gesund.

Die Leute, die erkannten, daß ich María Ana geheilt hatte, brachten ihre kranken Kinder. Eins, zwei, zehn, viele, viele Kinder habe ich kuriert. Manchmal gebe ich den Kindern ein kleines Stückchen von dem »Kleinen, der aus dem Boden sprießt«. Wenn sie es nicht tun, dann erbreche ich mich für die Kinder. Bevor ich die Sitzung eröffne, frage ich nach dem Namen des Kranken. So suche ich die Krankheit und so heile ich. Wenn der Kranke mir nicht den Grund seines Übels nennt, dann errate ich ihn. Wenn der Kranke schwitzt, so zeigt das, daß er auf dem Wege der Besserung ist. Der Schweiß senkt das Fieber. Das Fieber ist die Folge der Krankheit. Meine Worte zwingen die Krankheit herauszukommen.

Bei starken Backenzahnschmerzen ißt man sieben oder acht Paar Pilze, das reicht aus. Die *niños* nimmt man während der Nacht. Die *velada* hält man vor den Bildern der Heiligen aus der Kirche ab. Die *niños santos* heilen offene Wunden und die Wunden des Geistes. Der Geist ist es, der krank macht. Die Curanderos wissen nicht, daß die Visionen, die man von den *niños* bekommt, einen den Ursprung des Übels offenbaren. Die Curanderos wissen nicht, wie man die *niños* verwendet. Die Zauberer (*hechiceros*) haben Angst vor den Weisen, wie ich eine bin, weil sie wissen, daß ich die Kraft habe, ihren Zauber zu enthüllen, wenn sie heimlich die Seele eines Kindes oder eines Mannes oder einer Frau geraubt haben. Die *niños* geben mir die Macht, alles umfassend zu sehen. Ich kann bis zum Ursprung hinabblicken. Ich kann bis dorthin gehen, wo die Welt entspringt. Der Kranke wird gesund und die Angehörigen kommen und besuchen mich dann, um mir zu sagen, daß eine Besserung eingetreten ist. Sie bedanken sich und geben mir Schnaps, Zigaretten und ein bißchen Geld. Ich bin keine Curandera, denn ich verwende keine Eier zum Heilen. Ich erbitte keine Kräfte von den Herrn der Berge. Ich bin keine Curandera, denn ich verabreiche den Kranken keine seltsamen Kräutertränke. Ich heile mit der *Sprache*, mit nichts anderem. Ich bin keine Zauberin, denn ich tue nichts Übles. Ich bin eine Weise. Das ist alles.

Auch die Männer kommen zu mir und bitten mich, ihren Frauen bei der Geburt zu helfen. Ich bin Hebamme, aber das ist nicht mein Beruf. Ich bin die, die mit Gott und Benito Juárez[1] spricht, ich bin eine Weise, seit ich im Mutterleib war, ich bin die Frau der Winde, des Wassers und der Wege, denn ich bin bekannt im Himmel. Ich bin eine Ärztin (*doctora*).

Ich nehme den »Kleinen, der aus dem Boden sprießt«, und ich sehe Gott. Ich sehe ihn aus der Erde

> »Es gibt noch eine besondere Art von 'schwarzer' Magie, die von speziellen *brujos* ausgeübt wird. Bei dieser Praktik wird das Stück eines Strickes oder einer Liane mit Beschwörungen und Sprüchen so verzaubert, daß es sich in eine Schlange verwandelt, wenn es auf einen Feind geschleudert wird. In dieser Gestalt zerstört es den Feind.«
> JEAN B. JOHNSON
> *Elements of Mazatec Witchcraft*
> (1939: 133)

Mexikanisches Buch mit Anleitungen für das Ausüben okkulter und schwarzmagischer Techniken

[1] Benito Juárez war Zapoteke; er war der erste indianische Präsident Mexicos

»Pilze werden von den *brujos* von Mazatlán, wie überall im mazatekischen Gebiet, gegessen. Viele Arten werden verspeist, die folgenden am häufigsten:
1. *Hongitos de San Ysidro*, die 'kleinen Pilze des San Ysidro' [ein Heiliger des Feldbaus], die auf Mazatekisch *steyí* und *tsami'ye* genannt werden.
2. *Desbarrancadera*, auf Mazatekisch *tsamikíshu*. Dies sind sehr kleine Pilze.
3. Die *tsamikíndí*, das sind die kleinsten aller narkotischen Pilze, die von den *brujos* gegessen werden.
Wenn der *brujo* unter dem Einfluß des narkotischen Pilzes ist, ist es der Pilz, der spricht, nicht der *brujo*. Während dieser Zeit bleibt der *brujo* beim Patienten. Sie sind alleine und beliben in einer Ecke des Hauses. Der *brujo* singt, tanzt und betet unter dem Einfluß des Pilzes. Er würde verrückt werden, wenn er mehr als sechs Pilze zu sich nähme; und der Patient würde sterben. Der *brujo* beschwört alle Heiligen und nennt das Leiden des Patienten. Er verlangt dann nach den Eiern, dem Copal usw., nach den Dingen, die im Haus vergraben werden müssen. *Aguardiente* [Zuckerrohrschnaps] wird mit diesem magischen Bündel vergraben. Der Patient muß in den folgenden 50 Tagen eine bestimmte Diät einhalten; sonst würde die Behandlung nicht wirken. Wenn keine Heilung eintritt, wird der Grund dafür im Brechen der verordneten Diät usw. gesehen. Beide Geschlechter praktizieren diese Art von Hexerei...«
JEAN B. JOHNSON
Elements of Mazatec Witchcraft
(1939: 134f.)

sprießen. Er wächst und wächst, groß wie ein Baum, wie ein Berg so groß. Sein Gesicht ist voll Anmut, wunderschön und ernst, so wie in den Tempeln. Ein andermal ist Gott nicht wie ein Mensch, er ist ein *Buch*. Ein *Buch*, das aus der Erde geboren wird, ein Heiliges *Buch*, das im Augenblick, wo es das Licht der Welt erblickt, die Erde erzittern läßt. Es ist das *Buch* Gottes, das zu mir spricht, damit ich *spreche*. Es gibt mir Ratschläge, es unterweist mich, es sagt mir, was ich den Menschen zu sagen habe, den Kranken und den Gesunden.

Das *Buch* erscheint vor mir, und ich lerne neue Wörter. Ich bin ein Kind Gottes und auserwählt, eine Weise zu sein. Auf dem Altar, den ich im Hause habe, stehen Bilder unserer Lieben Frau Guadelupe. Ich habe sie in einer Nische aufbewahrt. Auch habe ich den Sankt Markus, den Sankt Martin und die Heilige Magdalena. Sie helfen mir, zu heilen und zu sprechen. Während der *veladas* klatsche ich in die Hände und pfeife, in dieser Zeit verwandle ich mich in Gott...

Typischer indianischer Hausaltar mit katholischen Heiligenbildern, sowie altindianischen Ritualobjekten

Kapitel 10

Eines Tages kam ein junges Paar zu mir. Ich war gerade im Haus und stand am Feuer, ich war dabei, meine Tortillas aufzuwärmen. Da bellte ein Hund, und ich ging hinaus, um zu sehen, was los war. Ich lud die Besucher ein, ins Haus zu kommen. Ich unterbrach mein Essen und kümmerte mich ganz um sie.

»Wir sind Verwandte des alten Francisco García«, sagte der Mann.

»Von dem Francisco, der in dem Ortsteil Espinazo de Perro wohnt,« fragte ich. »Was führt euch her zu mir?«

»Ja, weißt du, es gibt da etwas, und deshalb sind wir gekommen, um mit dir zu sprechen«, sagte die Frau. »Du wirst sicher wissen, daß mein Vater Francisco krank ist.«

»Was ist die Ursache seiner Krankheit?« - »Wir wissen es nicht«, fuhr der Mann fort, »wir können nur soviel sagen, daß er eines Morgens das Haus verließ und hinaus auf die Milpa ging. Aber er kam bald wieder zurück, noch bevor es Tag war. Er hatte sich das rechte Schienbein verletzt. Er erzählte, er habe die Erde mit der Hacke umgegraben, als er plötzlich einen starken Schmerz im Schienbein spürte. Da fiel er hin und verlor das Bewußtsein. Als er wieder zu sich kam, machte er sich unter großen Mühen und Schmerzen auf nach Hause. Er vermutet, daß er sich selbst mit der Hacke verletzt hat. Damit er gesund wird, haben wir einen jungen Arzt[1] holen lassen, der gerade aus der Stadt nach Huautla gekommen ist. Er ist ein Mediziner, der offene Wunden heilt. Er versorgt den alten Francisco schon einige Tage, aber bei dem scheint keine Besserung einzutreten. Wir sind zu der Überzeugung gekommen, daß du ihn ganz sicher heilen kannst. Die *cositas* werden dem alten Francisco sicher Kräfte verleihen und ihn bald wieder gesund machen. Du bist eine weise Frau, María Sabina.«

»Wann soll ich die *velada* abhalten«, fragte ich.

»So bald wie möglich«, sagte der Mann abschliessend. Die jungen Leute gingen. Ich versprach ihnen, noch in derselben Nacht zum alten Francisco García zu kommen.

Als die Nacht hereinbrach kam ich zur Hütte. Man behandelte mich mit großem Respekt und führte mich zum Lager des alten Francisco. Er lag hingestreckt auf eine Petate und stöhnte vor Schmerzen. Der Alte sah mich an und versuchte angestrengt zu lächeln. Er hatte Ringe unter den Augen. Ich untersuchte die vermeintliche Wunde unterm Schienbein. Sie schien mir mehr ein blauer Fleck zu sein, ohne schwerwiegende Folgen. Ich eröffnete die Zeremonie vor den Bildern der Heiligen, die diese Familie besaß. Dem alten Francisco gab ich sechs Paar Pilze, ich selbst nahm dreizehn Paar[2]. Ich ließ mich davon tragen. Ich hatte keinen Widerstand und ich fiel in einen tiefen, bodenlosen Brunnen. Ich spürte eine Art Schwindel. Langsam verschwand dieses Gefühl von Übelkeit, und ich hatte eine Vision: Ich sah einen Jaguar, der gerade drauf und dran war, ein Rind anzufallen, das mit anderen in einem Zwinger stand. Es war Nacht. Das Tier duckte sich und, die Brust auf die Erde gepreßt, bereitete es sich zum Sprung vor, um sich auf sein Opfer zu stürzen. Da wurde es an der rechten Pfote von einem Stein schwer getroffen. Ein Mann hatte den Stein geworfen, ein Mann, der an einen nahen Baum

---

[1] In Huautla bezeichnet man die approbierten Mediziner als *Tchinéex-kïi* (= »der Weise in Medizin«). Im vorliegenden Fall bezieht sich María Sabina auf den Arzt Salvador Guerra, geboren 1925 in Jalapa, Veracruz, der neun Jahre (1951-1960) in Huautla praktizierte. Später arbeitete Salvador Guerra als Spezialist für Kardiologie in einem angesehenen Krankenhaus in Mexiko Stadt.

Die Ortsteile von Huautla nennt man heute noch nach irgendeinem hervorstechenden Merkmal des Ortes, was die Form eines benachbarten Hügels, der Name eines nahen und prächtigen Baumes oder ein unglücklicher Vorfall im Ort sein kann. Die älteste Person oder diejenige mit dem meisten Einfluß im Ortsteil fügt an ihren Namen das Wort, das den Ort bezeichnet, wie einen Familiennamen an. Beispiel: Man kennt Namen wie Nzióo-Ya-loxáa, was wörtlich zu Fidencio-Naranjo wird, oder genauso Chafáa-Ya-Mangóo, was Juan-Mangal heißt, weil es zuhause bei Herrn Fidencio einen Orangenbaum oder zuhause bei Herrn Juan einen Mangobaum gibt. Die Person – die heute schon verstorben ist – , auf die sich María Sabina bezieht, kannte man mit dem Namen Zco-Yátzin-Leniá-a oder übersetzt Francisco-Espinazo de Perro, weil sie sehr nahe am Ortsteil Espinazo de Perro lebte, dessen Name von einem nahegelegenen Hügel stammt, der den Wirbeln eines ausgehungerten Hundes ähnelt.

[2] Die Pilze werden entsprechend der [präkolumbianischen] Tradition in Paaren gegessen. Man sagt, sie sind »verheiratet« oder »ein Paar«. Einer ist der Mann, der andere die Frau.

[3] María Sabina, um ihr eigenes Wort zu verwenden, nennt das *soerte* (eine Verballhornung des spanischen Wortes *suerte* = »Schicksal, Los, Glück«), was man im präkolumbianischen und kolonialen Mexiko als *nagual* oder *tonal* bezeichnete. Anscheinend leitet María Sabina das von ihr verwendete Wort aus dem mexikanischen Sprichwort ab, daß »jeder mit seinem Schicksal geboren werde.« Es ist ein Ausdruck, der besagt, daß das *suerte* ein angeborenes Zeichen ist, und das Leben eines jeden determiniert. Wenn eine Person in Reichtum und Glück lebt oder aber in Armut und ständiger Trauer, z.B. infolge von harten Unglücksschlägen in seinem Leben, so deshalb, weil das *suerte* die Person so prädestiniert hat. Für María Sabina ist das *suerte* der Geist einer Person, der fähig ist, den menschlichen Körper zu verlassen und sich in ein Tier zu verwandeln, vorzugsweise in einen Jaguar. Hier handelt es sich um den sog. Nagualismus: »Die Transfiguration des *nagual* in ein wildes Tier, hat fast immer zum Ziel, Schaden zu verursachen.« - »Das *nagual* besitzt nur nachts die Fähigkeit zur Metamorphose. Wenn es in Form eines Tieres gefangen und bis zur Morgenröte festgehalten wird, so stirbt es.« Zum Tonalismus: »In gewissen ethnischen Gruppen, zu denen man die Mazateken, die Zapoteken und die Mayas zählt, gab es, und zum Teil gibt es sie immer noch, die Vorstellung, nach der auf mystische Art und Weise eine Person mit einem Tier verbunden ist. Die mystische Verbindung ist dergestalt, daß das *suerte*, das die Person oder das Tier trägt, auf beide eine reziproke Wirkung ausübt. Wenn einer von beiden stirbt, so stirbt auch der andere. Dieses Tier, Behüter und Schützer, heißt *tona*...« (AGUIRRE BELTRÁN, *Medicina y magía*, Mexico, D.F.: INI, 1963, S.101-106) Bei den Mazateken erzählt man sich, daß die Person, deren Geist in den Körper eines Tieres eintritt, träumt, sie befinde sich an fernen Orten. Nan-tzia-nga, eine alte Frau aus Huautla, hat erzählt, daß sie in ihrer Jugend jede Nacht davon geträumt habe, sie komme auf einen Weg, auf dem viele Steine lagen. Ein Verwandter von ihr, namens Calixta, sagte ihr daraufhin. »Dumme

gelehnt stand. Der Jaguar ergriff die Flucht. Er floh, ohne seine Absicht zu Ende geführt zu haben, verletzt und erschreckt. Kurz darauf erschien eine Frau. Sie bedeckte das Gesicht mit dem Unterarm. Man sollte nicht sehen, daß sie lächelt. Es war ein böses Lächeln und voll von Genugtuung. Ich erkannte die Frau. Sie war die Ehefrau des Faustino Méndez, eine Zauberin. Die Stimme der *niños* sagte: »Sie ist es! Sie hat den alten Francisco verzaubert. Sie hat seinen Geist (*espiritú*) in einen Jaguar verwandelt. Sie ist es...«

Nach Mitternacht begann der alte Francisco sich Stück für Stück aufzurichten. Allein, ohne fremde Hilfe. Und schließlich stand er aufrecht da. Aufrecht blieb er neben dem Altar und den Heiligenbildern stehen. Er machte Bewegungen, so als wollte er sich entspannen und lockern. Ich bat die anderen, sie sollten ihm frische Wäsche bringen. Die, die er anhatte, war nicht mehr sauber. Er sollte die Wäsche wechseln, weil die Heilung immer näher rückte, und da muß alles, was schmutzig ist, weggeworfen werden.

Ich befahl dem alten Francisco, sich auf einen Stuhl zu setzen, und fragte ihn:

»An dem Tag, an dem du dich verletzt hast, was ist da passiert und wo ist das passiert? Hast du nicht gemerkt, daß dein Körper ohne Geist war, daß dein Körper leer war? Und in deinen Träumen, wo hältst du dich da auf?«

»Also«, antwortete er und schaute auf den Boden, so als müßte er sich schämen, »also, meine Träume sind seit einiger Zeit immer dieselben. Kaum schlafe ich, träume ich auch schon, daß ich in einen Zwinger komme, in dem ich Stiere sehe. Ich möchte sie angreifen und fressen.«

»Wo ist das? An welchem Ort bist du da?«

»Ich träume, daß ich mich in Ojitlán befinde. Dort packt mich das Verlangen, die Rinder anzugreifen.« – »Schäm dich nicht«, sagte ich zu ihm, »das ist bestimmt nichts Böses. Das ist keine Lüge. Wenn wir schlafen, verläßt der Geist unseren Körper und eilt davon. Er geht, wohin er will. Der Geist kommt zurück, wenn wir aufwachen. Aber es gibt Leute, die werden mit ihrem *suerte* geboren. Ihr Geist verwandelt sich in ein Opossum, in einen Jaguar oder einen Geier. Als Tier wandert der Geist dann an ferne Orte. Wenn du dein *suerte* hast, dann brauchst du dich nicht zu fürchten. Es ist weder eine Sünde noch eine Schande. Es gibt Menschen, die so geboren werden. Andere wieder bekommen ihr *suerte* durch die Kunstgriffe der Zauberei.«[3]

»Ja«, fuhr Francisco fort, »ich raube Rinder... Ich höre die Glocken um ihren Hals... jede Nacht dasselbe...«

Die *cositas* gaben mir den Auftrag, eine Kerze anzuzünden. Ich nahm mit den Fingerspitzen ein bißchen vom *San Pedro* und sagte dem alten Francisco, er solle ihn kauen. Das tat er. Er kaute den Tabak und schluckte ihn hinunter. Ich bat die Leute, die um mich herumstanden, einen Eimer zu holen. Sie brachten ihn. Daraufhin bat ich sie, den Magen des alten Francisco ein wenig zu drücken und zu pressen, damit er erbrechen kann. Er kotzte. Das hatte der *San Pedro* bewirkt[4]. Der Tabak heißt so, weil der Heilige Petrus ihn erschaffen hat.

Als der alte Francisco sich nicht mehr übergeben mußte, befahl ich ihm, noch einmal die Kleider zu wechseln...

Bei Tagesanbruch sagte der Kranke: »Ich danke dir für die Heilung, María Sabina. Ich fühle mich besser. Ich habe Hunger. Ziemlich großen Hunger.« Man brachte ihm Kaffee, ein bißchen gebratenes Fleisch, Bohnen und Chili-Soße. Er aß mit Genuß und aß sehr viel. Ich sprach noch einmal mit ihm: »Die *niños santos* haben mir offenbart, daß eine Zauberin deinen Geist in einen Jaguar verwandelt hat. Während der Nacht, wenn du schläfst, geht dein *suerte* hinaus, um die Stiere von Ojitlán anzugreifen. Hab keine Angst mehr, die Pilze haben dich jetzt gesund gemacht. Du hast erbrochen.«

Wenn ich auch wußte, daß der junge Arzt weiterhin zu dem Patienten kam, so war ich doch überzeugt davon, daß die *niños* das Heilmittel für den alten Francisco waren. Einen Monat später teilte man mir mit, daß der alte Francisco wieder wohlauf und gesund sei.

Die Frau des Faustino Méndez, die Zauberin, wurde von dem Zeitpunkt an, als der alte Francisco erbrochen hatte, langsam verrückt. So hat ihn das suerte verlassen und Francisco hat seinen Geist zurückerobert. Die Zauberin, die verrückt wurde, zog sich nackt aus und rannte hinaus auf die Straße. Ihr Mann und ihre Kinder verließen sie aus Scham und aus Furcht. Die Familie fiel in Ungnade. Schließlich starb die Frau am Wahnsinn. Ihre Schlechtigkeit hatte sich gegen sie gerichtet.

Gans, dein Geist verwandelt sich jede Nacht in ein Opossum. Der Ort, wo du dich aufhältst, ist der Weg nach Tenango.« - AGUIRRE BELTRÁN fügt hinzu: »Der Nagual-Priester transformiert oder transfiguriert sich in ein anderes Wesen, er verliert seine menschliche Erscheinungsform und erhält eine tierische. Im Tonalismus existieren das Tier und das Individuum getrennt, doch zusammen - parallele Leben -, sie sind nur durch ihr gemeinsames Schicksal geeint.«

[4] Neben der magischen Qualität hat der stark nikotinhaltige Bauerntabak auch brechreizerregende Wirkung.

Der aztekische Ekstasegott Xochipilli mit einer übergestreiften Hirschhaut – ein Hinweis auf seine Tiernatur (*Codex Borgia* p.53)

Olmekisches »Wer-Jaguar-Baby«

»Piciete wird in Teutila [in der Sierra Mazateca] auf folgende Art zubereitet: Ein frisches Tabakblatt wird fein zerrieben; dazu wird eine Handvoll Kalk gegeben. Manchmal wird noch eine Gewürznelke oder eine Knoblauchzehe hinzugefügt. Diese Mischung wird dort, wo die Zauberer arbeiten, ausgestreut, um Schlangen und andere Gifttiere zu vertreiben. Dieselbe Zubereitung wird dazu benutzt, Feinde zu verzaubern. Dazu nimmt man das Piciete-Pulver in den Mund und speit oder bläst es in die Richtung eines Feindes. Man glaubt, daß der Feind dadurch erkrankt oder stirbt. Wenn der Verzauberte merkt, daß er von jemandem beblasen wurde, kann er sich dadurch schützen, indem er eine Linie in die Erde zeichnet und darauf spuckt. Das sollte zu seinem Schutz genügen.«
JEAN B. JOHNSON
Elements of Mazatec Witchcraft
(1939: 138)

Faksimile der Notation von María Sabinas Gesängen aus dem Buch *María Sabina and her Mazatec Mushroom Ceremony*

Kapitel 11

Im darauffolgenden Jahr kam eine Tochter des alten Francisco zu mir und wollte mich sprechen. Sie kam ins Haus und sagte: »Die ganze Familie läßt dich grüssen. Die Leute, die meinen Vater besuchen, fragen, wer ihn geheilt hat. Er antwortet, daß er eine Ärztin kenne, sie sei äußerlich unscheinbar und heiße María Sabina.«

»Was gibt's?«, fragte ich sie.

»Nun, du weißt ja, wie das Leben so spielt. Krankheiten kommen und gehen. Plötzlich erkranken zur gleichen Zeit ein Kind und ein Erwachsener. Das passiert halt so. Ich bin gekommen, weil mein Neffe Rodrigo krank ist. Der junge Mediziner, der aus der Stadt gekommen ist, hat ihn ärztlich versorgt, aber er wird nicht gesund. So haben wir uns entschlossen, daß wir dich rufen, und daß du ihn endlich heilst.«

»Was ist los mit ihm«, fragte ich.

»Der Pfarrer Alfonso[1] wollte, daß Rodrigo in der letzten Osterwoche einen Apostel spielt. Ezequiel, sein Vater, war damit einverstanden, denn der Gedanke, daß sein Sohn Apostel sein sollte, gefiel ihm gut. In der Osterwoche machten sich die Leute und die Apostel auf zur Prozession. Aber Rodrigo stolperte an der Kirchentür und fiel hin. Seit Monaten schon kann das Kind nicht mehr aufstehen. Die Zauberer sind auch schon hinausgegangen an die Plätze, wo das Kind immer gespielt hat, und sie haben Kakaobohnen und Eier geopfert. Wir glauben, daß er vom Geist eines heiligen Platzes verzaubert worden ist und jetzt gibt es für ihn keine Besserung mehr.«

»Mach dir keine Sorgen, Frau«, sagte ich zu ihr, »ich werde gleich morgen kommen.«

In der folgenden Nacht ging ich in das Haus von Ezequiel und nahm genügend *niños santos* für sechs Personen mit.

Beim Licht einer Kerze klopfte ich den Körper des Kindes ab. Ich sah keine Wunde, aber kurz darauf sollte ich den wahren Ursprung seiner Krankheit erfahren.

Die Leute aus dem Haus aßen mit mir den »Kleinen, der aus dem Boden sprießt«, und als er in mir arbeitete, hatte ich eine Vision: Ich sah Rodrigo, wie er in einer großen Menschenmenge dahinging. Er trug ein Gewand. Ein violettes Gewand, wie es die Apostel tragen. Das Kind ging dahin und schaute ernst drein. Aber sein Geist ging nicht mit ihm, der befand sich an einer anderen Stelle, so sagte es mir die Stimme, und so erfuhr ich, daß ein anderer Geist, der ein Gewehr trug, einen Schuß abfeuerte, der zufällig den Geist des Rodrigo traf. In diesem Augenblick fiel das Kind an der Kirchentür zu Boden. Sein Geist war verletzt, aber nicht sein Körper.[2]

Nachdem die Vision vorbei war, zündete ich eine Altarkerze an, hob das Hemdchen des Kranken auf und sah in seiner Brust oberhalb des Herzens ein Loch von der Größe einer Faust. Es war eine Wunde ohne Blut, aber doch tief. Als ich das Gesicht von Rodrigo sah, schien er mir tot zu sein. Daraufhin bat ich um 13 Kakaobohnen, die man zerreiben und mit Wasser vermischen sollte.

Ich verlangte 13 Kakaobohnen, weil meine Gedanken es so befahlen. Außerdem bat ich um ein Huhn, das erst ein paar Tage alt sein sollte und um ein Stück Stoff, das ich als Binde verwenden konnte. Ich opferte das Huhn. Den noch warmen Körper des Tieres tauchte ich in das Kakaowasser und legte ihn auf Rodrigos Brust, obendrauf dann die Binde, die ich dann um Rodrigos Körper wickelte. Der Junge hatte von dem »Kleinen, der aus dem Boden sprießt«, nichts gegessen. Beim Morgengrauen, als die Wirkung der

Aztekische Darstellung des heiligen Kakaobaumes, Symbol der Himmelsrichtung Süden (Cod.Fej.-M. Bl.1)

[1] Der Pfarrer Don Alfonso Aragón Robles, gebürtig aus Sola de Vega, Oaxaca, kam ungefähr 1943 nach Huautla, um die Kirchengemeinde zu übernehmen. Er war ein großartiger Redner, ein Mann mit Energie und nicht ohne einen gewissen Sinn für Humor. Er gab dem Katholizismus in jener Region neue Impulse. Ende 1960 kehrte er wieder an seinen Geburtsort zurück. Er starb erst kürzlich. Soweit wir wissen, sah er keinen Widerspruch zwischen der Kirche und den Indianerärzten, im Gegenteil, er hielt gewisse Kontakte zu ihnen.

[2] Es gibt eine okkulte Welt, eine Welt der Seelen, wo das »Leben« aussieht wie das unsrige. Für María Sabina ist diese andere Welt nur mit Hilfe der *niños santos* erreichbar.

Hölzer zum Kakaoschlagen

niños schon abgeklungen war, nahm ich die Binde und das Huhn fort. Ich konnte die Wunde nicht mehr sehen, die ich zuvor, als die *niños santos* noch in mir arbeiteten, auf der Brust des Kranken wahrgenommen hatte.

Das Huhn wurde in der Nähe des Hauses vergraben, damit die Greifvögel und die Hunde es nicht fressen konnten; denn alles, was man während einer *velada* verwendet, ist heilig und darf nicht zerstört werden, indem man es Tieren zum Fressen gibt.

Ich schlief in der Hütte. Als ich aufwachte, gab man mir zu essen und ich unterhielt mich mit der Mutter des kranken Jungen. Da kam jemand herein und meldete den jungen Mediziner, denselben, der sich bemüht hatte, den alten Francisco zu heilen. Er wartete draußen, um hereingelassen zu werden und um den Kranken zu besuchen. Ich sah, wie der Mediziner hereinkam, ich saß auf dem Boden, auf meinen Fersen und war an die Wand gelehnt. Er trug weiße und saubere Kleidung. Er grüßte alle auf Mazatekisch: »Nináa Tindali!« [= »*Gott grüße dich*«] Wir erwiderten ihm dasselbe. Wir sprachen kein Wort miteinander, während der Mediziner mit seinen Instrumenten den Kranken untersuchte. Niemand erzählte ihm, daß wir in dieser Nacht Wache gehalten hatten, um den Jungen zu heilen. Der Arzt sprach mit Ezequiel, dem Vater von Rodrigo, auf Spanisch. Ich verstand nichts. Er gab ihm einige Schächtelchen und ein Stück Papier[3].

Der junge Mediziner hatte ein helles Gesicht und blaue Augen. Er verabschiedete sich. »*Xtalangá*«, sagte er zu jedem von uns. Er hatte gelernt, wie sich die Mazateken begrüßen: Seine Finger berührten kaum die Handinnenfläche der anderen Person; genauso wie wir den Handgruß ausführen.

Im Inneren wußte ich nicht, was ich von der Wirksamkeit der Heilmittel des weisen Mediziners halten sollte. In einem aber war ich mir ganz sicher, daß er nämlich trotz seiner ganzen Weisheit nicht das wahre Motiv der Krankheit des jungen Rodrigo erkannte. Ich verabschiedete mich von den Eltern des Kranken und sagte ihnen, daß ihr Kind jetzt geheilt sei, und daß es im Verlauf der nächsten Tage völlig gesund sein werde. Als Entgelt gaben sie mir eine Schachtel Zigaretten, ein bißchen Schnaps und fünf Pesos.

Eine Weise wie ich, darf für ihre Dienste nichts verlangen. Man darf aus seiner Weisheit keinen Nutzen ziehen. Wer etwas verlangt ist ein Lügner. Ein Weiser wird geboren, um zu heilen, nicht aber, um mit seinem Wissen ein Geschäft zu machen. Man nimmt mit Bescheidenheit zwei oder drei Pesos, die man uns in die Hand drückt. So ist es... Mit den *cositas* soll man keinen Handel treiben.

Die Zeit verging und eines Tages ging ich hinunter auf den Markt von Huautla. Ich schaute bei dem Vater von Rodrigo vorbei und sagte guten Tag. Er war sehr zufrieden und grüßte mich mit einem breiten Lächeln.

»Wie geht es deinem Kind«, fragte ich Ezequiel. »Es geht ihm schon wieder gut. Er spielt schon wieder mit seinen Freunden. Dank dir dafür, daß du ihn geheilt hast. Du weißt eben viel, du kannst es eben. Dank dir. Hier, nimm zwei Pesos und kauf dir Brot dafür.«

»Sag so etwas nicht, Ezequiel«, antwortete ich ihm, »denn der, der deinen Sohn geheilt hat, war nicht ich, sondern der Gott, der uns erschaffen hat.« Von da an schenkten mir der alte Francisco und sein Sohn, Ezequiel, viel Vertrauen und jedesmal, wenn bei ihnen zu Haus jemand schwer erkrankte, riefen sie mich und ich sollte heilen.

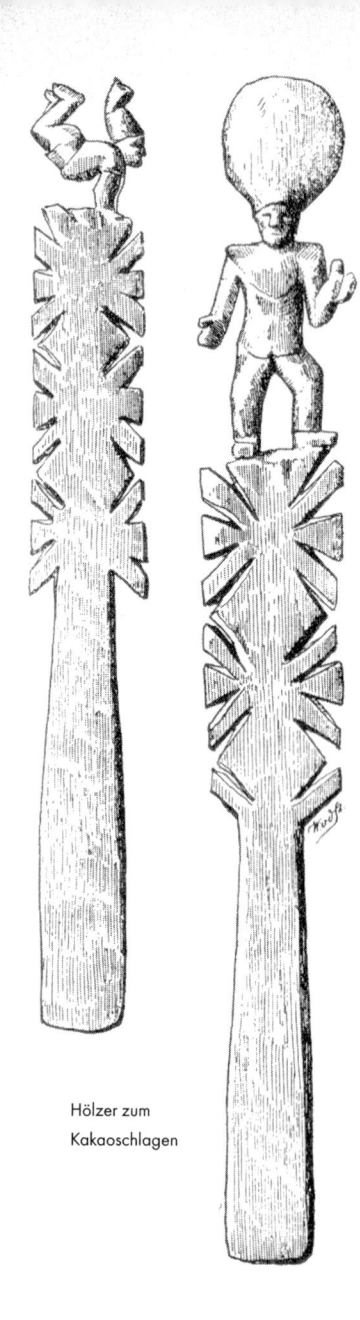

[3] Dr. Guerra erzählte dazu: »Ich behandle so viele Leute, daß ich mich nicht mehr erinnern kann, welche Krankheiten Francisco García oder sein Neffe Rodrigo hatten. Das alles geschah zu einer Zeit, in der die Ärzte aus der Stadt erst anfingen sich in Huautla niederzulassen um dort zu praktizieren. Ich wußte, daß die mazatekischen Familien, die einen Kranken zu Hause hatten, ihre *veladas* abhielten und zur gleichen Zeit auch meine Dienste in Anspruch nahmen. Was ich dazu sagen soll, daß María Sabina den Grund der Krankheiten während der Trance, die durch die Pilze hervorgerufen wurde, gesehen hat? Nun, ich konnte auch ins Innere der Körper schauen. Aber natürlich nur mit dem Röntgengerät.«

Kapitel 12

Wenn ich meine *veladas* abhalte, spreche ich zu den Heiligen: zum Herrn Santiago, zum Heiligen Josef und zu Maria. Ich nenne sie beim Namen in der Reihenfolge, wie sie erscheinen. Ich weiß, daß Gott sich aus allen Heiligen zusammensetzt. So, wie wir alle zusammen die Menschheit bilden, so bilden alle Heiligen zusammen Gott. Deshalb gebe ich keinem Heiligen den Vorzug. Alle sind gleich. Alle haben sie die gleiche Kraft, keiner hat mehr wie der andere.

Ich kenne andere Weise, die genauso wie ich die *niños santos* essen. Ich erinnere mich an Toribio García, der in demselben Viertel wohnte, in dem ich lebe. Er wohnte weiter unten an der Straße. Er suchte in den *niños* das Licht. Doch er suchte die Antwort auch in den dreizehn Maiskörnern, die er auf den Boden warf. Die jeweilige Lage eines Kornes hatte eine bestimmte Bedeutung. Auf diese Weise erriet er das, was er wissen wollte. Ich persönlich praktiziere diese Form [der Divination] nicht. Ich vertraue nur auf das, was die *niños* mir sagen. Das reicht mir aus. Meine einzige Kraft ist die *Sprache*. Toribio war ein Weiser ganz anderer Art. Er warf im Verlauf der *velada* Maiskörner auf den Boden, und beim Morgengrauen wiederholte er das Ganze noch einmal.

In der Zeit, als ich verheiratet war, brauchte ich die Dienste von Toribio nicht in Anspruch zu nehmen. Die Kinder aus meiner ersten Ehe wuchsen heran und waren gesund.

Und wenn ich heute erkranke, dann heile ich mich selbst. Die *niños* heilen mich. Ich lebe nun schon lange, sehr lange... ich weiß nicht, wieviele Jahre ich schon lebe.

Während meiner *veladas* kann ich sehen, woraus unser kleiner Christus *(cristito)* gemacht ist. Ich betrachte ihn. Er ist ganz nah bei mir. Aber ich kann ihn nicht berühren. Es gibt Augenblicke, in denen ich mit meinen Händen das fassen möchte, was ich sehe, doch da ist nichts. Das bringt mich manchmal zum Lachen. Ich betrete eine andere Welt. Sie ist ganz anders als die, die wir bei Tageslicht sehen. Es ist eine wunderschöne Welt, aber sie ist unerreichbar. Es ist wie im Kino. Ich kenne das Kino, denn eines Tages kam ein Herr. Er nahm mich mit ins Zentrum von Huautla, und wir sahen uns einen Film an, in dem ich vorkomme. Im Kino kann man alles von weitem sehen, aber wenn man versuchte, es anzufassen geht es nicht. Und wie im Kino, so taucht bei den *veladas* ein Bild nach dem anderen auf. Zuerst kommt eine Sache und geht, dann kommt eine andere Sache und geht. So empfinde ich die Wirkung der *cositas*. So sehe ich die Heiligen. Einer erscheint, und ich nenne seinen Namen; erscheint ein anderer, so spreche ich dessen Namen aus. Wenn Benito Juárez erscheint, dann nenne ich ihn beim Namen. Manchmal tauchen die Grundexistenzen auf. Ich sehe mich dann, wie ich mit ihnen Bier trinke; ein anderes Mal trinken wir Schnaps. Ich sehe Tiere, z.B. riesengroße Schlangen, aber ich fürchte sie nicht, denn sie sind auch Geschöpfe Gottes. Seltsame Tiere erscheinen. Tiere, die man noch nicht auf dieser Welt gesehen hat. Nichts von dem, was die *niños* einem zeigen, sollte zum Fürchten sein. Meine ganze *Sprache* steht in dem *Buch*, das man mir gegeben hat. Ich bin die, die liest, die Übersetzerin. Das ist mein Vorrecht. Die *Sprache* ist nicht für alle [Krankheits]-Fälle die gleiche. Wenn ich einen Kranken heile, verwende ich eine Art der *Sprache*. Wenn ich die *cositas* mit dem Ziel esse, Gott zu begegnen, dann brauche ich eine andere *Sprache*. Jetzt, während der Nacht-

»Die Pilze sind die Quelle der Gnosis«
TERENCE MCKENNA
(1991: 97)

»Die Pilze nehmen in besonderer Weise am Werden und Vergehen teil. Sie sind der Erde näher als die grünen Pflanzen, ganz ähnlich wie die Schlange ihr näher als die anderen Tiere ist. Hier wie dort ist der Körper in geringerem Maß gesondert; der Fuß dominiert. Dafür ist auch der Reichtum an heilenden und tödlichen Kräften stärker - und an Geheimnissen. Der alte Pulverkopf wußte, warum er die Schlange als das klügste Tier bezeichnete.«
ERNST JÜNGER
Annäherungen (1980: 324)

[4] Die Phrase »sagt er« wird angefügt, weil es der Pilz ist, der spricht. Es handelt sich um eine Art »transpersonale Sprache«, die nur vom Schamanen wiedergegeben werden kann

[5] Die Mazateken erkennen im Sternhimmel ihre eigenen Sternbilder. Die bekanntesten sind: »das Pferd«, »die Sandale«, »der Stab« und »das Kreuz«.

wache, kann ich mich an etwas von meiner *Sprache* erinnern:

Ich bin die Frau, die allein geboren hat – sagt er[4]
Ich bin die Frau, die allein gefallen ist – sagt er
Denn hier ist dein Buch – sagt er
Dein Buch der Weisheit – sagt er
Deine geheiligte Sprache – sagt er
Deine Hostie, die man mir gibt – sagt er
Deine Hostie, die ich teile – sagt er

Auf welcher Zahl ruhst du aus, geliebter Vater?
Vater, voll des Lebens
Vater, voll der Frische

Ich bin die Frau der Schlachten
Denn ich bin Frau General – sagt er
Denn ich bin Frau Gefreiter – sagt er

Denn ich bin Frau Unteroffizier – sagt er
Denn ich bin Frau Kommandant – sagt er

Du, Jesus Christus
Du, Maria
Du, heiligster Vater
Frau Heiliger
Frau Heilige
Frau Geist
Ich bin die Frau, die wartet – sagt er
Ich bin die Frau Tageslicht – sagt er
Ich bin Frau Mond, sagt er
Ich bin Frau Morgenstern
Ich bin Frau Stern Gott

Ich bin Frau Sternbild Sandale[5]
– sagt er
Ich bin Frau Sternbild Stab – sagt er
Hier, ich bringe meinen Morgentau
Meinen frischen Morgentau – sagt er
Meinen klaren Morgentau – sagt er
Denn ich bin Frau frischer Morgentau – sagt er
Ich bin die Frau der Morgenröte – sagt er

Ich bin Frau Tag – sagt er
Ich bin Frau Heiliger – sagt er
Ich bin Frau Geist – sagt er
Ich bin die Frau, die arbeitet – sagt er
Ich bin die Frau, die unter dem tropfenden Baum steht – sagt er
Ich bin die Frau des sauberen Umhangs – sagt er
Ich bin Frau Strudel – sagt er
Ich bin die Frau, die ins Innere schaut – sagt er
Denn ich kann mit Benito Juárez sprechen
Denn mich begleitet unsere wunderschöne Jungfrau
Denn wir können in den Himmel aufsteigen
Ich bin die Frau, die Benito Juárez sieht

Denn ich bin die Frau Anwalt
Denn ich bin die reine Frau
Ich bin die Frau des Guten
Denn ich kann das Reich des Todes betreten und verlassen
Denn ich suche im tiefen Wasser
Bis hinüber ans andere Ufer
Denn ich bin die Frau, die aus dem Boden sprießt
Ich bin die Frau, die man herausreißen kann – sagt er
Ich bin Frau Ärztin – sagt er
Ich bin die Frau der Kräuter – sagt er
Und unsere wunderschöne Jungfrau Guadalupe
Und unsere Mutter Magdalena
Denn ich bin die Tochter Gottes
Ich bin die Tochter Christi
Ich bin die Tochter der Maria
Ich bin die Tochter des Heiligen Josef und der Candelaria

Das ist ein Teil meiner *Sprache*. Die Unwissenden werden niemals so wie die Weisen singen können. Die *niños santos* geben mir die Worte ein, und ich übersetze sie. Das *Buch* erscheint, und sofort beginne ich zu lesen. Ich lese, ohne zu zögern. Das *Buch* erscheint nicht immer, denn ich bewahre im Gedächtnis, was dort geschrieben steht.

Für die Kranken gibt es eine Form von *Sprache*, für die, die Gott suchen, eine andere. Für die Kranken erscheint die *Sprache* in dem Augenblick, wenn ich nahe bei ihnen bin. Ich stehe immer ganz an der Seite des Kranken und passe auf, wenn er erbricht und bin bei ihm, was auch sonst mit ihm geschehen mag. Die Kranken werden schnell gesund, wenn sie *San Pedro* kauen. Und wenn die Kranken den Tabak kauen, dann sage ich:

Ich bin Frau San Pedro – sagt er
Ich bin Frau San Pedro – sagt er
Ich bin die Frau, die im tiefen Wasser sucht – sagt er
Ich bin die Frau, die mit Kräutern reinigt – sagt er
Ich bin die Frau, die reinigt – sagt er
Ich bin die Frau, die Ordnung schafft – sagt er
Ich bin die Frau, die schwimmt – sagt er
Ich bin die heilige Schwimmerin – sagt er
Ich bin die schwimmende Herrin – sagt er
Ich bin Frau Boot – sagt er
Ich bin Frau Morgenstern – sagt er

Es sind die *consitas*, die sprechen. Wenn ich sage: »*ich bin die Frau, die allein gefallen ist, ich bin Frau, die allein geboren hat*«, so sind es die *niños santos*, die sprechen. Und sie sprechen so, weil sie von selbst aus dem Boden sprießen. Niemand pflanzt sie. Sie kommen aus dem Boden, weil Gott es so will. Deshalb sage ich: »Ich bin die Frau, die herausgerissen werden kann«, denn die *niños santos* kann man herausreißen und essen. Man darf sie auch nicht kochen und auch sonst nichts. Man braucht mit ihnen nichts weiter zu machen. So, wie sie aus der Erde herausgenommen werden, so soll man sie essen. Denn wenn man unvorsichtigerweise ein Stückchen fallen läßt, dann fragen die *niños*, während sie in einem arbeiten: »Wo sind meine Füße? Warum hast du mich nicht ganz aufgegessen?« Und sie befehlen einem: »Such den Rest meines Körpers und iß ihn!« Man soll den Worten der *niños* gehorchen. Und noch ehe man mit der *velada* beginnt, muß man die Teile, die man noch nicht gegessen hat, suchen und essen.

»Um verlorengegangene Tiere oder Objekte wiederzufinden muß man des nachts Pilze nehmen. Man wird dann *sprechen* [wenn man eingeschlafen (d.h. in Trance gefallen) ist]. Es ist verboten, Tiere in der näheren Umgebung zu halten; sie könnten lärmen und würden den Schläfer stören, der *spricht* während eine andere Person dabeisitzt und zuhört. Der Schläfer wird genau mitteilen, wo sich das verlorene Tier oder Objekt befindet. Dort wird man es finden, wenn man am nächsten Tag dorthin geht.«
JEAN B. JOHNSON
Elements of Mazatec Witchcraft
(1939: 136f.)

Aztekisches Pilz-Design von einer *malacate*, einer Spindelscheibe, abgenommen

Schamanische Gesänge von Román Estrada

Medizinkraut, Heilkraut
Frisches Kraut, Herr Christus

Laß uns diese Person von
Ihrer Krankheit befreien

Wo ist ihr Geist gefangen?
Hält man ihn im Gebirge gefangen?
Ist er in einen Bach verzaubert?
Ist er in einem Wasserfall gefangen?

Ich werde den verlorenen Geist
suchen und finden
Ave Maria! Heiligste!
Ich werde seinen Spuren folgen

Ich bin der Mann von Bedeutung
Ich bin der Mann Frühaufsteher

Ich bin es, der das Gebirge tönen läßt
Ich bin es, der seine Abhänge tönen
* läßt*

Ich bin es, der den Geist tönen läßt

Ich bin der, der meine Spuren ertönen
* läßt*
Ich bin der, der meine Nägel ertönen
* läßt*

Christus, unser Herr

Der Herr Sankt Martin ist hier

Der Herr des trockenen Baumes ist hier
Der Herr des breiten Sees ist hier

Heilige María Zoquiapan

Ich bin das Morgengrauen
Ich bin es, der mit den Bergen spricht
Ich bin es, der mit dem Echo spricht

Dort in der Atmosphäre
Dort in der Flora
Ich lasse meinen Klang spuren

Vater Evangelist Sankt Johannes
Laß uns wie die Puppen und die Adler
* schauen*
Sie spielen schon in der Luft
Sie spielen schon über den Bergen
Sie spielen schon in den Wolken

Wer uns verfluchte wird uns keinen
* Schaden zufügen*
Denn ich bin der Geist und das Bild
Bin Herr Christus
Bin der Geist

Hier ist die Schlange
Sie ist zusammengerollt
Sie ist lebendig

Ich bringe Erleichterung
Ich bringe das Leben

Ich bin stolz und schön
Ich bin Jesus Christus
Ich bin der Herr Sankt Martin
Ich bin der Herr Sankt Markus

In dessen Reich es Jaguare gibt

über uns gibt es keinen Einfluß mehr
* von dem, der verflucht*

Ich gebe dem Kranken Kraft
Ich bin die Medizin
Ich bin das feuchte Kraut

Komm zurück verlorener Geist

Ich werde pfeifen um dich zu geleiten

Kehr um!

Mit dir sollen kommen:
Dreizehn Hirsche
Dreizehn Adler
Dreizehn weiße Pferde
Dreizehn Regenbogen
Auf deinen Spuren bewegt er dreizehn
* Berge*

Es ruft dich der große Bajazzo
Es ruft dich der Bajazzo-Meister

Ich werde die Berge erklingen lassen
Ich werde ihre Abgründe erklingen
* lassen*
Ich werde die Morgenröte erklingen
* lassen*
Ich werde den Tag erklingen lassen
Ich werde den Berg des Kruges
* erklingen lassen*
Ich werde den erbärmlichen Berg
* erklingen lassen*

Ich werde den Berg des Felsen erklin-
* gen lassen*
Ich werde Berg Vater erklingen lassen

Ich bin der große Mann
Ich bin der Mann Erleichterung
Ich bin der Mann Tag

Es ist Zeit, daß der Kranke sich erholt
Es ist Zeit, daß das Wunder geschehe
Das Wunder der heiligsten
* Dreifaltigkeit*
So wie das Wunder der Schöpfung
Wie das Wunder des Mondlichts
Wie das Wunder des Sternenlichts
Des Morgensterns
Des Sternes Kreuz
Schon kommt die Morgenröte
Schon rötet sich der Horizont
Es gibt nichts Böses draußen
Denn ich bin es, der die Erleichterung
* bringt*
Ich bin es, der das Morgengrauen
* bringt*
Sprich Santa María Ixtepec
Sprich Santa María Ixcatlán
Hier gibt es die Dürre und den Dorn

Am Ende des ersten Teils dieses Buches fügen wir noch die Übersetzung der Sprache des weisen Mazateken Román Estrada an. Román Estrada ist 60 Jahre alt und ließ sich von dem aus San Lucas gebürtigen Weisen Juan Manuel ausbilden. Juan Manuel wurde [angeblich] 122 Jahre alt. Sein Vater soll 130 Jahre gelebt haben. – Die Sprache von Román Estrada ist in Übereinstimmung mit dem, was María Sabina sagt, den Herren der Berge gewidmet. Die Aufnahme der christlichen Gottheiten ist unvermeidlich aufgrund des starken Einflusses der Kirche (die Kirche von Huautla wurde 1777 von den Dominikanern erbaut). Diese beiden Aspekte mindern jedoch nicht den Wert der großartigen Sprache von Román. (Bandaufnahme mit Anmerkungen vom Herbst 1969). – Der Weise singt in den Stunden der Trance, die gewöhnlich vier, fünf, oder auch sechs Stunden dauert.

Kapitel 13

Marcial, mein zweiter Mann, war gestorben, und ich mußte wieder arbeiten. Ich verkaufte Lebensmittel in meinem Haus, das an der Straße lag. Ich ging nach San Miguel und Tenango und verkaufte an den Markt- und Festtagen Kerzen und Brot. Ich wohnte zurückgezogen und bescheiden mit meinen Kindern. Meine Töchter Viviana und Apolonia sind schon verheiratet, aber sie besuchten mich häufig.

Einen Monat nach Marcials Tod fing ich wieder an, die *cositas* zu essen. Ich sagte ja schon, daß es nicht gut ist, die *niños* zu sich zu nehmen, solange man verheiratet ist. Wenn man mit einem Mann schläft, zerstört man ihre Reinheit. Wenn ein Mann sie nimmt und sich in den folgenden, zwei, drei Tagen zu einer Frau legt, verfaulen ihm die Hoden. Wenn eine Frau das gleiche tut, dann wird sie verrückt.[1]

An Problemen fehlte es nicht. Eines Tages kam ein Besoffener in meinen Laden. Er kam zu Pferd, und mitsamt Pferd kam er in meine Hütte. Drinnen stieg er ab und verlangte ein Bier. Mein Sohn Catarino, der inzwischen schon ein Mann geworden war, war im Haus. Der Besoffene konnte ihn sehen.

»Aha, du bist da, Catarino«, rief er. »Ja, Crescencio«, sagte mein Sohn. »Ich habe ein paar Sachen gebracht, damit meine Mutter sie in ihrem Laden verkaufen kann. Ich komme von Río Lago aus der Tierra Caliente. Ich habe zwei Zentner Trockenfisch und Bohnen geholt.«

»Willst du was trinken«, fragte der andere. »Klar« antwortete Catarino, »denn schließlich wissen wir doch, was trinken heißt.«

»Geben Sie ihm was, Señora«, befahl mir der Besoffene. »Geben Sie ihm einen Schnaps.« Bevor ich ihm einschenken konnte, sagte Catarino: »Nein, Crescencio, ich will keinen Schnaps. Solange es Bier gibt, trinke ich keinen Schnaps. Und es ist genug Bier da. Auch wenn du mich einlädst, ich werde den Schnaps nicht trinken. Mach zwei Bier auf, Mama«, befahl mir mein Sohn.

In demselben Augenblick zog der Besoffene eine Pistole aus dem Gürtel. Ich hatte Angst um meinen Sohn.

»Ist das wahr, was du da sagst, Catarino«, fragte der Besoffene, die Pistole in der Hand.

Er war ganz offensichtlich wütend und kam immer näher auf meinen Sohn zu.

»Gott weiß, was für ein Bandit du bist«, fügte er hinzu.

»Versündige dich nicht, Crescencio«, sagte mein Sohn und versuchte, die Ruhe zu bewahren. »Ich bin ein fleißiger Mann. Ich hole Ware aus Puebla und Mexiko Stadt, und so verdiene ich mir meinen Lebensunterhalt. Mir scheint, der Bandit bist du.«

So sprachen sie weiter und forderten einander immer mehr heraus. Der Besoffene torkelte hin und her, immer die Pistole in der Hand. Hinter ihm konnte ich ein Kruzifix sehen. Da faßte ich Mut und stellte mich zwischen den Besoffenen und meinen Sohn, der links von mir stand. Ich kam ganz vorsichtig näher, während der Besoffene weiter Verwünschungen und Flüche ausstieß. In einem Augenblick, als er nicht aufpaßte, entriß ich ihm die Pistole. »Warum bist du gekommen? Warum fängst du hier Streit an?«, fragte ich. »Hier hast du kein Recht zu streiten, denn in diesem Haus ist Gott gegenwärtig.«

Der Besoffene sagte kein Wort mehr. Ich verwahrte die Pistole in einer Schublade unter dem Tisch, auf dem das Bier stand. Verärgert ging ich auf den Besoffenen zu und versetzte ihm einige Stöße. Der aber warf mich mit seiner letzten Kraft zu

---

[1] Meine Mutter, Maximina Pineda, 65 Jahre alt, sagt dazu: »Die Frauen, die im Gebirge den Geschlechtsakt vollziehen, werden bestraft, denn die einzelnen Orte des Gebirges haben ihre Besitzer *(dueños)*. Ein Abhang, eine Schlucht, eine Quelle, sie haben alle ihren Besitzer. Jeder Besitzer ist ein Geist *(duende)* oder eine Gruppe von Geistern und deshalb sind diese Orte im Gebirge heilig. Die verstorbene Aniceta aus der benachbarten Ortschaft Mazatlán hatte im Gebirge mit verschiedenen Männern Geschlechtsverkehr. Schließlich, sozusagen als Folge ihres schamlosen Verhaltens, bekam sie einen aufgequollenen Bauch, fast so als wäre sie schwanger. Eines Tages nahm sie die Pilzchen, um sich zu heilen, aber in dem Augenblick, als die Wirkung eintrat, fühlte die Frau, daß Schlamm aus ihrer Scheide floß und daß sie danach Ratten zur Welt brachte. Die Frauen, die nicht die Forderung nach sexueller Enthaltung beachten, nachdem sie die Pilzchen eingenommen haben, werden ebenfalls auf diese Weise bestraft. Nur weil Aniceta die Pilzchen gegessen hatte, wurde sie wieder gesund.«

Der mexikanische Schriftsteller Gutierre Tibón hatte schon früh ein herzliches Verhältnis zu den Mazateken und zu María Sabina aufgebaut. Er war auch maßgeblich bei den Vorbereitungen von Gordon Wassons Expeditionen in die Sierra Mazateca beteiligt. Über María Sabina und die Pilze hat er zahlreiche Artikel geschrieben, die in dem Buch La ciudad de los hongos alucinantes zusammengefaßt sind.

[2] María Sabina bezieht sich auf die Malerin Lady Abdy, die 1958 nach Huautla kam und von dem Schriftsteller Gutierre Tibón empfohlen wurde. »Ich erinnere mich, daß die Malerin einen großen blauen Regenschirm bei sich hatte. Viele Mazateken kamen auf sie zu und baten sie: 'Verkaufen Sie mir den Schirm, Senora.' Wir gingen um 9 Uhr abends zu María Sabina. Die *velada* war etwa gegen 5 Uhr morgens zu Ende und wir fuhren zurück in die Ortschaft. Ich weiß nicht mehr, wie ich nach Hause kam, nachdem ich die Malerin im Hotel abgesetzt hatte. Als ich aus meinem Jeep ausstieg, sah ich wie sich die mächtigen Bäume des benachbarten Parks hin und herbewegen, wie zerbrechliche Palmen im Orkan. In dieser Nacht hatte ich Visionen, die so eng mit meinem Privatleben verknüpft waren, daß ich auch jetzt noch nicht darüber sprechen will.« (SALVADOR GUERRA)

Boden, rannte zur Schublade und holte sich die Pistole wieder. Ich lief auf ihn zu und stellte mich vor ihn hin. Ich wollte meinen Sohn schützen. Der Besoffene kam näher zu mir her. Er war sehr entschlossen.

»Bleib stehen! Das Heilige Herz ist in meiner Hand!«, schrie ich. Kurz darauf war ich zu Boden geworfen und blutete aus der Seite. Ein Schuß hatte mich in den rechten Pomuskel getroffen, ein anderer steckte in der rechten Hüfte.

Auf einer Krankentrage brachte man mich ins Zentrum von Huautla. Man brachte mich zu dem jungen Mediziner. Ich erfuhr seinen Namen. Er hieß Salvador Guerra. Er zog mir die Kugeln heraus. Und bei der Gelegenheit lernte mich der Mediziner kennen.

Zum ersten Mal in meinem Leben wurde ich von einem Mediziner behandelt. Ich war sehr erstaunt, denn bevor er mit seiner Operation begann, spritzte er mir in die Gegend, wo meine Wunden waren, eine Flüssigkeit und meine Schmerzen vergingen. Nach der Operation zeigte er mir die Kugeln. Dankbar und erstaunt sagte ich zu ihm:

»Doktor, du bist genauso groß wie ich. Du läßt die Schmerzen verschwinden, du holst die Kugeln heraus, und ich habe nichts gespürt.«

Drei Tage danach kehrte ich in mein Haus zurück. Ich hatte nur einen Wunsch: Kaffee zu trinken und Tortillas mit scharfer Chili-Soße zu essen. Ich wollte den Geschmack meines Essens wieder spüren. Ich hatte Mühe, die Speisen herunterzuschlucken, die mir die Helfer des Mediziners gaben.

Eines nachmittags, ich war gerade zuhause, da kam ein Mann und sagte zu mir, daß an diesem Abend Salvador Guerra selbst zu mir kommen werde. Er werde eine Ausländerin mitbringen, die mich kennenlernen wollte. So bereitete ich mich auf eine *velada* vor.[2]

Die Nacht brach an, und der junge Weise kam in seinem Jeep und brachte eine blonde Frau mit. Ein Übersetzer sagte mir, daß nur die Frau von den *santitos* essen wollte. Das kümmerte mich nicht. Ich bereitete auch ein paar *pajaritos* [»Vögelchen«, ein anderer Name für die Pilze] für den Mediziner vor. Dann sprach ich mit ihm mazatekisch und sagte ihm, er solle mit mir die *niños* essen. Dabei hielt ich ihm die Hände hin und reichte sie ihm hinüber. Mit einer schroffen Geste lehnte er ab, sie zu nehmen. Da sagte ich zu ihm: »Du hast mir die Medizin gegeben, mit der du Wunden heilst. Und du hast mich geheilt. Du hast mir die Kugeln herausgenommen. Und jetzt biete ich dir meine Medizin an. Nimm dieses Paar als Bezahlung für deine Dienste.«

Die blonde Frau ergriff für mich Partei, und schließlich nahm der junge Weise sein Paar vom *derrumbe*.

Von da an waren Salvador Guerra und ich gute Freunde. Später vertiefte sich unsere Freundschaft noch, und an dem Tag, als er Huautla verließ [im Jahr 1960] hielt der Pfarrer Alfonso Aragón eine Messe für unser aller Wohlergehen. Salvador Guerra und ich, wir knieten vor dem Altar nieder. Als die Messe zu Ende war, reichte ich ihm die Hand und sagte zu ihm: »Herr Doktor!« Er erwiderte meinen Gruß und reichte auch mir die Hand und sagte: »Frau Doktor!«

Und jetzt, wenn ich den Besoffenen sehe, der mich verletzt hat, und sich unsere Wege kreuzen, dann grüße ich ihn. Der arme Mann, er ist zu nichts mehr zu gebrauchen. Seine Sauferei hat ihn zugrunde gerichtet.

Kapitel 14

Wenige Jahre, bevor die ersten Fremden, die ich kennenlernte, in Huautla eintrafen, kam die Nachbarin Guadalupe, die Frau von Cayetano García zu mir nach Hause.[1]

»Ich habe schlecht geträumt«, sagte sie. »Ich möchte, daß du zu uns kommst und uns besuchst. Ich fühle mich nicht wohl und bitte dich um einen Gefallen. Es ist möglich, daß auf meinen Mann einige Probleme zukommen werden. Sein Amt als Syndikus der Gemeinde ist schwierig. Du weißt, Señora, es gibt viele Gewalttaten in der Ortschaft. Überall herrscht Mißgunst. Und wegen irgendwelcher Kleinigkeiten fügen die Menschen einander Leid zu und töten sich. Überall ist Zwietracht zuhause.«

»Ich gehe gleich mit dir,« sagte ich zu ihr. Als wir bei ihr ankamen, forderte mich Cayetano auf, Platz zu nehmen. Er setzte sich auf einen anderen Stuhl. Seine Frau tat dasselbe. Mit leiser Stimme sprach der Syndikus zu mir und sagte. »Ich weiß, wer du bist, María Sabina. Deshalb habe ich dich kommen lassen. Wir haben Vertrauen zu dir. Du hast die Kranken geheilt, die es in diesem Haus gab. Aber heute bitte ich dich um etwas ganz Besonderes. Ich möchte, daß du meine Beraterin wirst. Die Leute haben mich in ein Gemeindeamt gewählt. Wir wissen, daß es eine grosse Verantwortung bedeutet, Teil der Behörden zu sein. Man muß Entscheidungen fällen und man kann sich dabei irren. Deshalb also bitte ich dich, daß du mir mit Rat und Tat zur Seite stehst und mir den rechten Weg zeigst. Denn du hast die Kraft, du bist eine Weise, du kannst die Wahrheit erkennen, auch wenn sie tiefer versteckt liegt. Denn die *cositas* offenbaren sie dir. Wenn es in der Gemeinde rechtliche Schwierigkeiten gibt, dann sagst du mir, wo die Schuld liegt, und ich als Syndikus werde entscheiden, was zu tun ist.«

»Sei unbesorgt,« antwortete ich ihm, »ich werde deine Bitte erfüllen. Ich kann dir nichts abschlagen, denn wir sind alte Freunde, und außerdem gehorche ich den Behörden. Ich weiß es und ich zweifle auch nicht daran, daß du ein guter Mensch bist. Ich werde deine Beraterin sein. Wir werden jedesmal, wenn es nötig ist, die *niños santos* befragen.«

Und so kam es, daß Cayetano García für drei Jahre Syndikus der Gemeinde wurde. In dieser Zeit gab es keine schwerwiegenden Probleme und nichts, was die Behörden beklagen mußten.

Aber ich muß noch erzählen, was geschah, bevor die ersten Fremden zu mir kamen. So ungefähr fünfzehn Tage, nachdem mich der Besoffene verletzt hatte, nahmen Guadalupe, die Frau des Cayetano, einige andere Leute und ich die *cositas*. Bei dieser Gelegenheit sah ich fremde Wesen. Sie sahen wie menschliche Wesen aus, aber sie waren mir nicht vertraut. Nicht einmal mazatekische Bauern schienen es zu sein.

»Ich weiß nicht, was los ist. Ich sehe fremde Leute,« sagte ich zu Guadalupe.

Ich bat sie, zu beten, denn ich fühlte mich irgendwie unsicher bei dieser Vision. Guadalupe half mir und betete. Ich betete zu Gott Christus.

Die Erklärung für diese Vision kam wenige Tage danach, als Cayetano mich im Verlaufe eines Morgens besuchte. Seine Worte erstaunten mich nicht mehr.

»María Sabina,« sagte er noch ganz außer Atem vom Laufen, »es sind einige blonde Männer gekommen, die wollen mit dir im Rathaus sprechen. Sie sind von weither gekommen, mit der Absicht, einen Weisen zu finden. Sie sind auf der Suche nach dem

---

[1] Cayetano García war von 1953-1955 Syndikus, also in der Zeit, als Erasto Pineda Bürgermeister war. Cayetano erinnert sich: »Wasson bat mich so dringend darum, einem Weisen vorgestellt zu werden, daß ich ihm versprach, ihn zu María Sabina zu führen. Wir mußten dann nach Río Santiago fahren, um gute Pilze zu finden, denn in Huautla gab es in diesen Tagen nur noch wenige, und die Fremden wollten ja doch unsere Bräuche kennenlernen.«

R. GORDON WASSON über seinen ersten Pilztrip:
»Die Visionen kamen, ob wir die Augen offen oder geschlossen hielten. Sie waren von lebendiger Farbe, immer harmonisch. Sie begannen mit kunstvollen Ornamenten, dann entwickelten sie sich zu Palästen mit Gärten und Arkaden, über und über mit Edelsteinen besetzt. Darauf sah ich ein mythologisches Monster einen Wagen ziehen. Später schienen sich die Hauswände aufgelöst zu haben und mein Geist flog davon. Ich schwebte in der Luft und betrachtete eine Gebirgslandschaft, über die gemächlich eine Kamelkarawane zog. Berge türmten sich in Kaskaden bis zum Himmel auf. Die Visionen waren weder verschwommen noch ungewiß, die Linien und Farben waren so scharf, daß sie mir wirklicher erschienen als alles, was ich je zuvor mit meinen Augen gesehen hatte. Ich sah die Archetypen, die Platonischen Ideen, die den unvollkommenen Bildern der Alltagswelt zugrunde lagen«
(WASSON 1957).

[2] Es handelt sich um Aurelio Carrera, der im Alter von ungefähr 90 Jahren starb. Die Bewohner von Huautla nannten diesen Weisen *Lio-Ndiáa* (»Aurelio von der Straße«), da er sein Haus an der Landstraße hatte.

'Kleinen, der aus dem Boden sprießt'. Ich weiß nicht, ob es dir recht ist, aber ich habe ihnen versprochen, sie hierherzubringen, damit sie dich kennenlernen. Ich habe ihnen gesagt, daß ich eine echte Weise kenne. Es war nämlich so, daß einer von ihnen, ein sehr ernster Mann, ganz nah zu mir herankam und mir ins Ohr flüsterte: 'Ich suche den *Ndixi-tjo.*' Ich konnte nicht glauben, was ich da hörte. Einen Moment lang habe ich gezweifelt. Aber der Fremde schien viel darüber zu wissen, diesen Eindruck machte er. Der Mann scheint ernsthaft und aufrichtig zu sein. Schließlich habe ich ihnen versprochen, sie zu dir zu führen.«

»Wenn du willst, daß es so geschieht, dann kann ich nicht nein sagen. Du bist eine Autorität und wir sind Freunde«, antwortete ich.

Am folgenden Tag brachte jemand drei fremde Männer in mein Haus. Einer von ihnen war Bason [= R. GORDON WASSON]. Man hatte den Fremden erzählt, daß ich krank war. Man hat ihnen aber nicht genau erzählt, daß ein Besoffener mich mit der Pistole verletzt hatte. Einer der Besucher hörte meine Brust ab. Er legte den Kopf auf meine Brust, um meine Herzschläge abzuhören. Er nahm meine Schläfen zwischen seine Hände und legte dann erneut den Kopf auf meinen Rücken. Der Mann gab Zeichen der Zustimmung. Schließlich sagte er etwas, was ich nicht verstand. Die Männer sprachen eine fremde Sprache, es war nicht Spanisch. Und ich verstehe ja nicht einmal Spanisch.

Bald darauf, eines Nachts, nahmen die Fremden an einer meiner *veladas* teil. Später erfuhr ich, daß Bason ziemlich erstaunt war. Und schließlich erzählte er von einem Menschen, der behauptet hatte, er sei ein Weiser aus Huautla, tatsächlich habe er sich aber als Lügner erwiesen. Er habe nichts gewußt. In Wirklichkeit handelte es sich um den Zauberer Venegas...

Als die Ausländer und ich zusammen die *niños santos* nahmen, hatte ich nicht das Gefühl, daß etwas Schlechtes dabei war. Die *velada* verlief gut. Ich hatte einige Visionen. Am Schluß sah ich Orte, von deren Existenz ich keine Vorstellung hatte. Ich befand mich im Heimatland der Ausländer. Ich sah Städte. Große Städte und viele hohe Häuser.

BASON kam noch mehrere Male. Er brachte seine Frau und seine Tochter mit. Auch viele andere Leute kamen mit ihm.

Eines Tages besuchte mich Bason und brachte eine Gruppe von Leuten mit. Unter ihnen waren mazatekische Bauern, sie hatten einen Kranken dabei, der in eine Petate eingewickelt war. Man sagte mir, es sei ein elternloses Kind namens Trofeto [= Perfecto]. Er sei von Aurelio-von-der-Straße[2] aufgezogen worden. Dieser Aurelio war auch ein Weiser und er hatte den kleinen Kranken zu heilen versucht. Doch bei diesem Kind half nichts mehr. Sein Tod zog schon herauf. Als ich dann das Gesicht von Trofeto sah, sagte ich zu Aurelio: »Dieses Kind ist schwer krank. Es braucht sehr viel Aufmerksamkeit.«

Ich nahm die *niños* und fing zu arbeiten an. In der Trance erfuhr ich, daß Trofetos Geist einem Schrecken *(espanto)* zum Opfer gefallen war. Ein bösartiges Wesen hatte seinen Geist gefangen genommen.

Ich ließ mich von der *Sprache* tragen, die aus mir herauskam. Trofeto hatte die *cositas* nicht genommen, aber meine Worte bewirkten, daß er aufstand und sich hinstellte und sprach. Er erzählte dann, daß er im Schatten einer Kaffeepflanzung in Cañada Mamey ausgeruht habe und

»etwas in seinem Rücken gespürt habe«.

»Ich merkte, daß hinter mir etwas war,« sagte er, »etwas, wie ein Tier, wie ein Esel. Ich hörte ganz deutlich, wie das Tier sich seine Schnauze leckte. Ich drehte mich schnell um, aber ich sah nichts. Das hat mich sehr erschreckt, und seit damals fühle ich mich krank. Ganz sicher werde ich wieder gesund, Vater Aurelio, wenn du mich pflegst und auf mich aufpaßt. So sagt es María Sabina.«

Im Verlauf der *velada* hatte sich der Kranke auf seine Beine gestellt, weil die Sprache ihm die Kraft dazu gegeben hatte. Auch rieb ich seine Arme mit *San Pedro* ein.

Die Wochen vergingen, bis mir jemand mitteilte, daß Trofeto gestorben sei. Man hat sich nicht genügend um ihn gekümmert. Wenn man noch einige *veladas* abgehalten hätte, wäre er sicherlich gesund geworden. Aber das hat man nicht getan.

Bason, seine Familie und seine Freunde verließen uns und kamen nicht mehr wieder. Es ist Jahre her, daß ich ihn nicht mehr gesehen habe. Aber ich weiß, daß seine Frau gestorben ist. Bason kam dann vor einigen Jahren doch noch einmal zurück. Das letzte Mal, als ich ihn sah, sagte er zu mir: »María Sabina, du und ich, wir werden noch viele Jahre leben.«

Nach den ersten Besuchen von Bason kamen viele Ausländer zu mir und baten mich, *veladas* für sie abzuhalten. Ich fragte sie, ob sie krank seien, aber sie sagten »nein«. Sie seien nur gekommen, um »Gott zu finden.«[3] Sie hatten unzählige Gegenstände bei sich, mit denen sie das machten, was sie Fotografieren nennen. Und sie nahmen meine Stimme auf. Später schickten sie mir Zeitungen und Zeitschriften, in denen man mich sehen konnte. Ich habe sie alle aufgehoben. Aber ich weiß nicht, was sie über mich sagen.

Es ist richtig, daß Bason und seine Freunde die ersten Fremden waren, die uns besuchten. Sie waren auf der Suche nach den *niños santos*. Aber sie haben sie nicht gegessen, weil sie krank waren. Sie hatten einen anderen Grund dafür. Sie wollten Gott finden. Vor Bason hatte niemand die Pilze nur deshalb genommen, um Gott zu finden. Immer hatte man sie genommen, um Krankheiten zu heilen.

»Wassons Verstand, der wie in einem Ausguck auf wilder, fremder See nach einem Festland suchte, dessen Abwesenheit er zunehmend genießen lernte, gewahrte nun eine glasklare Gedankenkette. Ihm war, als sei dieser Blick in den Himmel mit eigenen Augen die Kulmination all seiner Forschungen und zugleich der Wegweiser für ihre weitere Richtung. Er sah das Geheimnis um die visionären Mysterienkulte des Altertums gelüftet: es muß ihnen dieser göttliche Pilz zugrunde gelegen haben. Er sah, daß dieser Pilz den gemeinsamen Nenner zwischen dem Schamanismus der Naturvölker und den Kosmologien der Hochreligionen darstellt... Er sah, daß über eine Kommunion mit diesem Pilz uns die Schuppen von den Augen jenes gehemmten Bewußtseins fallen, das wir für Bewußtsein selbst halten. Er sah, daß die intelligenten Weltgefühle, in deren Angesicht die Mystiker in verzücktes Stammeln geraten, im Lichte dieses Pilzes auf mehr als nur metaphorische Weise greifbar werden... Er sah, daß der Eintritt zu den ehemals geheimgehaltenen Mysterien allen frei steht, die den Mut und das Verständnis aufbringen, der Einladung des Pilzes zu folgen.«
MICKY REMANN
SolarPerplexus
(1989: 254f.)

[3] María Sabina spricht sehr häufig davon, daß die Fremden die Pilze mit dem alleinigen Ziel »Gott zu suchen und zu finden« (Mazatekisch *Nináa Bá-záe*) nahmen.

LIFE

**GREAT ADVENTURES III
THE DISCOVERY OF MUSHROOMS
THAT CAUSE STRANGE VISIONS**

TEEN-AGE ALLOWANCES

> Die merkwürdig anmutende Titelseite der Mai-Ausgabe vom *Life*-Magazin mit dem sensationellen Bericht Gordon Wassons über seine Erfahrungen mit María Sabina und den heiligen Pilzen. Dieser Artikel wurde von Millionen Amerikanern gelesen. Dadurch wurde das über Jahrhunderte geheimgehaltene Wissen um die mexikanischen Zauberpilze über Nacht weltbekannt. Diese seltene *Life*-Ausgabe gehört wegen ihrer historischen Bedeutung zu den meistgesuchten antiquarischen Magazinen

**BERT LAHR
AS A BUMBLING LOVER**

20 CENTS

MAY 13, 195

Kapitel 15

Ich gehöre schon seit dreißig Jahren den *hermandades* [= katholischen Schwesternschaften] an. Im Augenblick bin ich bei der Schwesternschaft des Heiligen Herzen Jesu. Die Schwesternschaft besteht aus zehn Frauen. Wenn sich eine solche Gemeinschaft aus Männern zusammensetzt, dann heißt sie Bruderschaft. Bei uns heißt jedes Mitglied »Mutter«. Unsere Aufgabe besteht darin, Kerzen herzustellen und Geld zu sammeln, damit man die Messe bezahlen kann, die jeden Monat als Dankgottesdienst für das Heilige Herz Jesu gelesen wird, dann spenden wir jeweils drei Pesos. Insgesamt ergibt das 30 Pesos. So spenden wir drei Pesos für den Tag der Jungfrau Natividad, das ist der 8. September. Auch für den dritten Freitag des März geben wir drei Pesos, denn das sind unsere Feiertage. In der Osterwoche, wenn man unseren Herrn kreuzigt, geben wir ebenfalls drei Pesos.

Der Herr Pfarrer führt eine Liste, auf der er jeden Namen einträgt und den Betrag, den jede von uns leistet. Auch der Bischof wird informiert. Fünfzehn Tage vor dem Fest des heiligen Patrons gehen die Mitglieder der Bruderschaft und der Schwesternschaft ein Kreuz holen, daß uns die Kirche leiht. Das Kreuz trägt der erste Bruder.

Die weiblichen Mitglieder bringen Blumen und schmücken den Altar im Haus des Ersten Bruders. Auf dem Weg, der zu diesem Haus führt, errichtet man einen Bogen aus Schilf, der mit Blumen verziert wird. Unter diesem Bogen empfängt man dann den Zug, der das Kreuz bringt. Ein Feuerwerk wird veranstaltet und Blumen werden auf den Weg des Kreuzes geworfen. Der Zug wird von Musik begleitet. Mütter und Brüder gehen in diesem Zug. Die Mütter gehen und brennen Copalharz ab. Jede trägt einen Schleier und Blumen. An der Spitze des Zuges geht ein »Bruder« und läutet eine Glocke.

Sobald man am Haus des Ersten Bruders angekommen ist, muß jedes weibliche Mitglied ein Pfund reinen Wachses abgeben. Jedes Pfund wird geschmolzen und unter dem Kreuz verarbeitet. Die fertigen Kerzen verziert man mit Papier und einem Federbusch, der dieselbe Farbe haben sollte, wie das Gewand des heiligen Patróns. Sind die Kerzen fertig, dann gibt jedes weibliche Mitglied drei Pesos, damit die Messe bezahlt werden kann. So sieht ein Festtag aus. Die Musikanten spielen, man trinkt Schnaps, man raucht und man brennt noch einige Feuerwerkskörper ab. Damit werden die Kerzen gesegnet. Von diesem Zeitpunkt an sind die Kerzen heilig und dürfen nur noch zu religiösen Zeremonien angezündet werden, nicht aber um in der Dunkelheit Licht zu machen.

Bereits am Vorabend des Festes, gehen die Brüder von Haus zu Haus um Geld zu sammeln. Am frühen Nachmittag kommen die Musikanten ins Haus der Ersten Mutter. Dort trinkt man Schnaps und die Zigaretten werden verteilt. Man schlachtet ein Zicklein, und man ißt es als Suppe mit scharfen Tamales. Später dann kommen die Brüder mit ihren Frauen und bringen dreizehn Kerzen von je einem halben Pfund Gewicht mit. Die weiblichen Mitglieder bringen Blumen aller Art.

Die Musikanten spielen *Flor de Naranjo* [= »Orangenblüte«] und dann tanzt die Erste Mutter mit dem Ersten Bruder. Die Zweite Mutter tanzt mit dem Zweiten Bruder, die Dritte mit dem Dritten und so weiter.

Wenn der Abend hereinbricht, tragen die Mütter und die Brüder die dreizehn Kerzen in die Kirche, um

Das Kreuzmotiv war schon im präkolumbianischen Mesoamerika bekannt und verbreitet. Es war ein Symbol der lebenspendenden Maispflanze; manchmal auch des schamanischen Weltenbaumes. Für die zwangsmissionierten Indianer war es ein Leichtes, das ihnen ohnehin bekannte Kreuz als heiliges Zeichen zu übernehmen. Noch heute betrachten die südmexikanischen Indianer das Kreuz als ein Fruchtbarkeitssymbol. [CR]

[1] Ein Ausschnitt aus einem Interview von 1970 mit dem Priester Antonio Reyes Hernández, der mit den Kirchenaufgaben von Huautla betraut war, erläutert diesen Umstand: »Ich habe 21 Jahre lang in der Sierra Mazateca gelebt. Ich war 20 Jahre lang in Chiquihuitlán. Im Augenblick bin ich gerade ein Jahr in Huautla. In der Kirche befinden sich Taufbücher, die auf das Jahr 1866 zurückgehen. Die Glocken wurden 1863 geweiht. 1777 wurde die Kirche von den Dominikanern erbaut. Es beunruhigt mich, zu wissen, daß die Leute, die jenseits dieses Gebirges leben, die Vorstellung haben, Huautla sei ein Mittelpunkt des Lasters. In Wahrheit hat sich nicht einmal ein Zentrum der Prostitution herausgebildet. Die Bewohner widmen sich der Arbeit in den Kaffeepflanzungen, um ihren Lebensunterhalt zu verdienen.« Ich frage, ob die Kirche sich denn nicht den 'heidnischen' Zeremonien widersetze, die man im mazatekischen Gebiet wie eine präkolumbianische Häresie praktiziert, z.B. die Zauberei, den Curanderismo oder die Praktiken der Weisen. Der Priester antwortete: »Die Kirche ist nicht gegen diese heidnischen Riten, wenn man sie so nennen darf, sondern sie bringt das Wort Gottes zu jedem und überzeugt auch die wenigen von der Wahrheit, die noch immer den Katholizismus mit regionalen Glaubenspraktiken vermengen. Es gibt nicht viele davon. María Sabina selbst ist Mitglied der Asociación del Apostolado de la Oración und sie kommt jeden ersten Freitag eines jeden Monats zur Messe. Sie ist eine bescheidene und demütige Frau, soweit ich sehen kann, und sie schadet niemandem. Im Gegenteil: Ihr schadet die skandalöse Publizität, die man um sie macht, und die sie vor den Behörden kompromitiert. Man soll sie in Frieden lassen. Wer holt denn die Zeitungsleute? Wozu kommen sie? Ich sage Ihnen, Álvaro, es ist gefährlich mit Leuten zu reden, die für Zeitungen schreiben.« Frage: »Und die Weisen, die Curanderos?« – »Die Weisen und die Curanderos stellen keine Konkurrenz für unsere Kirche dar, nicht einmal die Zauberer. Sie sind alle sehr gläubig und besuchen die Messe. Sie machen keine Proselytenarbeit, außerdem sind sie keine Ketzer, und weit davon entfernt, dem Bannfluch unterworfen zu werden, nicht einmal in Gedanken...«

sie auf dem Altar des heiligen Patrons anzuzünden. Währenddessen betet der Pfarrer den Rosenkranz.

Am anderen Morgen, am Tag des heiligen Patrons, verlassen die Brüder und die Mütter das Haus des Ersten Bruders und begeben sich in einer Prozession zur Kirche, um die Messe zu hören. Die Kerzen werden noch einmal angezündet und die Mütter halten sie. Wenn die Messe zu Ende ist, werden die Kerzen ausgeblasen, und die Mütter nehmen sie mit. Die Mütter und die Brüder versammeln sich noch einmal im Haus des Ersten Bruders und man macht Musik. Man spielt Gitarre und Psalter. Dann ißt man erneut Ziegenfleischsuppe mit scharfen Tamales, man raucht, man tanzt. Die Brüder und einige Mütter trinken Schnaps. Sobald das Fest zu Ende ist, gehen die Brüder zum Rathaus und geben den Behörden das Geld zurück, das sie sich anfangs ausgeliehen hatten, um die Kosten für das Fest zu decken.

Alle zwei, vier oder sechs Jahre lösen sich die weiblichen Mitglieder ab, so daß jede einmal Erste Mutter wird.

Wenn man einmal Mutter ist, bleibt man es für immer. Wenn eine Mutter stirbt, legt man die heiligen Kerzen, die ihr gehören und die nicht aufgebraucht wurden, in ihren Sarg, neben den Leichnam.

Es dürften schon dreißig Jahre her sein, als ich das erste Mal von den Schwesternschaften hörte. Sie sind aus der Kirche hervorgegangen, glaube ich. Ich habe von Anfang an mit Begeisterung an den Schwesternschaften teilgenommen, denn ich habe immer gegenüber allem, was der Sache Gottes diente, Ehrfurcht bewahrt. Ich gehorche den Priestern, aber auch den Worten der Gemeindebeamten, denn sie sind die Köpfe, die uns regieren.

Als vor dreißig Jahren die Schwesternschaften ins Leben traten, lernte ich in der Kirche Apolonio Terán kennen. Wir beide gingen zusammen zu den Nachbarn und forderten sie auf, bei der Gründung der ersten Schwestern- und Bruderschaften mitzuhelfen. Ich wußte, daß Apolonio ein großer Weiser war, daß er die Kraft besaß, Krankheiten zu heilen. Er konnte mit den Herrn der Berge sprechen. Wir zwei Weise, er und ich, wir haben uns für diese Aufgabe zusammengetan, aber wir haben niemals über unsere eigene Weisheit gesprochen. Wir haben lediglich über Fragen der Schwestern- und Bruderschaften geredet. Damals habe ich mich nicht zu erkennen gegeben. Die Weisen dürfen nicht herumgehen und öffentlich verbreiten, was sie sind, denn das ist eine heikle Angelegenheit. Apolonio war ein Mann der Tat. Er stellte die Schwestern- und Bruderschaften zusammen. Er gab die Namen der Leute an die Gemeinde weiter, und diese teilten in einem Schreiben mit, welche Personen gewählt wurden. Das Schreiben war eine Ernennungsurkunde, die man den Leuten an einem bestimmten Tag aushändigte. Nachdem dann die Gemeinschaft gegründet war, gab die Behörde auch Geld, damit die Mütter und Brüder mit den Arbeiten beginnen konnten. Das Geld wurde verwendet, um das Wachs zu kaufen, aus dem man die Kerzen machte. Später dann zahlte man das geliehene Geld zurück.

Apolonio und ich, wir machten uns Gedanken über das Aussehen des Ehepartners, der Eltern, der Geschwister oder der Kinder von den Personen, die Mitglieder der Schwestern- oder Bruderschaften werden wollten.[1]

Kapitel 16

Ich habe viel gelitten; und ich leide weiter. Hier, unterhalb der rechten Hüfte, da, wo mich die Kugeln des Besoffenen getroffen haben, bildete sich ein Tumor. Er wächst Stück für Stück und tut weh, wenn es kalt wird. Es werden wohl schon fünf Jahre her sein, als einige Leute aus der Stadt kamen und mich abholen wollten. Sie erzählten mir, daß die Mediziner in der Stadt mich aufschneiden und so den Tumor entfernen wollten. Bevor ich mich entschied, fragte ich den Gemeindevorsitzenden, Valeriano García. Er war dagegen, daß ich nach Mexiko Stadt fahre, um mich dort heilen zu lassen.

»Du wirst in dem Augenblick, wenn sie dir den Tumor herausschneiden, sterben,« sagte er. »Wir wären dann ohne María Sabina, und das würde uns sehr traurig machen.«

Da ich den Behörden gehorche, lehnte ich es ab, mit den Männern zu gehen.

Ich habe große Armut ertragen. Meine Hände sind durch die harte Arbeit schwielig geworden. Meine Füße sind ebenfalls voll von Schwielen. Ich habe nie Schuhe getragen, denn ich kenne die Wege. Die schlammigen, die staubigen, die steinigen Wege haben meine Füße abgehärtet.

Ich habe niemals etwas Schlechtes getan und niemals gelogen. Ich war immer arm. Arm habe ich gelebt und arm werde ich sterben. Ich hab's ertragen. Meine zwei Männer sind gestorben. Viele meiner Kinder sind tot. Sie starben entweder an Krankheiten oder durch einen tragischen Umstand. Einige Kinder verloren das Leben, als sie noch sehr klein waren, andere wurden tot geboren. Die Kleinen habe ich leider nicht durch meine Kraft heilen können, denn damals war ich verheiratet. Die Beziehung zu Männern hebt die Kraft der *niños* auf.

Mein Herz war immer voll von Traurigkeit. Ich mußte einige meiner verwaisten Enkelkinder aufziehen. Einer meiner Enkel starb erst kürzlich mit einem aufgedunsenen Gesicht. Er war beschäftigt als Hilfsarbeiter beim Straßenbau. Er trank viel Schnaps. Der Arme, er war kaum zwanzig Jahre alt.

Im Augenblick ziehe ich gerade einen anderen Enkel auf. Ich mag Kinder sehr. Es gefällt mir, sie zu streicheln und mich mit ihnen zu unterhalten. Auf die Kinder muß man gut aufpassen. Sie müssen sofort nach der Geburt getauft werden. Denn die Kinder, die nicht getauft sind, sterben, wenn plötzlich ein Unwetter niedergeht. Die Blitze des Unwetters entführen nämlich den Geist der Kinder, die nicht getauft worden sind. Erst gestern Nachmittag habe ich das Donnern gehört, das ein Blitz erzeugt hatte, der hier in der Nähe einschlug, und heute hat man mir berichtet, daß man im Haus einer Nachbarin ein Kind tot auffand.[1]

Die Kinder aus meiner ersten Ehe, Catarino, Viviana und Apolonia, leben noch, und alle haben sie ihre eigenen Kinder. Sie haben sich zurückgezogen. Die Familie bringt viele Verpflichtungen für sie mit. Aus meiner zweiten Ehe lebt nur noch meine Tochter Aurora.

Eines meiner Kinder, der Bruder von Aurora namens Aurelio, wurde ermordet. Bevor die Tragödie sich ereignete, hatten die *niños santos* sie mir angekündigt. Das geschah in den Tagen, als Bason nach Huautla kam. Es war ein Donnerstag, an dem ich während einer *veleda* folgende Vision hatte: Ich sah eine gescheckte Rinderhaut ausgebreitet auf dem Boden liegen, bis hin zu mir, da, wo ich kniete. Ich brachte kein Wort hervor, als ich das sah, aber ich ließ mich

---

[1] »Wenn ein Mensch stirbt, weil ihn das Unwetter mit sich genommen hat, dann läuft er violett an. Ich habe so eine Tote in der Nähe von Río Santiago gesehen,« sagte mir Fortunata García aus Huautla. Ich bin keine medizinische Kapazität, wage aber doch zu behaupten, daß sich die Mazateken in diesem Fall auf die in der Umgangssprache bekannte pulmonía fulminante (»blitzartige Lungenentzündung«) beziehen. Die Tatsache, daß sich der Körper violett verfärbt und daß dies dann auftritt, wenn ein Unwetter hereinbricht, d.h. wenn extreme Feuchtigkeit herrscht, läßt mich vermuten, daß das der Grund für den Tod von Kindern ist, die nicht ausreichend prophylaktisch versorgt worden sind. Evaristo G. Estrada weiß noch folgendes zu den ungetauften Kindern zu berichten: »Wenn es ein Unwetter gibt, legt man ein gekalktes oder aus geweihten Palmblättern gebundenes Kreuz auf die Stirn der Kinder.«

nicht einschüchtern, auch wenn es eine verfaulte Tierhaut war. »Ich bin. Ich bin. Mit diesem werden es fünf sein, die ich töte.« Ein Nachbar namens Agustín hatte die *niños* mit mir genomen, um sich von den Schmerzen zu befreien, die er im Kreuz hatte. Ich fragte ihn: »Hast du diesen Mann gesehen? Hast du gehört, was er gesagt hat?« Agustín antwortete: »Ja, ich habe ihn gesehen. Er ist der Sohn der Frau Dolores.«

Ich fühlte mich nicht wohl, ich war unsicher. Ich begriff die Worte des Mannes nicht, der mir in der Vision erschienen war. Am folgenden Tag dachte ich weiter darüber nach, ohne eine Erklärung zu finden. Mein Sohn Aurelio war in der Nacht von Donnerstag auf Freitag in Teotitlan del Camino.

Drei Tage nachdem ich die gescheckte Haut gesehen hatte, genau am Sonntag zur Mittagszeit, kamen drei Männer in meinen Laden. Einer von ihnen fragte nach meinem neunzehnjährigen Sohn Aurelio. Mein Sohn war gerade von Teotitlan gekommen und befand sich im Nebenzimmer und spielte auf der Gitarre, die er sich erst kürzlich gekauft hatte. Einer der Männer war ein Sohn der Nachbarin Dolores. Es war derselbe, der mir am vergangenen Donnerstag während der Vision erschienen war. Mein Sohn Aurelio forderte sie auf, in sein Zimmer zu kommen. Er bot ihnen Schnaps an.

Kurz darauf begann der Schnaps zu wirken und sie sangen und spielten auf der Gitarre.

Nachdem sie einige Lieder gesungen hatten, gab es eine kurze Pause, und plötzlich und ganz überraschend beleidigte der Sohn der Dolores meinen Jungen. Als ich dazwischentrat, sah ich, wie dieser Mann sein Hemd öffnete und einen Dolch hervorzog, den er plötzlich an den Hals meines Sohnes legte. Ich schrie verzweifelt auf, als ich sah, daß mein Aurelio in der Nähe der Tür, die zum Laden führt, aufs Gesicht fiel. Der Mörder hob seinen Dolch auf und floh den Weg aufwärts, ins Gebiet von San Miguel, gefolgt von seinen Begleitern. Wahnsinnig vor Schmerz und vor Angst warf ich mich über den blutenden Körper meines Sohnes. In der Zwischenzeit lief eines meiner Kinder mit ein paar Freunden hinaus, um den Mörder zu jagen. Aber sie konnten ihn nicht fassen.

Mein armer Aurelio starb genau da, wo er hingefallen war. Am folgenden Tag beerdigten wir ihn. Die Nachbarn kamen zur Totenwache. Sie tranken Schnaps und spielten Karten. Ich gab ihnen Kaffee, Brot und Zigaretten. Sie legten Geld in die Nähe des Leichnams. Damit bezahlte ich die Beerdigung. Wir trugen ihn mit Musik zu Grab, wie es der Brauch ist.

Als mein Sohn begraben war, erinnerte ich mich an die schreckliche Vision vom vergangenen Donnerstag. Da verstand ich auf einmal, was die *cositas* mir versucht hatten anzukündigen: Die Haut – der Sohn der Dolores – die rief: »Mit diesem werden es fünf sein.« Das war die Ankündigung eines bevorstehenden Verbrechens.

Die Männer, die meinen Aurelio getötet hatten, sind jetzt auch schon tot. Es waren Übeltäter aus dieser Gegend. Die Brutalität, mit der sie handelten, hatte sich gegen sie gekehrt. Einer nach dem anderen wurde umgebracht von Leuten, die ihr Leben rechtzeitig verteidigen konnten. Sie werden wohl einen Grund gehabt haben, meinen Sohn zu töten. Ich habe diesen Grund nie erfahren. Mein Aurelio trank zwar Schnaps, aber er war kein gewalttätiger Mensch. Viele Monate lang beweinte ich den Tod meines Kindes. Obwohl ich eine reine Frau bin und der oberste Bajazzo, so richtete sich die Schlechtigkeit doch auch gegen mich. Einmal brannte man mein Haus von sieben Armlängen ganz ab. Das Haus war aus Holz erbaut und mit Stroh gedeckt. Ich weiß nicht warum man Feuer an mein Haus gelegt hat. Einige Leute glaubten, es sei geschehen weil ich das Geheimnis unserer Vorfahren über unsere Medizin an Fremde weitergegeben habe.

Es ist schon wahr, vor Bason hat wirklich niemand so offen über die *niños* gesprochen. Kein Mazateke enthüllte das, was er in dieser Angelegenheit wußte. Aber ich habe dem Gemeindesyndikus gehorcht. Ich glaube trotzdem, wenn die Fremden gekommen wären, und sie hätten keine Empfehlung mitgebracht, ich hätte sie auch in die Geheimnisse der Weisheit eingeführt, denn darin liegt nichts Böses. Die *niños* sind das Blut Christi. Wenn wir Mazateken über die *veladas* sprechen, so tun wir das mit ganz leiser Stimme. Wir sprechen ihren mazatekischen Namen [*Ndi-xi-tjo*] nicht aus. Wir nennen sie nur *cositas* oder *santitos*. So haben sie unsere Vorfahren genannt.

Ein paar Leute glaubten, der Brandstifter habe gedacht, er sei durch mich verhext worden, und deshalb habe er mein Haus angezündet. Ich sagte, ich bin keine Zauberin. Ich bin eine Weise. Wieder andere sagten, daß die bösen Leute neidisch auf meine Macht seien. Ich habe das wahre Motiv niemals erfahren. Ich weiß nicht, was die Menschen dazu getrieben hat, mir Schaden zuzufügen, auch weiß ich den Namen des Brandstifters nicht. Es lag mir nichts daran, die *cositas* darüber zu befragen. Mit dem Haus war der ganze Laden abgebrannt; der Mais, das Bier, der Schnaps, die Sämereien, die Zigaretten, die ich verkaufte, meine Umhänge, meine Schals. Mein Gott! Alles war aus. An jenem Tag war ich nicht zu Haus. Das Haus und der Laden waren leer. Meine Kinder und ich waren nach San Miguel auf das Fest des Heiligen Michael gegangen, um Brot und Kerzen zu verkaufen. Als wir zurückkamen fanden wir nur noch Asche vor. Ich wußte nicht an wen ich mich wenden sollte. So ging ich mit meinen Kindern auf den Berg. Wir wollten weiterleben. Und wir aßen wilde Süßkartoffeln. Damit man die Kälte nicht so spürte, machten wir uns Tee aus Limonen- und Orangenblättern. Doña Rosaura García, eine Nachbarin aus Huautla, die ich bei einem der Besuche von Herrn Bason kennengelernt hatte, schenkte mir einen Zinntopf. Ein anderer, an den ich mich nicht mehr erinnern kann, schenkte mir eine Trinkschale. Das half ein bißchen.

Schließlich wohnten wir bei einigen Verwandten. Ich mußte wieder von vorne anfangen. Ich arbeitete viel, um ein neues Haus zu errichten. Es ist dieses Haus hier, aus Ziegeln mit Blechdach, in dem ich im Augenblick wohne.

Aber nicht alles im Leben war Leid. Ich fühle mich sehr zufrieden und glücklich, wenn ich Psaltermusik höre. Diese Musik gefällt mir. Den Grundexistenzen gefällt sie auch. Ich erinnere mich gerade, daß Musik spielte, als sie mir das Buch überreichten. Da ertönte die Trommel, die Trompete, die Geige und der Psaltergesang. Und deshalb singe ich:

Ich bin die Frau Trommlerin
Ich bin die Frau Trompeterin
Ich bin die Frau Geigenspielerin

Ich hatte selbst einen Psalter. Ich hatte ihn gekauft und bewahrte ihn in meinem Haus auf. Ich hatte ihn gekauft, weil mich die *niños*

»Es wird María Sabina oft vorgeworfen, sie habe den Pilzkult, der als heilig und geheim galt, an die Fremden verraten. Dazu ist zu sagen, daß ihr Handeln von keinem Eigennutz bestimmt war, weil es ja im Vertrauen auf die Autorität des Ortsvorstehers, des Syndikus erfolgte. Die Anschuldigung des Verrates der heiligen Riten an die Fremden mag auch der Grund dafür gewesen sein, warum das Haus der María Sabina von unbekannten Tätern niedergebrannt wurde, während sie mit ihren Kindern in einem benachbarten Dorf am Fest des San Miguel Kerzen verkaufte.«
ALBERT HOFMANN
María Sabina und die heiligen Pilze
(1993: 217)

während einer *velada* fragten: »Hast du einen Psalter?« Ich antwortete: »Nein. Hab' ich nicht.« Dann aber, als ich mir den Psalter gekauft hatte, sagte ich: »Ja, jetzt hab' ich einen.«

Diejenigen, die Psalter spielen konnten, kamen zu mir nach Hause und spielten ihn. Manchmal lieh ich ihn aus. Aber eines Tages, als die Not sehr groß war, mußte ich ihn verkaufen. Ich weiß, daß der Psalter jetzt in Santa Cruz de Juárez ist.

Und mir macht das Tanzen des mazatekischen *Jarabe* Spaß. In meinen Visionen tanze ich ihn mit den Grundexistenzen. Danach trinken wir Bier und plaudern miteinander. Aber ich tanze auch auf den Festen der Bruder- und Schwesternschaften. Einmal tanzte ich für den jungen Mediziner [Guerra] den *Flor de Naranjo*, einen mazatekischen Jarabe, im Haus der Dona Rosaura García. Man sollte sehen, daß ich auch eine Frau bin, die das Vergnügen liebt. Aber ich tanze nicht nur gern, ich koche auch gern. Zu bestimmten Anlässen habe ich eßbare Pilze für die Ausländer zubereitet. Ich glaube, das war im Haus der Professorin Herlinda Martínez. In einem großen Topf haben wir *Tjain T'xua* [»weiße Pilze«] gekocht, die an den Jonote-Sträuchern [*Heliocarpus* sp.] wachsen. Wir machten eine scharfe Tezmole und würzten sie mit Zwiebeln. Die Ausländer aßen, bis ihre Mägen voll waren.

Foto der María Sabina aus einer mexikanischen Zeitung (März 1983).

Kapitel 17

Leute mit blonden Haaren, Männer und Frauen, kommen an meine Tür. Sie rufen mich schon von weitem abuelita (»Großmütterchen«) oder Sabinita, dann gehe ich hinaus und lade sie ein, hereinzukommen. Ich gebe ihnen Kaffee, wenn sie welchen wollen; ich habe nichts anderes, was ich anbieten könnte. Ich glaube, einige Leute fühlen sich wohl bei mir, so als wären sie zu Haus, denn sie breiten ihre Decken und Petates auf dem Boden aus und schlafen dort.[1] In dieser Jahreszeit [der Regenzeit] besuchen mich viele Fremde, aber nicht alle wollen an *veladas* teilnehmen. Sie kommen auch in der Trockenzeit, wenn die *niños* nicht wachsen. Die Fremden machen Fotos von mir, überall, wo sie mich antreffen. Sie fotografieren mich, wenn ich auf der Straße gehe mit einem Korb voll Mais auf dem Rücken oder wenn ich mich auf einem Stein auf dem Marktplatz ausruhe. Ich habe mich schon an all das gewöhnt. Jetzt erinnere ich mich, daß es irgendwo in der Stadt Oaxaca eine riesige Fotografie gibt, auf der man mich sehen kann, wie ich die Erde mit einer Hacke umgrabe. Die Leute, die dieses Bild von mir machten, haben mir die Hacke abgekauft und mitgenommen. Es macht mir Spaß, wenn man mir Fotos von mir schenkt.

Viele Leute kommen. Alle wollen mich besuchen. Einige sagen, sie seien Akademiker, andere sagen, sie bekleiden ein wichtiges Amt in der Stadt. Sie machen mit ihren Apparaten Bilder von mir. Sie sind in meiner Nähe und sie geben mir ein bißchen Geld, wenn sie gehen. Es kommen auch die Zeitungsleute; sie bringen ihre mazatekischen Übersetzer mit und stellen mir Fragen über mein Leben. Es ist schade, daß ich nicht Spanisch kann. Sonst könnte ich selbst in ihren Papieren lesen.

Ich weiß, daß Herr Bason Bücher und Schallplatten von meiner *Sprache* gemacht hat.[2]

Vor Jahren verbrachte ich ungefähr einen Monat in Tehuacán. Herlinda, die Professorin aus Huautla, begleitete mich. Mein Aufenthalt in Tehuacán hatte den Zweck, die Übersetzungen zu verbessern, die zwei ausländische Missionare namens Florencia und Jorge [= Florence und George Cowan] von meiner Sprache gemacht hatten. Diese Missionare sprachen das Mazatekische sehr gut, aber ich weiß nicht, ob sie meine SPRACHE genau verstanden haben. Wenn ich lesen könnte, was sie geschrieben haben, dann wüßte ich es. Mir fiel nur auf, daß sie gewisse Schwierigkeiten hatten, mich zu verstehen.

Mit dem Pfarrer Alfonso Aragón, der viele Jahre in Huautla lebte, verbindet mich eine tiefe Freundschaft. Dieser Pfarrer besaß eine Platte, auf die meine Sprache gepreßt war. Eines Tages lud er mich ein, sie anzuhören. Er sagte mir, daß diese Platte viel wert sei, daß ihr Wert unschätzbar sei. Ich war ihm dankbar für seine Worte.[3]

Ich besitze diese Platte selbst. Ich glaube es war Bason, der sie mir geschickt hat, damit ich sie mir anhöre. Er schenkte mir auch einen Plattenspieler. Aber dann kamen ein paar Leute aus der Stadt, die sagten, sie seien von den Behörden, und sie nahmen alles mit.

In der Regenzeit kommen die *santitos* aus unserer feuchten Erde. In dieser Zeit kommen noch mehr Fremde zu mir ins Haus. Sie suchen mich immer wieder auf. Aber ich kann mich nicht mehr um sie kümmern. Ich bin schon zu alt. Mein Körper wird immer gebrechlicher, und es wird von Tag zu Tag schlimmer. Ich habe Schwierigkeiten beim Atmen. Ich gehe nicht mehr hinunter

---

[1] Es sind sowohl Leute aus dem Ausland (USA, Italien, Argentinien, Frankreich oder Japan) als auch aus Mexiko gemeint.

[2] Das Hauptwerk über María Sabinas Pilzzeremonien erschien in zwei Bänden und Schallplatten/Casetten: R. GORDON WASSON, GEORGE and FLORENCE COWAN & WILLARD RHODES, *Maria Sabina and her Mazatec Mushroom Velada*. New York und London: Harcourt Brace Jovanovich, 1974. [CR]

[3] Folkways Records Album Nr. FR. 8975 *Mushroom Ceremony of the Mazatec Indians of Mexico*, Recorded by V. P. & R. G. WASSON at Huautla de Jiménez, Oaxaca (© 1957).

Ska Pastora, »Blatt der Schäferin«, heißt die nur in Kultur vorkommende Wahrsagesalbei (*Salvia divinorum* EPLING et JATIVA 1962 - Labiatae). Über viele Jahre hat man diese von GORDON WASSON entdeckte Pflanze für nur schwach psychoaktiv gehalten (WASSON 1962). Neuere Experimente mit dem extrahierten Wirkstoff Salvinorin A (synonym Divinorin A; übrigens kein Alkaloid!) haben das Gegenteil bewiesen. Bereits 500 µg sind wirksam. Damit ist Salvinorin A nach LSD die wirksamste bisher bekannte psychoaktive Substanz. Die beste Anwendungsform ist das Rauchen des aus den Blättern gewonnen und auf getrocknete Blätter geträufelten Extraktes. [CR]

[4] Der lange bestehende Kontakt María Sabinas mit der Kirche hat sie auch mit der kirchlichen Hierarchie vertraut gemacht.

[5] Die »Frau des kriechenden Wassers« (*Chon-da-fe*) ist eine Gestalt aus der mazatekischen Mythologie. Man sagt, sie sei die Frau des *Chicon Nindó*. [Zur mazatekischen Mythologie und Folklore siehe: CARLOS INCHAUSTEGUI, *Relatos del mundo mágico mazateco*. México, D.F.: INAH, 1977. Ders. *Figuras en la niebla: relatos y creencias de los mazatecos*. México, D.F.: Premia Editora, 1983. (CR)]

auf den Markt von Huautla, denn ich bin sehr schnell erschöpft. Es gibt Augenblicke, in denen mein Körper so schwach ist, daß ich auf der Straße oder im Haus hinfalle. Auf den Fußwegen rutsche ich leicht aus, und die Axt kann ich nicht mehr heben, mit der ich früher Brennholz gehackt habe.

Heute, wenn ich etwas Geld zusammenhabe, kaufe ich Holz und verkaufe es an die Nachbarn. In den letzten Jahren war es mein größter Wunsch, wieder einen Laden zu führen, indem ich wieder Seife, Zigaretten und Erfrischungsgetränke an die vorbeikommenden Leute verkaufen kann, aber ich hatte das Geld nicht dazu.

Vor so ungefähr sieben Jahren kam ein Bischof, der die *niños santos* essen wollte. Ich hätte sie dem Bischof gegeben, denn ich weiß, daß er auch eine große Persönlichkeit ist, aber es war nicht die Zeit dazu. Es war März, und die *niños* sprießen im Juni, Juli, August und September aus der Erde. In einigen kälteren Zonen kann man sie auch im November und Dezember noch finden. Aber man findet sie kaum im März oder April. Wenn ich in der Zeit, in der es keine Pilze gibt, einen Kranken heilen möchte, dann muß ich auf die Blätter der Pastora [wörtl. »Hirtin«; gemeint ist die Wahrsagesalbei Salvia divinorum] zurückgreifen. Wenn man sie zerreibt und ißt, arbeiten sie wie die *niños*. Aber die Pastora hat nicht soviel Kraft. Es gibt noch andere Pflanzen, man nennt sie *semillas de la Virgen* [wörtl. »Samen der Jungfrau«, gemeint ist Ololiuqui, Turbina corymbosa]. Diese Samen wurden von der Jungfrau [Guadelupe] erschaffen. Ich verwende sie aber nicht. Andere Weise tun das allerdings schon.

Der Bischof gab mir den Rat, ich solle meinen Kinder meine Weisheit

vererben. Ich antwortete ihm, daß man zwar die Hautfarbe und die Farbe der Augen vererben kann, sogar die Art wie man weint oder lacht, aber mit Weisheit läßt sich das nicht machen. Die Weisheit kann man nicht erben. Die Weisheit trägt man von Geburt an in sich. Meine Weisheit kann man nicht lehren. Das ist es auch, warum ich sage, daß mich niemand meine Sprache gelehrt hat, denn es ist die Sprache, die ich von den *niños santos* bekomme, wenn sie in meinen Körper eintreten. Wer nicht als Weiser geboren wird, kann die Sprache nicht erwerben, auch wenn er noch so viele *veladas* abhält. Nur meine Tochter Apolonia hilft mir manchmal beim Beten, oder wenn ich meine Sprache bei den *veladas* wiederhole. Sie spricht und sagt das, worum ich sie bitte, aber sie ist keine Weise, sie wurde nicht mit diesem Schicksal geboren. Apolonia widmet sich der Erziehung ihrer Kinder und sorgt für ihren Mann. Sie hat große Kinder, die in Mexiko Stadt leben, dort arbeiten und ihrer Mutter ein wenig Geld schicken.

Meine beiden Töchter Apolonia und Viviana werden niemals Weise sein. Sie werden nicht das Buch aus den Händen der Grundexistenzen empfangen. Im Gegensatz zu ihnen, bin ich im Himmel bekannt, und selbst der Heilige Vater weiß, daß es mich gibt.[4] Die wichtigen Leute wissen, daß ich geboren bin. Während der *veladas* höre ich, wie sie mir sagen, daß ich die Wasserfrau des Buches bin, daß ich die »Frau des kriechenden Wassers« bin.[5] Es ist wahr, und deshalb bin ich demütig und bescheiden, aber ich bin auch die Frau, die in den Himmel aufsteigt. Nicht jeder kann ein Weiser werden, so lasse ich es die Leute wissen.

Eines Tages habe ich mich mit einer Lehrerin aus der Schule gestritten. Ich habe mich mit ihr gestritten, weil sie mir das Geld, das sie mir hätte geben sollen, nicht geben wollte. Sie sagte zu mir, sie habe kein Geld für mich. Ich antwortete ihr: »Du bist eine Lehrerin und man geht davon aus, daß du die Kinder unterrichtest, aber du willst dir einen Spaß mit mir machen. Du hältst dich für etwas Besseres, weil du schreiben und lesen kannst. Du solltest wissen, daß ich mich vor niemandem klein und unbedeutend fühle. Denn sicher kannst du lesen und schreiben, dank deiner Eltern, die dich auf die Schule geschickt haben, damit du das lernst. Du hast viele Tage zur Schule gehen müssen, um das zu lernen, was du heute weißt. Aber du sollst eins wissen: Ich brauchte nicht in irgendeine Schule zu gehen, um eine Weise zu werden. Wir Weisen brauchen das, was man in der Schule macht, nicht zu lernen. Die Weisheit besitzt man von Geburt an. Und sie kommt mit einem in die Welt im Augenblick der Geburt, so als wäre es die Plazenta.« Die Pilzchen haben mir nämlich offenbart, wie es in den Tagen war, als ich noch im Mutterleib war. Das ist eine Vision, in der ich mich in einen Fötus verwandelt gesehen habe, in einen erleuchteten Fötus. Und ich weiß, daß in dem Augenblick in dem ich geboren wurde, die Grundexistenzen anwesend waren. Auch das Herz Christi war dabei.

Die Fremden brachten mir eines Tages einen Mann mit einem riesigen und dicken Körper. Er sah dumm aus. Er sprach kein Wort. Ich hielt eine *velada* ab, weil die Leute, die ihn begleitet hatten, sehen wollten, ob die *niños* auch die Fähigkeit besitzen, Krankheiten zu heilen, die es in der Stadt gibt, wo sie wohnen. Die *velada* hielten wir im Haus von Cayetano García ab. Der kranke Mann begann nach Mitternacht wie ein Löwe zu brüllen. »Ay!« brüllte er. Einen Moment lang machte es mir Angst, aber die *Sprache* gab mir neuen Mut. Als Guadalupe, die Frau von Cayetano, das Brüllen hörte, stand sie auf und nahm ihr erst vor kurzem geborenes Kind und trug es fort von dem Ort, wo wir die *velada* abhielten. Sie wollte nicht, daß der Fremde, der da gebrüllt hatte, den Geist des kleinen Geschöpfchens einfangen könnte. Es kann passieren, daß das *suerte* aus einer Person heraustritt, und dieses *suerte* kann, wenn es frei ist, in den Körper einer anderen Person, die in der Nähe ist, hineinschlüpfen. Der eine wird gesund, der andere wird krank. Der brüllende Mann könnte sein *suerte* auf das Neugeborene übertragen haben. Der Kranke ging wieder in sein Land zurück und ich weiß nicht, was mit ihm bis heute weiter passiert ist.

Erst vor kurzem kam ein ausländisches Ehepaar und wollte die *cositas* essen. Sie hatten ein Kind von fünf Jahren dabei, dessen Kopf voll von Geschwüren war. Die Mutter des Kindes und ich, wir nahmen die *niños*. Im Verlauf der *velada* fing das Kind zu weinen an. Es weinte viel. Danach wurde mir offenbart, daß es die Mutter selbst war, die die Krankheit ihres Kindes verursacht hatte. Mein Gott! Ich hatte Angst, mich in der Nähe dieser Frau zu befinden, aber ich faßte neuen Mut. Ich packte sie an den Haaren und rief auf Mazatekisch: »Gib mir den Geist des Kindes zurück! Gib mir den Geist des Kindes zurück!« schrie ich immer wieder der Frau in die Ohren, und ich zog unablässig an ihren Haaren. Das Kind hörte ganz langsam auf zu weinen. Es hörte auf zu weinen in dem Maße, in dem nun die Frau den Geist des Kindes zurückgab. Die Wahrheit ist, daß sie in sich ein böses Wesen trug, das den Geist ihres eigenen Kindes verhext hatte.

Literatur zu Salvia divinorum

EPLING, CARL & CARLOS D. JATIVA-M.
1962 »A New Species of Salvia from Mexico« *Botanical Museum Leaflets* 20(3): 75-76.

MAYER, KARL HERBERT
1977 »Salvia divinorum: Ein Halluzinogen der Mazateken von Oaxaca« *Ethnologia Americana* 14(2): 776-779.

ORTEGA, A., J. F. BLOUNT & P. S. MERCHANT
1982 »Salvinorin, a New Trans-Neoclerodane Diterpene from Salvia divinorum (Labiatae)« *J. Chem. Soc., Perkin Trans.* I: 2505-2508.

OTT, JONATHAN
1995 »Ethnopharmacognosy and Human Pharmacology of Salvia divinorum and Salvinorin A« *Curare* 18(1):.

VALDES, LEANDER J., III.
1983 *The Pharmacology of Salvia divinorum* Epling & Játiva-M. Ann Arbor, MI: University of Michigan, Ph.D. Thesis.

1986 »Loliolide from Salvia divinorum« *Journal of Natural Products* 49(1): 171.

VALDES, LEANDER, WILLIAM M. BUTLER, GEORGE M. HATFIELD, ARA G. PAUL & MASATO KOREEDA
1984 »Divinorin A, a Psychotropic Terpenoid, and Divinorin B from the Hallucinogenic Mexican Mint Salvia divinorum« *Journal of Organic Chemistry* 49(24): 4716-4720.

VALDES, LEANDER J., JOSÉ L. DIAZ & ARA G. PAUL
1983 »Ethnopharmacology of ska María Pastora (Salvia divinorum Epling and Játiva-M.)« *Journal of Ethnopharmacology* 7: 287-312.

VALDES, L. J., G. M. HATFIELD, M. KOREEDA & A. G. PAUL
1987 »Studies of Salvia divinorum (Lamiaceae), an Hallucinogenic Mint

from the Sierra Mazateca in Oaxaca, Central Mexico« *Economic Botany* 41(2): 283-291.
WASSON, R. GORDON
1962 »A New Mexican Psychotropic Drug from the Mint Family« *Botanical Museum Leaflets* 20(3): 77-84.

Als der Morgen anbrach, nahm das Ehepaar sein Kind. Sie bedankten sich bei mir für die Heilung. Die Geschwüre waren noch nicht ganz vom Kopf des Kindes verschwunden, aber sein Gesicht zeigte schon eine Besserung im Vergleich zum Vortag. Die Frau verabschiedete sich ganz freundlich von mir. Sie hatte niemals erfahren, daß sie selbst den Geist des Kindes gefangen gehalten hatte und daß sie somit die Ursache für die Geschwüre am Kopf des Kleinen war.

Anita Hofmann, Roger Liggenstorfer und Albert Hofmann begutachten geschnitzte Spitzkegelige Kahlköpfe *(Psilocybe semilanceata)*, die von Schweizer Pilzliebhabern ähnlich wie die präkolumbianischen Pilzsteine bei Pilzritualen verwendet werden.
(Foto: Hansjörg Sahli)

Kapitel 18

Es gab eine Zeit, in der kamen junge Leute, Frauen und Männer, mit langen Haaren und in seltsamen Gewändern. Sie trugen bunte Hemden und Halsketten.[1] Es waren viele, die kamen. Einige von ihnen suchten mich auf und baten mich, mit dem »Kleinen, der aus dem Boden sprießt«, Wache zu halten. Sie sagten: »Wir sind gekommen, um Gott zu suchen.« Es war schwer für mich, ihnen klar zu machen, daß man eine *velada* nicht einfach aus dem Wunsch heraus macht, Gott zu suchen, sondern daß der Zweck dabei ist, die Krankheiten zu heilen, an denen unsere Leute leiden. Später dann stellte ich fest, daß die jungen Leute mit den langen Haaren mich gar nicht brauchten, um die *cositas* zu essen. Es gab mazatekische Bauern, die den jungen Leuten die *niños santos* verkauften, um einige Centavos zu verdienen, für die sie sich dann Essen beschafften.

Die jungen Leute aßen die *niños santos* an jedem beliebigen Ort. Es war ihnen gleichgültig, ob sie die Pilze sitzend, im Schatten einer Kaffeepflanzung oder auf einem Felsblock am Bergweg zu sich nahmen.

Die blonden und dunkelhaarigen jungen Leute beachteten unsere Bräuche nicht. Ich kann mich nicht erinnern, daß die *niños santos* jemals mit so wenig Respekt gegessen wurden, wie damals. Für mich ist es keine Spielerei eine *velada* abzuhalten. Wer eine *velada* abhält, nur um einfach die Wirkung der Pilze zu spüren, der kann verrückt werden und das auch zeitweise bleiben.[2] Unsere Vorfahren nahmen die *niños santos* bei einer *velada* immer nur dann, wenn sie von einem Weisen geleitet wurden.

Der Mißbrauch, den die jungen Leute mit den *cositas* trieben war skandalös. Das zwang die Kommunalpolitiker der Stadt Oaxaca, in Huautla einzugreifen. Doch nicht alle Ausländer sind schlecht, das ist ganz sicher.[3]

In jenen Tagen kamen ein paar Leute in mein Haus. Sie sprachen Spanisch und waren wie Städter gekleidet. Sie brachten einen mazatekischen Übersetzer mit.[4]

Sie traten in mein Haus ein, ohne daß ich sie dazu aufgefordert hatte. Ihr Blick fiel sofort auf einige *niños santos*, die ich auf einem Tischchen liegen hatte. Einer von den Männern zeigte auf die Pilze und fragte: »Wenn ich von dir die Pilze haben wollte, würdest du sie mir geben?«

»Ja, denn ich würde annehmen, du kommst auf der Suche nach Gott,« antwortete ich ihm.

Ein anderer von ihnen sagte mit fester Stimme zu mir: »Du kommst mit uns nach San Andrés Hidalgo. Wir suchen jemanden, der genauso wie du, sich dafür hergibt, die Leute verrückt zu machen.«

In der Zwischenzeit durchsuchten die anderen aus der Gruppe mein Haus von oben bis unten. Einer zeigte den anderen ein Gefäß, in dem ich *San Pedro* aufbewahrt hatte. Mit fester Stimme sagte er zu ihnen: »Das ist zerriebener Tabak, der mit Kalk und Knoblauch vermischt wird. Wir nennen ihn *San Pedro*. Er dient dazu, den Geist vor Krankheiten zu schützen.«

»Raucht man den auch?« fragte einer der Männer ziemlich barsch.

»Nein!« antwortete der andere, »das ist ein Tabak, mit dem man die Arme einreibt und von dem man manchmal ein bißchen kaut. Meine Vorfahren haben ihn verwendet und sie haben ihn *San Pedro* genannt. San Pedro ist voll von Kraft. Mit ihm kann man Krankheiten austreiben.«

Ein anderer kam daher und hatte die Hände voll mit Zeitungen und Zeitschriften, in denen Artikel über mich standen. Er zeigte den Männern auch die Schallplatte und den

---

[1] María Sabina meint die Jugendlichen, die Ende der sechziger Jahre in der Presse als Hippies bezeichnet wurden.

[2] Man weiß von einigen Mazateken, die aufgrund einer »Bestrafung« von den Pilzen für längere Zeit, mitunter bis zu zwei Jahren, traumatisiert waren.

[3] Seit dem Sommer 1969 griffen Militär und Bundesbeamte in Huautla ein, um die jungen Ausländer und Mexikaner abzuschieben, da sie aus dem Ort einen Mittelpunkt eines zügellosen Halluzinogengebrauches gemacht hatten. Das Verhalten der jungen Mexikaner, unter denen sich auch Verbrecher und nicht wenige Kinder von reichen Leuten befanden, die Abenteuer suchten, war beklagenswert. Dieses unverantwortliche Eindringen der Jugendlichen in Huautla trieb die mexikanischen Behörden dazu, die halluzinogenen Substanzen - sowohl ihren Handel, als auch ihren Gebrauch - zu verbieten. Im Januar 1971 wurde auf Veranlassung des damaligen Präsidenten Gustavo Díaz Ordaz dieses Verbot ins Gesundheitsgesetz aufgenommen und für die mexikanische Republik als rechtsgültig erklärt. Die staatliche Kontrolle wurde bis in die letzte Zeit ausgeübt, bis die Jugendlichen nicht mehr so zahlreich erschienen. Heute übernehmen es die Gemeindebehörden, für Ordnung in der Bevölkerung zu sorgen. Der Ruhm von Huautla hat sich über die ganze westliche Welt verbreitet und zieht jedes Jahr eine gleichbleibend große Menge von Touristen an. Die Stickerei, eine Arbeit der Frauen, ist eine Attraktion, die von den Touristen sehr geschätzt wird. Die Anwesenheit ausländischer Jugendlicher (Hippies) in Huautla (1969) war weniger skandalös als vielmehr berüchtigt.

[4] Ein Vertreter des Bundesstaates Oaxaca.

Plattenspieler, den mir Bason geschenkt hatte. Alle standen dichtgedrängt um mich herum und schauten mich an. Ich sagte mir: »Ich kann zwar nicht Spanisch mit ihnen sprechen, aber sie können ja aus den Artikeln ersehen, wer ich bin.« Danach brachten sie mich ganz freundlich in einen kleinen Lastwagen. Ich gehorchte ihnen und wehrte mich nicht. Ich saß zwischen dem Fahrer und dem Mann, der direkt neben der Tür Platz genommen hatte. Der blätterte weiter in den Zeitungen, in denen Bilder von mir zu sehen waren. Ich bemerkte, wie er mich von Zeit zu Zeit argwöhnisch von der Seite her anschaute.

Keinen Augenblick lang hatte ich Angst, obwohl ich wußte, daß diese Leute Vertreter der Staatsgewalt waren und versuchten, mir in irgendeiner Weise Schaden zuzufügen. Wir kamen nach San Andrés und dort nahmen sie den Gemeindevertreter gefangen. Zu guter Letzt erfuhr ich, daß man diesen Mann und mich anklagte, »Tabak« [= Marijuana] verkauft zu haben, der die jungen Leute verrückt mache.

Danach brachte man uns ins Rathaus. Ein Arzt vom INI [Institut für Eingeborenenforschung] sprach mit den Herren. Sie redeten ziemlich lange miteinander. Zum Schluß sagte der Arzt zu mir: »Mach dir keine Sorgen, María Sabina. Es passiert dir nichts. Wir sind da, um dich zu beschützen.« Auch die Männer, die mich verhaftet hatten, sagten, zu mir: »Entschuldigung. Geh nach Haus und ruh dich aus.« Sie behielten aber meinen San Pedro, die Zeitungen, meine Schallplatte und meinen Plattenspieler. Der Gemeindevertreter von San Andrés wurde auch wieder freigelassen.

Genaro Terán war der Bürgermeister von Huautla. Er sagte mir, daß ein mazatekischer Bauer, den die Polizei anfangs suchte, mich angeklagt habe. Er habe gesagt, daß ich an die jungen Leute »Tabak« [= Marijuana] verkaufte, der sie verrückt machte. Der Bürgermeister nannte mir auch den Namen des Mannes.

»Bürgermeister«, sagte ich zu Genaro Terán, »du weißt, daß unsere Leute diesen »Tabak« [= Marijuana] gar nicht verwenden, von dem dieser Teufel behauptet, ich hätte ihn verkauft. Man beschuldigt mich, daß ich Ausländer in mein Haus hole. Sie kommen aber von selbst und suchen mich auf. Sie machen Fotos von mir, sie unterhalten sich mit mir. Sie stellen mir Fragen, dieselben, die ich schon so oft beantwortet habe. Und wenn sie an einer *velada* teilgenommen haben, dann gehen sie wieder. In meinem Haus ist keiner dieser jungen Leute jemals verrückt geworden. Aber worum geht es denn eigentlich? Was habe ich dem Mann getan, daß er mich verleumdet? Er war in meinem Leben noch nicht bei mir, um sich heilen zu lassen. Ich kenne ihn, ich weiß, er ist der Sohn der verstorbenen Josefina. Sie gehörte zu uns. Aber ich habe diesem Menschen niemals etwas Böses getan. Das ärgert mich. Ich würde mich mit ihm prügeln. Und wenn er mit dem Messer kämpfen will, ich habe das meine. Wenn er es vorzieht mit der Pistole zu kämpfen, dann werde ich sehen, woher ich eine nehme. Wenn der Richter mich dafür einige Jahre ins Gefängnis werfen sollte, dann ist mir das gleich. Ich hätte wenigstens meine Wut gestillt. Ich mag das nicht, wenn die Leute sich über mich lustig machen.«

»Sei unbesorgt«, sagte Genaro Terán, »die Sache hat sich schon erledigt. Du hast keine Schuld. Geh nach Haus, María Sabina.« Es war eine Gemeinheit. Dieser Mann hatte die Hosen an, aber es nützte ihm nichts. Seine Verleumdung verletzte mich,

Der heute international verwendete Name Marijuana hat seinen Ursprung in Mexiko. Der Hanf *(Cannabis sativa, Cannabis indica)* wurde von den Spaniern nach Mexiko eingeführt (es handelt sich dabei um das einzige brauchbare Geschenk der Konquistadoren an die Indianer). Als im Zuge der Dämonisierungspolitik die harmlose Hanfpflanze zu einem »illegalen Rauchgift« erklärt wurde, benutzten die hanfgenießenden Mexikaner den Frauennamen María Juana (= Maria Johanna) als Bezeichnung für den Hanf. Daraus hat sich das Wort Marijuana entwickelt. [CR]

deshalb war ich bereit ins Gefängnis zu gehen oder auch zu sterben, ich wollte beweisen, daß ich unschuldig bin. Er verkaufte die *niños santos* und den »Tabak« [= Marijuana], der die jungen Leute verrückt machte, vielleicht weil er Geld haben wollte.

Schließlich brachten die Behörden den Mann doch noch ins Gefängnis, denn es hatte sich herausgestellt, daß er ein ganz übler Bursche war. Die Beamten erklärten mir auch noch, daß einige Ausländer nicht mit guten Absichten gekommen seien, daß sie unsere Bräuche kaputtmachen würden.

Zwei Jahre später schickte Felicitos Pineda, der Bürgermeister, ein offizielles Schreiben, in dem er mich bat, zum Amt für Öffentlichkeitsarbeit in Teotitlán del Camino zu gehen. Ich sollte mich dort vorstellen. Das war damals, als du, Álvaro, mich nach Mexiko Stadt gebracht hattest. Ich wohnte damals zuhause bei deinen Eltern. Du hast mich zu einem Herrn gebracht, der für die Zeitung schreibt, und der wie so viele andere schon, mir wieder Fragen stellte. Er bat dann später die Behörden von Oaxaca, mich in Frieden zu lassen.[5] Damals hast du mich auch in ein großes Haus geführt, wo es viele Gegenstände von unseren Vorfahren gab.[6] Es gab Steine, die von den Händen der Eingeborenen vor hunderten von Jahren behauen wurden.

Es gab dort auch Fotos von den Mazateken. Was mir am besten gefiel, war, daß ich ständig meine Stimme hörte. Meine weise *Sprache* war an diesem Ort. Ich konnte es fast nicht glauben. Ich erinnere mich, daß die Leute auf mich zukamen und mich begrüßten. Sie hatten mich erkannt. Ich erinnere mich auch an eine Zeichnung, die man an einer Wand sehen konnte. Ich glaubte auch ihr böse Wesen zu erkennen. Es waren Wesen mit schwarzen Flügeln. Ich glaube, so sehen die Dämonen aus. Wir Mazateken haben keine Bilder von den Dämonen. Für uns haben sie weder ein Gesicht noch eine Gestalt.

Als ich nach Huautla zurückkam, bestand Felicitas Pineda darauf, daß ich zu den Beamten von Oaxaca gehen sollte. Er sagte mir, man habe darum gebeten, daß ich das tue. Wenige Tage darauf fuhr ich nach Oaxaca. Ein Vertreter der Gemeindebehörde begleitete mich. Er erklärte mir, daß er mich zu einer hohen Persönlichkeit führen werde, zu einem Mann, der große Macht in Oaxaca besitze. Ich hatte keine Angst. Ich ging mutig zu dem Ort, wo ich hin sollte. Kaum daß ich diesen großen Mann sah, da stand er auch schon auf. Lachend kam er auf mich zu. Sein Verhalten war ganz anders, als ich es mir vorstellen konnte. Er umarmte mich. Er streichelte mein Haar und sagte: »Ich wollte, daß du kommst. Ich wollte dir mitteilen, daß nichts mehr gegen dich vorliegt.« Wir unterhielten uns ein wenig. Als ich mich verabschiedete, bedankte ich mich bei ihm, für alles, was er gesagt hatte und danach kehrte ich nach Huautla zurück.

Inzwischen bin ich schon mehrere Male in der Stadt gewesen. Die Beamten von Huautla nehmen mich auch in der ersten Woche des Juli zur Guelaguetza[7] mit. Ich ziehe mir den besten Umhang an und wenn ich dort bin, setze ich mich in die Nähe der Großen. Die Nonnen, die in Huautla leben, haben mich nach Mexiko Stadt mitgenommen. Ich ging mit ihnen in viele Kirchen und wir haben auch die Basilika unserer Jungfrau Guadalupe besucht.

---

[5] In einem Interview mit María Sabina, das von José Natividad Rosales geführt wurde (und das von Álvaro Estrada übersetzt in der Zeitschrift *Siempre!*, Nr.830, 1969, veröffentlicht wurde) bittet er den Professor Víctor Bravo Ahuja, den Gouverneur des Staates Oaxaca, die »berühmteste Schamanin der Welt, die vor allem durch die Anthropologie und die Unverantwortlichkeit ruiniert wurde«, in Frieden zu lassen.

[6] María Sabina spricht vom Anthropologischen Museum in Mexiko Stadt. In der Abteilung, die den Mazateken von Oaxaca eingeräumt wurde, spielte man des öfteren die Aufnahmen der Sprache von María Sabina. (Folkways Records).

[7] Die Guelagetza ist ein berühmtes Fest, daß einmal im Jahr in Oaxaca Stadt stattfindet.

Pilze die sprechen

Innerhalb des mazatekischen Gebiets gibt es Weise beiderlei Geschlechts, die sich in der Gemeinschaft durch ihre große Meisterschaft auszeichnen.

Eines Morgens im Oktober 1969 war ich auf der Suche nach einem Weisen, der in dieser Region ein ungeheures Ansehen erlangt hatte. Ich fand ihn, wie er auf einem Holzbänkchen saß, mitten im Patio seines Hauses. Als er meine Anwesenheit spürte, blickte er auf. Seine Augen waren traurig und ohne jedes Licht.

»Wer bist du«, fragte er mühsam.

»Ich bin der Sohn des Evaristo Estrada«, antwortete ich ruhig.

»Was willst du?«

»Mit dir über die Pilze sprechen. Über deine Weisheit. Aber vorher was anderes: Was machst du hier draußen? Warum sitzt du da?«

»Ich genieße die Sonne. Im Haus drinnen ist es kalt.« –
»Wie alt bist du?« – »Ach, es sind schon viele Jahre, die ich jetzt lebe. Mir fehlen noch zwei Jahre und dann bin ich Hundert.« – »Wie hast du angefangen, dir die Weisheit zu erwerben?« – »Ich fing allein an, als ich 20 Jahre alt war.«
– »Waren deine Eltern oder deine Verwandten auch Weise, wie du?«

»Nein, ich habe die Weisheit nicht geerbt, wie einige andere.«

»Die Leute von Huautla, die dich kennen, sagen, daß deine rituelle Sprache sehr gehoben sei. Wie hast du sie gelernt?«

»Es gibt keinen Sterblichen, der soviel Weisheit besitzen und lehren könnte. Die Pilze haben mich meine Sprache gelehrt.«

»Kannst du mir im Augenblick Teile deiner Sprache wiedergeben?«

»Nein. Die Sprache kommt nur dann, wenn der Pilz in meinem Körper ist. Ein Weiser lernt nicht auswendig, was er in seinen Zeremonien sagen muß. Der heilige Pilz ist es, der spricht. Der Weise leiht ihm lediglich seine Stimme.« –

»Kennst du jemanden, der durch die Pilze verrückt geworden ist?«

»Nein, nein. Der Pilz macht nicht verrückt, aber er bestraft die Bösen und er läßt sie Kröten, kleine Schlangen, Kakerlaken und Maden erbrechen.«

»Sind die Curanderos reich?«

»Ja, sie sind reich, aber nicht an materiellen Gütern, sondern an Weisheit. Die Kaufleute, wie die von da oben, die aus dem Zentrum von Huautla, die wohnen in großen und prächtigen Häusern. Die Curanderos wohnen in Hütten, wie ihre Vorfahren.«

»Warum ist der Pilz heilig?«

»Weil er die Wunden des Körpers und des Geistes heilt. Denn in ihm wohnt Gott.«

»Könntest du in deinem Alter noch eine ceremonia (velada) abhalten?« – »Nein, nicht mehr. Aber nicht wegen des Alters. Es hat mir anscheinend meine physischen Kräfte genommen, so daß ich wahrscheinlich heute die Rituale nicht mehr durchhalten könnte, die gewöhnlich vier bis fünf Stunden dauern. Das Schreckliche ist, hörst du, daß der göttliche Pilz uns nicht mehr gehört. Seine heilige Sprache ist entweiht worden und für uns nicht mehr zu entschlüsseln.«

»Wie ist diese neue Sprache?«

»Heute sprechen die Pilze nguilé [= Englisch]. Ja, das ist die Sprache, die die Fremden sprechen.«

»Woher kommt dieser Wechsel der Sprache?«

»Die Pilze haben einen göttlichen Geist. Er war immer für uns da, aber dann kamen die Ausländer und haben ihn vertrieben.«

»Wohin wurde er vertrieben?«

»Er treibt ohne Ziel und Richtung in der Atmosphäre herum, irgendwo zwischen den Wolken. Nicht nur der göttliche Geist wurde entweiht, sondern auch der unsere, der der Mazateken."

(aus einem Interview , daß Álvaro Estrada 1969 geführt hat)

Kapitel 19

Im Verlauf der *velada* sollte man die Kerzen ausmachen, die man während der Zeremonie verwendet hat, die Dunkelheit hilft einem nämlich, die Bilder die man sieht, ganz bis auf den Grund zu verfolgen. Man muß dabei die Augen nicht schließen, es genügt, in die Tiefe der Dunkelheit zu schauen. Dort erscheinen die Grundexistenzen. Sie sitzen um den Tisch, auf dem sich alle Dinge der Welt befinden. Auf dem Tisch liegt die Uhr, der Adler und das Opossum...

Es gibt verschiedene Arten von *niños*. Die einen wachsen in den Preßrückständen vom Zuckerrohr, die anderen wachsen auf den Kuhfladen, man nennt sie auch *San Isidro* [*Stropharia (Psilocybe cubensis)*], manche wachsen an modrigen schimmeligen Bäumen, man nennt diese *pajaritos* [*Psilocybe mexicana*] und wieder andere kommen aus der feuchten Erde und werden *derrumbe* genannt [*Psilocybe caerulescens var. Mazatecorum*]. Die aus den Zuckerrohrpreßrückständen und die *derrumbe* haben die größte Kraft *(mayor fuerza)*. Sie sind stärker im Vergleich zu den *pajaritos* oder zu *San Isidro*. Als ich zum ersten Mal eine *velada* für Ausländer abhielt, dachte ich nicht, daß etwas Schlechtes dabei sei. Ich hatte ja den Befehl direkt von der Gemeindebehörde bekommen, mich um die Fremden zu kümmern. Cayetano García, mein Freund, schickte sie mit einer Empfehlung zu mir. Aber was war die Folge? Es sind viele Leute gekommen, um Gott zu suchen. Leute aller Hautfarben und jeden Alters sind gekommen. Die jungen Leute sind aber die, die am wenigsten Respekt haben, verstehst du. Sie essen die *niños* zu jeder beliebigen Tageszeit und an jedem beliebigen Ort. Sie nehmen sie nicht während der Nacht und unter Anleitung eines Weisen. Ausserdem essen sie sie nicht, um Krankheiten zu heilen.

Seit damals, als die Fremden kamen, um Gott zu suchen, haben die *niños santos* ihre Kraft verloren. Sie haben ihre Reinheit verloren. Man hat sie zerstört. Jetzt und in Zukunft werden sie nichts mehr wert sein. Dagegen gibt es kein Mittel.[1]

Bevor Bason kam, spürte ich, wie mich die *niños santos* emporheben. Jetzt fühle ich nichts mehr. Die Kraft ist verschwunden. Hätte Cayetano die Fremden nicht gebracht, dann hätten die *niños santos* ihre Kraft behalten. Vor vielen Jahren, als ich noch ein Kind war, wuchsen sie überall. Sie wuchsen sogar um die Hütte herum. Diese [Pilze] wurden aber nicht für *veladas* verwendet, denn wenn der menschliche Blick sie trifft, hebt das ihre Reinheit und ihre Kraft auf. Man mußte an ferne Orte gehen, um sie zu suchen, dort wo das menschliche Auge sie nicht erreichen konnte. Die Leute, die dazu bestimmt waren, die Pilze zu suchen, mußten vier Tage vorher sexuell enthaltsam sein. In diesen Tagen war es ihnen auch verboten, an Totenwachen teilzunehmen, sie sollten die unreine Luft in der Nähe des Verstorbenen meiden. Die Luft, die den Verstorbenen umgibt, ist unrein. Wenn jemand eine Wunde hat, und er nimmt Teil an einer Totenwache teil, dann kann er sich einen Wundbrand holen. Die Leute, die die *niños santos* sammeln, müssen sich vorher auch baden. In den letzten Jahren war es so, daß jemand die Pilze gesehen hat, und sie, ohne groß aufzupassen, eingesammelt hat. Tierleichen erzeugen auch Wundbrand. Alles Verdorbene ist unrein.

Die Fremden kommen und sagen, sie wollen Heilung für sich. Es gibt welche, die sagen, sie seien schon ein paarmal operiert worden, aber es habe nichts geholfen. Dann nehmen sie

---

[1] Aguirre Beltrán schreibt, daß der Indianerarzt nicht die pharmakologischen Eigenschaften der halluzinogenen Pflanzen für das Wesentliche hält; sondern daß zwei Aspekte des »magischen Denkens« für die Eingeborenen im Vordergrund stehen. 1) Die mystische Kraft, die die magischen Pflanzen im Geist des Indianermediziners bewirkten und 2) die diagnostische Kraft, sowie auch die vermeintlich therapeutischen Eigenschaften, die in den halluzinogenen Pflanzen enthalten seien. Einige Gelehrte haben bestätigt, daß in alten Zeiten die Zauberer den Körper des Kranken durch den Geist geheilt haben. Es ist nicht anzuzweifeln, daß die verwendeten Halluzinogene, die von den alten Mexikanern für medizinische und heilige Stoffe gehalten wurden, bestimmte Arten von Krankheiten heilen konnten. Doch die Forscher können uns in dieser Hinsicht noch mehr sagen: »Ein weiterer wichtiger Umstand muß berücksichtigt werden. Die heiligen Pflanzen, die Gottheiten in sich bergen, wirken aufgrund ihrer mystischen Eigenschaften, d.h. es sind nicht die Pflanzen allein, die heilen, sondern die Gottheit, Teil der Gottheit oder der magischen Kraft, von der die Pflanze durchdrungen ist. Damit diese Kraft in den Pflanzen erhalten bleibt, ist das ganze komplizierte Ritual nicht zu vermeiden, sowohl im Augenblick der Ernte, als auch bei der Vorbereitung und beim Gebrauch der Pflanze. Wenn das Ritual nicht respektiert wird, verliert die Pflanze ihre Heilkraft, denn es sind nicht die pharmakologischen Eigenschaften, die heilen, sondern die mystischen« (AGUIRRE BELTRÁN, *Medicina y magía*, S. 123.) María Sabina meint diese mystische Kraft wenn sie davon redet, daß die »Pilze ihre Kraft verloren« hätten.

[2] Lisa Daw aus Santa Fe, New Mexico, gab María Sabina Massagen. S. Grossman, eine Freundin der Weisen, kochte für sie auf ihrem eigenen Herd Rinderleber mit Zwiebeln.

an meinen *veladas* teil, sie danken mir danach und sagen, es gehe ihnen besser. Manche erzählen, daß sie Zucker im Blut haben. Ich kenne diese Krankheit nicht, ich weiß nur, daß es der Geist ist, der krank wird. Und es ist auch der Geist, der reich wird. Leute, die materiellen Wohlstand besitzen, bei denen ist es so, daß der Geist in das ferne Land des Reichtums gezogen ist. Das ist der geistige Ort, wo sich die Glücksgüter befinden, wo die Pracht und die Glückseligkeit wohnen. Der Geist kommt in dieses Reich und raubt, was er rauben kann. Wenn sein Beutezug erfolgreich war, dann wird die Person Geld besitzen oder eine wichtige Stellung im Leben einnehmen. Aber der Geist muß gut aufpassen, daß er nicht von den Wächtern dieses Reiches überrascht wird. Wenn ein Wächter einen Geist erwischt, der von dem Reichtum geraubt hat, dann verletzt er ihn mit einer Pistole. Auf diese Weise wird der Geist von einer Kugel getroffen. Der Geist wandert umher, und die Person erlebt das alles im Traum.

Wenn ich Menschen heilen will, die Fieber haben, dann opfere ich ein Huhn. Ich öffne seine Brust mit dem Daumen meiner Hand. Ich reiß das Herz heraus und gebe es dem Kranken heimlich zu essen. Die Leiche des Tieres muß man in die Krone eines kleinen Baumes hängen. So verfault sie nicht, sie vertrocknet nur.

Aber ich bin schon zu alt und krank. Ich bin sicher, mein Leben geht dem Ende zu. Nicht nur ich habe versucht die Krankheiten einiger Fremder zu heilen, sondern auch sie haben sich bemüht, meine Gebrechen zu heilen. Sie schenkten mir Medikamente. Einige besuchen mich und erzählen mir, sie seien Mediziner aus der Stadt und wollten meinen Tumor entfernen. Ich gebe nicht viel darauf. Da ist immer etwas, was mir verbietet, die Medikamente einzunehmen. Ich lehne es auch ab, mir den Tumor entfernen zu lassen. In Wahrheit will ich die Medikamente der Fremden nicht einnehmen, denn ich habe meine eigene Medizin.

Eines Tages klopfte ein Arzt meinen Körper ab und ließ mir anschließend Medikamente da, die ich zu mir nehmen sollte. Ich tat es nicht, denn in jenen Tagen starben viele Kinder hier in meinem Viertel. Der Grund für diese Todesfälle war die Öffnung der Straße nach San Miguel, die ganz nah an meinem Haus vorbeiführt. Damit war die Ruhe gestört; die »Beherrscher der Orte« forderten für diese Entweihung einen Tribut, und sie nahmen deshalb viele Kinder mit sich. Ich habe die Medikamente nicht genommen, denn derjenige, der sie einnimmt, kann seine Krankheit verschlimmern, wenn er zur selben Zeit an einer Totenwache teilnimmt, oder wenn im Nachbarhaus ein Toter liegt.

Die Leute, die wissen, daß ich Rückenschmerzen habe und Mühe zu schlucken, die geben mir Massagen. Zum ersten Mal bekam ich von einem Ausländer eine Massage, dann von einer Ausländerin.[2] Ich merkte, daß sie davon etwas verstanden, denn anschliessend fühlte ich mich befreit von körperlichen Schmerzen.

Nicht alle Ausländer sind schlecht. Einige bringen mir Essen oder Früchte, und ich bedanke mich dafür. Wenn jemand meinen Herd benutzt, um mir Essen zu machen, dann entschuldige ich mich dafür, daß ich keinen Löffel habe. Sie wissen, daß ich arm bin und allein lebe, daß vielleicht nur ein verwaister Enkel bei mir wohnt.

Die hohen Persönlichkeiten, die an die Tür kommen, bringen mir immer Geschenke mit. Der Gouverneur von

Oaxaca, Zárate Aquino[3] hat mir drei Matratzen geschenkt. Er sagte, ein weiches Bett sei für den Körper besser, als der harte Boden, auf den man nur eine Petate legt. Ich kaufte zwei Holzbetten, um die Matratzen zu verwenden.

Ein junger Ausländer in bunten Kleidern und Sandalen wollte mir einen großen schönen Hund schenken. Ich sagte ihm aber, ich will keinen Hund, ich habe kein Geld um ihn zu füttern. Was soll denn das Tier fressen? Scheiße vielleicht? Der junge Ausländer verstand meine Situation und nahm das Tier wieder mit.

Die Singvögel gefallen mir gut. Vor zwei Jahren kaufte ich mir einen Chachalaca [*Ortalis poliocephala*], der aus Cañada Mamey hergebracht worden war. Ich kaufte ihn für achtzig Pesos. Immer wenn der Chachalaca anfing zu krächzen, dann wußte ich, daß ein Gewitter heranzog. Er war wie ein Lebensgefährte. Aber, ach Gott! Man hat ihn mir gestohlen. Jetzt habe ich keinen Chachalaca mehr, der mich auf andere Gedanken bringen könnte.

[3] Er kam während seiner Wahlkampagne als Kandidat des PRI (Partido Revolucionario Institucional) nach Huautla.

Postkarte mit einem Motiv von Kathleen Harrison; dargestellt ist der von »Hippies« verehrte Pilz *Stropharia cubensis*

Xochipilli, der Gott der entheogenen Pflanzen

»Wir haben hier das in Stein gehauene Bild eines Menschen, der sich mitten in einer unirdischen Erfahrung befindet, die Plastik eines offiziellen Priesters, ein Bildnis des Gottes des Rausches und der 'Blumen', eines Gottes der Jugend, des Lichtes, des Tanzes und der Musik und der Spiele, der Dichtung und der Kunst, des Kindgottes, des Gottes der aufgehenden Sonne, des Sommers und der Wärme, der Blumen und Schmetterlinge, des 'Baumes-in-der-Blume', den die Nahuatl-Dichter häufig anrufen, der berauschenden Pilze, der Wunderpflanzen, die einen in ein himmlisches Paradies befördern.«
(WASSON 1980)

Kapitel 20

Dämonen habe ich noch nie gesehen, wenn ich auch an den Bereichen des Todes vorbeikomme, wenn ich mich aufmache, dorthin zu gehen, wohin ich soll. Ich versinke und gehe abwärts, ganz nach unten. Ich suche in den Schatten und in der Stille. Ich komme dorthin, wo die Krankheiten sich versteckt halten, ganz tief unten nämlich. Noch unterhalb der Wurzeln und im tiefen Wasser, im tiefen Morast und unter den Felsen. Dann wieder steige ich hinauf, sehr hoch hinauf, bis über die Berge und über die Wolken. Wenn ich dort ankomme, wo ich ankommen soll, dann erblicke ich Gott und Benito Juárez. Dort sehe ich die guten Menschen. Dort weiß man alles, von jedem und von allem, denn dort ist alles hell und klar. Ich höre Stimmen. Sie sprechen zu mir. Es ist die Stimme des »Kleinen, der aus dem Boden sprießt.« Der Gott, der in ihnen wohnt, betritt meinen Körper. Meinen ganzen Körper und meine Stimme überlasse ich den *niños santos*. Sie sind es, die sprechen. Während der *veladas* arbeiten sie in meinem Körper und ich sage:

Warum hast du mir deine Uhr gegeben
Warum hast du mir deine Gedanken
　gegeben
Weil ich reine Frau bin
Weil ich Frau Sternenkreuz bin
Weil ich Frau bin, die fliegt.

Ich bin Frau heiliger Adler – sagt er
Ich bin Frau Adler-Besitzerin – sagt er
Ich bin die Herrin, die schwimmt
　– sagt er.

Denn ich kann im Prächtigen
　schwimmen
Denn ich kann in allen Formen
　schwimmen
Denn ich bin die Frau Boot
Denn ich bin das heilige Opossum
Denn ich bin die Opossum-Besitzerin.

Ich kann Adler, Opossum und Frau Uhr[1] sein. Wenn ich sie sehe, spreche ich ihre Namen aus.

Die *niños* verwandeln sich in die Grundexistenzen. Die Grundexistenzen erscheinen auch in den Visionen der Eingeweihten. Auf ihren Tisch legen sie heilige Uhren, Papiere, Bücher, Hostien, Sterne, Morgentau oder Adler. Die Grundexistenzen fragen den Eingeweihten: »Was für ein Weiser möchtest du sein? Willst du, daß dich die Herren der Berge, die Herrscher der Plätze oder daß dich Gott Christus führt?« Der Eingeweihte wählt sich dann etwas aus, und er teilt den Grundexistenzen mit, welche Möglichkeit er bevorzugt. Und sogleich empfängt er ein Buch das die Sprache enthält, die er sich ausgesucht hat.

Ich habe mich für Gott Christus entschieden. Und so ließ ich es die Grundexistenzen wissen. Das Reich der Grundexistenzen ist ein Reich des Überflusses. Dort gibt es Bier und Musik spielt. Wenn ich in jenem Reich bin, bestelle ich Bier für alle, und dann stoßen wir gegenseitig an. Es gibt Augenblicke, in denen man kein Bier bestellen muß, dann steht es schon vor einem. Wenn die Musik ertönt, dann tanze ich mit den Grundexistenzen, und außerdem sehe ich die *Sprache* herabfallen. Sie kommt von oben herab. Es sieht so aus, als bestehe sie aus lauter kleinen erleuchteten Gegenständen, die vom Himmel fallen. Die *Sprache* fällt auf den heiligen Tisch, sie fällt über meinen Körper. Dann ergreife ich mit meinen Händen Wort für Wort. Das passiert immer dann, wenn ich das *Buch* nicht sehe.

Und ich singe:

Mit der Jungfrau Magdalena
Mit der Jungfrau Guadalupe
Mit dem Herrn Santiago.

---

[1] Weil es sich um ein glitzerndes und pulsierendes Objekt handelt, hält María Sabina die Uhr für ein Glückssymbol.

Denn ich bin das Wasser das schaut
  – sagt er
Denn ich bin die Frau Weise der
  Medizin – sagt er
Denn ich bin die Frau der Kräuter
  – sagt er
Denn ich bin die Frau der Medizin
  – sagt er.
Denn ich bin die Frau des Windes
  – sagt er
Denn ich bin die Frau des Morgentaus
  – sagt er.

Wenn die Pilze mir während einer *velada* befehlen, die Krankheit herauszusaugen, dann sauge ich sie von dem Punkt aus, an dem ich mich gerade befinde, heraus. Es ist nicht nötig, daß ich meinen Mund auf die erkrankte Stelle lege. Und meine Sprache sagt:

Ich komme mit meinen dreizehn
  Kolibris[2]
Denn ich bin der heilige Kolibri
  – sagt er
Denn ich bin die Besitzerin des
  Kolibris – sagt er
Denn ich bringe meinen reinen Sauger
  mit – sagt er
Denn ich bringe meinen gesunden
  Sauger mit – sagt er.

Denn ich bringe mein Schilfrohr mit
  – sagt er
Mein Schilfrohr mit Abendtau
  – sagt er
Mein frisches Schilfrohr – sagt er.

Ich bin die Frau-Buch, die im tiefen
  Wasser ist – sagt er
Ich bin die Frau der großen Ortschaften
  – sagt er
Ich bin die Hirtin, die im tiefen Wasser
  ist – sagt er
Ich bin die Frau, die das Prächtige hütet
  – sagt er
Ich bin die Hirtin und komme mit
  meinem Hirten – sagt er
Denn alles hat seinen Ursprung

Und ich komme und durchlaufe alle
  Orte vom Ursprung an...

Wenn ich die Arme der Kranken mit Tabak einreibe, dann sage ich:

Und ich bringe meinen San Pedro mit
Nur mit San Pedro
Nur mit San Pedro
Mit dem, womit ich arbeite
Mit dem, was ich hochschätze
Mit dem, womit ich arbeite
Mit dem, was ich hochschätze.

Unser Vater Wolkenhaufen
Unser Vater Arosio[3]
Mein Vater! Vater des Morgentaus!
Vater Arbeiter
Reicher Vater.

Die *santitos* sagen mir, daß ich die Ehefrau des Herrn aller Berge bin. Deshalb sage ich:

Ich bin die Frau des kriechenden
  Wassers...

Die Pilze sagen mir, daß ich die Frau der Ozeane bin, daß ich die Weisheit in meinen Händen trage, daß ich die Frau des Heiligen Petrus und des Heiligen Paulus bin, daß ich die kleine Frau bin, die aber mit den Helden sprechen kann. Manchmal weine ich, doch wenn ich zische, erschreckt mich niemand.

In der Mitte befindet sich die *Sprache*. Im Diesseits, in der Mitte und im Jenseits befindet sich die *Sprache*. Mit Hilfe der *niños* sehe ich Gott, und dann singe ich:

Denn ich bin die Frau Sternengott
Die Frau Sternenkreuz
Denn ich kann schwimmen, im
  Prächtigen
Denn ich bin die Frau, die fähig ist
Denn ich habe meine geheilten Leute
Denn ich habe meinen geheilten Pfarrer
Und habe meinen geheilten Bischof

---

[2] Der Kolibri heißt im mexikanischen Spanisch *chuparrosa*, wörtl. »Der an den Rosen saugt«. Der Kolobri war schon zu präkolumbianischen Zeiten ein magisches Krafttier, das in der Magie und Krankenheilung eine große Rolle gespielt hat. Die Azteken nannten ihr Land »Links vom Kolibri«. [CR]

[3] Das Wort *arosio* ist nicht mehr zu entschlüsseln. María Sabina sagt, es sei »der Name eines Ortes in der Sierra [Mazateca]«.

Denn die Unsrigen sind großartig
Denn die Unsrigen sind hervorragend
Heiligster Vater
Hier ist dein Haus, das groß ist
Hier ist dein Haus, das ein Haus der Macht ist
Unser Bischof
Einer unseres Herzens
Guter und reiner Priester
Gute und reine Altarkerze
Gute und reine Nonne
Denn hier ist dein Buch
Dein Buch, *das ich mitbringe.*

Dann...

Ich bin Frau Fels der heiligen Sonne
   – sagt er
Ich bin Frau Fels der Sonne Besitzerin
   – sagt er
Ich bin die Frau Meteorstein – sagt er
Ich bin die Frau Meteorstein, die im tiefen Wasser ist – sagt er
Ich bin der Puppe Besitzerin – sagt er
Ich bin der heilige Bajazzo – sagt er
Ich bin der Bajazzo Besitzerin – sagt er
Denn ich kann schwimmen
Denn ich kann fliegen
Denn ich kann kriechen.

Die *niños santos* heilen. Sie senken das Fieber, lösen den Schnupfen, befreien von Erkältung oder von Zahnschmerzen. Sie holen die bösen Geister aus dem Körper oder befreien den Geist des Kranken, der von den Beherrschern der Quellen und Berge gefangen genommen wurde. Sie heilen diejenigen, die ihr *suerte* durch Zauberei erhalten haben. Man ißt sie und dann erbricht man den bösen Geist.

Ich sehe Papier auf dem reichgedeckten Tisch der Grundexistenzen, und ich sage:

Ich bin die Frau, die schreibt...

Die *Sprache* gehört den *niños santos*. Sie sprechen und ich habe die Kraft, das, was sie sagen, zu übersetzen. Ich sage, ich bin die Frau des *Buchs*, das heißt, das »der, der aus dem Boden sprießt« die Frau ist, und daß sie die Frau des *Buchs* ist. Infolgedessen verwandle ich mich während der *velada* in eine Pilz-Frau-des-Buchs...

Wenn ich am Meeresstrand stehe, sage ich:

Ich bin die Frau, die im Sand steht...

Denn die Weisheit kommt von dem Ort, wo der Sand geboren wird.

In dem Buch »Die Stadt der halluzinogenen Pilze« beschreibt der mexikanische Schriftsteller und langjähriger Freund der María Sabina seine eigenen Erfahrungen mit den indianischen Heilritualen und den Zauberpilzen

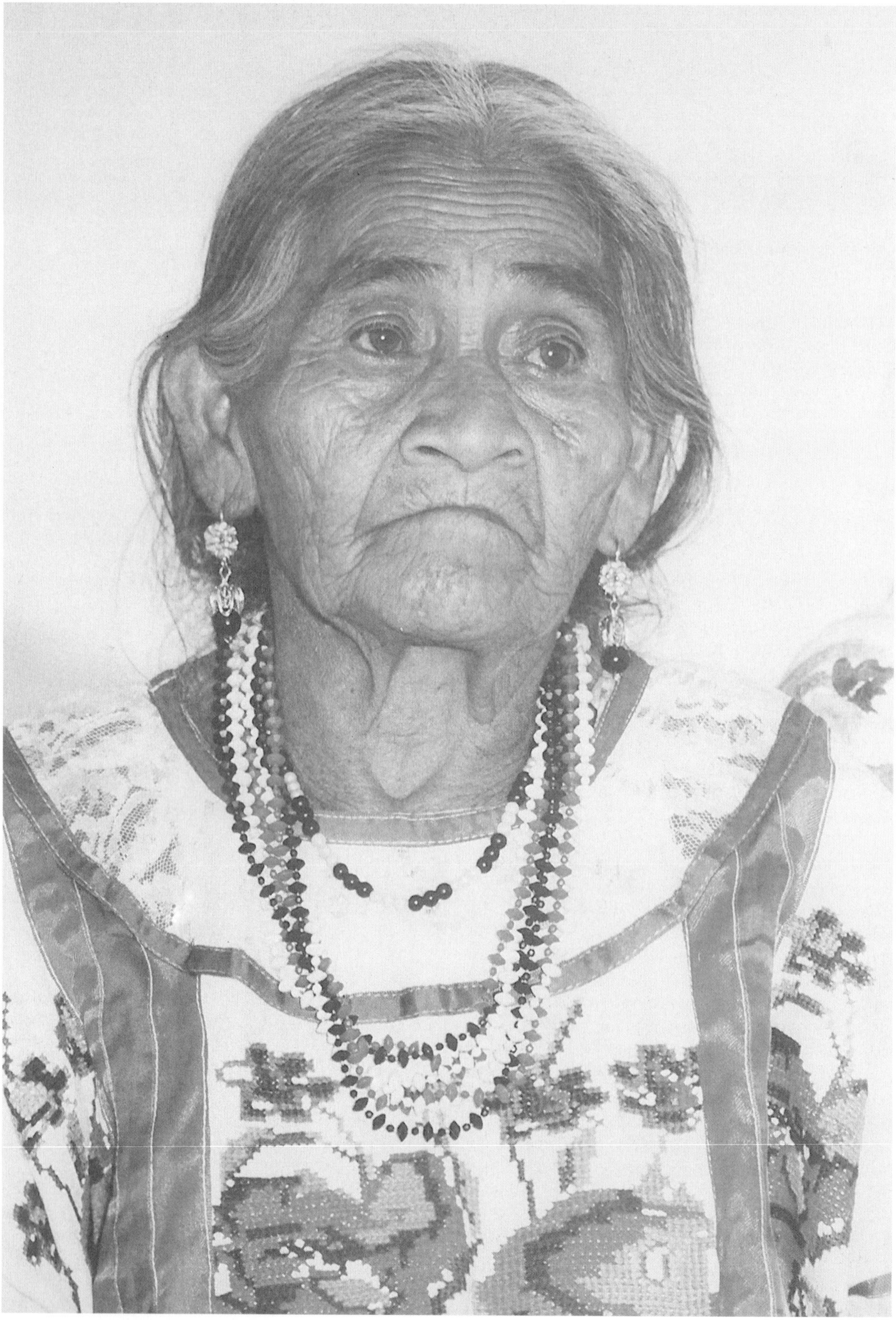

Kapitel 21

Ich rauche gerne Zigaretten und trinke auch gerne ein wenig Schnaps. Aber ich war noch nie betrunken. Inzwischen bin ich alt und ich habe keine Kraft mehr. Der Rücken tut mir weh und die Brust schmerzt, wenn ich etwas esse. Ich spreche nicht viel, denn ich habe einige Zähne verloren. Ich schäme mich, zahnlos zu sein. Und es bereitet mir Schwierigkeiten, zähes Fleisch zu kauen. Lieber nehme ich Flüssigkeiten zu mir.

Schon lange lebe ich allein. Meine Kinder sind von mir weggegangen. Sie haben ihre Familien, und denen müssen sie sich widmen. Ich bin allein. Meine Kinder besuchen mich fast nie. Die Fremden, die kommen, um mich zu sehen, bringen mir Abwechslung und ich fühle mich wohl in ihrer Gegenwart.

Meine Mutter, María Concepción, starb vor ungefähr zehn Jahren. Sie war schon eine sehr alte Frau. Dann wurde sie krank und ich versuchte sie zu heilen. Drei *veladas* hielt ich ab, um ihr Kraft und Stärke zu geben, aber sie sah selbst, daß ihr Ende nah war, und daß nichts mehr helfen würde. Kurz vor ihrem Tode sagte sie zu mir: »Du mußt dich damit abfinden, Bi« - so nannte sie mich - »ich danke dir für alles, was du für mich getan hast und tust, aber ich muß sterben. Ich habe dir nichts vorzuwerfen. Im Gegenteil, ich bin glücklich über all die Achtung und Pflege, die du mir im Leben hast zukommen lassen. Es tut mir weh, dich zu verlassen. Was wird aus dir werden, wenn ich tot bin? Ich vertraue auf Gott. Er wird dich beschützen.«

Und nun bin ich auch schon alt. Und so bitte ich Gott, daß er mich segnen möge. Stets bitte ich um Güte, jeden Tag bitte ich um Güte für die Welt und für mich.

Ich weiß, daß ich bald sterben werde. Aber das stört mich nicht mehr. Ich werde dann sterben, wenn Gott es will. Inzwischen mag das Leben seinen Lauf nehmen, und wir mögen weiterleben in der Welt, die von Christus ist, in dieser Welt, in der es auch Schlechtigkeit und Zwietracht gibt, in einer Welt, in der die Menschen um irgendwelche kleinen Dinge streiten und kämpfen.

Ich kenne das Reich des Todes, denn ich bin dort gewesen. Es ist ein Ort, an dem es keinen Lärm gibt, denn der Lärm, auch wenn er noch so gering ist, stört. Im Frieden dieses Reiches sehe ich Benito Juárez.

An dem Tag, an dem ich sterben werde, wird man all das tun, was unser Brauchtum von uns verlangt. Man wird einem Hahn den Hals umdrehen. Er wird neben meiner Leiche sterben müssen. Der Geist des Hahns wird meinen Geist begleiten. Der Hahn wird vier Tage nach meiner Beerdigung krähen, dann wird mein Geist aufstehen und für immer ins Reich des Todes gehen. Während der Totenwache werden meine Angehörigen kleine Krüge mit Wasser neben meinen toten Kopf stellen. Das wird das Wasser sein, das ich mitnehmen muß, damit ich während meiner Reise ins Reich des Todes nicht verdurste. In meinen Sarg wird man sieben Kürbiskerne, *quintoniles* [Amaranthus sp.] und die »Kugeln des Todes«[1] zusammen in ein Stoffsäckchen legen. Das wird meine Nahrung sein, die ich bei mir tragen muß, damit der Hunger mich nicht auf meinem Weg überfällt. Die Frauen, die an meiner Totenwache teilnehmen, werden Tezmole mit dem Fleisch des geopferten Hahns zubereiten. Von dieser Tezmole werden nur der Vorbeter und die Leute essen, die mein Grab ausheben. Wenn ich geweihte Kerzen haben sollte, die übriggeblieben sind aus der Zeit, in der ich zur Schwesternschaft gehörte, dann wird man sie neben

---

[1] Eine Frucht, die reichlich in der Sierra Mazateca gedeiht. Aufgrund ihrer Funktion, die sie bei den mazatekischen Gebräuchen erfüllt, nennt man sie *to-le-kéen* (= »Kugel des Todes«).

meinen Leichnam legen. Man wird mich mit einem sauberen Überwurf kleiden und nur den besten Schal umlegen. In meine Hände wird man mir ein Kreuz aus geweihten Palmblättern legen.

Wir Mazateken zollen den Toten Ehrfurcht. Am Allerseelentag, in den ersten Tagen des Novembers, opfern wir *cempasúchil*-Blüten [*Tagetes erecta*], die wir auf Bögen aus Schilf stecken, und wir legen Obst und Speisen auf den Tisch: Tamales mit Schweinefleisch, Kaffee und Brot.

Einige Leute bilden eine Gruppe. Jeder in dieser Gruppe heißt *ombligo boludo* [= »verrückter Nabel]. Man verkleidet sich mit Masken und mit Männer- und Frauenkleidern. Die Musik spielt dazu: Geigen, Gitarren und lauter Trommeln. Man geht von Haus zu Haus und singt:

Ombligo boludo
Frucht der Zitrone
Einen Gefallen erbitt' ich von euch
Einen Gefallen und nichts weiter:
Gebt mir ein Glas Zitronenwasser.

In jedem Haus tanzen die Paare, und man ißt Tamales, man trinkt Kaffee oder Schnaps.

Die *ombligos boludos* verkörpern die Seelen, von denen man sagt, sie seien zurückgekommen, um zu essen und ihren Hunger nach weltlicher Speise zu stillen.

Schon seit vielen Jahren kommen die Leute, die sich als *ombligo boludo* verkleiden wollen, in mein Haus. Dort ziehen sie sich um. Ich leihe ihnen die Krempenhüte. Sie bestehen aus Lianengewebe und sind eine Armlänge breit. Meine Neffen machen sie hierfür. Den Rest des Jahres hebe ich die großen Hüte auf, und sie hängen von der Decke meines Hauses herunter.

Aztekische Erdgöttin

Schamanische Gesänge von María Sabina

Die folgenden die schamanischen Gesänge von María Sabina wurden während einer *velada* 1957 von ROBERT GORDON WASSON und seiner Frau VALENTINA PAVLOVNA WASSON aufgenommen. Diese Gesänge sind auf einer Schallplatte verewigt: *Mushroom Ceremony of Mazatec Indians of Mexico*, Recorded by V.P. & R.G. WASSON at Huautla de Jiménez, Oax., Folkways Records and Service Corporation, NYC. Fr. 8975.

Die ursprüngliche Übersetzung aus dem Mazatekischen ins Englische haben die beiden aus den USA stammenden evangelischen Missionare EUNICE V. PIKE und SARAH C. GUDSCHINSKY besorgt. Leider weist die Arbeit Lücken und Fehler bei der Übertragung der Worte der weisen Mazatekin auf. Die Übersetzung ist der Schallplatte beigefügt. Trotz der Fehler vermittelt die Arbeit dem Leser einen ungefähren Eindruck von der *Sprache* María Sabinas. Mit R. GORDON WASSONS Genehmigung wurden diese Gesänge von ÁLVARO ESTRADA ins Spanische übersetzt.

Die Aufnahme der schamanischen Gesänge besteht aus siebzehn Stücken, in denen sich die verschiedenen Phasen aufzeigen lassen, die die Schamanin im Zustand der Allwissenheit während der Stunden der Trance erreicht. Sie reichen vom Klagegesang bis zur *Sprache* der Ekstase.

Ich bin die Frau, die weint – sagt er
Ich bin die Frau, die pfeift – sagt er
Ich bin die Frau, die dröhnen läßt
  – sagt er
Ich bin die Frau, die den Sonar
  [ein Musikinstrument] ertönen
  läßt – sagt er
Ich bin die Frau Geist – sagt er
Ich bin die Frau, die weint – sagt er
Ah, unser Jesus Christus
Ah, unser Jesus
Unsere Frau San Pedro – sagt er
Unsere Frau San Pedro – sagt er
Unsere Frau Ustandí[1] – sagt er
Unsere Frau Meteorit – sagt er
Unsere Frau Meteorit – sagt er
Unsere Frau Strudel – sagt er
Unsere Frau
Ah, unser Jesus Christus
Unsere heilige Frau – sagt er
Unsere heilige Frau – sagt er
Unsere heilige Frau – sagt er
Unsere Frau der Höhen – sagt er
Unsere heilige Frau – sagt er
Unsere Frau Geist – sagt er
Unsere Frau, die das Licht bringt
  – sagt er
Ich bin die Frau Geist – sagt er
Ich bin die Frau des Lichts – sagt er
Ich bin die Frau Geist – sagt er
Ich bin die Frau des Lichts – sagt er
Ich bin Frau Tag – sagt er
Ich bin die reine Frau – sagt er
Ich bin die Frau Adler Herrin
  – sagt er
Ah, unser Jesus Christus – sagt er
Ich bin die geweihte Frau – sagt er
Ich bin die bedeutende Frau
  – sagt er

---

[1] *Ustandí* ist ein anderer, esoterischer Name für den Bauerntabak, der ansonsten als *San Pedro* bezeichnet wird.

»Das Mazatekische ist eine Tonsprache, d.h. einige Wörter unterscheiden sich nur durch den Ton. Dadurch werden einige Wörter zweideutig, wenn sie von der Frau [Mará Sabina] gesungen werden. Ich habe sie meist anhand des Zusammenhanges übersetzt, aber z.T. werde ich wohl Fehler gemacht haben. Einige Wörter, die bei diesen Aufnahmen verwendet wurden, lassen sich nur anhand des Tones unterscheiden: Ohr und Tau, Stern und Kind, gebären und aufsteigen, meine Zunge und seine Zunge, Clown und Grün.«
EUNICE V. PIKE
(im Begleitheft zur Schallplatte)

»Die Pilzzeremonie hat nicht nur die Funktion einer Konsultation, sondern sie hat für die Indianer in vielen Beziehungen auch noch einen ähnlichen Sinn wie für den gläubigen Christen das Abendmahl. Vielen Äußerungen von Eingeborenen war zu entnehmen, daß sie glauben, Gott habe ihnen den heiligen Pilz geschenkt, weil sie arm seien und keine Ärzte und Medikamente besäßen, und auch weil sie nicht lesen könnten, insbesondere die Bibel ihnen verschlossen sei und Gott deshalb durch den Pilz direkt zu ihnen spreche. Die Missionarin Eunice V. Pike wies denn auch auf die Schwierigkeiten hin, die sich ergaben, wenn man die christliche Botschaft, das geschriebene Wort, einem Volk erklären will, das glaubt, Mittel - eben die heiligen Pilze - zu besitzen, die ihm auf unmittelbare, anschauliche Weise Gottes Willen kundtun, ja erlauben, in den Himmel zu sehen und mit Gott selbst in Verbindung zu treten.«
ALBERT HOFMANN
LSD - Mein Sorgenkind
(1979: 123f.)

[2] Vermutlich eine Anspielung auf die ebenfalls *pastora*, »Hirtin«, genannte Wahrsagesalbei *(Salvia divinorum)* [CR].

Ich bin die Frau des Lichts – sagt er
Ich bin Frau Geist – sagt er
Ah, unser Jesus Christus – sagt er
Ich bin die gut aussehende
   Frau – sagt er
Ich bin die stolze Frau – sagt er
Ah, unser Jesus Christus
Ich bin Frau Strudel – sagt er
Ah, unser Jesus Christus
Das ist die Frau Uhr – sagt er
Das ist die gereinigte Frau – sagt er
Das ist die ordentliche Frau – sagt er
Ah, unser Jesus Christus
Das ist die gereinigte Frau – sagt er
Das ist das geregelte Morgengrauen
   – sagt er
Das ist das geregelte Morgengrauen
   – sagt er
Das ist das geregelte Morgengrauen
   – sagt er
Das ist das geregelte Morgengrauen
   – sagt er
Das ist das geregelte Morgengrauen
   – sagt er
Ah, das ist Jesus Christus – sagt er
Ah, das ist Jesus – sagt er
Ah, das ist Jesus Christus – sagt er
Ah, das ist Jesus – sagt er
Du, unser Heiligster Vater – sagt er
Du bist der Heilige – sagt er
Du bist die Heilige – sagt er
A-jum, jum, jum, jum [Rhytmus]
   – sagt er
Heiliger – sagt er
Heilige – sagt er
Heiliger, das, was heilig ist, das,
   was heilig ist und das, was heilig
   ist, heilig, heilig, heilige
Das, was heilig genannt wird
Und das, was heilig genannt wird
Das, was heilig genannt wird und
   das, was heilige genannt wird
Ich bin die Frau, die gebären ließ
Ich bin die Frau, die gewonnen hat
Ich bin die Frau der Amtsangelegenheiten
Ich bin die Frau der Gedanken
Frau des Sichsetzens
Frau des Innehaltens
Das Herz Christi bringe ich

Das Herz unserer Jungfrau bringe
   ich
Das Herz unseres Vaters bringe ich
Das Herz Christi bringe ich
Das Herz des Vaters bringe ich
Das Herz des Papas bringe ich
Deshalb, weil ich sage, ich bringe
   dieses Herz
Den Heiligen bringe ich, die Heilige
   bringe ich
Du, Mutter Hirtin *[pastora]*[2]
   – sagt er
Du bist die Mutter – sagt er
Mutter, die das Leben hat
Mutter, die sich wiegt – sagt er
Mutter des Windes
Mutter des Morgentaues – sagt er
Mutter, die gebärt
Mutter, die sich hinstellt – sagt er
Mutter der Milch
Mutter mit Brüsten – sagt er
Du, Mutter der Milch
Mutter mit Brüsten – sagt er
Frische Mutter
Zärtliche Mutter – sagt er
Mutter, die wächst
Grüne Mutter – sagt er
Frische Mutter
Zärtliche Mutter – sagt er
Ah, es ist Jesus Christus – sagt er
Ah, es ist Jesus – sagt er
Unser frischer Vater – sagt er
Unser zärtlicher Vater – sagt er
Mutter, die wächst, grüne Mutter
   – sagt er
Frische Mutter, zärtliche Mutter
   – sagt er
Ah, es ist Jesus Christus – sagt er
Unsere heilige Mutter – sagt er
Unsere heilige Mutter – sagt er
Unsere Frau Geist – sagt er
Unsere Frau des Lichts – sagt er
Das ist Frau Tag – sagt er
Das ist Frau Tag – sagt er
Unsere Frau des Lichts – sagt er
Ah, es ist Jesus – sagt er
Das ist die Frau des Lichts – sagt er
Das ist Frau Tag – sagt er
Ich bin die Frau, die nach innen
   schaut [=Auskultation] – sagt er

Ich bin die Frau, die untersucht
  – sagt er
Ich bin die Frau, die weint – sagt er
Ich bin die Frau, die pfeift – sagt er
Ich bin die Frau, die dröhnt
  – sagt er
Ich bin die Frau, die herausgerissen
  wird – sagt er
Ich bin die Frau, die herausgerissen
  wird – sagt er
Ich bin die weise Frau der Medizin
  [= Ärztin] – sagt er
Ich bin die weise Frau der Kräuter
  – sagt er
Ah, es ist Jesus Christus – sagt er
Ich bin Frau *labó* [?]
Ich bin die weise Frau der Medizin
  – sagt er
Ich bin die weise Frau der Sprache
  – sagt er
Ich bin die Frau der Weisheit
  – sagt er
Ich bin Frau Kolibri – sagt er
Ich bin Frau Kolibri – sagt er
Ich bin die Frau, die saugt – sagt er
Ich bin die Frau, die saugt – sagt er
Ah, es ist Jesus Christus – sagt er
Ich bin die reine Frau – sagt er
Ich bin die ordentliche Frau – sagt er
Ich bin die reine Frau – sagt er
Ich bin die ordentliche Frau – sagt er
Ich bin Frau San Pedro – sagt er
Ich bin Frau San Pedro – sagt er
Ich bin Frau Ustandí
Ich bin Frau Ustandí
Ich bin Frau Meteorit
Ich bin Frau Meteorit
Cayetano!
[Cayetano antwortet: »*Ja! Arbeite! Arbeite!*«]
Ich bin die ordentliche Frau – sagt er
Ich bin die reine Frau – sagt er
Ich bin die Frau, die nach innen
  schaut – sagt er
Ich bin die Frau, die nach innen
  schaut – sagt er
Ich bin die Frau, die nach innen
  schaut – sagt er
Ich bin die Frau, die nach innen
  schaut – sagt er

Ich bin die Frau, die nach innen
  schaut – sagt er
Ich bin die Frau des Lichts – sagt er
Ich bin die Frau des Lichts – sagt er
Ich bin die Frau des Lichts – sagt er
Ich bin Frau Tag – sagt er
Ich bin die Frau, die dröhnt – sagt er
Ich bin die weise Frau der Medizin
  – sagt er
Ich bin die weise Frau der *Sprache*
  – sagt er
Ich bin Frau Christus – sagt er
Ah, Jesus Christus – sagt er
Ich bin Frau Großer Stern – sagt er
Ich bin Frau Sterngöttin – sagt er
Ich bin Frau Sternenkreuz – sagt er
Ich bin Frau Mond – sagt er
Ich bin Frau *labó* – sagt er
Ah, es ist Jesus Christus – sagt er
Ich bin die Frau, die schwimmen
  kann – sagt er
Ich bin die Frau, die im Heiligen
  schwimmen kann – sagt er
Weil ich in den Himmel gehen kann
  – sagt er
Weil ich schwimmen gehen kann
  auf dem Meereswasser
  – sagt er
Dieses ist sehr sanft – sagt er
Dieses ist wie die Erde – sagt er
Es ist wie der Wind – sagt er
Es ist wie der Morgentau – sagt er
Heiliger, Heiliger, Heiliger, Heiliger,
  Heiliger
Heiliger, Heiliger, Heiliger, Heiliger,
  Heiliger
Heiliger, Heiliger, Heiliger, Heiliger,
  Heiliger
Heiliger, heil, Heiliger
  na, na, mai
Mama, Mama, Mama, Mama,
  Mama, Mama
Die du bist, du bist im Himmel
Christus, der du bist der Vater, du
  bist der Christus
Kisosososo sososi [= Jesus]
Du bist unser Vater, du bist unser
  Papa
Mutter Hirtin, Mutter Empfängnis,
Mutter Beschützerin

> »Der Pilz erschließt Felder voller Botschaften, er beschert Kommunikationen mit der Welt, mit anderen und mit sich selbst. Die dadurch freigesetzte Spontaneität ist nicht nur wahrnehmend, sondern linguistisch, es ist eine Spontaneität der Rede, ein heißer, luzider Diskurs des aktiven Logos. Für den Schamanen ist es, als spreche Existenz durch ihn hindurch. Worte sind Materialisierungen des Bewußtseins. Sprache ist ein priviligiertes Vehikel, um Beziehungen zur Wirklichkeit zu schaffen.«
> HENRY MUNN
> *The Mushrooms of Language*
> (1973: 89)

Aztekische Darstellung eines Kolibris

»Während der Initiation scheint das Einstudieren von schamanischen Gesängen und Melodien sowie das Memorieren von Mythen ein weitverbreitetes Phänomen zu sein. Ich... vermute, daß das Lernen von magischen Gesängen und Melodien in vielen Kulturen mit der Einnahme von psychotropen Pflanzen einhergeht. Bezeugt ist es bei den Huichol, die den Peyotekaktus *(Lophophora williamsii)* und andere psychotrope Pflanzen zu sich nehmen, bei den Mazateken, die Pilze der Gattung *Psilocybe* und bei den Mestizos, die den San-Pedro-Kaktus *(Trichocereus pachanoi)* essen, ebenso bei den Yanomamo in Süd-Venezuela und in Nord-Brasilien, die ein Epena genanntes Schnupfpulver aus *Virola theidora* benutzen.«
LUIS EDUARDO LUNA
Vegetalismo (1986)

»Die heiligen Pilze haben nicht nur eine Funktion in der Heilbehandlung der María Sabina, sondern sie bilden den eigentlichen Kern derselben. Die zentrale Stellung, die den Pilzen zukommt, zeigt sich darin, daß die Schamanin sich nur als Sprachrohr derselben, als 'Sprachrohr Gottes', der in den Pilzen wohnt, betrachtet.«
ALBERT HOFMANN
María Sabina und die heiligen Pilze (1993: 219)

[3] María Sabina erklärte, daß es sich hierbei um die Jungfrau des Ortes Mazatlán handelt.

Mutter María Mercena [eine Heilige]
Du bist Mutter María Concesa [eine Heilige]
Du bist Mutter Hirtin
Du bist die Mutter aller Heiligen
Aller Heiligen
Mutter Ususná[3]
Mutter des Heiligtums [von Otatitlán, Oaxaca]
Du bist die Mutter Ususná
Vater des Heiligtums [von Otatitlán, Oaxaca]
Mutter, die du bist auf dem Tisch nahe Ojitlán
Wie unsere Jungfrau des kleinen Wassers
Unsere Jungfrau aller Väter [= aller Heiligen]
Pa, pa, pa, pai, papai
Kisosososo si
Du, Mutter, die du bist, du bist, du bist im Himmel
In einem wunderschönen Himmel
Einem Himmel, der in der Höhe ist – sagt er
Einem Himmel der Klarheit – sagt er
Denn dorthin gehe ich, um zu trinken – sagt er
Als Schatten gehe ich – sagt er
Denn es gibt Fährten
Denn ich habe meine Hände – sagt er
Denn ich habe meine Zunge – sagt er
Und ich habe meinen Mund – sagt er
Denn durch meine Fährten – sagt er
Denn ich habe meine Hände – sagt er
Denn ich habe meine Zunge – sagt er
Denn ich spreche mit Demut – sagt er
Denn ich spreche nicht weiter
Nga kgo, nag tí
[Zeichen des Ausdrucks]
Sprechend in Demut
Nicht weiter sprechend

Mutter, die du bist in dem Himmel
Vater, der du bist in dem Himmel
Dorthin wende ich mich
Dorthin gehe ich
Denn dort *spreche* ich mit meinem *Buch*
Denn dort *spreche* ich – sagt er
Mit meiner Zunge und mit meinem Mund – sagt er
Denn dort lege ich es [das *Buch*] hin – sagt er
Wie groß, wie rein es ist – sagt er
Ich bin Frau *San Pedro* – sagt er
Ich bin Frau Ustandí, sagt er
Ich bin Frau Meteorit – sagt er
Es ist der Vater – sagt er
Es ist der Heilige – sagt er
Es ist die Heilige – sagt er
Es ist der Heilige – sagt er
Es ist die Heilige – sagt er
Oh, wie teuer es ist – sagt er
Oh, was für ein Mann er ist – sagt er
Denn ich schaue nach innen – sagt er
Denn ich untersuche – sagt er
Mein reines *Buch* – sagt er
Mein ordentliches *Buch* – sagt er
Mein reiner Gott – sagt er
Mein vollendeter Gott – sagt er
Mein reiner Vogel – sagt er
Mein ordentlicher Vogel – sagt er
Oh, wie teuer es ist – sagt er
Es ist der Vater – sagt er
Cayetanito García – sagt er
Du starker Mann – sagt er
Weil es der Vater ist – sagt er
Und weil es die Mutter ist – sagt er
Jesus – sagt er
Du starker Mann – sagt er
Du großartiger Mann – sagt er
Es ist der mächtige Mann – sagt er
Es ist der stolze Mann – sagt er
Der weiß wie man tanzt – sagt er
Der weint – sagt er
Dieser Cayetano García
Wie teuer es ist...
Welch ein Mann...
Heiliger, *kisosososi* [= Jesus]
Du Mutter, du Mutter
Jesus Mutter Hirtin

Du Mutter Concesa
Mutter Beschützerin
Mutter Magdalena
Du, Puppe, Jungfrau des Rosen-
  kranzes
Und du, Vater des Heiligtums
Unser Vater
Frischer Vater, zärtlicher Vater
Du Mutter Ususná
Jesus Christus
Du, Mutter, die du bist auf dem
  Tisch nahe Ojitlán
Mutter Beschützerin
Jesus
Mutter Concesa
Du, Puppe, Jungfrau von Gua-
  dalupe
Von Mexiko, von Oaxaca
Ay, Jesus Christus
Denn es sind Rechtspapiere
Es ist das *Buch* des Gesetzes
Es ist das *Buch* der Regierung
Denn ich kann mit deinem Adler
  sprechen
Denn uns kennt der Richter
Denn uns kennt die Regierung
Denn uns kennt der Richter
Denn uns kennt Gott
Es ist gewiß, es ist hier
Es ist gewiß, so ist sie [die Wahrheit]
Denn ich bin die Frau Gerechtigkeit
Denn ich bin die Frau mit Autorität
Es ist nichts Salziges
Es ist keine Lüge
Jesus Christus...
Ah, Jesus Christus
Ich bin die Frau, die weint
Ich bin die Frau, die pfeift
Ich bin die Frau, die sich im Kreise
  drehen läßt
Ah, Jesus Christus
Ah, Jesus
Ah, Jesus
Eh, Cayetano García
  [so als wollte sie ihn einladen
  zuzuhören]
[Cayetano antwortet: »*Ja! Arbeite!
Arbeite!*«]
Ah, Jesus
Heilige Frau, ah, Jesus

*Jum, jum, jum, jum, jum, jum,
  jum*
*Jum, jum, jum, jum, jum, jum,
  jum*
Jum, jum, jum jum
So, so, so, si, jum, jum, jum, jum
Jum, jum, jum, jum
Frau, die dröhnt
Frau, die arm ist
Frau, die dröhnt
Frau, die arm ist
Süße, geweihte Frau
Ah, Jesus
Frau, die es sucht
Frau, die es zwischen die Hände
  nimmt
*Jum, jum, jum, jum, jum, jum,
  jum*
Jum, jum, jum, jum
Frau des stolzen Hauptes, *jum, jum,
  jum, jum*
Eine, die verwelkt, eine, die wächst
Ein Geist, einer, der Licht ist, einer
  der Tag ist
*Jum, jum, jum, jum, jum, jum,
  jum*
Cayetano García!
[Ihn einladend zuzuhören;
  Cayetano antwortet: »*Ja!*«]
Ist es nicht so? [María Sabina fragt]
[Cayetano antwortet: »*Ja!... So ist
  es*«.]
Ist es nicht so? So! Höre!
Frau, die dröhnt, Frau, die arm ist
Ah, Jesus, ah, Jesus, ah, Jesus, ah,
  Jesus
[Cayetano lacht ekstatisch]
Ah, Jesus, *jum, jum, jum, jum*
So, so, so, so, Frau Gerechtigkeit
*Jum, jum, jum, jum, jum, jum, jum,
  jum*
[Cayetano: »*Vielen Dank!*«]
Frau *San Pedro*, Frau *San Pedro*
Ah, Jesus
Frau Buch
Frau Buch
Jum, jum, jum, jum
Frau Großer Stern [= der Morgen-
  stern (Venus)]
Frau Sternenkreuz

»Tatsächlich gibt es eine mündlich überlieferte Geschichte von einem blonden
Mensch-Gott, Quetzalcoatl (Gefiederte
Schlange), der Mexiko durchwanderte,
die Kranken heilte und den Grundsatz der
universellen Liebe lehrte. Eine der vielen
Mythen, über ihn erzählt, wie er die
'heiligen Pilze' – *teonanacatl*, das
'Fleisch der Götter' – dem 'edlen Kind' –
Piltzintecuhtli – schenkte. Bei
Quetzalcoatls Wanderung durch Mexiko
soll das 'Fleisch der Götter' überall da gewachsen sein, wo er auf den Boden
spuckte oder sein Blut aus kleinen Wunden getropft war. Als die Spanier Mexiko
eroberten, ersetzte der Katholizismus die
einheimische Religion. Christus und
Quetzalcoatl wurden jedoch in einigen
Teilen des Landes von den Indianern
gleichgesetzt.«
ALBERTO VILLOLDO und STANLEY KRIPPNER
Heilen und Schamanismus
(1986: 204)

»Die Wirkungen der Pilze *[Stropharia cubensis]* begannen, sich als durch meinen Körper laufende Energiewellen zu manifestieren. Die meinen Augen dargebotene Schönheit erschien mir noch wertvoller. Plötzlich glitt eine große Schlange aus der uns umgebenden Wüste auf mich zu und schlüpfte in meinen Körper. Als nächstes merkte ich, daß ich selbst die Schlange geworden war. Kaum hatte ich mich an diesen Zustand gewöhnt, stieß ein großer Adler herab und packte mich mit seinen Krallen. Mein Körper erzitterte von dem Stoß, aber ich fühlte keinen Schmerz. Der Adler hatte mich sicher im Griff, stieg wieder hoch, flog direkt in den Himmel hinein, bis er mit dem Sonnenlicht eins wurde. Meine persönliche Identität als abgetrenntes Bewußtsein löste sich auf. Alles, was blieb, war die Vereinigung mit dem Licht.«
TOM PINKSON
Reinigung, Tod und Wiedergeburt
(1993: 144)

Frau Sternengöttin
Ah, Jesus
Frau Mond, Frau Mond, Frau Mond
Jum, jum, jum, jum, jum, jum, jum, jum
Frau Wind, Frau Morgentau
[Cayetano antwortet: »*Arbeite! Arbeite! Du, arbeite!*«]
Jum, jum, jum, jum, jum, jum, jum, jum
Frau *Buch*
Ah, Jesus, *jum, jum, jum, jum*
So, so, so, so, jum, jum, jum, jum
Frau Herrin Bajazzo
Frau Bajazzo, die da ist unterhalb des Heiligen
Frau Bajazzo, komm!
Ah, Jesus, *jum, jum, jum, jum, jum*
So, so, so, so, so, Frau die dröhnt
Frau, die arm ist, *jum, jum, jum, jum*
Frau Christus, Frau Christus, *jum, jum, jum, jum*
So, so, so, so, so, so, so, so, so, so, so, so, so
Frau Strudel, Frau Strudel
Frau der großen Bevölkerung, Frau der großen Bevölkerung
Frau Adler-Herrin, Frau Adler-Herrin
Jum, jum, jum, jum. So, so, so, so
So, so, so, so. So, so, so, so. Jum, jum, jum, jum
Jum, jum, jum, jum. Jum, jum, jum, jum
[Cayetano: »*Arbeite! Arbeite! Es ist deine Arbeit...*«
Die übrigen Worte sind nicht zu identifizieren.]
So, so, so, so. So, so, so, so
Si, si, si, si, si, si, si, si, si, si,
Si, si, si, si, so, to, ta, ta
Si, si, si, si, so, so, tat ta
Jumjumjumjumjumjumjumjumjum Jumjumjum Sisosososoooooooiiii
[Am Ende der Aufzeichnung klatscht sie in die Hände]
Cayetano García!
[Cayetano: »*Arbeite! Arbeite!*«]
Mmmmmmmmmmmmmmm...

Cayetano García!
[Cayetano:»*Arbeite! Arbeite! Sei unbesorgt!*«]
Fiiiiiii
Jai, jai, jai Sisoui
Jinoi...
Du bist der Papa
Du bist Christus
Du bist Christus
Der Weg deiner Spuren
Der Weg deiner Füße
Wo du dein Blut läßt, Christus
Wo dein Speichel ist
Wo dein Schweiß ist, Christus
Deshalb gehe ich auf dem Weg deiner Spuren
So wie du Platz nimmst, Christus
So wie du Platz nimmst, Vater
So wie du Platz nimmst, Papa
Denn du bist ein stattlicher Vater und ein stolzer Vater
Denn du bist ein geweihter Vater und ein stolzer Vater
Denn du bist ein frischer Vater und ein zärtlicher Vater
Frischer Vater und zärtlicher Vater
Vater, der wächst, und grüner Vater
Frischer Vater und zärtlicher Vater
Jesus Christus
Denn dort opfern wir
Wir sprechen demütig
Wir sprechen nichts weiter
Die Fährte ist gelegt
Unsere Hände sind ausgestreckt
[Cayetano: »*Arbeite! Arbeite!*«]
So wie alle Heiligen
So wie alle heiligen Frauen
Immer hat es Heilige gegeben
Immer hat es heilige Frauen gegeben
Immer hat es Heilige gegeben
Immer hat es heilige Frauen gegeben
Und ein reines Gesicht
Und es ist ein Gesicht, das ordentlich ist
Ein Gesicht, das ordentlich ist
Ein geweihtes Gesicht
Ein bedeutendes Gesicht
Frisch, voll des Windes

Blume, voll des Morgentaus
Oh, ist es die Blume, die wächst?
Oh, ist es die zärtliche Blume?
Ah, Jesus
Man nennt mich die Frische
Man nennt mich die, die wächst
Denn es gibt keinen Wind
[Satz nicht identifizierbar]
Denn es gibt keinen Schmutz
Denn es gibt keinen Staub
Denn es gibt keinen Staubstrudel im Raum
Denn es gibt kein Bauland
   [wo das Pulver bereitet wird] im Raum
Das ist die Arbeit meiner Heiligen
Das ist die Arbeit meiner Heiligen
Es ist Jesus Christus
Es ist Jesus Christus
Es ist Jesus Christus
Es ist Jesus Christus
Es ist der Heilige, es ist die Heilige
Es ist der Heilige, es ist die Heilige
Es ist der Geist, es ist der Geist
Es ist das Licht, es ist der Morgentau, es ist der Wind
Er ist frisch
Er ist Jesus Christus, er ist Jesus Christus, er ist Jesus Christus
Denn es gibt keinen Schmerz
Denn es gibt keine Traurigkeit
Denn es gibt keinen Krieg
Denn es gibt keinen Zorn
Es gibt nichts Salziges
Es gibt keine Lügen
Denn durch »Das« leben wir
Denn »Das« erleuchtet uns
Durch »Das« werden wir emporgehoben
Dadurch erheben wir uns
Mann des Kampfes
Mann der Tapferkeit
Mann, der dröhnt
Mann, der ausgerissen wurde
Mann Kakao
Mann Geld
Mann Vogel
Gib es mir!
Frischer Vogel
Zärtlicher Vogel

Heiliger Mann
Wichtiger Mann
Wie alle heiligen Männer
Wie alle heiligen Frauen
Herr des *San Pedro*
Herr des San Pablo
Pedro Mara
Pedro Martín [diese Namen wurden von María Sabina während der Trance spontan zusammengesetzt]
Wie alle Heiligen, wie alle Heiligen
Wie alle [weiblichen] Heiligen
Cayetano García!
Gib es mir!
Der Weg deiner Spuren, der Weg deiner Füße
Dein Weg des Windes, dein Weg des Morgentaus
Heiligster Vater. So wie alle Heiligen
So wie alle [weiblichen] Heiligen
Im Namen des Sohnes des Heiligen Geistes
So wie alle Heiligen, so wie alle weiblichen Heiligen
Gib es mir!
[María Sabina unterbricht und fragt Cayetano García: »*Sind die Leute schon eingeschlafen?*« (Wahrscheinlich bezieht sie sich auf WASSON und seine Begleiter)
– Cayetano: »*Was?*« – »*Sind die Leute schon eingeschlafen?*«
– Cayetano: »*Nein. Sie sind noch wach.*« – »*Aha, sie sind noch wach!*« – Sie fährt fort zu singen:]
Wie alle Heiligen
[Cayetano fragt die Besucher auf Spanisch: »*Sie sind doch noch wach, oder?*« – Jemand antwortet ihm: »*Ja. Sicher!*« Cayetano fragt weiter: »*Und der andere?*« Man hört Stimmen, die sich mit dem Gesang María Sabinas vermischen.]
So wie alle Heiligen Männer, so wie alle [weiblichen] Heiligen
Gib es mir, Vater...
   [wird unverständlich]
Gib es mir!...
   [wird unverständlich]

Auch westliche Menschen lassen sich vom Pilz inspirieren. Auf dieser CD *(Alien Dream Time)* ist TERENCE MCKENNAS »bepilzte« *Sprache* zu hören

[4] *xacama, naxacama, xindijin* und *naxindijin* sind mazatekische Namen für verschiedene Vögel.

So wie alle Heiligen, so wie alle Heiligen
So wie alle Heiligen, so wie alle Heiligen
Alle Heiligen, alle Heiligen
Gib es mir!
Ich werde dreizehn Adler-Herrinnen vorbereiten
Ich werde dreizehn Opossum-Herrinnen vorbereiten
Ich werde dreizehn... [unverständlich] Herrinnen vorbereiten
Ich werde dreizehn Herren San Pedro vorbereiten
Die Herren San Pablo, Pedro, Mara Pedro Martínez
Wie machte es die Heiligste Dreifaltigkeit?
Caida caida... [wird unverständlich]
Der Weg ist für den Pfarrer bereitet
Der Weg ist für die Geschöpfe bereitet
Der Weg ist für den Heiligen Geist bereitet
Gib es mir!
Denn wir haben ihm den Weg schon bereitet
Denn wir haben ihn schon hergerichtet
Sind wir nicht rein vor seinem Bewußtsein?
Sind wir nicht rein vor seinem Herzen?
Denn ich habe dich gesehen, ich habe dich berührt
Im Himmel, in deiner Welt
Deshalb gehen wir auf dem Weg deiner Spuren
Dem Weg deiner Hände
Christus. Du, Vater
Wie rein, und ganz Mutter Hirtin
Arbeitsame Mutter, reiche Mutter
Mutter, die gebiert, Mutter die dich hinstellt
Zärtliche Mutter, frische Mutter
Mutter Beschützerin, Mutter Concesa, Mutter Beschützerin
Jesus
Unsere Puppe des Wasserplatzes
Unsere Puppe Wasser, unsere Jungfrau, die auf Erden ist
Frau Xacama, Frau Naxacama
Frau Xindijin, Frau Naxindijin[4]
Wo ist er hingefallen? Wo ist er geboren worden?
Frau des Morgentaus
Wo ist eine Nonne geboren worden, fragt er
Ein guter und reiner Bischof ist geboren worden – sagt er
Ein guter und reiner Pfarrer ist geboren worden – sagt er
Und dort, wo das heilige reine Wasser ist – sagt er
Heiligster Vater
Wir werden es überbringen, wir werden es überbringen
Ein Traum und ein ... [wird unverständlich]
Gib es mir!
[Cayetano: »Alles soll auf einmal verschwinden...«]
Im Namen des Sohnes des Heiligen Geistes
Gib es mir – sagt er
Sie soll verschwinden – sagt er
Die Krankheit – sagt er
Der Baugrund – sagt er
[undeutlich]
Der Staub – sagt er
der Staubstrudel – sagt er
Der Windstoß – sagt er
Vater, heiligster – sagt er
Komm – sagt er
Komm Heiliger – sagt er
Komm Heilige – sagt er
Komm Vater des San Pedro – sagt er
Komm Herr des San Pedro – sagt er
Komm Herr des San Pablo – sagt er
Kommt, dreizehn[5] Adler-Herrinnen – sagt er
Kommt, dreizehn heilige Adler – sagt er
Kommt dreizehn Strudel Besitzer – sagt er
Heilige Strudel – sagt er
Kommt, dreizehn... [undeutlich]
Kommt, dreizehn... [undeutlich]
Denn hier sind meine dreizehn

[5] Die Dreizehn ist im alten Mexiko eine heilige Zahl gewesen; sie bezieht sich unter anderem auf die dreizehn Himmelsschichten. [CR]

Frauen, die auf den Grund des Wassers springen
Denn hier sind meine dreizehn Frauen, die auf den Grund des Wassers springen
Denn wir haben dreizehn zärtliche Kinder, die auf den Grund des Wassers gehen
Denn wir haben dreizehn zärtliche Kinder, die auf den Grund des Wassers gehen
Vater, Heiligster
Wie alle Heiligen, wie alle Heiligen
Gib es mir – sagt er
Wie hat es der heilige Weise der Medizin gemacht?
Wie hat es der heilige Weise der Kräuter gemacht?
Vater, Heiligster
Und du warst Medizin und du warst Kraut
Du bist der Heiler der Krankheiten
Du bist »die Kinder, die wachsen« [gemeint sind die Pilze]
Denn wir haben heilen können
Denn wir haben Kräuter geben können
Es ist nicht Unwille, es ist nicht Zwietracht
Es ist nicht Krieg, es ist nicht Groll
Weg des Kampfes
Weg der Güte
Weg der Arbeit
So wie alle Heiligen, so wie alle Heiligen
Denn so hat es der fleißige Vater gemacht, der reiche Vater
Der fleißige Vater, der reiche Vater
Denn am Anfang verbeuge ich mich vor ihm
Denn am Anfang verbeuge ich mich bis zum Boden[6]
Es gab Heilpflanzen, Blumen mit Blättern
Wo ich mich verbeugte, wo ich mich verbeugte
Bis zum Boden
So so so so so so so so soooooooo
So so so so so so. Das was rein ist, geh!

[Cayetano: »*Jum...*«]
So so so so soooo
Ki so so so sooo
Na na na na na naiiii
Na na na na naiiii
Ki ki ki ki ko ki ki
Ko ko ka ko koi ki ki kikikikiki
Kikikristo
Siambre siambre
Siam siam siam siam siam
Siam siam siam siam
Siam siam pre siam siam siam
Siam siambre siam siam siam
Siam siam siam siam Siam siam
Siambre
Ai ai ai kina mamaiii
Ki ki ki ki ki
Na mamnu ma Maiii
Na na na nai ki soso
Soso soso soiii
[Cayetano pfeift die Melodie von María Sabinas Gesang mit]
Es ist eine *inguitación*[7], daß es gut ist, was wir wollen
Es ist eine *inguitación*, daß reift, was aus der Erde kommt
Daß es eine Pflanze ist, die man anbauen kann, daß es eine Wurzel ist, daß es ein Sproß ist
Der wächst, der klein ist, der ein Kind ist
Eine *inguitación*, daß es gut ist
Und das *Buch* meiner *Sprache*
Daß es dort ist im Himmel
Daß es gut ist
Das, was gut ist
Das, was wir uns in den Mund legen
Das, was wir fragen, Mutter Hirtin
Du, Mutter Hirtin, Mutter des Windes, Mutter des Morgentaus
Mutter der Milch, Mutter mit Brüsten
Fleißige Mutter, reiche Mutter
Mutter, die gebiert, Mutter die sich hinstellt
Kristo
Du bist der Vater, Vater. Jesus Christus
Vater des Schattens, der Vater der

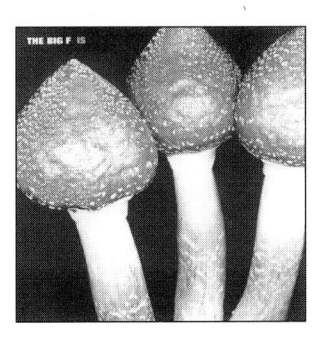

Eine »bepilzte« Heavy Metall-CD. Die Frage ist, ob die Platte unter Pilzeinfluß aufgenommen wurde oder zum Pilzgenuß gehört werden soll

[6] Ein Ausdruck der Demut [vor dem Pilz und dessen Kraft].

[7] Dieses Wort ist möglicherweise eine Verballhornung von *bendición*, »Segen«.

Der aztekische Gott Quetzalcoatl (»Gefiederte Schlange«) mit einem Kolibri, der aus dem Kopfschmuck des Gottes Nektar saugt

Der Kolibri spielte und spielt im kulturellen Leben Mexikos eine wichtige Rolle. Eine alte indianische Bezeichnung für Mexiko lautet »Land, links vom Kolibri«. Der aztekische Gott Quetzalcoatl hatte den Kolibri als Attribut. Der kleine Vogel, der sogar als Nahrung diente, war ein Symbol der Zauberer, die durch Heraussaugen der Krankheitsursache heilen. Getrocknete Kolobris werden heute noch als Liebeszauber verwendet.
Der Kolibri heißt im mexikanischen Spanisch *cuparrosa*, wörtl. »der aus der Rose saugt. [CR]

Klarheit bist du
Vater des Lichts, der Vater des Tages bist du
Der du oben bist, der du oben bist
Der du über der Tugend stehst
Denn ich kann sprechen
Das, was deine Fährten bringen
Das, was deine Hände bringen
Das, was Medizin ist
[Text wird durch Spuckgeräusche undeutlich]
Das, was Medizin ist
Es ist die Arbeit meines Windrohres, meine Morgentaurohres
Meine *niños* [die Pilze], meine kleinen *niños*, die tanzen
Meine *niños*, die noch nicht reif sind
Vater, heiligster
Du Vater und du Mutter, die ihr seid im Himmel
Und du Christus, und du Vater
Denn ich werde ihn medizinisch behandeln
Denn ich werde ihm Kräuter einflößen
Denn es ist die Arbeit meiner *niños*, die wachsen
Meiner *niños*, die noch nicht reif sind
Denn es ist die Arbeit meines Windrohres
Meines Morgentaurohres
Denn es ist die Arbeit meines Sauger-Herren
Meines heiligen Saugers
Denn es ist die Arbeit meines Kolibris
Denn es ist die Arbeit meines Kolibris
Denn es ist die Arbeit meines Saugers
Sauger-Herr, heiliger Sauger
Denn meine Medizin-Nadel [Injektion] ist fertig
Meine Kräuter-Nadel
Blatt das wächst, frisches Blatt
Blatt der Medizin, Blatt... [undeutlich]
Denn ich bringe meine dreizehn Ärzte aus dem tiefen Wasser
Denn ich bringe meine dreizehn Ärzte aus der Tiefe des Heiligen
Niños die dröhnen, *niños*, die herausgerissen werden
Vater, heiligster
Du bist der Heilige, du bist die Heilige
Ah, Jesus Christus. Du bist der Heilige
Frau, die schaut, Frau, die trägt
Frau Licht, Frau Tag
Wie alle Heiligen, wie alle Heiligen
Vater Heiligster, Mutter Beschützerin, Mutter Concesa
Gib es mir – sagt er
Und du bist stark und großartig – sagt er
Gib es mir!
Frau Wind, Frau Morgentau – sagt er
Unsere Puppe... [undeutlich]
Wie alle Heiligen... [die anderen Wörter undeutlich]
[der Rest undeutlich, vermischt mit Hundegebell]
Unsere Puppe, Mutter Ususná
Wie alle Tage, wie alles, was Morgentau ist
Der Herr des San Mateo – sagt er
Das Papier ist weg! Das *Buch* ist weg – sagt er
Gib es mir – sagt er
Alle Heiligen, alle Heiligen – sagt er
Mit dem Heiligen, nur mit dem Heiligen – sagt er
Alle Heiligen, alle Heiligen – sagt er
Damit wir demütig sprechen
Damit wir nichts weiter sagen
Gib es mir!
Wir [die Pilze] sprechen unter dem Schatten
Wir sprechen... [undeutlich]
Wir sprechen zärtlich
Wir sprechen frisch
Wir sprechen und wachsen
[Wieder Hundegebell]

Wir sprechen demütig
Wir sprechen ohne reif zu sein
Wir sprechen mit Kälte
Wir sprechen mit Klarheit
Denn es gibt *Sprache*
Denn es gibt... [nicht verständlich]
Denn es gibt Speichel
Denn die *Sprache* ist Medizin
Denn es ist eine starke Medizin
  – sagt er
Reiner Speichel, guter Speichel
Licht, das lebt, Licht, das trägt
  – sagt er
Licht des Windes, Licht des
  Morgentaus – sagt er
Vater, Heiligster
Des Sohnes, des Heiligen Geistes
Herr des San Pedro, Herr des San
  Pablo
Pedro Mara Pedro Martínez
  – sagt er
Und er sagt doch!... [Spricht zu
  Cayetano]
[Cayetano: »*Ja. So ist es.*«]
Du kaltes Schilfrohr, du klares
  Schilfrohr, Vater
Du Schilfrohr des Lichts, du
  Schilfrohr des Tages, Vater
Oh, vielleicht bist du nicht das
  Wesen, das sich verbeugt hat?
Das sich verbeugt hat bis zum
  Boden und in Demut?
Du hast dich nicht niedergelassen in
  der Nähe der Blume?
Hast du dich nicht verbeugt?
Hast du dich nicht bis zum Boden
  verbeugt?
[die folgenden Wörter sind nicht zu
  entschlüsseln]
Daß du dich hingelegt hast, daß du
  dich in Demut hingelegt hast
Du bist der Vater. Du Christus. Du
  bist der San Pedro
Unser Ustandí im tiefen Wasser,
  Unser Ustandí, tief im Heiligen
Unser San Pedro, unser San Pablo
Es ist unser Kampf, Vater
Es ist unsere Tugend, Christus
Es ist dein Blut, das du uns gibst,
  Vater
Gib mir dein ganzes Herz, alles
Es ist deine *Sprache*, Christus
  [das was ich will]
Es ist dein Speichel, Vater
Der du im Himmel bist
[Cayetano: »*Arbeite, arbeite! Sei
  unbesorgt, wir sind für...*« Man hört
  Hunde bellen.]
Denn wir gehen auf dem Weg
  deiner Spuren
Denn wir gehen auf dem Weg
  deiner Füße
María Sabina beginnt mit einem Gesang, der nach mazatekischem Empfinden ein Trauergesang ist, in dem sie den Bauerntabak, Ustandí und San Pedro, anruft:
Unser Ustandí im tiefen Wasser
Unser Ustandí tief im Heiligen
Unser Herr San Pedro, unser Herr
  San Pablo
Es ist unser Bemühen, Vater
Es ist unsere Tugend, Christus
Dein Blut gib uns, Vater
Dein Herz gib uns,
Denn es ist dein Wort
Denn es ist dein Speichel
Du, der du bist im Himmel
Denn ich gehe auf dem Weg deiner
  Spuren
Denn ich gehe auf dem Weg deiner
  Füße
Denn ich komme mit meiner Frau
  San Pedro
Denn ich komme mit meinem Mann
  San Pedro
Denn ich habe hier deinen reinen
  Vogel [den Kolibri]
Deinen frischen Vogel
Denn der gute und reine Bischof ist
  hier
Denn das Papier ist hier, das *Buch*
  ist hier
Denn ich bin bekannt im Himmel
Denn Gott kennt mich
Jesus Christus
Es ist eine zärtliche Sache, eine
  frische Sache
Es ist eine Sache des Sichsetzens
Es ist eine Sache des Innehaltens

> »In Huautla wurde mir die Methode des Aussaugens der Krankheiten etwas umständlicher beschrieben. Der Curandero – hier tun es auch die 'brujos' – nimmt eine hierba de espanto: 'Hexenkraut' genannte pulverisierte Pflanze mit Wasser in den Mund und saugt die Krankheit aus dem Körper heraus. Er beginnt mit dem Mittelfinger der linken Hand und saugt den ganzen Weg bis ans Herz; ebenso auf der rechten Seite des Körpers. Die Prozedur wird auf dem Kopfe, an den einzelnen Fingern usw. fortgesetzt, bis der Krankheitserreger wiederum in Form eines Fremdkörpers zum Vorschein kommt.«
> WILHELM BAUER
> *Heidentum und Aberglaube unter den Maçateca-Indianern*
> (1908: 863)

Eine »bepilzte« Techno-Trance-CD. Die Pilzkultur hat inzwischen sogar die Rave-Kultur erreicht

Es ist eine liebliche Sache, eine zärtliche Sache
Das ist alles, worum ich bitte
»Jetzt ja! Danke...«
[Cayetano sagt diese Worte mit einem Ausdruck von Zufriedenheit].
María Sabina hört nun auf, sanft zu singen, zeitweise flüstert sie, aber sie behält den normalen Rhytmus der Gesänge bei. Sie wiederholt immer wieder *Santo-Santa*, »Heiliger-Heilige«.
Die Weise erzählt jetzt, daß sie das Wort verliert, wenn sie während einer *velada* vorausfühlt, daß eine fremde Person, z.B. ein Nachbar, an die Tür des Hauses kommt, in dem sie Wache hält: »Deshalb kann ich nicht weitersprechen«, sagt sie. »Die Nachbarn kommen an das Haus, angezogen von dem Lärm. Sie wollen den Gesang hören und erfahren, ob der Weise sie einmal beim Namen nennt. Die benachbarten Leute glauben, daß man eine *velada* abhält, um ihnen etwas Böses zuzufügen, aber ich mache so etwas nie...«

Sie fährt mit ihrem Gesang fort, den sie vorher angestimmt hatte, und Cayetano folgt ihr jetzt und pfeift leise mit. María Sabina führt zwei neue Namen ein: »*Du bist Santo Niño de Atocha*« und »*Madre Natividad*« (Mutter Weihnachten):
Du Heiliger, du, Christus
Du bist Santo Niño de Atocha
Du, San Isidro [gemeint ist der *Stropharia cubensis*-Pilz]
Fleißiger Vater, reicher Vater
Frischer Vater, zärtlicher Vater
Heiliger, heilige, heiliger
Noch gibt es Heilige, noch gibt es Heilige
Du bist Frau Mond
Frau Großer Stern [= Venus]
Frau Sternenkreuz
Frau Sternengöttin
Du bist der Mond
Du bist Frau Großer Stern
Frau Sternenkreuz
Frau Sternengöttin
Mutter Guadalupe, Mutter Concesa
Mutter Beschützerin, Mutter Natividad
Mutter Concepción
Ich bin Frau Adler-Herrin – sagt er
Ich bin Frau Opossum-Herrin – sagt er
Ich bin die Frau, die untersucht – sagt er
Es ist Jesus Christus – sagt er
Ich bin die reine Frau – sagt er
Die Frau, die dröhnt – sagt er
Die Frau, die herausgerissen wird – sagt er
Ich bin Frau Ustandí im tiefen Wasser – sagt er
Ich bin Frau Ustandí tief im Heiligen – sagt er
Ich bin Frau Meteorit – sagt er
Ich bin Frau *labó*... – sagt er
[Das Band endet mit der folgenden Unterhaltung:]
»*Siehst du?*« [María Sabina]
» *ja!* .... « [Cayetano]
»*Ist es nicht so?*« [María Sabina]
»*Ja, so ist es!*« [Cayetano]
Eine kurze Zeit der Stille, dann beendet María Sabina den Gesang mit folgenden Worten:
Wie schwer ist es, das zu machen?

Álvaro Estrada
Der Tod der María Sabina*

Im September 1976 hatte ich das Manuskript der Biographie von María Sabina dem mexikanischen Verlagshaus Siglo XXI übergeben; man könnte aus der Serie von Ereignissen, die sich in ihrem Leben abspielten, schließen, daß sie das Opfer von Schicksalsschlägen war. Sie selbst glaubte es. Sie sagte, daß, nachdem sie den Ausländern das Geheimnis des Rituals der heiligen Pilze enthüllte, über sie verhängnisvolle Ereignisse hereinstürzten. Aber sie beschuldigte in keinster Weise GORDON WASSON, ihren angelsächsischen Entdecker, außer daß sie »seine« Verantwortlichkeit für den Teil akzeptierte, der ihm in dieser besonderen Geschichte zufällt, einer Geschichte, die in unserer Zeit Verästelungen einer Legende aufweist.

Die Wahrheit war, daß bestimmte schlimme Ereignisse hätten vermieden werden können, wenn irgend ein nahestehender und ehrbarer Verwandter um sie besorgt gewesen wäre und sie als das was sie war beschützt hätte: eine Mutter und eine alte wehrlose Frau. Dagegen litt sie in ihren letzten Lebensjahren an ihrer eigenen Zurückgezogenheit und Verlassenheit. Außerdem mußte sie den Neid ihrer Nachbarn im Dorf ertragen. Das Leben als Alleinstehende erleichterte es den Lohnarbeitern, sie zu manipulieren und ihr das wenige Geld, das bei ihr einging, aus der Tasche zu ziehen.

In den ersten Oktobertagen des Jahres 1976 ging María Sabina, begleitet von ihren Kindern Catarino und Apolonia, in die Stadt Mexiko. Dort schenkte ihr ein Zahnarzt und Philanthrop ein künstliches Gebiß, aber vorher mußte er ihr drei Schneidezähne von den einzigen fünf, die sie noch hatte, ziehen, weil sie schwach waren und »dem Druck des neuen Gebisses nicht standhalten würden«, so der Zahnarzt.

Jahre danach besuchte er sie einmal und erkundigte sich, als er die enge Lippenstellung sah, nach dem Gebiß. Er dachte, sie hätte dieses wegen irgend einer Unannehmlichkeit herausgenommen. Sie erklärte daraufhin: »*Ich habe es eines Tages verloren, als ich auf Reisen war und der Fahrer den Reisebus auf der Straße stoppte, um essen zu können. Ich stieg aus dem Bus aus. Mein Sohn Catarino war bei mir und hatte mir einen Pfirsich zu essen gegeben, in den ich hineinbiß. In diesem Moment schrie einer, daß der Bus weiterfahren würde. Erschrocken warf ich den Pfirsich weg, wobei mein Gebiß mit herausgerissen wurde und unter die Räder des Wagens fiel, dessen Motor schon angelassen war. Da mir der Vorfall peinlich war, wagte ich nicht, den Wagen aufzuhalten. Ich stieg wieder ein und zog für mich den Schluß, daß diese Zähne nie zu etwas nutze waren, da sich das lockere Gebiß in meinem Mund immer hin und her bewegte.*«

Im August 1976 schrieb ich die Biographie von María Sabina fertig, während sie an einem Tumor in der rechten Hüfte litt. Es war eine fleischige Ausbeulung, die daumennagelgroß entzündet und die Folge einer alten Verletzung durch eine Kugel war, die ein Betrunkener in einem offensichtlich belanglosen Streit auf sie abfeuerte. Der ältere Sohn Catarino hatte sich vor vielen Jahren abgesondert, um sich zur Ruhe zu setzen und in Río Sapo, einer Ansiedlung in der mazatekischen Tierra Caliente, zu leben. Die Familie bestand aus drei Töchtern und zehn Enkelkindern.

Während man den Druck der *Las confesiones de María Sabina* (Originaltitel des Werkes, der jetzt auf Vorschlag von Octavio Paz und dem Herausgeber Arnaldo Orfila geändert wurde) vorbereitete, hatte mich ein Stipendium des Institutes für Industriellen Wiederaufbau (IRI) von

* Für die Realisierung dieses Epilogs danke ich Eugenia Huerta vom Siglo XXI für ihre Geduld; Olga Peralta García für ihre Initiative, ein Grabdenkmahl von María Sabina bauen zu lassen; und Adela, meiner Frau für ihren Gleichmut.

Italien zum postgraduierten Studium in Ingenieurtechnik im ersten Semester des Jahres 1977 nach Rom geführt.

Bei meiner Rückkehr erfuhr ich von einigen einzelnen Vorfällen, die der weisen Mazatekin passiert sind.

Anfang Mai 1977 wurde sie in einer Auseinandersetzung am Haar gepackt und zu Boden gezogen. Die schwache alte Frau von etwa 83 Jahren fiel auf die an Krebs erkrankte Hüfte und verletzte sich schwer.

Ohne von irgend jemandem Hilfe zu erbitten, hoffte María Sabina, daß ihre Verletzung von alleine zuheilen würde. Was nicht passierte, die Wunde fing dagegen noch zu eitern an. Gemeinsame Freunde aus dem Ausland erfuhren von ihrer Situation und erbaten die Intervention der Regierung des Staates von Oaxaca, damit diese ihr medizinische Hilfe gewähren würde. Sofort fuhr ein Ambulanzwagen nach Huautla, um die Schamanin in die Hauptstadt Oaxaca zu bringen.

Die Ambulanz traf die Kranke nicht in ihrem Bett liegend an, das aus Brettern im traditionellen regionalen Handwerksstil gefertigt war. Die Verwandten informierten sie, daß die »kleine Alte« sich irgendwo zu Fuß auf dem Weg zum nahegelegenen Dorf Mazatlán befand, das mehr als 10 Kilometer von Huautla entfernt lag. Landsleute unterichteten die Ambulanz weiter, daß sie sie gesehen hätten, wie sie den alten Feldweg eingeschlagen habe, der natürlich wie alle Straßen des ganzen Gebirges kurvenreich war und sehr steile Abhänge hatte, und den Sabina mit selbstverständlicher Gewandtheit entlangging, indem sie schnell mit ihren kleinen nackten abgehärteten und schwieligen Füßen vorwärts trippelte.

Die Männer des Gouverneurs mußten die Wege von María Sabina mit Hilfe eines Einheimischen aufspüren, der gelegentlich über Seiten- und Nebenpfade den Weg abkürzte, während die Männer von der Ambulanz auf der Straße blieben und sich immer möglichst in der Nähe des benachbarten Weges aufhielten. Die alte Frau beschloß zu Fuß zu reisen, obwohl sie einen der sehr alten Autobusse hätte nehmen können, die hin und wieder unter den Ranchos auf der Landstraße der Terracería verkehrten. Schließlich entdeckte der Hauptspurensucher María Sabina, die schnell ihres Weges ging und von einem ihrer Enkelkinder begleitet wurde, aufgrund ihres Alters und ihrer Krankheit. Das Enkelkind war eines von denen, das sie bei sich aufgezogen hatte, um ihre Einsamkeit zu lindern.

María Sabina erklärte, daß sie auf dem Weg war, dem heiligen Patron von Mazatlán, Blumen und reine Wachskerzen zu überbringen. Die Sanitäter erläuterten ihr den Wunsch des Gouverneurs und, nachdem sie feststellten, daß die Verletzung sich verschlimmert hatte, hieften sie sie mit dem Enkelchen in den Ambulanzwagen und nahmen sie nach Oaxaca mit, wo sie einer Notoperation unterzogen wurde, bei der man ihr jenes alte Geschür herausschnitt, das sich seit über zwanzig Jahren in ihrem Körper aufhielt und eines Tages aufgeplatzt war.

Zu einer früheren Zeit hatten ihr Freunde aus Mexiko-Stadt vorgeschlagen, sich kostenlos operieren zu lassen, aber sie willigte nicht ein, weil ihr die Medizin der Leute, die »von weit her kommen«, völlig fremd war.

Nach acht Tagen Genesung kehrte die Alte mit ihrem Enkel nach Huautla zurück.

In einem anderen Streit biß ihr eine Frau in den rechten Unterarm. Als sie mir die Narbe zeigte, die in der

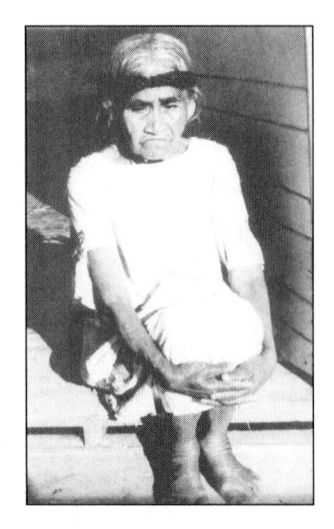

»La Sacerdotista«
Mexikanische Postkarte mit dem Konterfei der greisenhaften María Sabina, 1995 in Huautla de Jiménez erworben
(© Leonardo Altamirano)

Form eines Halbmondes ungefähr acht Zentimeter lang war, sagte sie: *»Schau mal, es war schlimmer als wenn mich ein Hund gebissen hätte.«*

Im Jahre 1978 spielte sich eine weitere Tragödie ab: ein betrunkener Nachbar fing mit dem Enkelkind, der ständigen Begleitung der Alten, einen Streit an und tötete es mit zwei Schüssen. Die leidende Großmutter forderte von den staatlichen Autoritäten Gerechtigkeit, aber niemand schenkte ihr Gehör. Die Geschichte wurde vergessen und als bloßer Streit von Trunkenbolden abgehakt.

In diesem Sommer des Jahres 1978 reiste ich extra von Mexiko-Stadt nach Huautla, um María Sabina einen Besuch abzustatten. Es wurde schon Nacht, als ich sie in Hockstellung auf ihrem Bett vor einer Kerze sitzend antraf, die auf einen Teller gestellt war (das einzige Licht in dem großen Raum) und mit schwachem Schein ein Exemplar ihrer vom Siglo XXI veröffentlichten Biographie beleuchtete. Das Buch war am Kopfende des Bettes in der Mitte aufgestellt. Über dem Bett aus Brettern lag eine Matratze und zwei Decken, die an einer gegenüberliegenden Ecke übereinandergeschichtet waren. Hätte sie wissen können, daß ich zu ihr kommen würde und war die Geste mit dem Buch und der Kerze eine Handlung, um mir eine Freude zu machen? Der Vorfall rührte mich. Unser Buch schien eines der religiösen Abdrucke zu sein, die María Sabina auf ihrem kleinen Altar verehrte. Ich betrachtete das Titelbild und streichelte es mit gandhinischer Ehrfurcht ohne zu sprechen. Ich hatte ihr Haus betreten, das keine Raumteilung aufwies, aus Luftziegeln gebaut war und ein Dach aus Wellblech und einen gestampften Erdboden hatte. Als sie mich bemerkte, grüßte sie mich mit einem Lächeln, während sie unter ihren dicken Augenbrauen hervorschaute. Nach der Begrüßung hob ich die Arme und sagte zu ihr: »Ich komme, dich zu besuchen. Ich habe weder eine Photokamera, noch einen Recorder oder eine Schreibmaschine mitgebracht. Ich möchte, daß wir diese Nacht mittels deiner »heiligen Kinder« *(niños santos)* wach bleiben. Ich habe sie niemals mit dir eingenommen und diese Gelegenheit scheint mir interessant zu sein, weil ich nur den Wunsch habe, dir zuzuhören und in einer ausschließlich mir gewidmeten Sitzung dem Echo deiner Gesänge zu lauschen.« Sie nahm meine Hände und erwiderte: »*Ich werde sie dir gerne geben. Ich habe gerade einige jícaras (Baumkürbisschale) voll von frischen niños."*

Wir verblieben so, daß ich später, um 9 Uhr abends, zurückkommen würde, da ich jetzt ins Zentrum des Dorfes heruntergehen mußte, um meine Eltern zu grüßen (die dort leben).

Nachdem ich Zeit mit meiner Familie verbrachte, ging ich von neuem hinauf, zum Haus der María Sabina.

Als ich jedoch bei ihr ankam, war ich überrascht, sie ... ohnmächtig anzutreffen! Sie lag rücklings mit ausgestreckten Armen auf ihrem Bett und formte auf diese Weise mit ihrem Körper ein Kreuz. Niemand stand ihr zur Seite, während mir ein paar Kinder, die im Haus ein- und ausgingen, sagten, daß es nun schon eine ganze Weile so ging und sie deshalb die Kerze weggenommen hätten, um einen Brand zu vermeiden. Das Buch lag noch an seinem Platz. Die Atmung von María Sabina war sehr schwach. Ihr Körper kalt. Sie schien nicht mehr zu leben. Ich wußte nicht, was ich tun sollte. Ich nahm einen Hut und fächelte ihr über ihrem Gesicht Luft zu. Ich befeuchtete ein Taschentuch mit Schnaps und

»Viele Unfälle und Krankheiten entstehen dadurch, dass 'der Geist' eines Menschen den Körper verlassen hat. Hat sich einer durch einen Sturz verletzt, so ist der Geist des Betreffenden an jener Stelle verblieben, wo sich der Unfall zugetragen hat. (Richtiger wohl: der Unfall ist dadurch veranlaßt worden, dass der Geist – die Geistesgegenwart! – den Körper verlassen hat.) Hier muss wieder der Zauberer eingreifen. Er geht mit einem grossen Krug an die Unfallstelle oder in Fällen von Krankheiten, dorthin wo sich jemand nach seiner Meinung die Krankheit zugezogen hat, und ruft den Namen des Geistes (d.h. den Namen der Person) in den Krug hinein. Der Geist zieht sich alsbald in den Krug und der Zauberer bringt diesen wohlverschlossen zu dem Kranken zurück, der in kurzer Zeit wieder gesund wird.«
WILHELM BAUER
Heidentum und Aberglaube unter den Maçateca-Indianern
(1908: 863)

hielt es nahe an ihre Nase. Ein schlimmer Gedanke schoß mir durch den Kopf : War ich zufällig Augenzeuge vom Tod derjenigen Frau, deren Leben ich besser kannte als ihre eigenen Kinder? Immer schlimmere Gedanken wirbelten mir im Kopf herum und mischten sich mit immer stärker werdender Angst: Wenn María Sabina in meinem Beisein sterben würde, was würden ihre Verwandten sagen, die von Natur aus mißtrauisch sind? Danach die Meldung an die Behörden. Die Daten für die Presse. Nicht zu denken an die Regenbogenpresse, die die Schamanin umgab.

Als sich meine Angst zuspitzte, stammelte María Sabina etwas. Ich näherte mich ihrem Gesicht, um ihren Atem zu spüren, der stark nach Schnaps roch. Danach kam sie allmählich wieder zu sich, bis sie sich alleine am Rand des Bettes aufsetzte. Es vergingen weitere Minuten bis sie mich an ihrer Seite erkennen konnte. Sie fragte mich mit feierlicher Miene: *»Bist du schon eingetroffen?«* Ich gab ihr meine Hand und strich ihr über die Haare. Sie schien wieder bei vollem Bewußtsein zu sein. Keiner war mehr im Haus mit Ausnahme der zwei oder drei Kinder (die im Moment nicht zu sehen waren), María Sabina und ich. Ich schaute sie weiter an, ohne mit ihr zu sprechen. Bis sie mir anordnete, ihr drei *jícaras* zu bringen, die mit *niños* gefüllt waren und auf einem Tisch standen. In den jícaras waren frische und große heilige Pilze. Ich stellte zwei jícaras neben sie auf das Bett. An dieser Stelle fragte ich sie, ob sie ihre Ohnmacht selbst hervorgerufen hatte. *»Ich habe mich mit Kraft aufgeladen«*, war ihre einzige Antwort während sie mich aufforderte, ihr die übriggebliebene jícara zu bringen. Ich sprach nicht mehr von dem Vorfall, ich begriff, daß sie sich vorbereitet hatte, indem

sie eine überaus reichliche, starke Portion aus einem Gemisch von einigen *niños*, Schnaps und Tabak zu sich nahm, was ihr einen Schock versetzen mußte.

Nach einer Weile waren ihre Bewegungen normal, wie wenn nichts geschehen wäre. Ich leerte eine Tasche mit etwa einem Duzend Paaren von *Derrumbes* »Erdrütschchen« oder *(Psilocybe caerulescens)* aus. Ich sagte ihr, daß es viele waren. Dann nahm sie eine Handvoll mit Kalk und Knoblauch zermalmten Tabak und bat mich ihn zu kauen und hinunterzuschlucken. Der Tabak war grün und bestand aus frischen Blättern, wie derjenige, den die Brujos und Heiler dieser Berge in ihren Ritualen verwenden. Ich nahm ein wenig in den Mund und begann, ihn zu kauen. Mir wurde von seinem schrecklichen, unbeschreiblichen Geschmack schlecht. Ich kaute ihn widerwillig, während María Sabina zu mir sagte: *»Schluck den ganzen Tabak, damit du Kraft bekommst. Ich rate dir das, weil ich dich mag.«* Ich schluckte soviel ich konnte. Den Rest legte ich auf die Seite. Ich nahm drei Paare Derrumbes und kaute sie langsam wie ein Wiederkäuer bis ich fertig war. María Sabina jedoch sagte zu mir: *»Iß alle, die in der jícara sind, auf. Wenn du noch welche willst, ich habe noch mehr.«* Ich erwiderte, daß ich schon die Hälfte der Portion, die sie mir zugeteilt hatte, gegessen hätte, und zwar die drei Paare, die sich nun schon in meinem Körper befanden. Sie schaute mich erstaunt an und flüsterte mir sodann höhnisch zu: »Feigling!« Ich mußte ihr klarmachen, daß ich in dieser Sitzung nicht beabsichtigte, mich in den tiefgründigen und unausweichlichen Träumen zu verlieren, die ich zwangsläufig haben würde, verbrauchte ich noch mehr Paare von *niños*. Daß ich wünschte, meine Kontrolle zu bewahren, um von ihrer schamanischen Sprache zu profitieren. Nachdem sie ihre eigene Ration, eine Jícara voll *niños*, gegessen hatte, blies María Sabina die Kerze aus, und wir verharrten im Dunkeln.

Später streckte ich mich im Trancezustand auf ihrem Bett aus. Sie begann in Hockstellung mit ihren Gesängen, die nur die Mazateken von Oaxaca – und auch nicht alle – verstehen und in ihrer vollen mystischen Kraft erfahren können. Die Worte von María Sabina trugen mich in Regionen magischer Empfindsamkeit. Alles um mich herum, ich selbst, ja selbst mein Körper, war außerhalb der normalen Wirklichheit. Die Worte von María Sabina drangen durch meine geschlossenen Augenlieder in mich ein und formten sich zu Bildern.

Der Rhythmus ihrer Worte erzeugte eine Erschütterung, die zur gleichen Zeit in mir Visionen von Pflanzenformen, Blumen, Blättern, Tieren und Menschen hervorrief. Flüchtige, zeitlich begrenzte Visionen. Einige schienen nicht mehr aufzuhören, – Schlangenrücken in Bewegung, die dicht gedrängt, in einem engen Schlund verschwanden, wie in einem Wasserstrudel, der sie verschlingt.

Danach erschienen kleine Marktplätze, Plätze der alten Stadt Tenochtitlan... Visionen, die Angst, Bewunderung, Wehklagen und Gedanken über das eigene Leben auslösten.... und immer mehr und mehr. Plötzlich brachte mich die Stimme von María Sabina, ihr rhythmischer Gesang wieder zum Ausgangspunkt zurück und bewirkte, daß aus einem Loch in der Wand (die in der normalen Wirklichkeit nicht existierte) Figuren hervorkamen, wie Federn eines Pfaues in allerlei Farben: grau, schwarz, violett, blau, indigoblau....vielfarbige Girlanden schlängelten sich an den Wänden meines sichtbaren Universums entlang.

Es erschienen auch »Personen«, die wie Landsleute Kleidung aus blauem, grünem, rosa und rotem Satin anhatten. Sie lächelten und zeigten dabei ihre Zähne aus Gold, wie sie die Mazateken gerne haben. Sie tanzten, und ich konnte ihre geraden Nasen mit den großen Nasenlöchern sehen, die der meiner Mutter glichen. Eine Stimme sprach zu mir. Sie erklärte sich mir als Fremdenführer (klar, ich war auf »Reisen«). Es war nicht die Stimme von María Sabina. Es war die Stimme der »heiligen Kinder«. Die Stimme erklärte mir, daß es die Derrumbes waren, die sich in Menschen verwandelt hatten. Sie tanzten für mich, sie fühlten sich bei meinem Besuch wohl....

Die „Sitzung" ging im Dunkeln weiter. María Sabina führte mich in meinen Visionen. Viele Stunden, vielleicht vier oder fünf, waren vergangen. Mir erschien es wie Jahrhunderte. (Ich dachte über die Vitalität von María Sabina nach. Wie konnte sie die mühseligen Ritualsitzungen aushalten, die im Durchschnitt fünf bis sechs Stunden dauerten und im Sommer fast täglich aufeinanderfolgten? Jetzt war sie 84 Jahre alt, und trotz ihrer körperlichen Gebrechen war ihre innere Widerstandskraft unbezweifelbar. Drei oder vier Monate im Jahr gab sie sich ausschließlich ihrem schamanischen Amt hin, indem sie Fremde und Landsleute empfing, die zu ihr hinaufkamen, um »Gott zu treffen« oder um ihre Krankheiten mit Hilfe des magischen »Weges« zu heilen, den sie so gut kannte.)

Ich lag weiter ausgestreckt da und sah das Dach.... Welches Dach? Das Dach war verschwunden, und das Haus von María Sabina war jetzt eine Schachtel aus Ziegeln, von der aus man den Himmel und seine fun-

»Die Menschen hier im Westen haben im allgemeinen vor Pilzen große Angst, wobei diese Angst in der angelsächsischen Welt vielleicht noch ausgeprägter ist als in Europa. Die meisten Leute denken, daß man mit ziemlicher Wahrscheinlichkeit stirbt, wenn man Pilze ißt. Doch der Prozentsatz von Pilzen, deren Genuß lebensgefährlich ist, ist äußerst gering. Viele Pilze, die in den Büchern als Giftpilze bezeichnet werden, bewirken höchstens eine Magenverstimmung, und damit können wir umgehen. Wenn man mit Pilzen experimentieren will, dann lernt man natürlich als erstes diejenigen, die einen umbringen können. Kennt man diese, hat man große Freiheiten, mit Pilzen herumzuexperimentieren, und das Schlimmste, was einem passieren kann, ist ein verdorbener Magen, und das ist nichts Furchterregendes.«
ANDREW WEIL
Was uns gesund macht
(1993)

kelnden Sterne *sehen* konnte. Wie ich so die Tiefe des Himmels betrachtete, *sah* ich wie ein leichter frischer Lufthauch zu mir hinwehte, auf meinen Körper strömte, meine Kleidung, mein Gesicht und meine Hände ergriff. Der Lufthauch blieb eine Weile und verschwand dann wieder.

Die Zeit verging. Ich spürte María Sabina, die am Bettrand saß. Ich fühlte mich mit ihr verbunden und legte meinen rechten Arm auf sie. Ungeheure Zärtlichkeit überkam mich; sie sang für mich weiter: »*Ich bin Frau Mond, Frau Adler, die Frau, die durchsichtig ist wie ein frisches Blatt, Frau Opossum....*«

Ich hielt mich nicht an die rituellen Regeln und unterbrach sie. »Ruh dich aus meine Alte«, sagte ich zu ihr, während ich sie mir wie ein kleines Kind auflud und auf die ausgebreiteten Decken legte. »*Willst du nicht meine Sprache hören?*«, fragte sie. Offen gestanden glaubte ich, sie würde ausgestreckt daliegen. Ich deckte sie, so gut ich konnte, mit den Decken zu, auf denen ich ausruhte. Wie ein kleines Kind deckte ich sie zu, von dem ich wünschte, daß es schlafe. »Ja. Ich will deine Gesänge hören, aber jetzt mußt du dich ausruhen«, sagte ich zu ihr. Auch ich entschloß mich auszuruhen. Ich legte meinen Arm wie ein Kissen unter meinen Kopf. Während ich versuchte zu schlafen, erschienen von Zeit zu Zeit einige Visionen wie Blasen, die in Abständen an die Oberfläche von ruhigem Wasser blubbern....

Es war drei oder vier Uhr morgens. Ich dachte: »Ich schlafe neben María Sabina, der berühmten Weisen der Pilze...«

Ein paar Stimmen drangen in mein Ohr und weckten mich auf. Es waren die betagten Töchter von María Sabina, die den Querriegel der Türe aufgestoßen hatten. Von dort drang das schwache Morgenlicht ein. Ich hob den Kopf und bemerkte, daß das Dach aus Wellblech existierte und immer noch intakt war. Ich richtete mich auf und sah, daß María Sabina ohne etwas zu sagen ihre Töchter anschaute und ebenfalls ihren Arm wie ein Kissen untergelegt hatte. Die Töchter erkannten mich, und Apolonia bot mir von ihr eingefaßte Hemden an. Ehrlich gesagt waren sie für ihren Preis nicht sehr gut gemacht. Ich suchte mir drei aus, zahlte sie ihr, danach zogen sie sich zurück. In diesem Moment hätte ich gerne eine Tasse heißen Kaffee getrunken, aber niemand schien sich um die Nahrungsmittel zu kümmern, wie wenn man hier niemals etwas essen würde. Ich plauderte mit María Sabina, legte ihr Geld in die Hand und versprach am Nachmittag des gleichen Tages zurückzukommen.

So kam ich Stunden später mit einer vortrefflichen Ausbeute an Nahrungsmitteln zurück: Milchpulver, Kaffee, Kekse, Dosensuppen, Eier, Trockenfleisch, Maismehl, Zigarren, Bier, Brandy. Aber im Grunde genommen ahnte ich, daß die Ausstattung dürftig ausfallen würde, weil uns jetzt eine Menge gut gelaunter Personen umgaben.

Und das Leben ging weiter seinen Lauf. Im Jahre 1979 ordnete die Leitung des staatlichen Rundfunk und Fernsehens (RTC) an, einen Kurzfilm mit dem Titel *María Sabina, die Geistfrau* zu Ehren der alten indigenen Mexikanerin zu drehen. Die Schamanin fand sich dann bei der Premiere, barfuß und in ihrem traditionellen Hemd von Huautla herausgeputzt, ein, wobei die Veranstaltung im Kino Regis in der Stadt Mexiko stattfand, das heute wegen des Erdbebens von 1985 nicht mehr existierte.

Für ihre Teilnahme an dem Kurzfilm erhielt María Sabina als Bezahlung einen kleinen Krämerwarenladen, der in ihrem eigenen Haus eingerichtet wurde. Der Regisseur des Filmes, Nicolas Echeverría, schenkte ihn ihr. Das kleine Geschäft bestand nicht lange. Die äußerst armen Nachbarn kamen in ihre zerlumpten Hemden gekleidet, um sich ein Kilo Bohnen, Zucker, Zigarren, Reis, Bier, Zündhölzer, Erfrischungsgetränke... auszuborgen.

Am Ende zahlte keiner etwas. So endete eine der »Illusionen« der legendären María Sabina: ein kleines Geschäft zu führen.

Angesichts dieser Umstände bezahlte die Regierung María Sabina für ihre Teilnahme an dem Film nicht mit Geld, sondern errichtete ihr neben ihrer alten Wohnstätte ein Landhaus aus Holz in Fertigbauweise, damit sie »würdiger leben könne«. Natürlich dauerte es Jahre bis die alte Frau ihr neues Zuhause akzeptierte und als es soweit war, fand sie es mit Fehlern vor: Es hatte keinen Strom- noch Wasseranschluß. Für was brauchte man im Haus ein WC, wenn man es nicht benützen konnte? Wenn sie in ihren schamanischen Liedern sang, die Frau des Tageslichtes, Frau Mond, die Frau des Sonnensteines zu sein, würde dies denn bedeuten, daß sie im Grunde genommen nicht wünsche, einen Elektrizitätsschalter zu bedienen, der ihr nach Belieben erlauben würde, das Licht des Zimmers ein- und auszuschalten, gerade weil heutzutage die Benutzer der vorspanischen Magie auch das Recht haben, die Erfindungen des »weißen Mannes« zu gebrauchen.

Die Wahrheit war, daß sich die Installierung von Wasser- und Stromanschluß für die Gemeinde als schwierig erwies, weil das Haus von María Sabina sehr weit entfernt lag.

Als sie nach der Premiere ihres Filmes nach Huautla zurückgekehrt war, kamen viele »Sucher nach Gott« zu ihr. In einer einzigen Sitzung waren es, nach Aussage eines Gastes, bis zu 17 Verehrer der heiligen Pilze.

Auch erhielt María Sabina nach dem Film eine Menge Post. Sie bat mich, ihr die Briefe vorzulesen. Es waren Anfragen von verängstigten Menschen nach Beratungen, Heilmitteln oder -methoden.

Sie war nicht daran interessiert, irgend jemandem zu antworten.

Auch wenn das Leben von María Sabina nicht von grenzenlosem Glück gesegnet war, so hatte sie doch nicht nur Pech. Im Jahre 1980 entschloß sie sich, einen alten Mann von 80 Jahren zu heiraten. Sie war zu dem Zeitpunkt 86. Die Hochzeit fand in Huautla statt. Speziell für ihn wurde eine Messe gefeiert. Im Haus von María Sabina angekommen, tanzte das Paar ein wenig zum Takt von »*La Flor de naranjo*«, einer regionalen Musik, und die Gäste tranken, aßen und tanzten ebenfalls. Sie selbst erzählte uns die Geschichte: *»Eines Tages kam ein alter Mann auf Besuch, der sich 'Trofeto' [perfekt] nannte, und aus Barranca Seca [einem Nachbardorf] kam. Er sagte, daß er Witwer sei und sich einsam fühle. Daß seine Söhne schon erwachsen waren und jeder einzelne sich seiner eigenen Familie widmete. Er besuchte mich weitere Male und wir plauderten, bis er mir schließlich die Heirat vorschlug. Gerade hatte ich mich darauf eingestellt, daß das Ende meiner Tage gekommen war, daß mit jedem weiteren Jahr mein Körper unbeweglicher wurde und auch ich mich einsam fühlte, sehr einsam. Daß sie, meine Freunde, mich aufheiterten, wenn sie mich besuchten, und mich traurig machten, wenn sie gingen. So beschloß ich, Trofeto zu heiraten. Wir würden den Rest unseres Lebens miteinander verbringen. Darüberhinaus hätte ich die Gelegenheit, wenn meine Stunde gekommen ist, Gott mit ja zu antworten, wenn er fragt: 'Hast du vor meinem Angesicht geheira-*

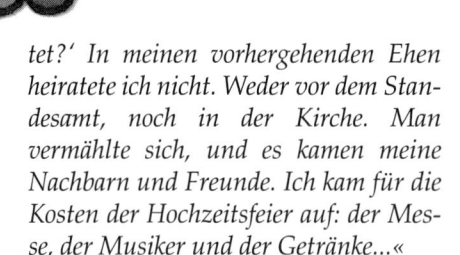

tet?' In meinen vorhergehenden Ehen heiratete ich nicht. Weder vor dem Standesamt, noch in der Kirche. Man vermählte sich, und es kamen meine Nachbarn und Freunde. Ich kam für die Kosten der Hochzeitsfeier auf: der Messe, der Musiker und der Getränke...«

Aber die ungewöhnliche und glückliche Ehe war nur von kurzer Dauer. Die Hinterlist einiger Verwandter von María Sabina vertrieb Trofeto, der nicht imstande war, die beleidigende und tägliche Hetze gegen ihn zu ertragen, so daß er eines Morgens seine wenigen Habseligkeiten packte und nach Barranca Seca zurückging. María Sabina weinte sehr und vermißte Trofeto, der nie mehr zu ihr zurückkehrte.

Anfang März des Jahres 1983 kam María Sabina in die Stadt Mexiko. Diejenigen, die sie mitbrachten, versicherten, daß sie im Sterben lag. Die Tageszeitungen, Radio und Fernsehen verbreiteten die Nachricht, daß sie »schwer krank« war. Sie wurde von besorgten Landsleuten hergebracht, die ihr darüberhinaus für ihren Bekanntheitsgrad Wohlstand versprachen. Sie benutzten die Rückfälle der kleinen alten Frau, um sich unerläßlich zu machen. Als sie interviewt wurde, behauptete sie, daß sie wegen ihrer Altersschwäche keine heiligen Pilze mehr nahm. Was sie nicht sagte, war, daß sie sie in der Menge, die sie für eine Zeremonie brauchte, einnahm; ich aber wußte, daß sie hin und wieder zwei oder drei kleine Pilze zu sich nahm, um »sich Kraft zuzuführen«. Es stand nicht so ernst um sie, sie hatte lediglich Anfälle von Senilität. Ich besuchte sie und wir plauderten. Ich lauschte ihren bedächtigen Worten. *»Ich bin schon alt. Es ist für mich ein Problem, mich im Haus zu bewegen. Ich kann kaum meine täglichen Bedürfnisse erledigen. Mein Alter ist das Problem. Wenn ich Atole [ein Maisgetränk] einnehme, ist es so als würde ich Urin trinken. Die Nahrung hat keinen angenehmen Geschmack mehr für mich.«*

Auf ihre Bitte hin holte ich sie aus dem staatlichen Krankenhaus heraus, und rettete sie damit vor den lästigen Journalisten. Angeekelt, wünschte sie nicht einmal ihre Begleiter zu sehen, die mich verärgert per Telefon benachrichtigten, daß ich wegen María Sabinas Abwesenheit eine Pressekonferenz vereitelt hatte.

Vor der Abfahrt nach Huautla hielt sie sich in aller Ruhe in meiner alten Wohnung von Iztapalapa auf. Sie hörte Psaltermusik, und wir plauderten im Innenhof. Unglücklicher Vorfall: Ich erinnere mich, daß ich ihr einen Becher Rompope reichte, und sie ihn angeekelt beim ersten Schluck ausspuckte. Sie wischte sich mit der Hand den Mund ab und fragte: »Was ist denn das?« Später, beim Kaffeetrinken, sagte sie zu mir, daß sie den Tod nicht fürchte, weil ihre *niños santos* ihr diese jenseitige Welt schon gezeigt hätten; für sie war es normal, in das Reich des ewigen Unbekannten einzudringen. Sie erinnerte sich, daß sie eines Tages die kleinen Pilze auf die Bitte einiger beängstigter Väter hin einnahm, die für zwei ihrer sehr kranken kleinen Söhne ein Heilmittel suchten. Die Weise nahm die kleinen Pilze ein, um ein Heilmittel zu finden, aber sie überkam eine böse Vision. Sie sah, daß körperlose Wesen, die wie Landsleute gekleidet waren, ins Haus gingen und wie Truthähne krächzten. Sie nahmen die Körper der kleinen Kranken und trugen sie fort, während sie sie stückweise verzehrten. Die Schamanin »arbeitete« während der Sitzung daraufhin, das Leben der Kleinen zu retten, indem sie ein-, zweimal die bedrohten Geister der Kleinen anrief, aber die Vision war definitiv. Sie war die Enthüllung eines nahen und fatalen Endes. Wenige Tage danach starben die kleinen Kinder.

In weiterem Plauderton erläuterte ich ihr, daß sich Ärzte von Huautla darüber beschwerten, daß sie die Medizin, die sie ihr verschrieben, nicht einnahm. Sie sagte, daß sie, immer wenn sie sich daran erinnerte, ihre Pillen einnahm, aber »dieser« Medizin da nicht vertrauen würde.

Ich wiederholte eine Einladung, daß sie hier in der Stadt Mexiko, den Rest ihres Lebens bleiben könne. Sie lehnte ab. Wer würde die Hühner versorgen? Wer würde das im Haus gelagerte Brennholz weiterverkaufen? Ich übergab ihr ein Paket, das Exemplare ihrer Biographie enthielt. (Es gefiel ihr, sie mit ihrem Fingerabdruck signiert zu verkaufen. Sie hatte dies schon mit Erfolg in ihrem kleinen Geschäft gemacht, wo sie sie in einem speziellen Regal ausstellte.) Zur Freude ihrer Begleiter , verdiente sie dabei Geld.

María Sabina reiste am 15. März 1983 aus der Stadt ab. Zwei Tage später, am 17. März, vollendete dieser legendäre »Fisch« ihr 89. Lebensjahr.

Häufig kamen Zeitungsredakteure in das Haus von María Sabina, um sie zu interviewen. Konsequenz der mobilen Presse war, daß sie leicht Dolmetscher benutzten, die sich zur Aufgabe machten, journalistisch auswertbare, aber wenig vertrauliche Daten zu beschaffen. Man rufe sich ins Gedächtnis, daß María Sabina kein Spanisch, sondern nur ihre indigene Sprache verstand. Einer erfand zum Beispiel die Geschichte, daß die Mitglieder der berühmten englischen Gruppe The Beatles extra von London nach Huautla reisten, um María Sabina und die heiligen Pilze in ihrem Umfeld kennenzulernen. Falsch! Es wäre von unserer Seite unverantwortlich, solchen Lug und Trug zu bestätigen.

Die Journalisten füllten ihre Notizbücher und Filmrollen und kehrten unverzüglich mit Informationen zurück, die sie mittels Dolmetscher erhalten hatten, die Sprachprobleme aufwiesen, da es manchmal vorkam, daß sie entweder die Lokalsprache nicht beherrschten oder Probleme hatten, sich in Spanisch korrekt auszudrücken. Und mehr noch: María Sabina zu verstehen war nicht leicht. Sie benutzte Metaphern und veraltete Worte, die für die etwaigen Dolmetscher nicht leicht zu übersetzen waren.

Die kühneren Journalisten durchlebten eine Sitzung mit María Sabina. Einige suchten nach dieser Erfahrung voller Schreck das Weite und entluden ihre Wut in sensationsgespickten Geschichten, die acht Spalten einflußreicher Tageszeitungen füllten. Zum Glück erfuhr María Sabina niemals, was die Zeitungen über sie veröffentlichten, zumal ihr scheinbar die Zeitungsberichte sowieso egal waren.

»Eine Reise mit María«, erbrachte also entweder hochgeschätzes Material, um eine Reportage zu untermauern, oder den Eintritt in einen langandauernden mykotherapeutischen Prozeß, der Nachfolgesitzungen erforderte. Die Journalisten zahlten María Sabina für das Interview einige Pesos, andere beschränkten sich auf ihre Aufgabe, Informationen zu beschaffen, und wieder andere, »María Sabina vor den Ungerechtigkeiten der Welt zu verteidigen.«

Aber ein Ereignis, das die Journalisten trotz ihrer angeborenen Spürnase nicht verstanden, war das folgende:

Was ein noch nicht lange praktizierender Journalist, als er zu María Sabina kam, erkannte, war, daß sie in Armut lebte. Beim ersten Treffen sahen sie sie in Lumpen und in schmutzigem Aufzug, was einen guten Stoff zum Fotographieren und einen guten »Leitgedanken« abgab. Sie hatten die Vorstellung, eine Magierin anzutreffen, die mit Schminke beschmiert und mit Halsketten und Ringen aus Gold behangen ist, mit Assistenten und einem Büro, das ein Vorzimmer und eine Klimaanlage hat, vom Typ einiger »Hexer« von Catemaco, von Schwindlern mit Wahrsagekugeln oder vielleicht Räucherwerk und Kesseln kochender Brühe.

Das Bild von María Sabina wäre in der Tat ein anderes gewesen, wenn irgendein Verwandter sie beraten hätte, wie sie zu Recht ihren Ruf, den sie genoß, hätte ausnützen können, auch wenn man, wie WASSON sagen würde, »überall in der ganzen Welt die erniedrigenden Geschichten verbreitet hätte.« Aber María Sabina war bodenständig und lebte ihr gewöhnliches Leben. In ihrem Haus sah man sie normalerweise schlecht und lumpig gekleidet, weil sie die eleganten Hemden, die sie bei besonderen Anlässen trug, nicht beschmutzen wollte. Sie erfreute sich an Modeohrringen und -halsketten. Die echten kleinen Schmucksachen, die sie von ihren Freunden erhielt, die sich ihr erkenntlich zeigten und von ihrer Bescheidenheit gerührt waren, blieben ihr nicht lange. Wenig verziert, aber attraktiv wie sie waren, wurden sie ihr entwendet. Einmal schenkte meine Frau ihr eine schöne Halskette mit florentiner Mosaiksteinchen. Zwei Tage später trug sie sie schon nicht mehr und wußte nicht, wo sie sie gelassen hatte. In ihrem Alter von fast neunzig Jahren war sie sich nicht mehr so ganz dessen bewußt, was in ihrem Leben vor sich ging. Nicht durch die Einnahme der heiligen Pflanzen war ihre Gesundheit angegriffen, sondern durch ihr hohes Alter. Ihre Reaktionen waren ihrem Alter entsprechend normal.

Wie dem auch sei, María Sabina hatte immer genügend Geld, um für ihren Unterhalt dort, wo sie lebte, und ihren Bedürfnissen entsprechend selbst aufzukommen. Von klein auf lernte sie, sich ihren Lebensunterhalt selbst zu verdienen. Als mutige Frau schreckte sie vor nichts und niemandem zurück.

WASSON entdeckte María Sabina, als sie etwa 60 Jahre alt war; nach diesem Alter wollte sie ihre Lebensweise nicht mehr ändern, komme was wolle; aber ein bedeutsames und vertretbares Ereignis änderte ihre Haltung und Einstellung dem Geld gegenüber. Trotzdem wäre es ungerecht zu behaupten, die Schamanin lebte vom Handel mit den heiligen kleinen Pilzen. Sie verkaufte ihren Nachbarn weiterhin im kleinen Brennholz und hätte das kleine Geschäft weitergeführt, wäre sie nicht »verwaist« worden.

WASSON war zu dem Zeitpunkt, als er Sabina kennenlernte, ein bedeutender Beamter bei der Bank der Vereinigten Staaten und gehörte einer auserwählten und diskreten Gesellschaft des New Yorker Jet Set an. Die Motive, die ihn nach Huautla führten, um daraufhin mit María Sabina zusammenzutreffen, werden in *Mushrooms, Russia and History* (1957) und *Flesh of the gods*[1] beschrieben, die er zusammen mit anderen Mitarbeitern verfasste. Das Treffen WASSON-María Sabina war von entscheidender Bedeutung. Mit der Zeit tauchten immer mehr möchte-gern Schamanen aus dem Nichts auf, die die Kommerzialisierung vorspanischer Riten in Gang setzten. Die neue Situation fand größtenteils ihre Rechtfertigung, zumal die Hippies der sechziger Jahre, mit Ausnahme der Forscher, nicht die jahrtausendealte Weisheit suchten, noch Daten

---

[1] zusammengestellt von PETER T. FURST, New York, Praeger Publishers, 1972, Kap. 6 und 7.

für einen anthropologischen Bericht, sondern ein Narkotikum mehr, das »den Geist in höhere Regionen emporhebt«. Alle hatten Geld bei sich, um zu zahlen, einschließlich den plumpen Nachahmern, wie es die mexikanischen Hippies waren. María Sabina besaß offensichtlich eine neolithische Mentalität: sie konnte die kleinen Ausgaben ihres eigenen Lebens verstehen; aber als sie gegen ihren Willen durch ihre eigene Berühmtheit frontal in die eiskalte kommerzielle Welt gestoßen wurde, mußte sie die Bezahlung der heiligen »Sitzungen« zulassen; wir wollen das vom jetzigen Standpunkt aus nicht kritisieren. Trotzdem bemerkten wir nach Jahren des Umgangs mit ihr, daß sie eigentlich den Wert des Geldes nicht verstand. Sie konnte den Wert von Geldscheinen nicht einmal lesen. Wenn sie tausende bekam, sagte sie, sie habe einige Pesos erhalten. Sie hatte kein Geldbewußtsein. Dazu schrieb mir WASSON in einem Brief vom 6. August 1983: »Ich vermisse, was ich in den sechziger (oder fünfziger) Jahren gesehen habe, als man María Sabina für ihre Dienste bezahlte: sie übergab das Geld sofort ihren Töchtern. Sie verstand in keinster Weise, welche Rolle das Geld in der heutigen Zeit spielt. Sie lebt auch heute noch in der Vergangenheit.« Journalisten und Neugierige fragten sie, ob sie durch ihren Ruhm zu Geld gekommen wäre. Sie sagte, sie habe keines. Sie hatte Recht. Für sie war Geld eine private Angelegenheit, die es nicht zu verbreiten galt.

Unverzeihlich war, daß, nach WASSON, boshafte Nachbarn versuchten und auch erreichten, sie zu beunruhigen, indem sie ihr sagten, daß es in ihrer Umgebung Geld gäbe. Unfähig Lügen solchen Ausmaßes zu kontrollieren, sagte mir María Sabina, daß sie ihr »Schmerzen am Mageneingang« bereiten würden. WASSON übergab die Rechte an Folkways Records, um die Zeremonie ab 1955 auf Platten aufnehmen zu lassen; Dummköpfe versicherten ihr auf lästige Art und Weise, daß die Platten zu Hauf in der ganzen Welt verkauft werden und mit den Hits der nordamerikanischen Modesänger konkurrieren würden. María Sabina sang auf mazatekisch, wer außer ihren eigenen Leuten sollte sie also verstehen? Dergestalt waren die Dummheiten, die María Sabina Magenweh bereiteten. Im August 1977 schickte ich an WASSON Ausschnitte mexikanischer Zeitungen, die gerade dieser Art von »Informationen« Aufmerksamkeit schenkten, aber er sprach ihnen keine Bedeutung zu und machte sich nicht die Mühe, sie zu diskutieren. Kurz danach, am 3. September, teilte mir WASSON in einem Brief mit: »Man muß sich an solche Artikel von Ignoranten einfach gewöhnen.« In den letzten Jahren wurde María Sabina von Landsleuten bedrängt, die auf Ruhm aus waren. Es erschienen »Enkel-« und »Pflegekinder«, die versprachen ihr zu helfen, ohne letztenendes etwas zuwege zubringen. Durch einige Zeitungen und Illustrierte machte man den »Fall Sabina« in der Öffentlichkeit bekannt. Mit meiner technischen Arbeit beschäftigt, bedauerte ich diesen tadelnswerten Vorgang. Es tat mir leid, in den Zeitungen die manipulativen Produkte zu lesen und das Photo von María Sabina mit traurigem Gesicht auf der Suche nach »Schecks und verschwundenem Geld« zu sehen. Ich habe ihre »spontanen Retter« verfolgt und dachte an ihre Naivität, daß sie vielleicht ehrliche Absichten hatten. Es ging soweit, daß man ihr einen Namen und Nachnamen anhängte und ihr Geburtsdatum veränderte, um den Lügengeschichten mehr Nachdruck zu verleihen. María Sabina stand den Absichten der emsigen Dolmetscher fremd gegenüber.

Von den Schwierigkeiten und Schmerzen, die ihr die verantwortungslosen Landsleute bereitet haben, einmal abgesehen, lebte María Sabina ruhig in ihrem vorgefertigten Haus. Wenn ihre Freunde kamen, bewahrte sie ihre gute Laune. Sie trank Brandy und rauchte. Einmal schlossen sich ihre Enkelkinder unserer Gesellschaft an und spielten Violine und Gitarre, die ihre berühmte Großmutter ihnen gekauft hatte. Voller Freude tanzte ich mit ihr den mazatekischen Tanz »Flor de naranjo«. Das war unser Augenblick voller Glück.

Andere Male ging ich auf die hohen Berge im Osten von Huautla, um die Schamanin zu besuchen. Im Februar 1985 begleitete mich mein Bruder Antonio und die Huauteken Demetrio Olguín und Rutilio García. Ein Enkelkind von María Sabina namens Eduardo rieß einige Äste ab und schnitt Blumen aus dem Innenhof, mit denen María Sabina vor ihrem Altar eine »Reinigung« vollzog. Sie nannte meinen Namen und rief mit magischen Worten die Herren der Berge um Wohlwollen und Glück für mich an, während sie meinen Körper mit einer Handvoll Pflanzen abrieb. Am Ende schenkte sie mir eine der Blumen und bat mich, sie im Innenhof meines Hauses anzupflanzen.

Am Abend des 2. November 1985 kam ich ins Haus von María Sabina. Sie sagte mir, daß sie nicht mehr höre. Sie war taub. Zwanzig Tage später, am 22. November, starb sie in der Stadt von Oaxaca, wohin sie verlegt worden war, um ihr das Leben zu retten. Die Nothilfe der Ärzte war erfolglos. María Sabina hätte noch länger gelebt, wenn diejenigen, die sie umgaben, ihr als der Mutter und Großmutter, die sie war, zur Seite gestanden wären. [2]

María Sabina wurde in ihrem Haus von Huautla aufgebahrt und im Gemeindefriedhof begraben.

Auf Wunsch der örtlichen Autoritäten wurde mir die Ehre zuteil, María Sabina im Namen des Dorfes zu verabschieden; ich hielt meine Ansprache in dem unteren Raum des Rathauses, der für die wichtigen Anlässe von Huautla vorgesehen war. Etwa dreitausend Personen begleiteten die Schamanin. Bei der Begräbniszeremonie bat ein Kanadier um das Wort, der auf englisch sprach. Er kam, sagte er, um María Sabina zu sehen, nachdem er von ihrem bedauerlichen Tod gehört hatte.

Ich selbst habe WASSON über den Tod der Schamanin unterrichtet. Er antwortete mit einigen Briefen. Am 22. Februar 1986 erhielt ich von ihm einen Brief, in dem er seine Zuneigung zu María Sabina zum Ausdruck brachte:

»Mein lieber Freund: Es ist schon eine Zeit her, daß ich dir geschrieben habe. Ich bin schon alt und meine Gesundheit beunruhigt meine Freunde. Ich bin 87 Jahre alt, habe ein gutes und langes Leben gehabt und ich beschwere mich nicht. Seit Jahren beschäftigt mich ein Gedanke. Es geht um María Sabina und um Huautla de Jiménez. Ich fasse mich kurz. Die Kirche muß sie heilig sprechen. Ihr Charakter war makellos.

Sie war immer eine treue Katholikin. Auch wenn es Leute gab, die sie haßten...« usw..

Jener Brief endete mit zwei Zeilen: *»Wenn dieser Einfall eine Verrücktheit ist, dann verzeih mir bitte. Mein Alter sei daran schuld.«* Ich antwortete WASSON, daß sein Vorschlag nicht möglich sei, abgesehen davon, daß María Sabina ihr anthropologischer Wert verbleiben würde. Noch bevor ein Jahr vergangen war, daß María

---

[2] An einem 22. November starb auch ALDOUS HUXLEY (im Jahre 1963, dem Datum der Ermordung J.F.Kennedys). Der englische Schriftsteller machte mit dem heiligen »Peyote« von Nordmexiko den Einstieg in psychotrope Erfahrungen, dargelegt in seinem Buch *Die Pforten der Wahrnehmung*. Zufällig kamen die Schamanin von Huautla und Huxley im gleichen Jahr, und zwar 1894, zur Welt.

Sabina begraben wurde, spendete eine Gruppe von Damen aus Huautla Geld, um ihr ein Grabmahl zu errichten. Sie waren so aufmerksam – und das danke ich ihnen sehr – , mich darum zu bitten, die Grabinschrift zu verfassen.

Auf der Vorderseite wurde ein offenes Buch in Marmor angebracht, in dem in Basrelief einige Gesänge der Schamanin auf mazatekisch und spanisch eingeschrieben waren:

Frau Meteor bin ich
Frau Stern bin ich
Frau Adler bin ich
Eine weise Medizinfrau bin ich
Eine Kennerin der Pflanzen bin ich

María Sabina.
17. Mrz. 1894 - 22. Nov. 1985

Danach folgt eine weitere Inschrift:

Hier ruhen die Reste
einer mazatekischen Frau
die wegen ihrer Weisheit
hochgeachtet wurde
von den eigenen Leuten und von
Fremden.

R. Gordon Wasson, der Entdecker der Schamanin, die ich hier beschrieben habe, starb am Dienstag, den 23. Dezember 1986, einen Tag vor Weihnachten. Er wurde am 1. Oktober 1898, vier Jahre, sechs Monate und einen Tag nach María Sabina, geboren. *The New York Times* berichtete von seinem Tod mit folgender Notiz:
»*R. Gordon Wasson, Pilzexperte und Bankier, ist tot. R. Gordon Wasson, Ex-Bankier, der akademische Bücher über die Kulte mit halluzinogenen Pilzen schrieb, starb am Dienstag im Haus seiner Tochter in Binghampton, N.Y.. Er war 88 Jahre alt. Er war langjährig wohnhaft in Manhatten und lebte dann in Danbury, Conn..*

Wasson, der Vizepräsident der Morgan Guaranty Trust Company in Ruhestand war, wurde im Jahre 1983 mit der Auszeichnung Addison Emery Verrill des Peabody Museum of Natural History der Yale Universität geehrt. Das Kommuniqué sagte, daß er gemeinsam mit seiner Gattin und Mitautorin, der Doktorin Valentina P. Wasson, 'über die Heiligkeit der psychotropen Pilze' Aufklärung gab, und zwar nicht nur in Rußland und Sibirien, sondern auch in den ältesten Hinduschriften, in den Mysterienkulten des alten Griechenlandes und bei den alten sowie auch heute noch lebenden indigenen Volksgruppen Mexikos und Guatemalas.«

Er und seine Frau, die 1958 starb, schrieben über die Funktion der Pilze in vielen Kulturen auch in allgemeinerer Art.

Bei seinem Tod war Wasson Mitglied und Professor in Ethnopharmakologie im botanischen Museum der Harvard University. Das Museum bewahrt eine Sammlung tausender von Büchern über Pilze und diesbezüglicher Themen auf, die er sammelte und in seinem und seiner Frau Namen vor fünf Jahren dem Museum spendete.

Er wurde in Great Falls, Mont., als Sohn eines Bischofspastors geboren, wuchs in Newark, N.J., auf, mußte als Soldat der Vereinigten Staaten im ersten Weltkrieg Wehrdienst leisten und studierte in der Journalistenschule der Columbia University und in der London School of Economics. Er unterrichtete im Fachbereich Englisch an der Columbia University und war, bevor er zur Bank ging, Reporter der *The New York Herald Tribune*. R. Gordon Wasson, war viele Jahre bei der J.P. Morgan & Company, die mit der Guaranty Trust fusionierte und in die Morgan Guaranty Trust umgewandelt wurde.

Er war auch Fideikommiß des Barnard College.

[3] R.G. WASSON, ALBERT HOFMANN UND CARL A.P. RUCK, kamen darin überein, die Pilze und im allgemeinen die „pflanzlichen Substanzen, die bei Verzehr eine göttliche Erfahrung bewirken" mit „entheogen" zu bezeichnen. Die Begriffe „halluzinogen", „psychedelisch", „psychotrop", u.s.w., müssen durch „entheogen" (neol.) ersetzt werden, was bedeutet „Gott in uns".

Er war Autor und Mitautor von Berichten und akademischen Büchern, einschließlich *Mushrooms, Russia and history* (1957), *The wondrous mushroom: mycolatry in Mesoamerica* (1980) und *Soma: divine mushroom of inmortality* (1968).

Bei seinem Tod war R. GORDON WASSON auch Forschungsehrenmitglied und Ehrendirektor des botanischen Gartens von New York.

Es überlebten ihn seine Tochter Mary X. (Masha) Britten, sein Sohn Peter, von Gatesville, Tex., und drei Enkelkinder[3].

Mazatekische Vorstellungen über den Tod

»Der Mensch tritt nach dem Tode eine lange und mühevolle Wanderung an durch das 'Reich der Tiere'. Unter den Hindernissen, die sich ihm auf seiner Wanderung entgegenstellen, wird besonders ein breiter und reissender Strom erwähnt, den er durchschwimmen muss. Dies gelingt ihm aber nur mit Hilfe eines schwarzen Hundes, an dessen Schwanz er sich festhält. Daher findet man z.B. in der Gegend des Rio Tonto kaum eine Hütte ohne einen oder mehrere schwarze Hunde. Diese werden den Toten natürlich mit ins Grab gegeben.

Ein Zug von Gutmütigkeit und Mitleid mit den Tieren verrät die weitere Erzählung von der Wanderung der Toten. Sie kommen der Reihe nach durch das Reich der Hunde, der Stiere, der Schlangen und Vögel. Der Freund der Tiere, der ihm im Leben Gutes erwiesen hat, wird ungefährdet zwischen ihnen wandeln; 'sie sehen ihn freundlich an und geben ihm eine Strecke weit das Geleite'. Wer sich jedoch gegen eines der Tiere grausam gezeigt, es misshandelt oder gar getötet hat, wird in ihm einen erbitterten Feind haben, der 'ihm in die Beine beisst und den Weg verlegt.' (Wörtlicher Bericht eines Mazateken). Zugleich verteidigen aber die ihn begleitenden, freundlich gesinnten Tiere den toten Wanderer gegen jene Angriffe. – Wir sehen hier zugleich das allgemein menschliche ethische Postulat der Wiedervergeltung in rührend naiver Weise zum Ausdruck gebracht.

Der Begriff der Seele ist ihnen fremd, wie auch ihre Sprache eines Ausdrucks dafür entbehrt. 'Der Tote' tritt die Wanderung an; wohin, wird nicht gesagt. Zwei meiner Gewährsmänner beschränkten sich auf die dunkle Andeutung: 'dorthin'. Vielleicht ist das Ziel die Vereinigung mit den 'Herren der Berge', denn die Toten werden, wenigstens am Rio Tonto, meist auf Berggipfeln bestattet, und die Herren der Berge spielen im Zauberwesen eine wichtige Rolle.

Ein eigentlicher Totenkult besteht unter den Mazateken nicht. Es ist sogar ein auffallender Mangel an Pietät gegen die Toten und die Begräbnisstätten zu beobachten. Die Leiche wird, wenigstens da, wo nicht gerade ein Priester die Beobachtung der unumgänglichsten religiösen Zeremonien überwacht, in einen Sack oder eine Palmenstrohmatte [= Petate] gewickelt und ohne Sang und Klang auf einen benachbarten Hügel, und zwar durchaus nicht immer auf einem Dorffriedhof, verscharrt. Dass den Toten ausser seinem schwarzen Reisebegleiter noch Lebensmittel, eine Trinkschale (jicara) sowie ein Päckchen mit Kakaobohnen (Geld) mitgegeben wird, erklärt sich ebenso aus dem Glauben an die Wanderung der Verstorbenen, wie dass man sich fortan kaum noch um die Begräbnisstätte kümmert.«
WILHELM BAUER
Heidentum und Aberglaube unter den Maçateca-Indianern (1908: 858f.)

Teil 11:

Die Welten der Pilze

»Wir dürfen spekulieren, ob der erste Gebrauch in der Frühzeit der Menschheitsgeschichte eine gleichsam explosionsartige Erschütterung des menschlichen Geistes bewirkt und solche phantastischen Vorstellungen erzeugt haben mag, wie wir sie aus der Mythologie der alten Völker kennen. Sicher ist nur, daß der magische Pilz selbst als eine Gottheit angesehen wurde und daß er scheinbar wunderbare und unheimliche Eigenschaften besitzt, die bei Frühmenschen Ehrfurcht und Angst hervorriefen. Diese beiden Gefühle sind aber Wesensmerkmale der Religion.

Später, als neue Lebensformen und besonders eine schriftliche Kultur aufkamen, verschwand diese Pilzereligion vermutlich bis auf Relikte in Randzonen, abgelegenen Gebieten und als religiöses Brauchtum bei geheimen Zeremonien und Mysterien. Der alte Pilzkult und seine Wurzeln fielen der Vergessenheit anheim. Ehrfurcht und Angst, die beiden beherrschenden Grundeinstellungen, blieben, und sie prägten über Jahrhunderte den kulturellen Umgang mit Pilzen.«

HELMUT WERNER
Die Magie der Zauberpflanzen, Edelsteine, Duftstoffe und Farben
(1993: 80f.)

»Die biochemischen Methoden sind nach meinem Dafürhalten zur Zeit die wirksamsten und auch sozusagen die narrensichersten Mittel, uns in jene andere Welt zu transportieren. [...]

Mit Drogen wie Psilocybin ist es den meisten Menschen möglich, jene andere Welt mit geringer Mühe und nahezu ohne jeglichen persönlichen Schaden zu betreten.«

ALDOUS HUXLEY
Visionäre Erfahrung (1961)

Zauberpilze in der Tassili-Ebene

Der international unter dem Namen *Magic Mushroom* oder *Golden Cap* bekannte Träuschling *Stropharia cubensis* EARLE [= *Psilocybe cubensis* (EARLE) SING.] stammt aus Afrika und gedeiht auf Rinderdung bzw. auf Wiesen mit Dungablagerungen. Er hat sich in Symbiose mit den Rindern von Afrika aus in alle Welt verbreitet, wächst aber nur in tropischen, seltener in subtropischen Gebieten. TERENCE MCKENNA glaubt, daß dieser psychoaktive Pilz einen wesentlichen Einfluß auf die Evolution des Menschen ausgeübt hat. Durch den Genuß dieser Pilze vollzog sich sozusagen ein »geistiger Quantensprung«, der aus dem affenähnlichen Vormenschen eine überlebensfähigere »Intelligenzbestie« machte. Aus dieser psychedelischen »Urerfahrung« entwickelten sich die ersten mystischen Pilzrituale, die die Grundlage für Schamanentum, Mythologien und Religionen bildeten.

In der nordafrikanischen Tassiliebene (Algerien), einer heute kargen Landschaft in der Sahara, sind Felszeichnungen und Petroglyphen entdeckt worden, die auf 9000-7000 v.Chr. datiert werden und eine blühende Jäger- und Viehzüchter-Kultur porträtieren. Ein Gruppe von Felsbildern steht offensichtlich mit den entheogenen Pilzen in Verbindung:

»Die Szenen von Ernte, Verehrung und Opfer von Pilzen und große maskierte 'Götter' bedeckt mit Pilzen führen uns dazu anzunehmen, daß es sich hier um einen alten halluzinogenen Pilzkult handelt und daß diese Pilze unterschieden werden nach einem komplexen System; jede Art mit seiner eigenen mythologischen Darstellung. Sie belegen die älteste menschliche Kultur worin der rituelle Gebrauch von halluzinogenen Pilzen deutlich vertreten ist.« (SAMORINI 1992: 69)

Neben dem *Stropharia cubensis* scheinen in den Felsbildern noch andere psychoaktive Pilze wie *Psilocybe* und *Panaeolus* dargestellt worden zu sein. Die eindrucksvollste Darstellung von Tassili zeigt mehrere laufende oder tanzende Gestalten, die wie anthropomorphisierte Pilze aussehen und in der Hand einen Pilz halten.

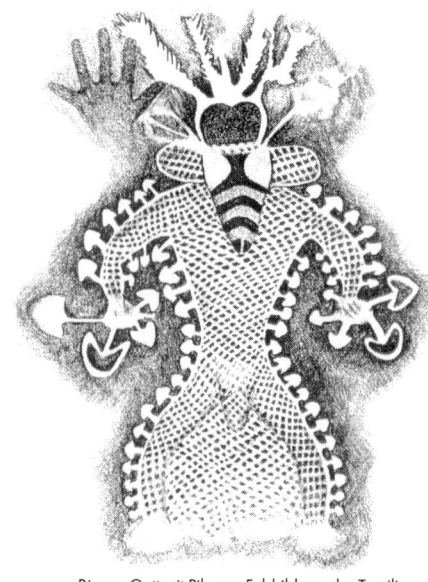

»Bienen-Gott mit Pilzen«, Felsbild aus der Tassili-Ebene (Umzeichnung: Kathleen Harrison)

»Pilz-Schamane«, Umzeichnung einer 9000 Jahre alten Felszeichnung aus der Tassili-Ebene. Von dem Pilz gehen gepunktete Linien zum Kopf der Figur. Damit ist wahrscheinlich der Einfluß des Pilzes auf das Bewußtsein angedeutet. (Umzeichnung: C. Rätsch)

Das berühmte Felsbild von Tin-Tazarift (Tassili/Algerien) mit den laufenden oder tanzenden »Pilz-Schamanen« (Foto: Archiv Giorgio Samorini)

Betty G. Eisner
Ein Abenteuer in Huautla*

Dies ist die Geschichte einer außergewöhnlichen Reise von fünf Mitgliedern unserer Forschungsgruppe zu María Sabina während der Sechziger Jahre. Dank der Magie der psilocybinhaltigen Pilze und Marías Ritual konnten wir alle weit über die Grenzen der Realität hinausreisen und kehrten als andere Menschen zurück.

Unsere Gruppe kam usrprünglich zusammen, um ein Modell für den legitimen Gebrauch psychedelsicher Drogen zur Potentierung der Psychotherapie zu finden. LSD, alleine oder in Kombination mit anderen Drogen, sowie andere Derivate, empfanden wir als wertvoll.[1] Auch Psilocybin hielten wir für brauchbar, aber für nicht so potent oder langanhaltend wie LSD. Wir wollten den Zauberpilz erproben um zu sehen, ob es einen Unterschied zwischen dem natürlichen und dem synthetischen Stoff gibt, wie bei Peyote und Meskalin.

Von Puerto Vallarta (Oaxaca) aus, wo wir oft zusammen den Sommer verbrachten, haben wir 1965 versucht, den Kontakt zu María Sabina herzustellen und sie um eine Pilz-Zeremonie zu bitten. Zwei Jahre später reisten schließlich fünf von uns den langen und beschwerlichen Weg auf den Berg María Sabinas um den »Ort der Adler« (d.i. Huautla de Jiménez), den »Ort, an dem die Welt geboren wurde« zu erleben und kennenzulernen.

Unsere Gruppe bestand aus mir, einer Psychotherapeutin, meinem Mann Mark, der als Ingenieur eine Abteilung der Rand Corporation leitete, Matt, der ebenfalls ein Ingenieur war, George ein Statistiker von der Universität von Kalifonien in Los Angeles; und Raul, unser mexikanischer »Bruder«, der das Kraftwerk, das von Mark und ihm in Puerto Vallarta errichtet wurde, managte. Alle von uns hatten bereits psychedelische Erfahrungen mit einer Anzahl halluzinogener Substanzen, sowohl bei Forschungsprojekten als auch im psychotherapeutischen Setting.

Wir waren bereits 1629 Meilen von Los Angeles nach Puerto Vallarta gefahren, hatten drei Wüsten und schließlich die immergrünen Tropen durchquert, als wir unsere Kräfte sammelten und den Kleinbus für unsere Reise bepackten. Es ging von Puerto Vallarta aus 938 Meilen über eine manchmal holperige Straße, an Guadalajara und Mexiko Stadt vorbei nach Tehuacan, das nördlich von Oaxaca Stadt liegt. Weitere 40 Meilen fuhren wir von Tehuacan nach Teotitlan (die »Stadt der Götter«), wo abrupt die asphaltierte Straße endete. Dort wurde uns gesagt, daß es nach Huautla nur 18 oder 19 Meilen seien, aber der Streckenmesser verriet uns, daß wird 63 1/2 harte und holprige Meilen durch überflutete, ausgefahrene, enge Wege und Schlammlöcher überwinden mußten um endlich, nach viereinhalb Stunden am Ziel unserer Reise anzukommen.

»Die Hauptstraße geht rechts ab«, sagte eine sanfte Stimme auf Spanisch, die von einer Gestalt, die sich aus der Dunkelheit heraus vor uns materialisierte, stammte, als wir schließlich in Huautla angelangt waren. Die Straße war ein Schlammfluß, der sich um den Höhenzug herumwand. Wir kämpfen uns mit allerhand Schwierigkeiten flußaufwärts und fanden uns plötzlich vor der Betontreppe eines steilen Gebäudes wieder. Es war das Hotel Lucy.

»¿Hongos?« fragte eine Stimme, als uns eine Hand am Ärmel packte und aus dem Kleinbus heraushalf. »Pilze?«.

Wir taten so, als hätten wir nichts gehört und stiegen die Stufen her-

Die Autorin an ihrem 80. Geburtstag

Betty Grover Eisner, Ph.D. ist 1915 in Kansas geboren. Von der University of California in Los Angeles erhielt sie einen M.A. und einen Ph.D. in klinischer Psychologie. Nach der Promotion nahm sie an dem ersten Forschungsprojekt zum therapeutischen Nutzen von LSD teil. Später arbeitete sie vor allem mit Gruppentherapien. 1970 veröffentlichte sie das bahnbrechende und offenherzige Buch *The Unusual Potential of Marriage and Sex* (dt. *Zurück ins Paradies: Neue Formen der Partnerschaft*, Wien/Hamburg 1972). Betty Eisner ist eine der Pionierinnen der psychedelischen Therapie. Sie hat bereits in den Fünfziger Jahren mit Sidney Cohen an einer Pilotstudie zusammengearbeitet und an den ersten amerikanischen Publikationen zum Thema mitgewirkt. Insgesamt hat sie 22 Jahre mit der psychedelischen Therapie gearbeitet.

[1] z.B. mit Ritalin; vgl. THOMAS M. LING & JOHN BUCKMAN, *Lysergic Acid (LSD 25) & Ritalin in the Treatment of Neurosis.* [London(?)]: Lambarde Press, 1963.

* Dieser Text ist ein Auszug aus dem Artikel »Huautla – Place Where Eagles are Born« erschienen in *Jahrbuch für Ethnomedizin und Bewußtseinsforschung* 4(1995). Er wurde von CHRISTIAN RÄTSCH übersetzt. Mit freundlicher Genehmigung der Autorin.

»Eine Welt, die sich immer tiefer in den Zauber der Technomanie verstrickt, die immer hastender versucht, die endlosen Fehler der Zauberlehrlinge durch neuen Zauber wieder wettzumachen, sehnt sich nach alten Meistern, die wahrhaft die Illusionen durchschauen können, die das wahre Wesen der Dinge und nicht nur die bloßen Erscheinungen kennen, und die den aus dem Lot geratenen Verlauf der Dinge mittels ihrer geistigen Kraft wieder zu richten können.«
WOLF-DIETER STORL
Von Heilkräutern und Pflanzengöttern
(1993: 108)

auf. Als wir endlich den Manager gefunden hatten, sagte er, sie hätten von uns keinen Brief erhalten. Für eine gute halbe Stunde war kein trockner Platz zur Erholung in Aussicht.

Schließlich wurden wir doch noch, vom Schein einer Taschenlampe in zwei winzige Zellen geführt.

Draußen goß es in Strömen. Unsere Coleman-Laterne erleuchtete die zwei Feldbetten und den einsamen Stuhl in jedem Zimmer. In Huautla gab es keine Elektrizität. Auch mußten wir feststellen, daß es kein fließend Wasser gab, weil ein Erdrutsch die Versorgung unterbrochen hatte. Nachdem wir unsere Kühlbox und unsere anderen Klamotten die Treppe hinaufbugsiert hatten – bei jedem Gang wurden wir noch mehr vom Regen durchweicht – holten wir eine Flasche Wodka und Limonen hervor um auf unser Abenteuer anzustoßen.

Wir hatten den ersten Schritt geschafft. Dann zog Raul los und kam bald zurück um uns mitzuteilen, daß María Sabina weiter oben in den Bergen wohnt und daß die Stadt mit Hippies überflutet sei.

»Ich glaube, es ist besser, wenn wir vor sieben Uhr aufbrechen, um nicht mit ihnen zusammenzustoßen«, fügte er hinzu.

Wir waren glücklich, endlich auf die Feldbetten zu fallen und waren dankbar dafür, warm und trocken zu sein und nicht mit dem Kleinbus weiterhin durch die Sintflut fahren zu müssen.

Am Morgen hatte es aufgehört zu regnen und die Dämmerung war sanft. Wir waren sprachlos als wir unsere Unterkunft zwischen den tiefgrünen aufwärtsstrebenden Hügeln und den leuchtend grünen Tälern liegen sahen.

»Shangri-La!«, rief George begeistert, die Beschreibung eines Freundes zitierend.

»Es ist viel zu mexikanisch dafür«, entgegnete Mark pragmatisch.

Das Hotel überragte zwei lange Reihen von Marktständen mit Wellblech; es stand an einem Hügel darüber und gab den Blick auf das Panorama frei. Darüber hinaus ragten ein alter Kirchturm und ein mit einem Baugerüst umhüllter Dom hervor. Vor der Kirche spielten die Jungen Basketball im frühen Morgenlicht. Eine Abteilung von Soldaten machten im Hof ihrer daran angrenzenden Quartiere Freiübungen, bei denen sie mit über den Köpfen gehaltenen Gewehren hin und her liefen. Wir konnten erkennen, daß der größte Teil der Stadt an der Bergseite von der Straße lag.

Nach einigen Überredungskünsten gelang es Raul, den Sohn des Hotelmanagers davon zu überzeugen, uns den Weg zu María Sabina zu zeigen und vom Mazatekischen ins Spanische zu übersetzen.

Es dauerte nicht lange und wir erreichten die Stelle des Landrutsches, wo die Wasserleitung repariert wurde. Wir krochen auf der aufgewühlten Straße, die eher einem Flußbett glich, an dieser Stelle vorbei. Ein Teil der Straße war mit scharfkantigen, unbearbeiteten Steinen, direkt aus dem Steinbruch, ausgebessert worden. Der Kleinbus sprang und hüpfte über den Schotter und glitschte dann in den Schlamm. Bald wurde die Straße zu steil, die Schlaglöcher wurden immer tiefer und der rote Ton wurde immer glitschiger für eine Weiterfahrt.

Ich bestand darauf, daß Mark den Bus umdrehte und mit der Schnauze bergabwärts parkte. Wir nahmen unsere Sachen aus dem Wagen. Ich hatte keine Ahnung, wie es uns nach der Zeremonie gehen würde. Es war eine weise Entscheidung, wie sich später herausstellte. Huautla liegt auf 7000 Fuß Höhe und María Sabinas Haus auf nahezu 8000 Fuß; ein schwieriger Aufstieg trotz geringer Entfernung. Wir balancierten unseren Sack mit Klamotten, einen Arztkoffer, kalte Getränke und Kameras über eine kurze Strecke, als uns bereits der Atem ausging und wir stoppen mußten. Je höher wir kamen desto mehr wechselten die Häuser von verputzten Steinbauten zu Adobegebäuden mit Dächern aus Mais- oder Rohrstauden.

Bei jedem unserer Schritte über den schlitterigen Weg wurden wir von den Fenstern aus oder von Gruppen, die sich unter den überhängenden Dächern versammelt hatten, angestarrt. Uns kamen auch die heimlichen Blicke der Indianer entgegen, die den Berg heruntertrotteten, beladen mit Bündeln von Maisstauden oder riesige Holzplanken über dem Rücken balancierend, die mit einem Stirnband am Kopf gehalten wurden. Sie waren kurz und stämmig, reserviert, aber nicht unfreundlich, mit dicken Hälsen und flachen Gesichtern sehr ähnlich wie die yucatekischen Maya oder Navajos.

Die Frauen standen immer in Gruppen, unter sich oder mit einer Schar von Kindern umgeben. Sie trugen weiße Kleider mit breiten Bändern, die mit roten Blumen bestickt waren und um den Hals und am Saum angebracht waren. Die Frauen in Yucatán tragen ähnliche Gewänder, allerdings sind sie farbiger verziert. Wir waren von der Selbstbeherrschung dieser Leute und der Würde ihrer Neugier echt erstaunt.

Schon bald wandelte sich die Straße zu einem leuchtend roten Weg mit orangefarbenen und gelben Flecken. Das Rot und das Orange bildeten einen heftigen Kontrast zum hellen Grün der Kaffeepflanzen und Maisfelder. Der Pfad schlängelte sich den steilen Hang hinauf.

Schließlich erreichten wir María Sabinas Haus, kaum mehr als eine Hütte, direkt am Wege unterhalb des Bergrückens liegend. Von dort hatte man einen wunderbaren Blick über die grünen Berge und Wolken über und unter uns. Dieses Haus, sieben Armlängen lang, mit Holzwänden und einem Dach aus Zuckerrohrblättern, hatte María Sabina gebaut, nachdem ihr zweiter Mann verstorben war. Die Wände bestanden aus rohen Hölzern, einige Planken ragten nicht einmal bis zum festgetretenen Erdboden herunten.

Innen brannte ein Feuer, das zwischen drei oder vier Steinen knisterte. Daneben stand ein Topf. Der Rauch sollte eigentlich an dem einen oder anderen Ende des Daches abziehen, aber der stetige Wind hielt ihn in der Hütte gefangen. Wir mußten den Rauch mehrfach einatmen bevor er endlich abzog. Das Strohdach über dem Feuer war tief verfärbt, wie Mahagony.

Die Einrichtung war dürftig: zwei Holzbänke, ein Hocker, ein kurzes Bett bedeckt mit einer Petate, und eine uralte Nähmaschiene mit Fußantrieb, die auf vier Steinen stand. Ein anschließender Raum, der mit Wellpappe gedeckt war, diente als Laden, in dem Seife, Öl und Getränke verkauft wurden.

Eine wunderschöne junge Mazatekin, mit einem Kind auf dem Arm, bat uns herein. Ihr Sohn, ein helläugiger fünfjähriger Junge, versuchte für uns das Feuer anzufachen, indem er in die Glut bließ. Da er sich sehr verausgabte, gab ich ihm etwas von unserem Toilettenpapier, so daß er es als Fächer benutzen konnte. Aber anstelle es dafür zu gebrauchen, steckte er es sich schnell in die Tasche. Erst als seine Mutter in die Glut blies, loderte das Feuer auf.

»María Sabina, meine Mutter«, sagte ein Mann, der plötzlich aus

»Eine amerikanische Besucherin, welche die volle Kraft von Doña Marías Charisma spürte, wurde sichtlich erregt und begann hemmungslos zu weinen. Augenblicklich nahm Doña María sie zur Seite, betete für sie und strich mit frischen Blumen sanft über den Körper der Frau. Innerhalb weniger Minuten erreichten ihre Tränen den Höhepunkt, und die betrübte Frau berichtete von Gefühlen des Friedens und des Glücks, das einige Tage anhielt.«
STANLEY KRIPPNER & PATRICK SCOTT
Zwischen Himmel und Erde
(1987: 52)

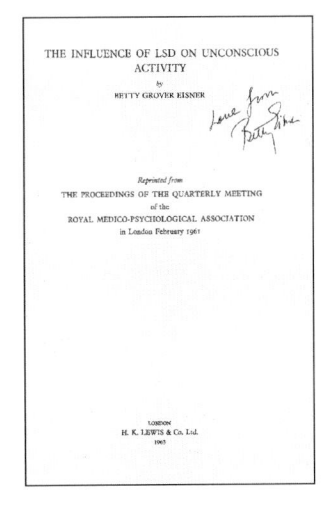

dem Nichts aufgetaucht war. Er sah die Maisstauden, die Raul für uns besorgt hatte, damit wir darauf liegen könnten, und fuhr die junge Frau, offensichtlich seine Frau, an. Sein Ärger wich einem Lächeln als er herausfand, daß es sich um unsere eigenen Maisstauden handelte. In einer seltsamen Mischung aus sonderbar ausgesprochenen spanischen und mazatekischen Wörtern fragte er nach Zigaretten; er sagte wir würden sie für die Zeremonie brauchen, besser noch wären Zigarren. Er runzelte die Stirn und verlangte nach Geld um Zigarren zu kaufen.

Raul gab ihm zwei Pesos, mit denen er verschwand. Der Junge, der auf der anderen Seite der Straße wohnte, erzählte Raul später, daß der Mann alles Geld seiner Mutter (oder war María Sabina seine Großmutter?) abnahm und daß in ihm etwas schlechtes stecke. Ich spürte den Geschmack der Paranoia. In späteren Gesprächen behauptete er, daß er für die Zeremonien sehr wichtig sei, und daß nichts ohne ihn laufen würde.

Es erschreckte uns, daß alle, die in die Tür kamen oder sich zum Fenster hineinlehnten, uns anstarrten und behaupteten, María Sabina sei ihre Mutter. Wir vermuteten, daß die junge Frau entweder die Schwiegertochter oder die Großschwiegertochter sein müsse, aber all die anderen? Wollten sie alle an María Sabinas Berühmtheit teilhaben? Gab es tatsächlich soviele Nichten und Neffen und Enkel, die sie »Mutter« nannten? Oder lag es daran, wie wir später erfuhren, María Sabina eine von zehn Frauen einer Schwesternschaft war, die die »Mütter« genannt wurden?

Es erschien uns merkwürdig, daß María Sabina eine fromme Katholikin war. Als Mitglied der »Schwesternschaft vom Herzen Jesu« erfüllten sie und die anderen neun »Mütter« viele kirchliche Pflichten. María Sabina glaubte aber auch an die Götter und Geister der Indianer. Sie kombinierte problemlos die kirchlichen Heiligen mit den Grundprinzipien, Jesus und Benito Juárez und die Herren der Berge miteinander.

María Sabinas Schwiegertochter machte uns Kaffee. Dazu kochte sie den örtlichen Kaffee mit einem bernsteinfarbenem Stück Zuckerrohr aus. Mit einer kleinen Kürbisschale schöpfen wir die dampfende Flüssigkeit aus dem Topf und füllten sie in Styroporbecher, die wir mitgebracht hatten. Sie war heiß und wurde für uns zu Nektar und Ambrosia. Uns war kalt in der kühlen Höhenluft. Gegessen hatten wir zuletzt am vorigen Abend in unserem Kleinbus. Man gab uns außerdem Kürbiskerne, die wir knacken und essen konnten. Wir glaubten nicht, daß dadurch unser Vorsatz, vor der Zeremonie zu fasten, gebrochen werden würde.

Wir gaben dem kleinen Jungen einen Plastikbecher, einen anderen gaben wir seiner Mutter. Der Junge war ekstatisch begeistert, obwohl Raul ihn warnte, daß der Becher sehr zerbrechlich sei. Später fanden wir heraus, daß er bereits vier Becher gesammelt hatte – er war der »Kapitalist« seiner Altersgruppe. Den ganzen Tag fragten uns Kinder nach Plastikbechern, aber wir hatten nur die zwei zum Verschenken.

Die Kommunikation war schwierig, da die junge Frau nur Mazatekisch sprach. Mit der Hilfe mehrerer Übersetzer erfuhren wir letztendlich, daß María Sabina tags zuvor runter ins Dorf gegangen war, um von uns eine Nachricht vorzufinden.

Raul erspähte einen kreisenden Adler und ging nach draußen. Auf der anderen Straßenseite lebte ein junger Kaffeebauer, der für uns übersetzte, nachdem García Rojas'

Sohn uns verlassen hatte. Von ihm lernte Raul, daß Huautla »Ort, wo die Adler ihr Nest bauen« heißt. Er war darüber erstaunt, als ihm der Kaffeebauer erzählte, daß viele Leute in der Stadt etwas gegen María Sabina hätten, daß sie »nicht gerade die meist geachtete Frau« wäre und daß viele den Pilzen nicht trauten und sie fürchteten. Auch hörte Raul, daß in den letzten Tagen ein paar Amerikaner Pilze genommen hatten und verrückt spielten, Hühner mit ihren Händen zerrissen hätten.

Raul beauftragte einen Jungen, ins Dorf hinunter zu gehen und María Sabina die Nachricht zu überbringen, daß wir in ihrer Hütte auf sie warten würden. Dazu zerriß er eine 10-Pesos-Note, gab ihm die eine Hälfte und versprach ihm – bei seiner Rückkehr – die andere.

Als der Sohn (oder Enkel) das Haus verließ, diskutierten wir darüber, wann wir die Pilze einnehmen sollten. Uns wurde gesagt, daß uns María Sabina erst am Abend um acht Uhr erwartet hätte, denn normalerweise würde die Zeremonie immer nachts stattfinden. Als wir sagten, wir wollten die Pilze, sobald sie erschiene, schüttelten die Leute mit den Köpfen. Wir erklärten ihnen, daß ich ein Doktor sei und wir alle mit Substanzen, die wie die Pilze seien, Erfahrungen hätten. Während der Diskussion zeigte sich der Sohn mal als harter, bestimmender Hausherr, mal als schmeichlerischer Diener.

Wir legten uns auf das Bett und auf die Petaten, die uns unser Gastgeber gebracht hatte, und schliefen ein. Als ich aufwachte, sah ich einen merkwürdigen Gesellen auf der Bank unter dem Fenster sitzen, die Augen starr auf uns gerichtet. Er hatte das große, falche, unwissende Gesicht des geistig Behinderten und wandte den Blick erst ab, als auch wir ihn anstarrten. Er hielt seine linke Hand mit einem roten Taschentuch bedeckt, wohl weil ihm der Daumen und ein oder zwei Finger fehlten. Von Zeit zu Zeit spuckte er auf den Boden (so wie es alle Männer hier taten; aber nie sahen wir die Frauen ausspucken). Später fanden wir heraus, daß dies ein anderer »Sohn« war, der behinderte Bruder unseres Gastgebers. Auch er ging davon aus, bei der Zeremonie anwesend zu sein.

Als Raul und Mark aufs Klo mußten, zeigte ihnen der helläugige Junge den Weg. »Du gehst den Hügel herauf und biegst an der ersten Ziege rechts ab«, sagte Mark als er zurückkam. Der kleine Junge hatte währenddessen eine kleine gelbe Blume für mich gepflückt.

Die Zeit verstrich. Wir lagen am Feuer, dösten und ruhten uns aus. Oder unternahmen kurze Spaziergänge und gewöhnten uns nach und nach an die neue Umgebung. Die sechs oder sieben Stunden, die wir auf María Sabina warten mußten, waren für uns sehr wertvoll. Unsere Psychen beruhigten sich und wir paßten uns dem langsamen Tempo des Ortes an. Später waren wir sehr dankbar für diesen zeitlichen Verzug, aber auch, daß wir die Zeremonie wärend des Tages erleben durften. Nachts hätten wir es niemals den Berg runter geschafft. Tatsächlich haben wir es kaum bei Tageslicht geschafft. Unser Gastgeber kehrte zurück und verkündete, daß María Sabina bald da sein werde. Es verging noch mehr Zeit. Obwohl wir jeden Moment María Sabina erwarteten, waren wir doch nicht richtig auf die Begegnung vorbereitet. Urplötzlich stand sie in der Tür! Wir konnten sofort ihre Autorität spüren.

Hier war sie also, die außergewöhnliche Curandera, Schamanin, die weltberühmte Weise Frau, diejenige, durch die die »Kleinen«, die »Heiligen Kinder« sprachen – genauso wie sie schon in präkolumbischen Zeiten durch die Weisen gesprochen haben.

Uns völlig ignorierend vertiefte sie sich in ein langes Gespräch mit unserem Gastgeber. Als dies geschah, bemerkte ich ein eigentümliches Gefühl in mir: die Summe von allem was ich war in bezug auf Autorität kämpfte gegen das, was in María Sabina war. Ich fühlte, wie ich innerlich wuchs und mich gegen diese Kraft wehrte. Langsam, sehr langsam bemerkte sie etwas, und die Situation beruhigte sich.

María Sabina kam durch den Raum zu uns und umarmte jeden von uns, zuerst Raul, der ihr am nächsten saß. Ich konnte spüren, wie ihre Psyche unsere Psychen erforschte. Von Matt zog sie sich zurück, machte eine Art von Hindu-Begrüßung mit verneigtem Kopf über gefalteten Händen vor ihm und umarmte ihn ein zweites Mal. Ich war zum Schluß dran. Ich konnte ihre Kraft spüren, wie sie mit meiner zusammenfloß. Alles würde gut werden.

María Sabina war eine winzige Person, kaum fünf Fuß groß, und sie wirkte keineswegs so als sei sie achtzig oder älter. Ihr graues Haar war zu Zöpfen geflochten und um den Kopf herum gelegt. Sie trug einen dunkelblauen Unterrock und ein weißes Huipil (Oberteil), das oben und unten mit Blumen bestickt war. Der Saum war zerfranst und ihre Füße waren schlammverkrustet. Sie hatte einen sehr intelligenten Blick in ihren grauwerdenden braunen Augen und einen eher quengeligen Ton in der Stimme, als sie sich mit ihrer Schwiegertochter unterhielt. Dann sprach sie mit Hilfe des Übersetzers zu Raul. Sie setzte sich ans Ende des Bettes, mit einem sehr selbstbewußten Ausdruck, blickte aber niemanden von uns in die Augen.

Später erzählte uns Raul, daß sie nicht verstehen könne, warum er hierhergekommen sei und warum er Pilze essen wolle. Außerdem war sie sich nicht sicher, ob sie uns überhaupt Pilze geben solle. Und sie glaubte keinesfalls, daß die Pilze während des Tages »arbeiten« würden.

»Ihr werdet nichts sehen«, sagte sie immer wieder. Später lachten wir alle zusammen über die am wenigsten zutreffende Vorhersage des Jahres. Außerdem verlangte María Sabina, daß wir die vereinbarten 700 Pesos (damals entsprach das $ 56,00) bezahlen müßten. Wir hatten bereits die Hälfte per Postanweisung an sie abgeschickt gehabt. Zusätzlich sollten wir noch 100 Pesos für die Pilze berappen. Ihr Haupteinwand blieb der, daß ihre Zeremonie eigentlich des nachts abgehalten werden müßte. Die Pilze würden tagsüber nicht arbeiten. Raul redete auf sie solange ein, bis sie kapitulierte.

Sie würde uns die Pilze geben, und zwar jetzt gleich.

Sie bedeutete uns, ihr zu folgen und führte uns den Hang hinauf, an der Ziege und an einem trüben Waschtrog vorbei zu einem neueren Adobehaus. Es hatte unter dem Strohdach nur einen Raum, der etwa acht Fuß breit und fünfzehn Fuß lang war. Von dem Haus hatte man einen Blick über die gewundene Straße nach Huautla und über das Tal bis nach San Miguel. Der morgendliche Regen und die Wolken hatten sich verzogen und alles erstrahlte im schönsten Sonnenschein. Als wir das Haus betraten, sahen wir ein paar Frauen und Kinder, die ums Feuer herum hockten.

María Sabina führte uns durch den Raum zu einem Steinherd und ließ uns auf einer kleinen Bank niedersetzen. Raul sprach mit ihr, diesmal mit Hilfe des Jungen, den er nach ihr geschickt hatte. (Der Kaffeebauer war inzwischen gegangen und wir mußten den Jungen als Übersetzer nehmen. Der hatte inzwischen anstelle der beiden Banknotenhälften einen neuen 10-Pesos-Schein verlangt.)

María Sabina verlangte unerbittlich, daß wir die ganzen 700 Pesos bezahlen müßten. Raul zeigte ihr unsere ganze Korrespondenz und erinnerte sie daran, daß sie die Hälfte im Voraus erhalten und es mit zwei Fingerabdrücken quittiert hatte. Plötzlich stimmte María Sabina zu und ließ sich von Matt und George, unserem Bankier, die ausstehenden 350 Pesos geben. Sie nahm die Pilze aus einer mit einem Blatt bedeckten Holzschale heraus und legte sie in Haufen aus. Dann verlangte sie plötzlich weitere 50 Pesos für die Pilze. Wir erinnerten sie daran, daß wir bereits 100 Pesos für die Pilze bezahlt hätten, aber sie ließ nicht mit sich handeln.

Wir konnten nichts anderes tun, als ihr die zusätzlichen 50 Pesos zu geben, aber mit der Auflage, daß wir auch mehr Pilze bekommen könnten. (Allerdings vergaßen wir, sie zu nehmen.) Außerdem bestanden wir darauf, daß ihre beiden Söhne und alle anderen Anwesenden die Hütte verlassen mußten. Sie war damit einverstanden. Dann sagte ich ihr, daß wir uns noch ein paar wichtige Dinge zu sagen hätten und fragte, ob ich etwas, für uns sehr Bedeutendes vorlesen dürfe. Sie willigte ein.

Wir nannten kurz unsere »Vorbehalte« – etwas, das wir zu Beginn all unserer Sessions machten. Jeder sprach über seine Vorbehalte der Situation, den Teilnehmern und dem Verlauf gegenüber. Ich nahm dann das Buch Der Prophet von Kahlil Gibran hervor. Ich laß zuerst den Text »Kinder« für Raul, dann »Freiheit« für George. Ich bat Raul, den nächsten Text, der »Arbeit« heiße, und für mich von großem Wert und Heiligkeit war, zu erklären. Sie schien zu verstehen, als ich laß. Ich spürte die Worte sehr tief. Der Prophet spricht in »Arbeit« zu meinem innersten Wesen.

»*Parasqu'chili*«, sagte die Schwiegertochter liebevoll zu mir, als ich fertig war: »Danke« auf Mazatekisch. Ihre Aufrichtigkeit und Dankbarkeit waren sehr bewegend; es war als hätte sie jedes Wort verstanden.

Dann bat María Sabina alle außer uns, die Hütte zu verlassen. Alle gingen außer den beiden Söhnen. Die mußten mehrmals rausgeschmissen werden. Unser erster Gastgeber insistierte darauf, zu bleiben.

Schließlich waren wir mit María Sabina allein. Die Zeremonie konnte beginnen.

Wir fünf setzten uns im Kreis auf die Petate. María Sabina nahm einen Tonteller, auf dem trockene Blätter gehäuft lagen, und ging zum Feuer. Sie nahm mit den Fingerspitzen glühende Kohlen aus dem Feuer und streute sie über die aromatischen Blätter. Bald nahmen wir den Duft von Thymian und Zeder und anderen uns unbekannten, stechend riechenden Kräutern wahr.

Dann rieb María Sabina etwas Speichel und grüne zerriebene Blätter (wahrscheinlich San Pedro, das Gemisch aus Bauerntabak, Kalk und Knoblauch) an die Innenseite unserer Ellbogen, zuerst die rechten, dann die linken. Sie machte einen runden Fleck, von der Größe einer Münze. Dann nahm sie mehr glühende Holzkohle und Kräuter und hielt unsere Hände nacheinander über die Räucherpfanne. Sie ließ Mark beide Hände zweimal darüber

»Ihr schaffet, um mit der Erde und der Erdenseele Schritt zu halten... So ihr schaffet, seid ihr eine Flöte, durch deren Seele das Geflüster der Stunden Musik wird. Wer von euch wäre gerne still und stumm wie ein Rohr, derweil alles um ihn her im Einklang singet?«
KAHLIL GIBRAN
Der Prophet

Der dunkelrandige Düngerling *(Panaeolus subbalteatus)* ist heute weltweit verbreitet

»Sobald wir uns auf ein bestimmtes Ziel konzentrieren und auf dieses Ziel beschränken, ohne die auftauchenden Alternativen zu berücksichtigen, begeben wir uns in eine Nebenstraße, die schließlich in eine Sackgasse mündet.«
BETTY G. EISNER
Zurück ins Paradies
(1972: 266)

halten. Dann brachte sie zwei neue Bienenwachskerzen und rieb uns damit über die Stirn. Vom Zentrum zur linken Schläfe, dann zur rechten Schläfe herüber und schließlich die Mitte herunter.

Zuvor hatte María Sabina die Pilze in fünf Haufen eingeteilt; nun hielt sie jedes Häufchen in den aromatischen Rauch, fragte nach unseren Namen und ordnete jedem seine Portion zu. Marks, Matts und meine Pilze lagen auf einem Stück Zeitungspapier; Rauls Portion, die größer als unsere war, lag in einem Becher, und Georges, der den größten Haufer erhielt, war auf einem Teller plaziert. Nachdem María Sabina die Pilze zusammen mit unseren Namen im Rauch geweiht hatte, verteilte sie sie an uns. Mir gab sie die Pilze zuerst, bedeutet mir aber, daß ich noch warten solle.

Die Pilze waren lang, hatten weiße Stiele und blauschwarze spitz zulaufende Hüte [wahrscheinlich waren es *Psilocybe caerulescens* var. *mazatecorum*]. Sie sahen anders aus als alle Pilze, die ich je gesehen hatte. Ihre Größe reichte von der eines Daumens bis zu der eines kleinen Fingers. Es sah so aus als hätte ich etwa ein Dutzend Pilze zugeteilt bekommen und befürchtete ich könnte sie nicht herunterkriegen, denn sie waren schmutzig am Fuß und wir hatten andere Pilze gesehen, die im Dung wuchsen. Aber ich sagte zu mir selbst, daß ich die Pilze essen würde und daß sie nicht wieder herauskämen!

Nachdem María Sabina die Pilze verteilt hatte, setzte sie sich zu uns in den Kreis und signalisierte uns, daß wir beginnen sollten.

Ich begann methodisch, aß sie so schnell wie möglich und erlaubte mir nicht, über den Schmutz und Dreck nachzudenken. Ich schaute auf meine Uhr. Es war 2:25 Uhr. Ich war überrascht, daß ich zuerst fertig war. Dann saßen wir händehaltend zusammen, wir fünf und María Sabina. Als wir unserem Übersetzer bedeuteten, er solle sich zu uns in den Kreis setzen, schien er sehr erfreut zu sein. Bald bemerkten wir jedoch, daß er lieber gehen wollte. Er bat um ein Trinkgeld, wir gaben es ihm und er verschwand.

Als ich das nächste Mal auf meine Uhr sah war es 4:55 – und viele Universen weiter. Also, die Pilze würden tagsüber nicht wirken, he?

Ich glaube, María Sabina hat uns für eine Weile allein gelassen, nachdem wir die Pilze verspeist hatten. Sehr schnell konnte ich die anflutende Wirkung spüren – ich glaube schon nach etwa zehn Minuten. Ich denke, daß María Sabina etwa zu derselben Zeit zurückgekehrt war, und die beiden Kerzen, mit denen sie unsere Stirn abgerieben hatte, entzündete. Sie kniete im Kreis zwischen Mark und mir nieder, hielt die Kerzen und fixierte sie. Ich konnte fühlen, wie sie die psychischen Tore öffnete und den Pfad hindurch zeigte. Sie blieb solange bei uns bis sie sah, daß wir alle sicher auf unserem Weg angekommen waren, und wußte, daß ich alle Schwierigkeiten, die auftreten würden, meistern könnte. George war der erste, bei dem es abging.

Er war echt in Schwierigkeiten, es war als lehne er sich gegen Autoritäten auf. Ich verständigte mich mit Mark darüber, und nahm mich der Situation an (das war eigentlich nicht das was ich vorhatte). George sollte mich anblicken. Schweiß lief ihm übers Gesicht. Als er mich ansah, war es als würde er zwei Arten von Wahnsinn durchleben. Das unglaublichste war, daß sich seine Augen unabhängig voneinander drehten und bewegten. Sein rechtes Auge drehte sich im Uhrzeigersinne, sein linkes Auge drehte sich gegen die Uhr. Es war unheimlich und erschreckend, und es dauerte – wie es schien – eine Ewigkeit an. Doch bald waren die Schwierigkeiten ausgestanden und er kehrte zu uns zurück.

Ich schlug vor, daß wir nach diesem Schrecken uns alle hinlegen sollten. Wir legten uns nebeneinander rücklings auf die Matte. Raul bildete das eine Ende, ich kam als nächste, dann Mark, gefolgt von Matt und George. Ich erinnere, daß ich den Sonnenschein sehen konnte, der durch die Öffnungen des Hauses hineinschien und golden-sandige Muster warf. Als die Wirkung bei mir einsetzte, dachte ich »Warum? Warum mußten wir so weit fahren, über die schlechte Straße mit sovielen Schwierigkeiten? Wofür sind wir hierhergekommen?« Dann wurden die Bilder unbeschreiblich.

Ich dachte, daß dies ein neues Gebiet des Bewußtseins ist, daß ich bisher noch nicht betreten hatte. Zuerst waren die Muster erdfarben, braun und dunkel ocker-gelb. Dann wandelten sie sich in ein strahlendes Gelb (mit bräunlichem Ton) und Rostrot. Diese Muster und Farben, die ich sogar auf Rauls Gesicht erblickte, sollte ich später im Museum von Mitla wiedersehen. Die Farben sah ich zusammen mit einem Weiß wie Keramik; sie waren auf schwungvollen Bögen und Formen, die nicht zu dieser Zeit und in diesen Raum gehörten – eine Art Transmutation von aztekischen zu futuristischen Formen. Während ich dies erlebte, hatte auch George ganz ähnliche architektonische Bilder.

George: »Ich betrat einen anderen Zeitstrom... Ich begann die gesamte aztekische Architektur zu sehen – gefroren, platt, unbeweglich, geometrisch, ohne Kurven. Es kam mir in den Sinn – es war ein Versuch auch meine Psyche in gleiche Muster einzufrieren – wo Zeit und Raum bewegungslos wurden – daß alles unbeweglich, platt, gekrümmt wurde... Aber dann entstand in der Mitte des Steines eine leichte Bewegung, ein sanftes Schlängeln... Dann löste sich das gesamte gewichtige Gebäude in Bewegung auf... Für den Rest der Sitzung pendelte ich zwischen den zwei Zeitströmen... Einer war der Zeitstrom der westlichen Zivilisation, der Griechen, der Römer, der Renaissance, der blauäugigen Angelsachsen... Es ist ein glatter kontinuierlicher Fluß. Der andere Zeitfluß war der der mexikanischen Indianer, der Afrikaner... Es war so, als würde letzterer auf unserem Planeten einheimisch sein, während der andere von einem fernen Planeten kommt...

Matt hatte ganz andere Erfahrungen. Zuerst sah er vibrierende Muster. Er war »im Weltraum und konnte die Kälte des Alls zum erstenmal spüren. Ich sah meist nur die Schwärze des Alls, gelegentlich Galaxien, Sterne. Sonnensysteme... Die Muster, die ich sah, wurden immer komplexer und farbiger; schließlich brach ich in Gelächter aus – es war wie ein riesiger kosmischer Scherz, als ich das Grundmuster des gesamten Kosmos sah. Der Scherz daran war, meine Besorgnis und Angst über einen Bruchteil davon, den Teil, über den wir uns hier in Huautla am Nachmittag gesorgt haben.«

Kurz darauf bekam Raul Schwierigkeiten, ernste Schwierigkeiten. Es sah so aus, als hätte auch er Autoritätsprobleme. Ich verständigte mich mit Mark darüber, ob ich eingreifen solle oder nicht. Es gab anscheinend sonst niemanden. Wir setzten uns wieder hin. Aus dem Winkel meines Auges sah ich, daß wir ein Publikum angezogen hatten.

> »Freude und Erfüllung gehören nicht nur zu den Grundrechten des Menschen, sondern auch zu den Geboten des Lebens. Ohne Freude können wir unser Potential nicht erfüllen, daher müssen wir herausfinden, wie wir zu ihr gelangen können, und alle Hindernisse, die sich uns entgegenstellen, aus dem Weg räumen. Das Leben ist ein Vorgang ununterbrochener Bewegung, nicht eine Reise mit einem bestimmten Ziel. Es ist ein Weg, und es ist Bewegung des von uns gelebten Lebens, die dieser Weg bedeutet.«
> BETTY G. EISNER
> *Zurück ins Paradies*
> (1972: 265)

Immer wieder kamen Leute herein um uns zu beobachten. Die Frauen und Kinder kochten inzwischen über dem Feuer am anderen Ende des Raumes. Kurz bevor der Pilz so stark wirkte war ein junger Mann – er wirkte o.k. – hereingekommen; María Sabina bedeutete ihm, daß er bleiben solle. Ich vermute sie benötigte jemanden, der auf uns aufpaßen konnte. Sie selbst wollte gehen, nachdem sie sah, daß wir mit Georges Zustand umgehen konnten.

Als Raul in Schwierigkeiten geriet, setzten wir uns auf. Ich versuchte ihn dazu zu bringen, mich anzusehen, aber er war irgendwie paranoid, und lehnte ab.

»Werde ich Jeana und meine Kinder wiedersehen?« fragte er ängstlich. Jeana war seine Frau, allerdings hatte er sich von ihr ziemlich weit entfremdet.

»Sicher, Raul«, sagte ich. »Das ist albern. Sieh mich jetzt an.«

Er weigerte sich nicht nur mich anzuschauen, sondern jeden von uns. Später erklärte er uns, daß er glaubte, wenn er uns angesehen hätte, würde er vollkommen unter unsere Kontrolle geraten.

Raul sollte sich hinlegen, mit Mark und mir zur Seite. George und Matt rückten heran, um ihn zu berühren. Wir alle faßten ihn an. Es war, als wenn er den Tod eines einflußreichen und korrupten orientalischen Machthabers sterben müsse. Er war in seinen eigenen Augen alles andere als korrupt – er war nur mitleidlos. Mark visualisierte eine Art Quadrat von »hängenden Perlengardinen – stark gemustert und orientalisch«, »ein verschlagener Scheißkerl, gerissen und heimtückisch«. Nach einigen Anstrengungen unsererseits gelang es uns, Raul unser aller Liebe zu schenken, ganz gleich wie gespalten und aufgelöst er war.

Plötzlich fragte Raul: »Aber wo ist Juárez?« – Juárez war Rauls Held aller Helden. »Es ist nicht Hidalgo«, fuhr er fort. »Mein Vater; der Vater Mexikos.«

Benito Juárez, zweifach gewählter Präsident von Mexiko, war die herausragenden Figur der mexikanischen Geschichte zwischen 1856 und 1872. Und er war wohl die bedeutendste Gestalt in Mexikos langem Kampf um die Unabhängigkeit. Beide Elternteile von Juárez waren zapotekische Indianer und stammten aus Oaxaca. Einmal war Juárez für eine bestimmte Zeit verschwunden. Es geht das Gerücht, daß er sich zurückzog um Pilze zu nehmen. Es wird berichtet, daß er von seiner »Pilgerreise« als ein anderer Mensch zurückkehrte. Selbstsicher und einflußreich.

Es ist auffällig, daß Benito Juárez auch für María Sabina von großer Bedeutung war. Denn sie sagte, daß sie unter dem Einfluß der Pilze mit Gott und Benito Juárez spräche.

Raul: »Ich kann meinen Vater Juárez sehen, wie er durch die Menge wandelt. Er ist ein Kerl aus Eisen, aber irgendwie stand er unter dem Einfluß von Lincoln. So als sei ihm Mexiko gegeben worden, um das Land zu verteidigen. Aber da gab es etwas, daß größer und mächtiger war, als er selbst; und diesem Etwas hatte er zu gehorchen. Er unterstand einer höheren Macht. Ich glaube es war Lincoln. Irgenwie verbinde ich das mit meinem Hiersein, zusammen mit Las Aguilas Americanas [= den amerikanischen Adlern], Bee, Mark, George und Matt.« Wir sprachen mit Raul über seine Autorität.

Schon zuvor hatte ich ihm gesagt, dies hier sei sein Platz, dies hier seien seine Leute, und er solle uns sagen, wie wir uns hier richtig zu verhalten hätten. Da bemerkte er all die Leute, die uns beobachteten und sagte sie sollen rausgehen. Er mißbrauchte seine Autorität, und ich sagte ihm, er solle es liebevoller versuchen.

»Con amor«, sagte er. »Mit Liebe«. Und begriff, daß dies der Weg war.

Wir bemerkten, daß es Liebe war, die seinen schottischen Großvater mit seiner indianischen Großmutter verbunden hatte. Und es war die Verbindung von Liebe und Gefühlen zwischen uns, die es Raul ermöglichten, seine Vergangenheit mit seiner Gegenwart zu integrieren. Die folgenden Stunden verbrachte er damit, zu lernen, wie er seine Autorität mit Liebe verbinden könne. Wir alle spürten, daß dies Rauls Stunde war – sein Platz – sein Schicksal kam voll zum Tragen.

Raul: »Jetzt verfüge ich über die Autorität, die ich nicht weiter mißbrauchen darf. Ich erlangte viel Macht. Ich fühlte mich stark und wütend... Ich ging nach draußen und versuchte Huautla auszumachen. Aber es war verschwunden! An seiner Stelle war nur ein Haufen Wolken, der uns und unsere Hütte umhüllte. Ich verfluchte die Kirche, die den Indianern so schändlich mitgespielt hatte und ließ all meine Wut heraus.

In der Minute, bevor ich die Hütte verlassen hatte, signalisierte ich María Sabina, daß sie unter meiner Autorität stünde, und sie nickte mir zu. Ich sah, daß wir bald gehen würden und ich sagte zu María Sabina, daß wir sie nun verlassen würden. Aber ich sah, daß sie nicht María Sabina war, sie trug nur dasselbe Kleid.« Und das war die Wahrheit in diesem Moment des Aufbruchs, hier in dieser Hütte: nichts sah so aus wie es einmal war. Alles hatte sich verändert.

Es wurde Zeit, zu gehen, und wir sammelten unsere Sachen zusammen. Wir hatten dabei große Schwierigkeiten. Das Adobehaus sah total anders aus. Es war so als hätten wir es nie zuvor gesehen. Die Leute darin wirkten auf uns völlig fremd. Wir konnten nicht mehr mit ihnen kommunizieren. Mark konnte nicht mal seine eigenen Schuhe wiedererkennen. Aber das Schlimmste war, daß niemand von uns María Sabina wiedererkennen konnte.

Hier war diese alte Frau, mit offenen Haaren, die ihr über die Schultern fielen. Mir schien es, als sei María Sabina irgendwo anders, und daß sie uns diese Frau hergeschickt hatte, damit wir nicht bemerken würden, daß sie weggegangen war. In dieser Frau regte sich keine Intelligenz. Sie glotzte uns nur dumm an. Niemand von uns konnte sie erkennen.

Matt: »Alle fünf von uns sahen eine Frau, die nicht María Sabina war. Mir erschien sie wie eine Nachbarin, wie eine gewöhnliche Frau. Es gab da ein paar Augenblicke, in denen ich spürte wie das Universum schwankte. Doch plötzlich war sie wieder María Sabina. Bevor sie sich verwandelte, sah ich viele Veränderungen. Ich sah, wie sich die Hand dieser Frau in die geschwollen Hand eines alten afrikanischen Zauberers verwandelte.«

Mark: »Wir wunderten uns, wo María Sabina geblieben war. Dann kam diese Frau in dem Kleid, daß María Sabina zuvor getragen hatte, herein, setzte sich zu uns, und wirkte sehr verstört. Für einen Moment sah sie wie eine Mumie aus Guanajuato aus. Dann sah sie wie jemand aus, der geschickt wurde, um María Sabina zu ersetzen – jemand, der

»Alles, was wir erleben, vollzieht sich im Augenblick und wird uns durch die Sinnesorgane vermittelt. Dieses Erleben können wir, da es unmittelbar ist, zeitlich weder vor-, noch zurückverschieben, da es sonst an Glanz und Duft verliert oder zu einem schwachen Abglanz wirklichen Erlebens wird.
Wir können uns weder für morgen hungrig fühlen, noch für gestern heiter und ausgelassen sein, die Gefühle des Gestern und Morgen sind nur das Echo jener Ereignisse, die unsere Sinne registrieren – Echo der Vergangenheit oder Echo des Echos (Projektion in die Zukunft). Wir ängstigen uns, vollkommen gebunden zu sein, und scheuen uns davor zurück, uns dem Jetzt hinzugeben, weshalb wir lieber in der Erinnerung an die Vergangenheit oder in die Zukunftsprojektionen leben.«
BETTY G. EISNER
Zurück ins Paradies
(1972: 260)

nicht begriff und verstehen konnte, was hier vor sich ging.«

George: »Eine Frau kam herein, aber sie sah viel älter aus als die María Sabina, die wir vorher kennengelernt hatten. Sie war so leblos.«

Plötzlich sagte Raul: »Ja, es ist María Sabina.« – Da konnte ich in ihr einen Schatten von der Frau, die sie mal gewesen war, erkennen.

Ich bedankte mich bei María Sabina und umarmte sie, so wie alle anderen. Sie wirkte so benommen wie wir. Später vermuteten wir, daß es irgendwie mit ihrem Verlangen nach Geld zu tun hatte, und daß sie dadurch selbst verunsichert war.

Aber wir befanden uns wirklich in einem Raum- und Zeitsprung, und waren obendrein immer noch total breit. Aber wir mußten jetzt aufbrechen. Der Zweck unserer Reise war erfüllt. Es bleibt ein ewiges Geheimnis, wie wir unsere Sachen zusammenräumten und wie wir den Absprung geschafft haben. Aber irgendwie müssen wir es geschafft haben.

Wir verließen das Adobehaus und befanden uns inmitten eines geheimnisvollen Dunkels gehüllt. Wolken wirbelten um den Berg, so daß wir nichts außer der Hütte erkennen konnten. Wir folgten einem Pfad, aber Matt hatte das Gefühl, daß wir verkehrt waren. Wir stoppten und sahen hinunter in ein Tal, in dem Nebelschwaden strudelten. Als wir zur Hütte zurückschielten, sahen wir den behinderten Sohn, der uns zurückwinkte. Wir befanden uns auf dem falschen Weg. Er führte in ein anderes Tal, nach San Miguel.

Wir kehrten um und gerieten in eine fremde Welt aus rotem Ton und Nebel. Nichts kam uns mehr bekannt vor. Selbst die Löcher voll Regenwasser, in denen die Frauen Wäsche gewaschen hatten, waren anders. In dem kleinen Unterstand befand sich ein Esel – keine Ziege –, der anders als alle Kreaturen aussah, denen wir jemals begegnet waren. Wir waren völlig desorientiert inmitten einer fremdartigen Welt.

Ich sagte, daß wir unser Gleichgewicht wiederfinden und unserem inneren Kompaß folgen müssen, und daß wir uns gegenseitig dabei helfen müssen. Wir können es nur schaffen, wenn wir zusammenhalten. Matt war derjenige von uns, der zur Zeit den besten Ortssinn hatte. Es war Matts innerer Kompaß, der uns schließlich rettete. Ich hätte ohne sein Gleichgewicht wohl kaum die ganze Erfahrung durchgestanden.

Wir fanden die erste Hütte, in der wir uns aufhielten wieder. Aber sie sah völlig verändert. Der paranoide Sohn lehnte sich aus dem Ladenfenster heraus. Er hatte ein rotes Tuch um den Kopf gebunden und sah wie ein Pirat aus. Einer von uns erinnerte sich an das Bier, daß wir drinnen unter einer Bank hatten stehen lassen. Gebieterisch verlangte Raul von ihm, daß er das Bier herausrücken solle. Obwohl er kriecherisch und unterwürfig tat, rührte er sich kein bißchen. Raul wollte ihm befehlen, es uns zu geben, aber wir intervenierten. Ein Kind ging hinein um unser Bier zu holen.

»Autorität mit Liebe«, erinnerten wir ihn. Matt trank ein Bier und wir hielten uns an den Armen um vorsichtig den roten Hohlweg, an dessen Seiten Mais und Kaffee wuchsen, herunterzugehen. Ich hatte das dringliche Gefühl, wir müßten sehr angemessen und ordentlich erscheinen um zu zeigen, wer wir wirklich waren oder was wir repräsentierten. Matt meinte plötzlich, wir hätten von der Hütte aus den falschen Weg genommen (er meinte den psychischen, hatte ihn aber verwechselt). Er wollte anhalten und darüber diskutieren. Matt: »Mir dämmerte, daß wir auf der falschen Zeitspur gelandet waren – es hatte einen Sprung in Zeit und Raum gegeben, als María Sabina in veränderter Gestalt zu uns zurückgekehrt war. Uns erschien es so, als ob wir den Hang hinuntergingen, aber die Zeit lief rückwärts und eigentlich stiegen wir den Hügel hinauf. Die Leute, die uns begegneten, sahen uns erstaunt an, denn sie bemerkten, daß wir auf eine rückläufige Zeitspur geraten waren. Ich erinnere mich, daß ich auf meine Uhr starrte und sah, das sie verkehrt herum lief!«

George: »Mir kam der Rückweg mindestens vier oder fünfmal solang vor wie der Hinweg. Und auf dem Weg durchlebten wir nochmals unser Drama. Der Weg schien gesäumt mit dessen Schauspielern. Bee sagte immer wieder 'wir sind jetzt fünf Adler, nicht länger Mütter und Väter, nur noch Adler'. Manchmal fühlte auch ich es... Nur der alte Matt hatte einen ordentlichen Schuß Paranoia abgekriegt, so stark, daß er bald nicht mehr in der Lage war, sich zu rühren.«

Endlich verzogen sich die Wolken und gaben den Blick frei auf den schönsten Sonnenuntergang, den ich je gesehen habe.

Ich blickte über die Straße und die Hügel unter uns und ich sah, daß sie mit den schönsten goldenen Städten übersät waren. Da lagen weißwändige Villen mit roten Ziegeldächern, ganz in goldenes Licht getaucht. Gute Asphaltstraßen wanden sich die Berge hinauf. Alles erschien in transzendenter Schönheit und Ordnung. Dann schaute ich auf die schlechte Straße, auf der wir uns befanden. Sie bog um die Ecke und verschwand in einer Felsklippe. Plötzlich gab es keine Straße mehr; sie hatte sich aufgelöst!

Wir stoppten und untersuchten die Straße. Die Straße war keineswegs im Berg verschwunden. Es war nur meine Wahrnehmung. Auch Raul konnte die goldenen Städte sehen – glücklicherweise aber auch die Straße.

Wir unterhielten uns weiterhin über Adler, ermahnten uns, aufrecht und ordentlich zu gehen. Raul atmete die Luft der Freiheit ein, sog sie immer tiefer in seine Lungen. Trotzdem befürchteten wir, daß wir niemals unseren Kleinbus wiederfinden würden und Matts ständiges Gerede, daß wir auf der falschen Zeitspur gelandet waren und zu María Sabinas Haus zurückkehren und nochmals alles von vorne beginnen müßten, half auch nur wenig.

Als wir doch endlich unseren Kleinbus erreichten, wirkte es wie ein Wunder, seinen robusten Rumpf zu sehen. Wir hatten die Stadt erreicht und ich erkannte, daß Huautla der Grund für meine wunderschönen Stadtszenerien bildete, aber mein Huautla war verwandelt, erweitert und lichterfüllt.

Erleichtert und erheitert krochen wir in den Kleinbus hinein. Wir seufzten unisono und brachen in totales Gelächter über unseren Zustand aus. Alle außer Matt. Er war immer noch bei María Sabina und glaubte, daß wir den falschen Weg eingeschlagen hätten. Wir hatten vor einem kleinen Laden geparkt. Als wir in dem Kleinbus saßen und Bier tranken, fühlten wir uns sicher und immer noch berauscht vom Pilz. Wir spürten eine große Freiheit, denn wir waren Adler und Gefährten. Der Bus war bald von vielen neugierigen Leuten umringt, die uns genau beobachteten.

Ich weiß nicht, was sie von uns hielten. Ich weiß nicht, ob wir uns angemessen verhalten hatten und ich weiß nicht, ob sie die Liebe und Zuneigung unter uns spüren konnten. Ich glaube, daß sie es merkwürdig fanden, daß Raul, mit seinem Indianergesicht, mit uns aushing und daß ich eine Frau mit vier Männern war. Aber sie waren jedenfalls freundlich. Die Kinder kletterten sogar auf unseren Bus. Ich bedeutete ihnen, wieder herunterzusteigen, aber sie rührten sich nicht von der Stelle. Dann stieg Mark aus und ging um den Wagen herum. Die Kinder liefen lachend und schreiend davon, bevor er sie erreichen konnte.

Nachdem wir unser Bier getrunken hatten – Raul hatte auch Matts Bier getrunken, denn der wunderte sich immer noch darüber, daß wir den falschen Weg genommen hatten! – waren wir bereit abzureisen. Ich setzte mich ans Steuer und wir fuhren über die holprige Straße durch die Stadt. Da hatten wir plötzlich das Gefühl, daß wir schnell diesen Ort verlassen müßten. Ich glaubte, daß wir einen sicheren Weg nahmen, aber daß uns die Zeit davonlief. Wir mußten noch tanken. Der Tankwart war gleichzeitig der Dorfbulle. Bei ihm lungerte der Hotelbesitzer García Rojas herum, der Mann, der unsere Korrespondenz mit María Sabina beantwortet hatte. Ihm gehörte außerdem der einzige Laden in der Stadt, wo man Benzin kriegen konnte. Raul und Mark hatten diesbezüglich ein sehr schlechtes Gefühl.

Wir mußten noch unser Gepäck aus dem Hotel holen. Die Frau am Tresen verlangte, daß wir für eine weitere Nacht bezahlen, aber Raul machte kurzen Prozeß mit ihr. Wir schmissen unser Gepäck ins Auto und brausten davon, hinein in Regen und Schlamm, mit mir am Steuer. Die anderen bereiteten etwas zu essen und zu trinken. Es war ein unheimlicher, furchterregender Trip. Irgendwelche Mächte drangen von außen in mich ein und ließen mich das Auto sicher steuern. Ich wußte, und die anderen auch, daß wir nur für eine kurze Zeit sicher waren und daß wir uns beeilen müßten. Warum das so war, weiß ich nicht. Aber wir alle waren uns dessen hundertprozentig sicher.

Die Straße lag vollkommen im Nebel und befand sich in einem wesentlich schlechteren Zustand als bei unserer Anreise. Ganze Teile waren inzwischen vom Regen fortgespült worden. Es gab mehr Schlamm und die Schlaglöcher waren noch tiefer. Die ehemals kleinen Wasserfälle am Rande der Straße waren zu riesigen Überflutungen angeschwollen. Überall stand die Straße unter Wasser. Wir konnten kaum etwas erkennen. Einmal spürte ich, wie die Räder durchdrehten, aber sie faßten wieder bevor ich ängstlich werden konnte.

Während ich mit der Straße kämpfte, hatte Mark mit Geistern zu ringen. Kurz bevor wir die Hälfte der Straße gemeistert hatten, sah er eine riesige präkolumbianische Gestalt, die in einem Bergkamm zum Leben erwachte. War das Chicon Nindó, der »Höchste Herr der Berge«, von dem die Mazateken glaubten, daß er in dem Berg nächst María Sabinas Hütte lebe? Mark sagte, daß er Ausschau hielt, wie er seinen Zorn austoben könne.

Als wir Kilometer 45, die Hälfte der Straße nach Huautla erreicht hatten, fühlten wir uns befreit. Der Nebel war verschwunden. Nach ein paar Kurven konnten wir die hellen Lichter von Teotitlan und verstreute Lichter im Tal erkennen. Irgenwie hatten wir es geschafft.

Später vermuteten wir, daß unsere Gefühle und Visionen an diesem Abend den Angriff auf die Pilzesser angekündigt haben. Wir waren vom 11. bis zum 12. Juli 1967 in Huautla. Am 8.September kam die Bundespolizei und hat 36 »Hippies« verhaftet und des Landes verwiesen (El Occidental, die Tageszeitung von Guadalajara, nannte sie yanquis adictos a las drogas [= »drogensüchtige Amis«].

Aber unsere Schwierigkeiten waren vorüber. Mark fuhr einen Teil der Strecke und als wir am Fuß des Berges angekommen waren, übernahm Matt das Steuer. Er erinnerte sich an ein Hotel in Tehuacan und brachte uns sicher dorthin. Wir hatten endlich einen sicheren Hafen gefunden.

»Wir kehrten zurück als neue Adler«, schrieb Mark am Ende seines Berichtes, »als Adler von Mexiko. Es ist ein wunderbares Gefühl als Adler wiedergeboren zu sein.«

George beendete seinen Bericht mit den Worten:

»Adler, Adler, Adler, Adler, Adler.«

Cuauhtli, der Adler
Aztekische Darstellungen von *malacates*,
tönernen Spindelscheiben

Der niederländische Maler Hieronymus Bosch (ca. 1450-1516) ist vor allem durch sein Trypichon *Garten der Lüste* bekannt geworden. Auf diesem und auf anderen Gemälden hat Bosch eine Anzahl psychoaktiver Pflanzen sowie alchemistischer Geräte und Prozesse porträtiert. Neben den »Magischen Erdbeeren«, tauchen Alraunenfrüchte, Stechäpfel und ein Zauberpilz auf. Die beiden Menschenfiguren auf dem Pilzkopf scheinen eine Art Yoga-Übung oder Trance-Haltung auszuführen. Kannte Bosch das Geheimnis der einheimischen psyilocybinhaltigen Pilze? Ist der *Garten der Lüste* ein dionysisches Pilzritual?

Michael Schlichting
Reise nach Oaxaca

Eigentlich war ich damals nach Mexiko aufgebrochen, um als Medizinstudent einige Wochen im dortigen Basisgesundheitsdienst zu arbeiten. Bei dieser Gelegenheit wollte ich auch die speziellen Probleme der Gesundheitsversorgung der indianischen Bevölkerung näher kennenlernen. Gleichzeitig interessierten mich nach einigen Semestern Ethnologie auch die Konzepte und Praktiken der traditionellen Heilkunde und insbesondere der Gebrauch gewisser »heiliger Pilze« im Rahmen von Heilzeremonien. Auf das berühmte Buch über die Mazateken-Heilerin María Sabina war ich eher zufällig gestoßen und wollte nun, fasziniert von den darin beschriebenen schamanischen Ritualen, die ganze Sache näher untersuchen, im Hinterkopf die Idee einer späteren wissenschaftlichen Veröffentlichung.

Eigene Erfahrungen mit Halluzinogenen hatte ich bis zu diesem Zeitpunkt nicht; natürlich hatten wir in der Studentenzeit alle ein paarmal Haschisch geraucht, doch sonderlich aufregend war das eigentlich nie gewesen.

Den Kopf also voll von naiven Vorstellungen über ethnomedizinische »Feldforschung«, orientiert an westlich-biomedizinischen Paradigmen und geleitet vom Menschenbild der Aufklärung mit einem damals von mir nicht hinterfragten Leib-Seele-Dualismus traf ich auf dem Flughafen von Mexiko-Stadt ein, im Gepäck eine Menge ethnologischer Fachliteratur und dazu Fotoapparat, Kassettenrekorder und ein leeres Notizbuch. Erst später lernte ich, daß man eine solche durch die Herkunftskultur konditionierte Wahrnehmung und Grundeinstellung »Ethnozentrismus« nennt.

Mexiko-Stadt empfing mich völlig unromantisch als riesengroßer, unübersichtlicher und stinkender Moloch, doch fand ich bei Bekannten eine herzliche Aufnahme und einen idealen Stützpunkt für weitere Erkundungen. Zunächst einmal näherte ich mich, wie ich es gewohnt war, recht akademisch den mexikanischen Indianer-Kulturen indem ich mehrere Male das einzigartige Nationalmuseum für Anthropologie besuchte und fleißig Aufzeichnungen anfertigte über die mich besonders interessierenden Ethnien der Mazateken, Huichol, Tzotzilen, Tzeltalen und Mixes. Mein Wunsch war es natürlich, selbst ein Indianergebiet zu bereisen, um weiteres wissenschaftliches Material zu sammeln, doch schien mir dieser Weg zunächst verbaut durch eine Unmenge bürokratischer Hürden und ein furchtbar umständliches Antragsverfahren für eine Forschungsarbeit in einem Indianergebiet. Außerdem hatten seinerzeit die mexikanischen Behörden die gesamte Region Chiapas in Südmexiko wegen der Aktivitäten von Aufständischen und gleichzeitigen Grenzkonflikten mit Guatemala für Ausländer gesperrt, wie ich überhaupt feststellte, daß von staatlicher Seite der Kontakt von Ausländern mit der indianischen Bevölkerung, der über den Besuch folkloristischer Veranstaltungen hinausgeht, als eigentlich unerwünscht angesehen wurde.

Also suchte ich nach anderen Wegen und begegnete einem mexikanischen Arzt, Psychiater und Psychoanalytiker, der eine private Stiftung zur Unterstützung einer von ihm eingerichteten Basisgesundheitsstation in einem kleinen entlegenen Dorf im Gebiet der Mixe-Indianer in Oaxaca gegründet hatte. Gleichzeitig befaßte er sich seit langem mit den Methoden der mexikanischen Volksmedizin und insbesondere auch mit der Verwendung pflanzli-

Michael Schlichting ist Arzt für Psychotherapie und Psychiater. Neben seinem Hauptstudium der Medizin befaßte er sich ausgiebig mit der Ethnologie und Ethnomedizin. Er führte zudem verschiedene Forschungsprojekte zum therapeutischen Gebrauch psychoaktiver Substanzen durch und arbeitet seit langem mit Hanscarl Leuner zusammen. Er ist Vorstandsmitglied des Europäischen Collegiums für Bewußtseinsstudien (ECBS) und Mitherausgeber des Jahrbuches des ECBS. Zur Zeit ist er als Oberarzt am Nds. Landeskrankenhaus Göttingen tätig.

cher Halluzinogene im Rahmen traditioneller Heilrituale: Dr. SALVADOR ROQUET, eine überaus starke und beeindruckende Persönlichkeit, mit dem ich lange über seine Erfahrungen, Ideen und Visionen von einer modernen Psychotherapie diskutierte. Sein Ziel war es, die indianischen Konzeptionen und Rituale der Anwendung natürlicher Halluzinogene mit westlichen Methoden einer tiefenpsychologisch fundierten Psychotherapie miteinander zu verbinden. Durch seine persönlichen Kontakte zu zahlreichen indianischen Schamanen, in erster Linie natürlich María Sabina, entwickelte er eine eigene Therapieform, genannt »Psychosynthese«, die neben anderen Elementen auch die Anwendung der in Mexiko vorkommenden natürlichen Halluzinogene wie Peyote-Kaktus, psilocybinhaltige Pilze sowie verschiedene Datura-Arten umfaßte. Einzelheiten und Ergebnisse dieser (bereits bis 1981 an über 950 Patienten mit beachtlichen Erfolgen angewendeten) Behandlungsmethode beschrieb ROQUET in seinem Buch *Los Alucinogenos: De la concepción indígena a una nueva psicoterapia* (1991).

Die Begegnung mit SALVADOR ROQUET erwies sich für mich in vielerlei Hinsicht als bedeutungsvoll und wegweisend für den weiteren Verlauf meiner Reise nach Oaxaca. Zunächst erhielt ich Gelegenheit, mich einer von ROQUET geleiteten Gruppe anzuschließen, die in dem kleinen, abgelegenen Indianer-Dorf Santa María de Matamoros die dortige Gesundheitsstation besuchen und in dem Dorf eine Impfkampagne durchführen wollte. Der Ort mit etwa 600 Einwohnern, ohne Straßenverbindung, Stromversorgung und Kanalisation, war nur durch einen mehrstündigen Fußmarsch durch unwegsames Gelände zu erreichen. Hauptprobleme der dortigen, auch von der staatlichen Indianer-Verwaltung vernachlässigten Gesundheitsversorgung waren in erster Linie die ungünstigen hygienischen Verhältnisse, die zu einer hohen Rate von Infektionskrankheiten führten, wie z.B. Tuberkulose, Infektionen mit Würmern und anderen Parasiten sowie die bei uns als Kinderkrankheit bekannten, dort aber recht gefährlichen Masern. Eine rein medikamentös-kurativ ausgerichtete Medizin konnte natürlich den fatalen Kreislauf von unzureichender Wasser- und Abwasserversorgung mit fehlenden Latrinen und ständiger Reinfektion nicht durchbrechen, sodaß Maßnahmen der Aufklärung über die ätiologischen Zusammenhänge zusammen mit einer Sanierung der hygienischen Verhältnisse und einer Verbesserung der Ernährungssituation die vorrangigen Ziele der privaten Hilfsorganisation von SALVADOR ROQUET waren, ergänzt um die Impfkampagne, die allen Kindern des Ortes einen ausreichenden Impfschutz gegen Masern, Tuberkulose, Diphtherie, Keuchhusten und Tetanus gewährleisten sollte.

Neben diesen Problemen, denen die westliche Medizin mehr oder weniger in allen Ländern der sogenannten Dritten Welt gegenübersteht, hatte ich bei den Mixe-Indianern in Oaxaca Gelegenheit, deren traditionelle Vorstellungen von Körper und Seele und damit auch von Krankheit und Schicksal kennenzulernen. Gleichzeitig mußte ich anerkennen, daß unsere positivistischen und biomedizinisch zentrierten Ansätze von nur sehr begrenztem Wert sind für ein Verstehen der Erfahrung des Krankseins und der daraus abgeleiteten traditionellen Heilmethoden. Bei den Mixe-Indianern wie bei den Mazateken in Oaxaca prägen insbesondere die im gesamten mittelamerikanischen Raum unzutreffenden Konzepte des »Tonalismus« und des »Nagualismus« den Umgang mit persönlichen Lebensereignissen, Unglücksfällen, Krankheit und Tod. »Tonalismus« meint die Idee einer seelisch-teleologischen Schicksalsgemeinschaft eines Menschen mit einem ihm zugeordneten, parallel in der Natur existierenden Tier-Individuum. Demgegenüber enthält der bereits in der alten aztekischen Mythologie bekannte »Nagualismus« als wesentlichen Gedanken die persönliche Transformation eines Menschen in eine Tiergestalt mit außergewöhnlichen (schädigenden wie auch heilenden) Fähigkeiten (vgl. SCHLICHTING 1982). Beide Konzepte können aufgefaßt werden als Repräsentanz für die tiefe existentielle und archaische Verbindung des Menschen mit der lebendigen Natur, deren Gleichgewicht immer wieder gestört werden kann und durch die schamanischen Heilrituale wiederhergestellt werden soll. Jedenfalls wurde mir schnell klar, warum es mir nicht gelungen war, die erkrankten Mixe-Indianer von der konsequenten Einnahme eines bestimmten Medikamentes (wie ich es gelernt hatte »dreimal täglich nach den Mahlzeiten...«) als einzig »vernünftige« Behandlungsmaßnahme zu überzeugen.

Diese Erfahrung konnte ich anschließend weiter vertiefen, als ich mich, nach Mexiko-Stadt zurückgekehrt, erneut einer kleinen Gruppe um SALVADOR ROQUET anschließen durfte, die eine Reise nach Huautla de Jiménez (Oaxaca) plante, um an einer von einem Schamanen geleiteten Pilzzeremonie teilzunehmen. Über Puebla und Tehuacan erreichten wir Teotitlan del Camino, von wo aus es noch einmal eine mehrstündige, beschwerliche Fahrt in bergigem, kurvenreichen Gelände war, bis wir müde und erschöpft, am Abend in Huautla eintrafen, jenem Ort, der durch das Buch über die Schamanin María Sabina eine weltweite Berühmtheit erlangte und zahlreiche amerikanische und europäische Pilz-Touristen anlockte (von denen ich, auch wenn ich es nicht wollte, irgendwie selber einer war, wobei ich als innere Legitimation mir mein »wissenschaftliches« Interesse zugute hielt).

Von der im Buch über María Sabina erwähnten respektvollen Verehrung der »heiligen Pilze« war dann in Huautla leider nicht mehr allzuviel zu merken, auch die »Schamanen« schienen nicht mehr das zu sein, was ich in meinen romantischen Vorstellungen erwartet hatte. Bereits einige Kilometer vor Huautla kamen uns ältere Kinder entgegengelaufen und priesen uns *hongos* (Pilze) an – zu einem stolzen Preis, am liebsten in US-Dollar, einige offerierten sogar ein »Pauschal-Arrangement« mit Übernachtung in einer Hütte. Diese Entwicklungen waren in Huautla keineswegs gern gesehen, sondern hatten in der Bevölkerung eher zu einer wachsenden Skepsis und Reserviertheit gegenüber der hauptsächlich aus den USA angereisten Pilz-Touristen geführt. Erst die steigende Nachfrage und die damit verbundene Möglichkeit des schnellen Geldverdienens hatte manche Mazateken veranlaßt, den Gebrauch der halluzinogenen Pilze aus dem traditionellen Kontext des Heilrituals herauszulösen und als Ware feilzubieten. Wie man uns erzählte, war es in den 70er Jahren dann zu einer regelrechten »Hippie-Invasion« gekommen: Scharen von kalifornischen Studenten fielen in Huautla ein, ohne Rücksicht zu nehmen auf die kulturellen Gebräuche und ohne Sinn für die tiefe religiöse Bedeutung des Pilzrituals, kauften

Der Nahualli

»Man sagte von ihm, daß er die Unterwelt kennt, daß er im Himmel Bescheid weiß. Er weiß, wann es regnen wird, oder ob es nicht regnen wird. Es fragen ihn um Rat die Prinzen, die Fürsten und die Gemeinen.«
BERNARDINO DE SAHAGÚN

»Der an sich ausserordentlich interessante und in seiner unausgeschmückten Form zweifellos alt überlieferte Glaube an die Verwandlung von Menschen in Tiere findet jedoch in verschiedenen Gegenden des Maçateca-Gebietes eine verschiedene Auslegung. Während am Rio Tonto, im östlichen Teile des Landes, die Tierverwerdung [...] von den Göttern als Strafe verhängt wird, also unfreiwillig und unerwünscht ist, wird sie im westlichen Gebiete, im Gebirge von Huautla, eher als eine Gabe der Götter, als Belohnung für eifrige Götterdiener, ausgelegt. Diese verwandeln sich freiwillig und durchaus wann und solange sie wollen, in Tiere, um sich zu nützen oder andern zu schaden, und bilden, als nahoales den Schrecken der abergläubischen Dorfgenossen.«
WILHELM BAUER
Heidentum und Aberglaube unter den Maçateca-Indianern
(1908: 859)

Mengen psilocybinhaltiger Pilze (sie selbst in der Natur zu suchen, wäre vermutlich zu umständlich gewesen) und konsumierten sie in ihrem verschlossenen Hotelzimmer. Einige von ihnen seien dann nachts laut schreiend und nackt durch die Straßen von Huautla gelaufen, wodurch sie natürlich die Ablehnung und das bis heute andauernde Mißtrauen gegenüber solchen »Touristen« hervorgerufen hätten.

Mit Hilfe von SALVADOR ROQUET gelang es uns, von den Menschen in Huautla nicht als Vertreter dieser Gruppe Pilz-Touristen angesehen zu werden, so daß wir auch ROQUET bei seinem Besuch bei María Sabina, damals bereits einer 88jährigen Frau von nach wie vor ungeheurer persönlicher Ausstrahlung, begleiten durften. Es fiel ihr sichtlich etwas schwer, sich an die vergangenen Jahre zu erinnern und über ihre Erfahrungen zu sprechen, sie wirkte müde, bedrückt und etwas verbittert, mit Freude erfüllte es sie aber, ihren Freund SALVADOR ROQUET wiederzusehen. Sie selbst praktizierte in ihrem hohen Alter nicht mehr; wie sie uns sagte, habe sie in all den Jahren »zuviel gesehen« – Wir hatten den Eindruck und fanden unsere Vermutungen später von Dorfnachbarn bestätigt, daß sie in letzter Zeit vermehrt Alkohol trank, wohl aus Kummer über die erheblichen familiären Konflikte; im Ort wurde erzählt, daß Angehörige sie sogar wegen der Verlockung des schnellen Geldes geschlagen und gezwungen hätten, entgegen ihrem eigenen Credo Pilz-Zeremonien für Touristen durchzuführen. Was wir also 1982 in Huautla antrafen, waren viele zum Mythos wie auch zum Kommerz gewordene Erinnerungen an María Sabina – und eine wunderbare, stolze, wenn auch sichtlich gezeichnete alte Frau.

Am folgenden Tag, sehr nachdenklich geworden durch den Besuch bei María Sabina, erreichte unsere kleine Gruppe nach einem knapp zweistündigen Fußmarsch über die Berge den kleinen Nachbarort Xochitenalco, wo wir – ebenfalls vermittelt durch SALVADOR ROQUET – verabredet waren mit dem Schamanen Don Ricardo, der außerdem Bürgermeister des kleinen Ortes sowie Ortsvorsitzender der Sozialistischen Partei war. Er erzählte uns von den lokalpolitischen Querelen mit

---

»Stammeskulturen erscheinen wie ein Fenster in unsere kulturelle Vergangenheit. Wir können die Grundlage unseres kollektiven Wesens erleben, wenn wir die Praktiken von Stammesgesellschaften untersuchen. Könnten ihre Anschauungen in irgendeiner Weise denen ähneln, die unsere seit langer Zeit ausgestorbenen, ebenfalls in Stämmen lebenden Ahnen gehabt haben? Wir können bei den zeitgenössischen Stammesgesellschaften beobachten, daß sie ein großes Feingefühl im Umgang mit psychedelischen Substanzen besitzen, eine Sensibilität, die in unserer Kultur vielleicht vor langer Zeit verloren ging, verkümmerte oder unterdrückt wurde.«
RICH YENSEN
Vom Mysterium zum Paradigma
(1993: 21)

Foto: M. Schlichting, 1982

der nationalen Mehrheitspartei PRI und von den vielen Krankheiten im Ort wie Erkältungen, Erbrechen und Durchfall sowie »Anfällen«, die uns nach seiner Beschreibung an zerebrale Krampfanfälle denken ließen, vermutlich im Zusammenhang mit dem unter den Indianern stark zugenommenen Alkoholkonsum; Don Ricardo selbst führte die Zunahme der Erkrankungen auf die »schlechte Luft« zurück. Er habe als Curandero sehr viel zu tun, zumal er der einzige am Ort sei, der auch Injektionen verabreichen könne. Die Medikamente besorgte er sich aus der Apotheke in Huautla. Zwar gebe es auch eine kleine staatliche Gesundheitsstation, doch ein Arzt käme nur sehr selten dorthin; die Leute hätten auch nur wenig Vertrauen zu dem Arzt, da es bei ihm immer nur Rezepte mit teuren Tabletten gebe, aber keine Injektionen, die von den Menschen für wirkungsvoller gehalten würden. Daß er also in bestimmten Fällen mit Mitteln der westlichen Medizin arbeitete und dann wieder als Schamane religiös geprägte Heilrituale mit »heiligen Pilzen« durchführte, schien für Don Ricardo kein weltanschauliches Problem zu sein.

Zu meiner Freude wurde ich eingeladen, an einer für den Abend vorgesehenen Heilzeremonie teilzunehmen, die Don Ricardo für ein junges Paar mit zwei kleinen Kindern abhalten wollte. Die Familie war einverstanden, daß ich als Fremder zugegen war, und gemeinsam warteten wir auf das Anbrechen der Nacht. Der Vater der Familie hatte zusammen mit Don Ricardo bereits am Nachmittag die für die Zeremonie notwendigen Pilze in der nahen Umgebung gesammelt und auf dem kleinen Altar in der geräumigen Holzhütte abgelegt. Nun bereitete Don Ricardo für uns drei Erwachsene wie für sich selbst die Portionen mit jeweils etwa 10 bis 16 kleinen Pilzen und reichte sie uns auf einem kleinen Stück Bananenblatt. Dann wurde das Kerzenlicht gelöscht und wir warteten schweigend, bis Don Ricardo begann, die Schutzheiligen jeder der anwesenden Personen anzurufen, religiöse Lieder zu singen und Gebete zu sprechen. Da er meistens mazatekisch sprach, verstand ich vom Inhalt wenig, doch innerlich spürte ich die ungeheure atmosphärische Macht, die sich im Raum wie in meinem Inneren ausbreitete.

> »Frei hängt die vom Pilz berauschte Person im Raum, ein körperloses, unsichtbares Auge, das sehen kann, aber nicht gesehen wird.«
> R. GORDON WASSON
> *The Hallucinogenic Fungi of Mexico*
> (1961)

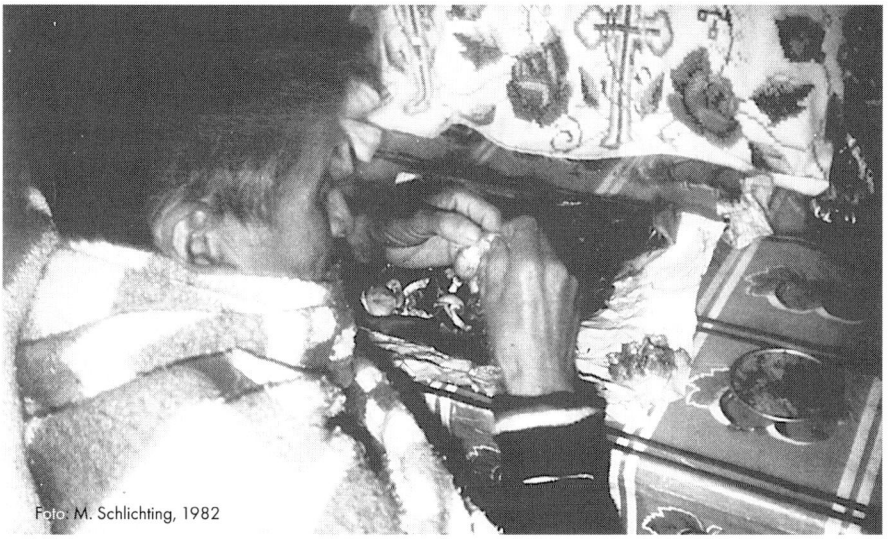

Foto: M. Schlichting, 1982

Literatur:

ROQUET, SALVADOR
1971 *Operación mazateca*. México, D.F.: Asociación A. Schweitzer.
1991 *Los Alucinógenos: De la concepción indígena a una nueva psicoterápia*. México, D.F.: Ediciones Prisma S.A..

SCHLICHTING, MICHAEL
1982 »Tonalismus und Nagualismus – Dimensionen des Krankseins in der mexikanischen Volksmedizin«
Curare 5: 153-162.

Das verursachte in mir einen merkwürdigen und mich immer stärker quälenden Zwiespalt zwischen meiner »wissenschaftlichen« Beobachterrolle mit Kassettenrekorder und Fotoapparat einerseits und einem geradezu körperlich spürbaren Sog in eine mir bis dahin unbekannte Richtung andererseits. Wollte ich Beobachter sein oder selbst in das Geschehen eintauchen mich hingeben, mich anvertrauen und mich tragen lassen von etwas, was ich gar nicht kannte? Die Fragen und Gedanken wirbelten nur so in meinem Kopf, ich wurde immer unruhiger, versuchte, in der Dunkelheit mich zu orientieren und die Ziffern meiner Armbanduhr zu erkennen was mir nicht gelang, bis ich plötzlich die »Kontrolle« verlor, ich fand noch gerade den Knopf zum Ausschalten des Kassettenrekorders – und fühlte mich in diesem Moment unendlich leicht und befreit. Es gab kein Müssen und keine Zeit mehr, kein Vorher und kein Nachher, kein Warum und Wozu, keine Angst und keine Verzweiflung. Mein ganzer Körper fühlte sich an wie der Rhythmus einer auf das Ufer zurollenden Meereswelle, vor meinen geschlossenen Augen entfaltete sich ein farbenprächtiges Panorama von einfachen Figuren und Formen, mit spielerischer Leichtigkeit und Selbstverständlichkeit verwandelte sich alles metamorphoseartig in immer neue Figuren, brachte immer wieder Neues hervor... ein Gefühl von »Schöpfung« und tiefer Dankbarkeit dafür, daß ich lebe, durchflutete mich. Währenddessen stimmten die beiden Mazateken in den Gesang von Don Ricardo ein und ihre Stimmen nahmen mich mit, trugen mich noch weiter... Es fällt mir schwer, alles das, was ich dann in dieser Nacht noch erlebte, in den Worten meiner damaligen bruchstückhaften Tagebuchnotizen hier wiederzugeben, doch kann ich rückblickend sagen, daß diese Erfahrung mich verändert hat, daß sie mir geholfen hat, das Wunderbare und das Heilige in mir wie in jedem anderen Menschen wahrzunehmen, aber auch die Einsamkeit und den Ursprung unserer menschlichen Ängste zu erkennen. »*¿Como no creer en Dios?*« Wie kann man nur angesichts dieser Erfahrung nicht an Gott glauben? So lautete der Gesang von Don Ricardo und auch für mich als vorher überzeugtem Atheisten war »Gott« plötzlich evident und überhaupt kein intellektuelles Problem mehr. Zwar bin ich hierdurch nicht zu einem radikalen Wandel meines Lebens oder für ein Leben als Mönch in einem Kloster motiviert worden, doch hat mich die Entdeckung dieser vielfältigen seelischen Dimensionen in dieser Nacht mit beeinflußt, in meiner weiteren Medizinerausbildung mich von den sogenannten operativen Fächern abzuwenden und der Psychotherapie und Psychiatrie zuzuwenden. Und da bin ich dann auch – mit wesentlicher Prägung und Hilfe meiner Lehrer und Freunde Salvador Roquet, Hanscarl Leuner und nicht zuletzt auch Albert Hofmann – gelandet. Bei Ihnen allen möchte ich mich deshalb an dieser Stelle bedanken.

Meine Reise nach Oaxaca hatte ich eigentlich angetreten, um »wissenschaftliches Material« zu sammeln und vielleicht auch aus jugendlicher Neugier und Abenteuerlust. Erst am Ende der Reise habe ich jedoch entdeckt und verstanden, was offenbar von Anbeginn das Ziel gewesen war. Und dieses Ziel ist mir auch heute noch immer wieder Ausgangspunkt für Reisen und Entdeckungen in der menschlichen Seele.

Christian Rätsch
Das Pilzritual der Mixe*

Die Mixe sind ein relativ kleines Volk, das im heutigen Oaxaca, in der sogenannten Mixería, lebt. Die Mixe sprechen eine dem Zoque verwandte Sprache, die sich in verschiedene Dialekte aufteilt (FOSTER 1969). Manche Linguisten vermuten, daß die Olmeken (eine archäologische Kultur) eine Sprache aus der Mixe-Zoque-Gruppe sprachen. Daraus könnte man folgern, daß die Mixekultur ihre Wurzeln in der prähistorischen, fast viertausend Jahre alten Kultur der Olmeken hat. Die modernen Mixe haben eine für Mexiko typische synkretistische Kultur, bestehend aus alten indianischen Elementen, kolonialzeitlichen katholischen Vorstellungen und modernen Konzepten. Durch ihre geographische Isolierung haben sie allerdings sehr viel indianisches Erbe bewahrt, das nur mit einem dünnen katholischen Firniß überzogen ist. Die reichhaltige Folklore der Mixe ist gut dokumentiert (MILLER 1956). Die Mythologie der Mixe ähnelt, soweit sie nicht katholisch entstellt wurde, in großen Zügen den Geschichten aus dem *Popol Vuh*, der Überlieferung der Quiché-Maya (FOSTER 1969: 472). Ihr Wissen und Gebrauch der Zauberpilze haben wesentlich zur Wiederentdeckung des *teonanacatl* beigetragen (HOOGSHAGEN 1959, VILLAS ROJAS in MILLER 1956: 13-70). Der rituelle und medizinische Pilzgebrauch der Mixe gleicht dem anderer Völker im heutigen Oaxaca, z.B. den Chinanteken (RUBEL & GETTELFINDER-KREJCI 1976), den Mixteken (RAVICZ 1961) und den Mazateken.

Für die Mixe ist die wichtigste Gottheit die Erdmutter Naaxwin (oder *na:shwin*, wörtlich »das Auge der Erde; vgl. HEINRICH 1994: 80). Die Erde gilt als Hort der Weisheit; die Erdmutter ist allwissend und hat Einblick in Vergangenheit, Gegenwart und Zukunft. Da die Pilze aus der Erde heraus wachsen, werden sie als »extrem weise« und voller Wissen erachtet. Ursprünglich glaubten die Mixe, daß die Pilze aus den Gebeinen urzeitlicher Weiser und Propheten geboren wurden. Nach einer anderen Vision gelten sie als Wahrsager, weil sie mit dem Blut Christi gleichgesetzt werden.[1] Es heißt, als Jesus am Kreuze hing, floß Blut aus seinem Herzen auf die Erde. Aus diesem Blut erblühten zahlreiche Blumen und eßbare Pilze. Zum Schluß kamen die Zauberpilze hervor und verdrängten die früher ergrünten Pflanzen. Deswegen heißen sie *na:shwin mux*, »Pilze der Mutter Erde« (LIPP 1991: 187). Dementsprechend heißen die Botschaften der Pilze »Stimme der Erde« (MAYER 1975: 604).

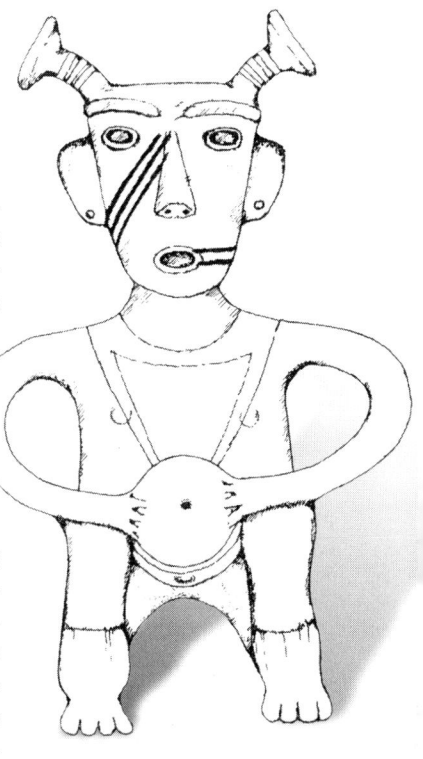

In Oaxaca wurden zahlreiche präkolumbianische Tonfiguren gefunden, die auf einen alten Pilzkult weisen. Oft sind trommelnde Schamanen dargestellt, denen pilzförmige Fortsätze aus den Köpfen wachsen

Die Mixe-Taxonomie der Zauberpilze (LIPP 1990: 152):

na:shwin mush	»Pilze der Mutter Erde«	*Psilocybe spp.*
pi'tpa	»Spindel-Wirtel«	*Psilocybe mexicana*
auch: *ene ti'ic*	»Zahn des Donners«	*P. cordispora*
atka:t	»Richter«	*P. hoogshagenii*
		P. yungensis
ko:ng	»Herr / Gebieter«	*P. caerulescens*
		P. yungensis

* Bearbeiteter und erweiterter Auszug aus dem Artikel »Die Pflanzen der blühenden Träume: Trancedrogen mexikanischer Schamanen« in: *Curare* 17(2): 277-314, 1994.

[1] »Die *niños* sind das Blut Christi.« María Sabina

Psilocybe hoogshagenii

Psilocybe yungensis

[2] Die Wahrsager der Mixe benutzen neben den Pilzen auch andere Entheogene: *ma''zhun paHk* (*Turbina corymbosa/ Ipomoea violacea*), *ama'y mushtak* (*Datura stramonium*), *po:b piH* (*Brugmansia candida*) und *piH* (*Tagetes erecta*) (LIPP 1990: 151f., FOSTER 1969: 474).

Die Mixe kennen verschiedene Heiler-Typen (BEALS 1973, HEINRICH 1994). Es sind vor allem die meist weiblichen Schamanen, die die Zauberpilze rituell benutzen. Sie werden für divinatorische Zwecke gegessen.[2] Mit ihnen können Krankheitsursachen erkannt, Tod und Verlust von Familienmitgliedern vorhergesehen, verlorene Objekte lokalisiert, Diebe und Zauberer entlarvt und Lösungen für familiäre Probleme gefunden werden. Die Pilze können auch dazu verhelfen, verborgene Schätze aufzuspüren, Ruinen zu entdecken und rituelles Wissen zu erfahren. Normalerweise sprechen die Pilze Mixe, manchmal aber auch Zapotekisch (LIPP 1991: 187). Bei den Mixe ist sogar noch der alte vorspanische Tonalámatl-Wahrsagekalender in Gebrauch. Manche Schamanen benutzen die Pilze im Zusammenhang mit der Kalender-Divination (MILLER 1966).

Die Pilze werden auch als Heilmittel bei verschiedenen Krankheiten wie Magen-Darm-Störungen, Migräne und Kopfschmerzen, Schwellungen, Knochenbrüchen, epileptischen Anfällen, sowie bei akuten und chronischen Leiden eingenommen. Die meisten Mixe, die keine Schamanen sind, scheuen die Pilze und nehmen sie nur bei Krankheiten in kleinen (subpsychedelischen) Dosierungen ein. Sie fürchten die Konfrontation mit den Pilzen, die zu ihnen sprechen würden und Unangenehmes enthüllen könnten (LIPP 1991: 187f.).

Pilze können nur im Sommer geerntet werden. Es heißt, sie gedeihen lediglich auf heiligem Boden. Wenn man auf einen Pilz stößt soll man ihm drei Kerzen opfern, vor ihm niederknien und folgendes Gebet sprechen:

»*Tum 'Uh, die du bist die Königin von allem was da ist und die du hier als Heilerin aller Krankheiten stehst. Ich sage dir, daß ich dich von diesem Orte mitnehme zu dem Platz um die Krankheit, die über mein Haus gekommen ist zu heilen, denn du bist genannt das große Wesen der Erde. Verzeih diese Störung, aber ich trage dich zu dem Platz an dem die kranke Person ist, so daß du erhellst, woran sie erkrankt ist. Ich verehre dich. Du bist die Meisterin von allem und du enthüllst alles den Kranken.*« (LIPP 1991: 189)

Die gesammelten Pilze werden vorsichtig auf dem Hausaltar plaziert oder für drei Tage in der Dorfkirche aufbewahrt. Sie bekommen ein Opfer von Weihrauch (Copal). Sie werden entweder frisch oder sonnengetrocknet verzehrt. Drei Tage vor dem Genuß der Pilze muß die Person sexuell abstinent sein und darf weder Geflügel oder Schwein, noch Eier oder Gemüse essen. Das Trinken von Alkohol (Mescal) ist ebenso verboten, wie der Gebrauch anderer Drogen oder Medikamente. Die Person soll während dieser Zeit auch auf landwirtschaftliche Tätigkeiten verzichten. Am Morgen des vierten Tages nimmt die Person ein Bad und ein leichtes Frühstück (nur Maisspeisen). Den Tag über fastet sie. Am nächsten Morgen nach der Sitzung muß die Person eine große Menge Chilischoten (*Capsicum*) essen und für den nächsten Monat auf Fleisch und Alkohol verzichten. Die Pilze werden immer in Paaren gegessen und auch nach Paaren dosiert: drei Paare für Kinder, sieben Paare für Frauen, neun Paare für Männer. Aber manche nehmen auch zwölf oder dreizehn Paare ein (LIPP 1991: 189f). Manchmal werden nur die Hüte gegessen (MAYER 1975: 604).

Man soll jeweils nur die Pilze einer Spezies zu sich nehmen. Aus dem Vermischen von Arten könnten bedrohliche Visionen resultieren.

Bevor die Pilze gegessen werden, müssen zwei Eier neben sie gelegt worden sein. Dazu wird Copal (Weihrauch; das Harz von *Acrocomia mexicana*) verbrannt und eine Kerze angezündet. Vor dem Verzehr spricht man ein Gebet an den Pilz:

»Die Ihr gesegnet seid! Jetzt werde ich Euch schlucken damit Ihr die Krankheit, die ich habe, heilt. Bitte gebt mir das Wissen, das ich benötige, Ihr, die Ihr alles wißt, was ich brauche und was ich habe, über meine Probleme. Ich erbitte Euren Rat; sagt und offenbart mir was ich wissen muß, aber tut mir nichts an. Ich wünsche mir weder ein böses Herz noch Schlechtigkeit. Ich möchte nur etwas über meine Probleme, Krankheiten und andere Dinge, die Ihr für mich tun könnt, wissen. Ich bitte Euch, erschreckt mich nicht, zeigt mir nichts Böses, aber verschweigt auch nichts. Dies ist für einen Menschen mit einem reinen Herzen. Ihr könnt vieles erreichen, und ich bitte Euch, tut es für mich. Ich bitte nun noch um Verzeihung, daß Ihr diese Nacht in meinem Magen seid.« (LIPP 1991: 190).

Nachdem die Pilze im Stück mit etwas Wasser heruntergeschluckt wurden, soll Ruhe einkehren. Es heißt, die Pilze sowie alle anderen Zauberpflanzen, mögen keinen Lärm und brechen das Sprechen ab, wenn sie sich gestört fühlen. Normalerweise wird die Person, die die Pilze gegesssen hat, von ein oder zwei Freunden oder Familienangehörigen begleitet. Sie sollen darauf achten, was der Bepilzte von sich gibt, und können ihn gegebenenfalls bei Problemen mit Copal beräuchern. Die Visionen die auftreten sind kulturell geformt. Zuerst sieht man Schlangen und Jaguare. Wenn sie wieder verschwunden sind, erscheinen Sonne und Mond als Junge und Mädchen, die Kinder des Windes und die Erdmutter. Oft hören die Bepilzten nur Stimmen, die ihnen Ratschläge erteilen, Diagnosen erstellen oder sie nach dem Grund der Pilzeinnahme befragen. In diesen Visionen erhalten die meisten Personen tiefe Einsichten über ihren Gesundheitszustand und lernen, wie sie heil und gesund werden können.

Die Pilze gelten solange als ungefährlich, wie sie in der richtigen Weise, d.h. im vorgeschriebenen Ritual und zeremoniellen Zusammenhang benutzt werden. Unangenehme Erfahrungen und bedrohliche Visionen werden als Strafe für Personen, die sich nicht rituell gereinigt haben oder die ein anderes Tabu gebrochen haben, aufgefaßt. Ebenso werden niederträchtige Intentionen vom Pilz mit Horrorvisionen bestraft. Es heißt auch, daß Personen, die den Pilz mit unreinem Herzen und respektlos essen, mit ewigem Wahnsinn geschlagen werden können (LIPP 1991: 192f).

Das freischwebende Auge von Teotihuacan ist das Symbol für den Blick in die andere Wirklichkeit. GORDON WASSON hat in dem Kreis um das Auge einen Pilzhut entdeckt

Literatur

BEALS, RALPH L.
1973 *Ethnology of the Western Mixe.* New York: Cooper Square Publishers. [Reprint von 1945, mit einer neuen Einführung]

FOSTER, GEORGE M.
1969 »The Mixe, Zoque, Popoluca« in: EVAN Z. VOGT (Hg.), *Handbook of Middle American Indians,* Vol 7 (Ethnology Part I): 448-477, Austin: University of Texas Press.

HEINRICH, MICHAEL
1994 »Herbal and Symbolik Medicines of the Lowland Mixe (Oaxaca, Mexico): Disease Concepts, Healer's Roles, and Plant Use« *Anthropos* 89: 73-83.

HOOGSHAGEN, SEARLE
1959 »Notes on the Sacred (Narcotic) Mushrooms from Coatlán, Oaxaca, Mexico« *Oklahoma Anthropological Society, Bulletin* 7: 71-74.

LIPP, FRANK J.
1990 »Mixe Concepts and Uses of Entheogenic Mushrooms« in: THOMAS J. RIEDLINGER (Hg.), *The Sacred Mushroom Seeker: Essays for R. Gordon Wasson,* S.151-159, Portland, Oregon: Dioscorides Press.
1991 *The Mixe of Oaxaca: Religion, Ritual, and Healing.* Austin: University of Texas Press.

MAYER, KARL HERBERT
1975 »Die heiligen Pilze Mexikos« *Ethnologia Americana* 11(6): 603-608.

MILLER, WALTER S.
1956 *Cuentos Mixes.* México, D.F. INI.
1966 »El tonalamtl mixe y los hongos sagrados« in: *Homenaje a Roberto J. Weitlaner,* 349-357, Mexcio: UNAM.

RAVICZ, ROBERT
1961 »La mixteca en el estudio comparativo del hongo alucinante« *Anales del Instituto Nacional de Antropología e Historia* 13(1960): 73-92.

RUBEL, ARTHUR & JEAN GETTELFINDER-KREJCI
1976 »The Use of Hallucinogenic Mushrooms for Diagnostic Purposes Among Some Highland Chinantects« *Economic Botany* 30: 235-248.

VILLA ROJAS, ALFONSO et al.
1975 *Los zoques de Chiapas.* México, D.F.: INI.

Dr. Timothy Leary, der Vater der Theorie von Dosis, Set und Setting, ist einer der bedeutendsten Pioniere der modernen Bewußtseinsforschung und transpersonalen Psychologie. Man hat ihm fälschlicherweise vorgeworfen, daß er den Mißbrauch von LSD gefördert hätte. Er war jedoch der erste, der – zusammen mit seinen Assistenten Dr. Richard Alpert (= Ram Dass) und Dr. Ralph Metzner – bereits 1962 ein Handbuch für sinnvolle Reisen und Experimente mit Psychedelika publiziert hat. Leary feierte im Jahre 1995 seinen 75sten Geburtstag und wartet darauf für die Zukunft und die Ewigkeit eingefroren zu werden. (Foto: Tom Ruddock, aufgenommen in Timothy Leary´s Wohnzimmer in Beverly Hills im Mai 1995)

Timothy Leary's erste Pilzerfahrung

Die Pilze haben einen der bedeutendsten und umstrittensten Bewußtseinsforscher, den ehemaligen Harvard-Professor Dr. TIMOTHY LEARY, sozusagen »auf den Trip« gebracht. Noch bevor LEARY mit LSD experimentierte bekam er zu den mexikanischen Zauberpilzen Zugang. Als er sich 1960 in Cuernavaca (Mexiko) aufhielt, schloß er zum erstenmal persönliche Bekanntschaft mit dem Götter-Pilz. LEARY nahm dort zum ersten Mal in seinem Leben ein Psychedelikum. Das veränderte nicht nur sein eigenes Leben und Denken, sondern führte zu tiefgreifenden Veränderungen in der Gesellschaft, aber auch im wissenschaftlichen Weltbild. Eine der ersten Wirkungen, die LEARY bei seiner historischen Erfahrung machen durfte, war jenes berühmte »kosmische Lachen«, das Lachen über sich selbst und die Wissenschaft:

»Ich lachte über meine tägliche Pomposität, jene engstirnige Arroganz des Wissenschaftlers, die Unverschämtheit des Rationalen, die glatte Naivität von Worten im Gegensatz zu den unverfälschten, reichen, ewig-wechselnden Panoramen, die mein Gehirn überfluteten. [...] Ich ergab mich der Freude, wie es Mystiker seit Jahrhunderten getan haben, als sie durch den Schleier blickten und entdeckten, daß die Welt - so plastisch sie schien - eigentlich eine kleine, vom Verstand konstruierte Bühnenszene war. Es gab eine Flut von Möglichkeiten dort draußen (dort drinnen?), andere Wirklichkeiten, eine unendliche Anordnung von Programmen für andere Zukunftsszenarien.« (LEARY 1986: 33f.)

Auf dem Höhepunkt der Pilzerfahrung erlebte Leary eine ergreifende, mystische Weltenschau:

»Dann war ich weg, abgefahren in die Abteilung für phantastische Optik. Die Paläste des Nils, die Tempel der Beduinen, glitzernde Edelsteine, fein gewobene Seidenkleider, die Farben atmeten, von Muzo-Smaragden gleißende Mosaike, burmesische Rubine, Saphire aus Ceylon. Da waren edelsteinbesetzte Schlangen, maurische Reptilien, die züngelten, sich wanden und den Abfluß in der Mitte meiner Retina hinuntertaumelten.

Als nächstes folgte eine Reise durch die Evolution, die alle, die auf Gehirnreise gehen, garantiert erleben werden. Ich glitt den Rekapitulationskanal hinunter bis in die alten Produktionsräume des Mittelhirns: Schlangenzeit, Fischzeit, Großer- Dschungel- Palme- Zeit, grüne Zeit der Farnspitzenblätter.

Ruhig beobachtete ich, wie das erste Meereswesen an Land kroch. Ich lag bei ihm, der Sand knirschte unter meinem Nacken, dann floh er zurück ins tiefgrüne Meer. Hallo, ich bin das erste Lebewesen.« (LEARY 1986: 34)

Diese initiatorische Erfahrung hat den akademisch geschulten Wissenschaftler nachhaltig verwandelt:

»Die Reise dauerte etwas mehr als vier Stunden. Wie beinahe jeder, für den der Schleier gelüftet wurde, kam ich als veränderter Mensch zurück. [...] In vier Stunden am Schwimmbecken in Cuernavaca lernte ich mehr über den Verstand, das Gehirn und seine Strukturen, als ich es in den vergangenen fünfzehn Jahren als fleißiger Psychologe vermocht hatte.« (LEARY 1986: 35)

Wie so viele Menschen vor und nach ihm hat auch Leary eine wesentliche Lehre von den Pilzen erhalten (oder sollte man sagen durch die Pilze entdeckt?):

»Ich erfuhr, daß das Gehirn ein unbenutzter Biocomputer ist, der Milliarden von unerschlossenen Neuronen enthält. Ich lernte, daß das normale Wachbewußtsein ein Tropfen in einem Ozean der Intelligenz ist. Daß Bewußtsein und Intelligenz systematisch erweitert werden können. Daß das Gehirn neu programmiert werden kann. Daß das Wissen um das Funktionieren unseres

TIMOTHY LEARY's voluminöse Autobiographie ist ein köstliches Lesevergnügen

Literatur:

LEARY, TIMOTHY
1986 *Denn sie wußten was sie tun: Eine Rückblende.* Basel: Sphinx.

LEARY, TIMOTHY, RICHARD ALPERT & RALPH METZNER
1982 *Psychedelische Erfahrungen: Ein Handbuch nach Weisungen des Tibetanischen Totenbuches.* Linden: Volksverlag (org. 1962),

LEARY hat sich in den letzten Jahren vor allem mit *Cyberspace* und virtueller Realität beschäftigt und so den Weg von der psychedelischen Kultur zur modernen *Cyberculture* vorgezeichnet.

Sein letztes Buch über Chaostheorie und VR wird im Sommer 1996 auf Deutsch im Nachtschatten Verlag erscheinen

Gehirns die dringlichste wissenschaftliche Aufgabe unserer Zeit ist. Ich war außer mir vor Enthusiasmus, überzeugt, daß wir den Schlüssel, nach dem wir suchten, gefunden hatten.« (S.35)

LEARY entwickelte aufgrund seiner Pilzerfahrungen die bis heute gültige und von allen Wissenschaftlern und Therapeuten benutzte Theorie von Dosis, Set und Setting. Sie besagt, daß das psychedelische Erlebnis durch drei Faktoren bestimmt wird:

»*Eine psychedelische Erfahrung ist eine Reise in neue Bereiche des Bewußtseins. Ausmaß und Inhalt der Erfahrung sind ohne Grenzen. Ihre charakteristischen Merkmale übersteigen die in Worte zu fassenden Begriffe, die Dimensionen von Raum und Zeit ebenso das Ich oder die Identität. Eine solche Erfahrung von Bewußtseinserweiterung kann sich auf verschiedenste Art ereignen: durch Verlust der Sinneswahrnehmungen, durch Yogaübungen, geschulte Meditation, religiöse oder ästhetische Ekstase, auch ganz unmittelbar. In jüngster Zeit werden sie einem jeden durch psychedelische Drogen wie LSD, Psilocybin, Meskalin und DMT etc., ermöglicht.*

Natürlich ruft nicht die Droge die transzendentale Erfahrung hervor. Sie wirkt nur als chemischer Schlüssel, indem sie das geistige Bewußtsein öffnet und das Nervensystem von seinen gewöhnlichen Modellen und Strukturen frei macht. Die Natur der Erfahrung hängt fast ausschließlich von 'set' und 'setting' ab. 'Set' bezeichnet die Vorbereitung des einzelnen, die seine persönliche Struktur und derzeitige Gemütsverfassung mit umfaßt. 'Setting' ist physischer Art – das Wetter, die Atmosphäre des Raumes; sozialer Art – die gegenseitigen Gefühle der anwesenden Personen und kultureller Art – die vorherrschenden Ansichten in Bezug auf das, was Wirklichkeit ist. Aus diesem Grund sind Handbücher oder Leitfäden notwendig, deren Zweck darin besteht, daß der einzelne die Fähigkeit erlangt, die neuen Wirklichkeiten des erweiterten Bewußtseins zu verstehen. Sie dienen als Reiseführer in die neuen inneren Bereiche, die durch die moderne Wissenschaft zugänglich gemacht wurden.« (LEARY et al. 1982: 9)

Für viele Wissenschaftler und Psychonauten wurden die Pilze zu Schlüsseln zu anderen Welten, Wirklichkeiten und Weltbildern. Sie wurden die Schlüssel zu den gewöhnlich verschlossenen Türen des erweiterten, visionären oder kosmischen Bewußtseins. Viele haben seither diese »Pforten der Wahrnehmung« durchschritten und die überwältigenden Bewußtseinsabenteuer in ihr Denken und Handeln, in ihre wissenschaftlichen Theorien und philosophischen Abhandlungen einfließen lassen. Für die meisten modernen Bewußtseinsforscher begann ihre forscherische Tätigkeit mit ihrem ersten Pilztrip.

María Sabina in der typischen Tracht der Mazateken, vor ihrem Haus bei Huautla de Jiménez (Oaxaca, Mexiko) (fotographiert von Albert Hofmann, 1962)

Rechts:
Dr. Albert Hofmann, der Entdecker der Pilzwirkstoffe, zusammen mit einer Mexikanerin, während der '62-Expedition ins Mazatekenland

Unten:
R. Gordon Wasson (1898-1986), Begründer der Ethnomykologie, während einer Expedition zu den Mazateken (fotographiert von Albert Hofmann, 10.10.1962)

Die frischen Blätter der Wahrsagesalbei *(Salvia divinorum)* enthalten das potente Psychedelikum Salvinorin A, das schon bei 500 µg stark wirkt, jedoch nur über die Schleimhäute aufgenommen werden kann
(Foto: C.Rätsch, 1995)

Eine mazatekische Curandera, die sich auf ein Ritual mit dem »Pilzsurrogat« *Salvia divinorum* vorbereitet (fotographiert von Albert Hofmann, 1962)

Pilz-kultivierung

Psilocybe cyanescens-Kultur

Terence McKenna, der mit seinem Bruder Dennis zusammen die Methode zur Kultivierung des *Stropharia cubensis* erstmals beschrieben hat

Stropharia cubensis-Kultur

Psilocybe cyanescens-Kultur

Wilde Pilze

Unten: Der Dunkelrandige Düngerling (*Panaeolus subbalteatus*), der neben Psilocybin und Psilocin reichlich Serotonin enthält, gedeiht prächtig auf Pferdedung-Ablagerungen; fotografiert in der Nähe der Externsteine

Unten rechts: Getrocknete Exemplare des mazatekischen *Psilocybe caerulescens* (Foto: C.Rätsch, 1992)

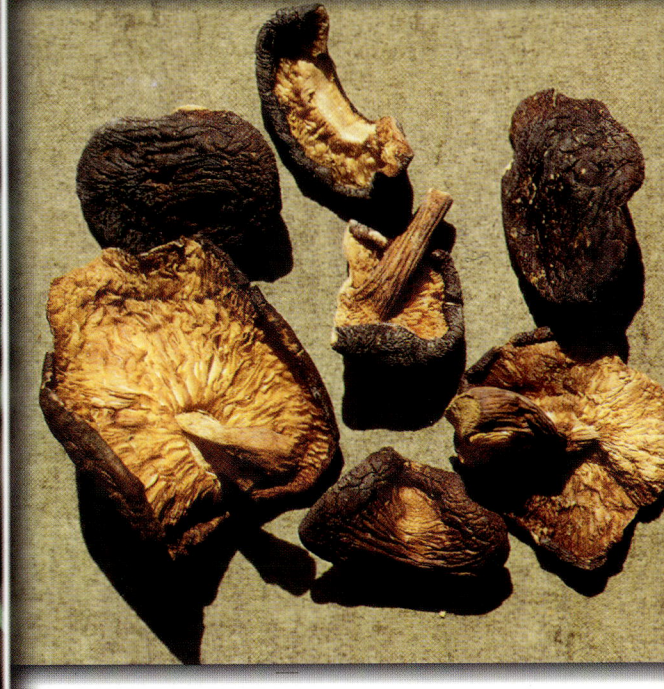

Der berühmte Zauberpilz *Stropharia cubensis* mit typisch goldener Spitze, in den Ruinen von Palenque (Chiapas/Mexiko) fotografiert (Foto: C.Rätsch, 1982)

Zauberpilz-Batik aus Jogjarkarta (Java/Indonesien), die durch den Gebrauch des dort heimischen *Copelandia cyanescens (= Panaeolus cyanescens)* inspiriert wurde

Zahlreiche moderne Artefakte bezeugen die zunehmende Verbreitung ritueller Umgehensweisen und die Etablierung eines zeitgenössischen dezentralisierten weltweiten Pilzkultes

T-Shirt-Aufdruck: der aztekische Gott Xochipilli mit Zauberpilzen und Ololiuquiblüten

»Pilz-Gnom«, Schnitzerei eines norddeutschen Pilzliebhabers (1994)

Pilz-Schmuck: Reproduktion eines Goldanhängers der Tairona (Kolumbien)

CD-Cover: Der psychedelische Pilz am Anfang der Geschichte

Holzmodelle des Spitzkegeligen Kahlkopfs *(Psilocybe semilanceata)* – Zeugen eines modernen Pilzkultes in der deutschsprachigen Schweiz

PET Scan-Bilder vom menschlichen Gehirn im Ruhezustand (oben) und durch den Pilzwirkstoff Psilocybin aktiviert (unten). Die aktivierten Gehirnpartien erscheinen als rote Felder (siehe Seiten 203-210)

[18F] - FDG-PET

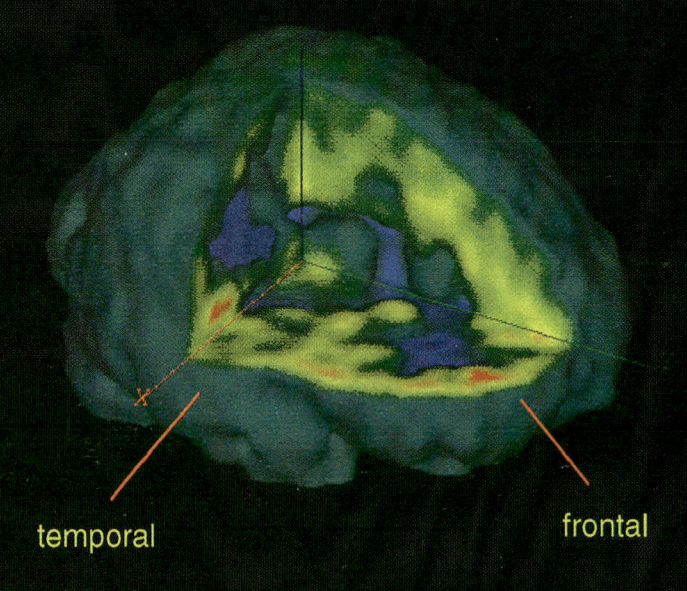

temporal — frontal

resting state

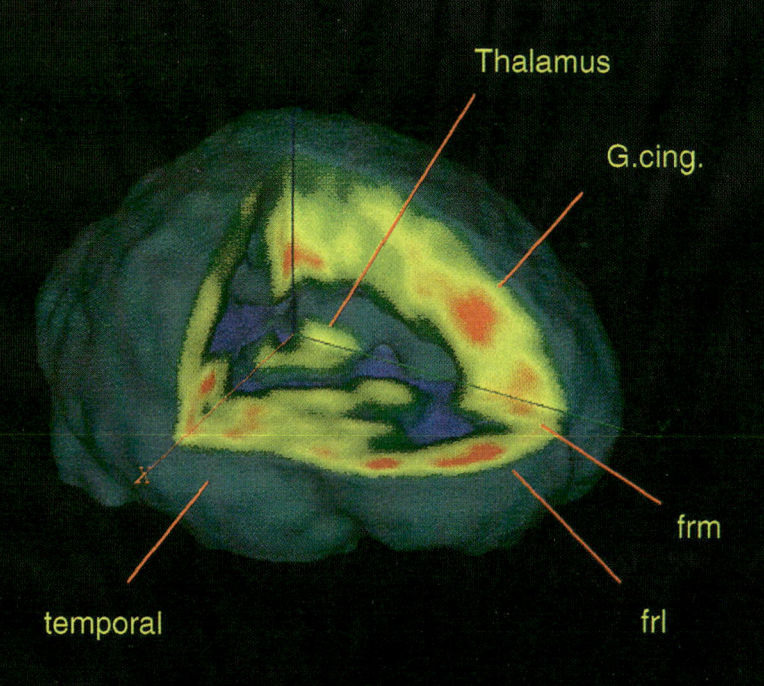

Thalamus
G.cing.
temporal — frm
frl

hallucinatory state (Psilocybin)

(© Franz X. Vollenweider)

Christian Rätsch

Lòl lú'um - »Die Blüten der Erde«
Entheogene Pilze bei den Tiefland Maya

»Ich sah mexikanische Szenerien. Obwohl ich versuchte die Dinge auf normale Art zu sehen, ging das nicht mehr, alles war einfach mexikanisch. Vom Arzt, der diesen Versuch überwachte, hatte ich das Gefühl, er sei ein mexikanischer Priester, der gekommen war, um mir das Herz herauszunehmen. Ich dachte mir, daß ich mir alles nur einbilde, weil ich um die Herkunft dieser Pilze aus Mexiko wußte.«
ALBERT HOFMANN
über ein Selbstexperiment[1]

Die Blüten der Erde

In Mexiko kommen über 70% aller bekannten entheogenen *Psilocybe*-Arten vor. Die meisten sind Dungbewohner; nur wenige, z.B. *Psilocybe aztecorum*, sind Waldbewohner. Im Mayatiefland kommen nur wenige *Psilocybe*-Arten vor (GUZMÁN 1983). Die visionsschenkenden *Psilocybe*-Pilze werden von den yucatekischen Maya *lòl lú'um*, »Blüten der Erde« genannt. Daß psychoaktive Planzen ungeachtet ihrer biologischen Struktur als »Blüten« bezeichnet werden, war schon in der aztekischen Poesie und Ritualsprache gebräuchlich. Auch die im Hochland von Mexiko lebenden Huichol nennen die meskalinhaltigen Peyotekakteen (*Lophophora williamsii*) metaphorisch »Blüten« (WASSON 1973).

Unter den modernen Maya, die den Hauptteil der Bevölkerung der Halbinsel Yucatán (Campeche, Yuctán, Quintana Roo) besiedeln, kennen nur sehr wenige die Kräfte der entheogenen Pilze. Bei meinen Forschungsaufenthalten konnte ich nur von wenigen Männern einige kümmerliche Informationen erhalten. Ich habe nur ein paar Männer getroffen, die *Psilocybe*-Pilze gegessen hatten. Der durch die Pilze hervorgerufene psychedelische Zustand wurde als eine Art Traum *(wayak')* betrachtet.

Bisher habe ich keinen Schamanen (Maya h-mèn, »der Macher«) getroffen, der die Pilze rituell oder für diagnostische Zwecke verspeist. Die meisten Maya-Schamanen benutzen zur Induktion einer hellseherischen Trance Stechapfelsamen (*Datura innoxia*, auf Maya *xtohk'uh*, »Wesen in Richtung der Götter«), Ololiuquisamen (*Turbina corymbosa* oder *Ipomoea violacea*, auf Maya *xtabentum*, »Edelsteinkordel«), Tabak (*Nicotiana tabacum*, auf Maya *k'uts*); der Tabak wird mit Stechapfelblättern zu Zigarren gedreht, die vom Schamanen bei Heilritualen geraucht werden (RÄTSCH 1992).

All diese Pflanzen der Götter wurden vermutlich schon in präkolumbianischer Zeit benutzt (THOMPSON 1977). Viele Menschen, die sich eingehender mit präkolumbianischen Mayakunstwerken beschäftigen, und die über Erfahrungen mit psychedelischen Pilzen verfügen, sind davon überzeugt, daß die Kunst der alten Maya ihre Wurzel in der Erfahrung mit *Psilocybe*-Pilzen hat. Der visionäre Chrakter der gesamten Kunst ist offensichtlich. Zudem hatten die Tieflandmaya Visionen oft direkt dargestellt (DOBKIN DE RIOS 1974). Das Symbol oder Schriftzeichen für »Vision« war eine Schlange oder ein Schlangenkopf mit aufgesperrtem Rachen, aus dem ein menschlicher Kopf hervorlugt (SCHELE & FREIDEL 1991). Aber auch konservative Archäologen wie SIR ERIC THOMPSON haben schon vermutet, daß die Tieflandmaya bei schamanischen und divinatorischen Ritualen psychoaktive Pilze verspeist haben (THOMPSON 1970). Manche Gelehrte glauben, daß die yucatekischen Maya über Handelsverbindungen mit dem Hochland von Guatemala und Zentralmexiko getrocknete Pilze erhielten (MCGUIRE 1982).

»Die Visionssuche war die zentrale Kulthandlung der Maya.«
(SCHELE & FREIDEL 1991: 82)

[1] aus einem Interview in: MAURIZIO VENTURINI & CLAUDIO VANNINI, *Zur Geschichte der Halluzinogenforschung: Schwerpunkt Schweiz (Teil I: 1938-1965)*. Lizentiatsarbeit an der Philosophischen Fakultät I der Universität Zürich, 1995, S. 101.

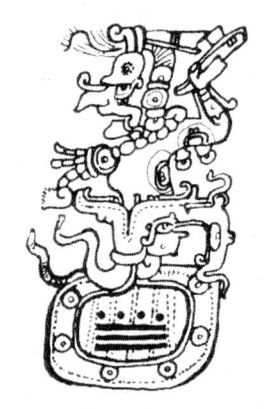

Gott, der aus dem Rachen der Visionsschlange emporsteigt (*Codex dresdensis* 33b)

Im mexikanischen *Codex Matrícula de Huexotzinco* sind zwei Indianer mit ihren Namenshieroglyphen abgebildet. Ihr aztekischer Nachname *xochinanacatl* heißt wörtlich übersetzt »Blüten-Pilz«; bei dem oberen Pilz handelt es sich sehr wahrscheinlich um eine *Amanita sp.*, bei den unteren Pilzen um *Psilocybe* cf. *caerulescens*

Indianerjunge

[2] Beide Arten wurden im Januar 1995 von dem Mykologen PAUL STAMETS bestimmt. Die Anwesenheit von *Copelandia tropicales* ist möglich, bisher jedoch nicht eindeutig erwiesen.

[3] nach SCHUMANN (1973: 58, 79, 81, 95) sind *tenkech* oder *tinkech* »ungenießbare Pilze«.

[4] Der »Weltenpilz« ist auch andernorts ethnographisch belegt. In einer afrikanischen Mythe der Pangwe aus dem kongolesischen Waldland heißt es: »Die Erde kam aus einem Pilz hervor, 'wie aus einem Ei', genauer der eiförmig gedachte Pilz teilte sich in der Mitte; der obere Teil stieg auf und wurde der Himmel, der untere wurde die Erde. Aus den beiden Hälften Alonkods, so heißt der Pilz, traten alle Dinge, die sichtbar sind, hervor: Die Gestirne, die Sonne, Berge, Flüsse, Pflanzen, Tiere und die 'Urmutter', ebenfalls Alonkok geheißen. In einem separaten Ei lag der Blitz: so kam die Urmutter zum Feuer.« (BONIN, zit. in HASENEIER 1992: 22). - Ich habe selbst bei einer visionären Erfahrung mit Pilzen einen Weltenpilz gesehen, der zu einem Baum wurde; an dessen Astenden, die mit dem Pilzhut verbunden waren, leuchteten die Sterne.

[5] In Sibirien ist der Fliegenpilz direkt mit dem Weltenbaum, durch den die Schamanen in die Anderswelt reisen, verbunden, manchmal sogar identifiziert. Die Tzutujil vom Lago Atitlan/Guatemala haben eine Überlieferung von zwölf heiligen Bäumen, die jeweils mit einem magischen Pilz verbunden sind, bewahrt (LOWY 1980).

[6] Inwieweit der *Panaeolus venenosus* überhaupt psychoaktiv ist, steht noch zur Diskussion. Bei einer Studie ergab sich: »The Panaeolus venenosus effect was only minimally hallucinogenic and only in 1.5 g portions.« (STEIN 1959: 50)

Palenque, der Nabel der Welt

Im südwestlichen Mayatiefland liegen die malerischen Ruinen von Palenque (Bundesstaat Chiapas). Sie stammen aus der klassischen Mayazeit (300-900 n.Chr.) und gehören zu den architektonischen und ästhetischen Meisterwerken der Mayakultur. Die einst prächtig bemalten Tempel und Pyramiden bildeten ein wichtiges Zeremonialzentrum. Vermutlich war Palenque schon in vorspanischer Zeit ein Pilgerort. Heute sind die Ruinen von Palenque eines der beliebtesten Ausflugsziele für Touristen und ein (offener) »Geheimtip« von Pilzgenießern in aller Welt. Denn auf den umliegenden Wiesen mit alten Dungablagerungen (Kuhfladen!) gedeihen fast das ganze Jahr über die Zauberpilze prächtig. Zwei Arten konnten bislang identifiziert werden. Der bei weitem häufigste Pilz auf den Wiesen ist der *Stropharia cubensis*. An manchen Orten wachsen auch die potenten *Copelandia cyanescens* (= *Panaeolus cyanescens*).[2] Beide Arten sind höchstwahrscheinlich mit den europäischen und asiatischen Rindern nach Mexiko eingeführt worden, dürften also in den präkolumbianischen Kulturen keine Rolle gespielt haben. Eine ursprünglich einheimische Art, z.B. *Psilocybe mexicana*, konnte dort bisher nicht beobachtet oder aufgesammelt werden.

Die Chol-Indianer, die in größerer Zahl in der näheren Umgebung von Palenque leben, kennen die bei den Touristen so beliebten Zauberpilze unter dem Namen *tenkech*.[3] Ob sie von den Chol oder ihren Schamanen rituell verspeist werden ist unklar.

Für die Lakandonen, die noch die vorspanische Mayareligion bewahrt haben, stellen die Ruinen von Palenque die »Häuser der Götter« dar und gelten als der Nabel der Welt. Ihrer Schöpfungsgeschichte zufolge wurden in Palenque die Götter aus den Blüten der köstlich duftenden Nachthyazinthe (*Polianthes tuberosa*) geboren. Die Götter wiederum schufen die Menschen, die Tiere und den Regenwald (die Selva Lacandona). In der Schöpfungsgeschichte sprach Hachäkyum (»Unser Wahrer Herr«), der hauptsächliche Schöpfergott der Lakandonen: »Diese Pilze hier, sie sollen sich alle zu Bäumen verwandeln.« (MA'AX & RÄTSCH 1994: 39) Am Anfang des Waldes waren also die Pilze, aus denen die Bäume hervorgegangen sind. Dieses mythische Bild ist vielleicht eine Erinnerung an die Entstehung der Welt aus einer Pilzvision. Möglicherweise deutet sich eine Verwandtschaft des Weltenbaumes mit einem viel ursprünglicheren Weltenpilz[4], sozusagen als Fahrstuhl der Schamanenseele, an.[5]

In den Siebziger Jahren, als Touristen und Anthropologen aus aller Welt nach Palenque strömten um dort von den Chol-Indianern *hongos maravillosos* oder *magic mushrooms* zu kaufen und in den Ruinen zu verzehren, kam das Gerücht auf, auch die Lakandonen, die oft zu den Ruinen kamen um ihre Pfeile und Bögen zu verkaufen, würden psychedelische Pilze in ihren Ritualen verwenden. Die amerikanische Archäologin MERLE GREENE ROBERTSON konnte in der Umgebung des Río Usumacinta die psychedelischen Arten *Panaeolus venenosus* (= *Psilocybe subbalteatus*)[6] und *Psilocybe cubensis* (= *Stropharia cubensis*) identifizieren. In einer Publikation von 1972 behauptete sie, die Lakandonen von Mensäbäk würden derartige Pilze »as long as anybody can remember« in ihren Ritualen verwenden (GREENE ROBERTSON 1972: 8). In einem Brief an ARTHUR RUBEL schrieb sie: Die Lakandonen legen die Pilze »in the ritu-

al bowls or on small stone altars in ancient Maya oratorios. The purpose of their use, according to the Lacandones, was to contact their gods.« (zit. in ROBISCEK 1978: 57) Von da an sickerte dieses Gerücht in weitere Publikationen ein (FURST 1976: 191). In seinem einflußreichen Werk *Traumzeit* schrieb HANS PETER DUERR schließlich:

»*Während man früher geglaubt hatte, die Maya seien ein Volk gewesen, dem der Gebrauch bewußtseinserweiternder Drogen ferngelegen hätte, hat man in jüngerer Zeit bei den Lakandonen die rituelle Verwendung des Pilzes Stropharia cubensis beobachtet.*«
(DUERR 1978: 228)[7]

Leider muß ich mit großem Bedauern feststellen, daß hier der Wunsch nach »psychedelischen Indianern« die Mutter des Gerüchtes war (vgl. COE 1990: 44)8. Ich konnte bei meiner Feldforschung nicht den geringsten Hinweis für eine derartige Behauptung finden. Ich habe an ca. 30 Balche'-Zeremonien aktiv teilgenommen und erlernt, wie der Balché-Trunk aus Wasser, Honig und der Rinde des Balche'-Baumes (*Lonchocarpus violaceus* BENTH.) gebraut wird. Doch niemals wurden Pilze in irgendeiner Form dem schwach alkoholischen und leicht psychoaktiven Trunk zugesetzt[9]. Ich habe auch direkt nachgefragt, ob jemals Pilze in die Balche' eingelegt wurden. Alle dazu befragten Lakandonen verneinten. Ich weiß nur von einigen Lakandonen, die von Touristen psychedelische Pilze (wahrscheinlich *Stropharia cubensis*) erhalten haben. Ein Lakandone benutzte bei seiner Erzählung das spanische Lehnwort *hongos*. Die Wirkung beschrieb er mir als *p'iis in wayak'*, »wie in meinen Träumen«. Alle Lakandonen, denen ich *Stropharia cubensis* von Palenque gezeigt habe, kannten ihn nicht und nannten ihn, wenn überhaupt, *hon-go*. Einige wußten, daß der *Stropharia cubensis* bei den Touristen ein »beliebter Speisepilz« ist.

Auch wenn weder die Lakandonen noch die Chol einen traditionellen Gebrauch von entheogenen Pilzen kennen, ist es trotzdem möglich, daß die alten Maya Pilze rituell benutzten. Obwohl aus dem Mayatiefland keine Pilzsteine bekannt sind, lediglich ein paar pilzförmige Keramiken (BORHEGYI 1963) sowie zwei Fragmente, die möglicherweise von Pilzsteinen stammen (THOMPSON 1977: 295), gibt es archäologische Objekte und ethnohistorische Quellen, die auf die rituelle, religiöse und medizinische Bedeutung psychoaktiver Pilze verweisen.

Gold aus des Wassers Tiefe

Im nördlichen Yucatán liegt der Ort Chichén Itzá, der von den amerikanischen Touristen, die täglich in riesen Strömen die archäologische Zone überfluten, »Chicken Pizza« genannt wird. In der Nähe der großen Pyramide des Kukulcán (»Gefiederte Schlange«) liegt der *Cenote de Sacrificio*, der berühmten Opferbrunnen von Chichén Itzá. In das tiefe Wasser wurden über die Jahrhunderte zahlreiche Objekte als Opfer- und Weihegaben geworfen. Hunderte von guterhaltenen Artefakten aus der spät- und postklassischen Mayazeit konnten bei Unterwassergrabungen geborgen werden. Unter den vielen mexikanischen Stücken befand sich ein goldenes *Darien Pectoral*, das offensichtlich als Opfergabe in den natürlichen Brunnen geworfen worden war. Diese anthropomorphen Goldschmuckstücke stammen aus dem vorspanischen Kolumbien und zeigen immer ein Paar von pilzförmigen Auswüchsen, die oft wie »psychedelische Antennen« am Kopf angebracht

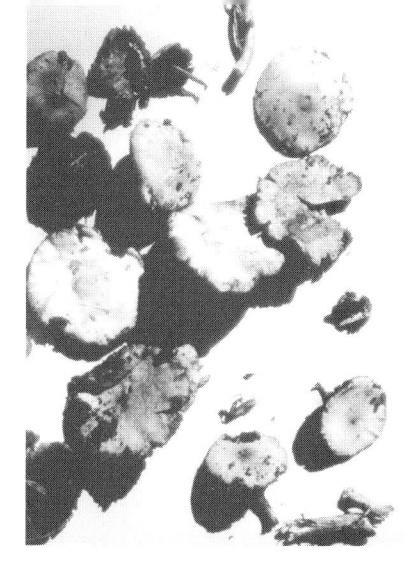

Frisch geerntete *Stropharia cubensis* von den Kuhweiden in Palenque

[7] Seit der Publikation von THOMAS GAGE's Reisebericht *Neue merkwürdige Reise-beschreibung nach Neu-Spanien* (Gotha 1710) ist der Gebrauch psychoaktiver Substanzen bei den Maya bezeugt. Daß die Maya Rauschmittel rituell benutzten wurde sogar von so konservativen Gelehrten wie SIR ERIC THOMPSON (1970: 185) angenommen. Für DUERR scheint aber erst der Artikel von DOBKIN DE RIOS (1974) die Bedeutung bewußtseinserweiternder Drogen in der Mayakultur zu postulieren.

[8] PETER FURST hat später seine Auffassung vom lakandonischen Pilzkult widerrufen (FURST 1990: 222).

[9] indes ist eine Reihe von Balche'-Zusatzstoffen bei den Maya und Lakandonen bekannt: *Bufo marinus, Polianthes tuberosa, Vanilla planifolia, Theobroma cacao, Nicotiana* sp., *Nymphaea ampla, Plumeria alba, Datura inoxia* (vgl. RÄTSCH 1992: 54, EMBODEN 1983).

Gott M, vermutlich ein Gott des Handels, der in der Hand ein Gebilde hält, das als Fliegenpilz gedeutet werden kann (umgezeichnet aus *Codex Tro-Cortesianus = Madrid Codex*, p.51)

[10] Die Kogi, die sich selbst als Nachfahren der Tairona betrachten, benutzen noch heute psychedelische Pilze: »*Two kinds of mushrooms, one of them a bluish puffball, are consumed only by the mámas, and a strong psychotropic effect is attributed to several plants, among them to the chestnutlike fruits of a large tree (Meteniusa edulis).*« (REICHEL-DOLMATOFF 1977: 285) Der mexikanische Mykologe GASTÓN GUZMÁN hat in Kolumbien mehrere entheogene *Psilocybe*-Arten, z.B. den *Psilocybe columbiana* GUZM. entdeckt und beschrieben (GUZMÁN 1978).

[11] Im *Codex Dresdensis* sind viele psychoaktive Pflanzen dargestellt; über die Identität mancher Darstellungen läßt sich streiten (vgl. EMBODEN 1981: 354f). So sieht EMBODEN (1983) viele psychoaktive Seerosen (*Nymphaea ampla*), gelegentlich *Psilocybe*, aber keine Fliegenpilze.

[12] Der japanische Geist des Fliegenpilzes, der Tengu, trägt als auffälligstes Merkmal eine besonders lange Nase, die zugleich ein Phallussymbol ist (RÄTSCH 1995a). Vielleicht verbirgt sich hinter dem Gott M ein ähnliches Konzept.

sind. Alles deutet darauf hin, daß diese Darien Pectorals Ausdruck eines präkolumbianischen Pilzkultes der Tairona und verwandter Völker sind (SCHULTES & BRIGHT 1979: 113f)[10].

Die Maya erhielten solche Objekte im Tauschhandel. Ob sie mit einem in Yucatán heimischen Pilzkult korrespondierten bleibt noch Spekulation, ist aber doch möglich. Denn auch bei modernen Pilzbenutzern ist zu beobachten, daß sie sich Pilz-Artefakte aus fernen Ländern besorgen und in ihrem rituellen Pilzgebrauch benutzen.

Der geheimnisvolle »Gott M«

Es sind aus der vorspanischen Zeit vier verschiedene Handschriften der Maya (Codices) erhalten geblieben. Der *Codex Dresdensis* ist die bedeutendste präkolumbianischen Mayahandschrift (DECKERT & ANDERS 1989)[11]. Diese Bücher waren Almanache und dienten den Priestern als Handbücher bei der Divination (LOVE 1994). Der amerikanische Mykologe BERNARD LOWY interpretiert eine Stelle im *Madrid Codex*, sowie der Abschrift *Galindo Codex*, als rituelle Opferung eines Fliegenpilzes (LOWY 1972). Eine Darstellung auf der Seite 51b im *Madrid Codex* (= *Codex Tro-Cortesianus*) zeigt den sogenannten Gott M, der nach LOWY einer Gottheit im Tempel über einem Gefäß mit Rauschtrank (*balche*) einen Fliegenpilz darbringt. Bei einer vergleichbaren Szene (*Madrid Codex*, S.95b) steht über dem »Pilz«, der von Gott M, überreicht wird, die Glyphe *Cimi*, »Tod, ge-

storben«. Der zu den schwarzen Göttern zählende Gott M ist wahrscheinlich mit der yucatekischen Gottheit Ek Chuah identisch und erinnert in all seinen Attributen stark an Yacatecuhtli (»Herr der Nase«), den aztekischen Gott des Handels. Der durchweg langnasige Gott M wird oft bei der Feuerbohrung, beim Blutopfer, beim Schlagen des Blitzes und mit einem Wanderstab dargestellt (TAUBE 1992: 88-92). Gelegentlich trägt er einen Skorpionsschwanz. Seine Namenshieroglyphe ist ein schwarz umrändertes Auge der alten Götter – möglicherweise wird dadurch seine Fähigkeit zum magischen Sehen angedeutet.[12] In dem *Madrid Codex* ist er öfter als in den anderen Handschriften dargestellt. Dort erscheint er im Zusammenhang mit der Bienengottheit (Ah Muzen Cab), der Bienenzucht und Honig, der zur Herstellung des *balche*-Trunkes notwendig ist (TOZZER & ALLEN 1910: 301). Er hat auch Beziehungen zu Tod und Unterwelt. Er gehört vielleicht zu den *bolon ti kuh*, den »Neun Göttern der Unterwelt«.

Im *Codex Dresdensis* gibt es aber noch einige Göttergestalten, die ikonographische Elemente aufweisen, die sehr stark an *Psilocybe mexicana* erinnern. Aus den Darstellungen könnte man schließen, daß die Pilze rituell verspeist, ja sogar für bestimmte Rituale gezüchtet wurden. Einige Gestalten erinnern an den Herabsteigenden Gott. Sie halten in Händen Gebilde, die sie offensichtlich aus dem Himmel auf die Erde bringen.

Tengu

Wurden die Pilze der Götter zu den Blüten der Erde?

Die Nabelschnur von Tulum

Im äußersten Osten des Mayatieflandes, direkt an der yucatekischen Karibikküste liegen die Ruinen von Tulum, eine kleine Maya-Anlage aus der postklassischen Zeit (10.-14.Jh.). Dort gibt es den Tempel des Herabsteigenden Gottes (Struktur 5), der im Inneren mit Wandmalereien ausgeschmückt ist (MILLER 1982). Der »Herabsteigende Gott« ist wahrscheinlich eine anthropomorphisierte Form des Bienengottes Ah Muzencab, des himmlischen Rauschtrank-Spenders.

Der von LOWY als Fliegenpilz gedeutete Gegenstand in der Hand des Gottes M erscheint hier als eindeutig florales Element in der himmlischen Nabelschnur, die auf der zentralen Wandmalerei der Struktur 5 abgebildet ist (MILLER 1982: Plate 37). Wenn es sich dabei tatsächlich um einen (Fliegen)-Pilz handeln sollte, so hätten wir hier eine eindeutige schamanische Beziehung des Pilzes zu der Geisterwelt (vgl. LOVE 1994: 87). Im Übrigen erinnern die Tulum-Malereien stilistisch an die Wandmalereien von Teotihuacan, besonders an Details, die von GORDON WASSON (1983) als Pilze, von William Emboden (1981) allerdings als psychoaktive Seerosen (*Nymphaea ampla*), interpretiert werden. In der kosmischen Nabelschnur von Tulum befinden sich auch körperlose Augen, die möglicherweise Symbole für den seherischen Zustand, erzeugt durch Entheogene, waren (OTT & WASSON 1983).

Die Wandmalerei im Tempel des Absteigenden Gottes von Tulum ist die typische Darstellung einer schamanischen Imago mundi (vgl. RIPINSKY-NAXON 1993). Die Malerei ist in drei übereinanderliegende Zonen oder Bereiche aufgeteilt. Das obere Reich stellt, angedeutet durch das himmlische Band und die blaue Farbe, die Himmelsschicht der Mayakosmographie dar. Im mittleren Bereich – offensichtlich ein Ritualgebäude auf der Erde – werden menschliche Figuren bei der Ausführung einer Zeremonie gezeigt. Im unteren Bereich des Wandgemäldes wird die Unterwelt, angedeutet durch das Jaguarband, die Unterweltschlangen und Erdmonster, abgebildet (MILLER 1972). Diese drei Schichten des Kosmos werden von einer Schnur, die als Kordel, Nabelschnur oder *kuxansum*, »lebendes Band« bezeichnet wird, miteinander verbunden. Die Schnur setzt sich aus mehren Bändern zusammen. An den Enden der Bänder, die sich später miteinander zu einer Kordel verdrehen, befinden sich Schlangenköpfe, die in der Maya-Ikonographie normalerweise für visionäre Zustände stehen. Aus der Schnur wachsen florale Motive, die eindeutig als Blätter, Blüten, und z.T. als Pilze, vielleicht sogar als Fliegenpilze erkennbar sind (RÄTSCH 1995b).

Der Archäologe ARTHUR MILLER, der die Wandmalerei restauriert und beschrieben hat, deutet diese Schnur (»twisted cord«) als das aus der neueren Mayamythologie bekannte *kuxansum*, das lebende Band, eine Art kosmische Nabelschnur, in dem Blut fließt, und das im Himmel die alten yucatekischen Zeremonialzentren Uxmal, Chichén Itzá, Cobá und Tulum miteinander verbindet. Diese Schnur scheint dabei ein himmlisches Abbild der als *sakbeh*, »Weißer Weg« bekannten Zeremonialstraße, die archäologisch belegt ist, darzustellen (MILLER 1972: 172). Wie MILLER selbst sagt, sind verschiedene Deutungen dieses ikonographischen Elementes möglich und entspre-

Kragsteingewölbe im »Palast« von Palenque

Gottheit, die inmitten einer *Psilocybe*-Kultur (?) sitzt (*Codes dresdensis* 33c)

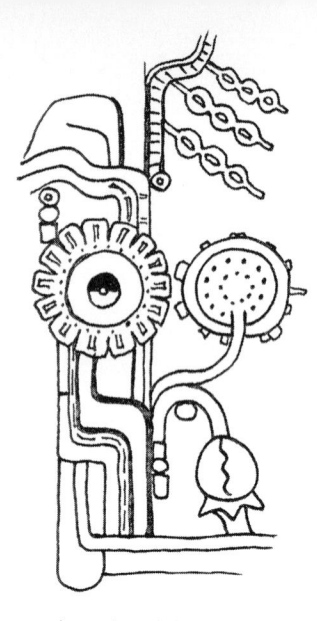

Die kosmische Nabelschnur mit floralen Elementen. Der gepunktete Kreis könnte einen Fliegenpilz darstellen (Umzeichnung eines Details einer Wandmalerei von Tulum)

Der Herabsteigende Gott mit einer Psilocybe-Kultur (?) in Händen (Codex dresdensis 15b)

Opferritual, bei dem ein Truthahn einer Art Stele, die mit einer Psilocybe-Kultur gekrönt erscheint, dargebracht wird (Codex dresdensis 26c)

chend der Weltanschauung der Maya wären sie auch gleichzeitig richtig.

Diese »Nabelschnur« von Tulum kann auch als magische Schnur einer schamanischen Kosmologie gedeutet werden. Weltweit verbreitet ist die Vorstellung, daß die Seele oder das Bewußtsein des Schamanen, mit einer magischen Schnur mit dem in Trance befindlichen daniederliegenden Körper verbunden bleibt, wenn sie austritt um in andere Wirklichkeiten zu reisen. Die heutigen Schamanen von Yucatán lassen ihre Seele in Jaguargestalt aus dem Körper austreten und zum Yuntsil Balam, dem Jaguargott, der in einer Höhle lebt, fliegen. Die magische Schnur ist ein typisches Phänomen in schamanischen Kulturen:

»Diese Schnur ist das Hilfmittel zu erstaunlichen Leistungen wie zum Beispiel dem Aussenden von Feuer aus dem Inneren des Medizinmanns, wobei sie wie ein elektrisches Kabel wirkt. Aufregender noch ist aber die Verwendung der Schnur zum Aufstieg in die Lüfte oder zu den Gipfeln der Bäume oder durch den Raum.«
(ETKIN 1978: 53)

Ich vermute, daß das Wandgemälde im Tempel des Absteigenden Gottes zeigt, wie die verschiedenen Welten (Himmel, Erde, Unterwelt) miteinander verwoben sind, und wie sie durch Rituale, bei denen pflanzliche und pilzliche Entheogene, die als florale Elemente aus der Schnur herauswachsen, eingenommen werden, vom Schamanen bereist werden können. Die Wandmalerei wäre also eine schamanische Kartographie der verschiedenen Wirklichkeiten, in die man während veränderter Bewußtseinszustände Einblick gewinnen kann – dargestellt durch die freischwebenden Augen.

Literatur:

BORHEGYI, STEPHAN F. DE
1963 »Pre-Columbian Pottery Mushrooms from Mesoamerica« *American Antiquity* 28(3): 328-338.

COE, MICHAEL D.
1990 »A Vote for Gordon Wasson« in: Th. J. RIEDLINGER (Hg.), *The Sacred Mushroom Seeker*, S. 43-45, Portland, Oregon: Dioscorides Press.

DECKERT, HELMUT & FERDINAND ANDERS
1989 *Die Dresdner Maya-Handschrift*. Graz: ADEVA.

DOBKIN DE RIOS, MARLENE
1974 »The Influence of Psychotropic Flora and Fauna on Maya Religion« *Current Anthropology* 15(2): 147-164.

DUERR, HANS PETER
1978 *Traumzeit*. Frankfurt/M. Syndikat.

EMBODEN, WILLIAM A.
1981 »Pilz oder Seerose – literarische und bildliche Zeugnisse von Nymphaea als rituellem Psychotogen in Mesoamerika« in: G. VÖLGER (Hg.), *Rausch und Realität*, Bd.1: 352-357, Köln: Rautenstrauch-Joest Museum.
1983 »The Ethnobotany of the Dresden Codex with Special Reference to the Narcotic Nymphaea ampla« *Botanical Museum Leaflets* 29(2): 87-132.

ETKIN, A. P.
1978 *Aboriginal Men of High-Degree*. New York: St. Martin's Press.

FURST, PETER T.
1976 »Fertility, Vision Quest and Auto-Sacrifice« in: *Segunda Mesa Redonda de Palenque* 3: 181-193, Pebble Beach, CA: Pre-Columbian Art Research.
1990 »Schamanische Ekstase und botanische Halluzinogene: Phantasie und Realität« in: G. GUNTERN (Hg.), *Der Gesang des Schamanen*, S. 211-243, Brig: ISO-Stiftung.

GREENE ROBERTSON, MERLE
1972 *The Ritual Bundles of Yaxchilan*. Tulane University Symposia on the Art of Latin America, Apr.15. New Orleans.

GUZMAN, GASTÓN
1978 »The Species of Psilocybe known from Central and South America« *Mycotaxon* 7: 225-255.
1983 »Los hongos de la Península de Yucatán« *Biotica* 8: 71-100.

HASENEIER, MARTIN
1992 »Der Kahlkopf und das kollektive Unbewußte« *Integration* 2&3: 5-38.

LOVE, BRUCE
1994 *The Paris Codex: Handbook for a Maya Priest*. Austin: University of Texas Press.

LOWY, BERNARD
1972 »Mushroom Symbolism in Maya Codices« *Mycologia* 64: 816-821.
1980 »Ethnomycological Inferences from Mushroom Stones, Maya Codices, and Tzutuhil Legend« *Revista/Review Interamericana* 10(1): 94-103.

McGUIRE, THOMAS
1982 »Ancient Maya Mushroom Connection: A Transcendental Interaction Model« *Journal of Psychoactive Drugs* 14(3): 221-238.

MA'AX, K'AYUM & CHRISTIAN RÄTSCH
1994 *Ein Kosmos im Regenwald: Mythen und Visionen der Lakandonen-Indianer*. München: Diederichs (2. aktualisierte Auflage).

MILLER, ARTHUR G.
1972 »The Iconography of the Painting in the Temple of the Diving God, Tulum, Quinatana Roo, Mexico: the Twisted Cords« in: NORMAN HAMMOND (Hg.), *Mesoamerican Archaeology: New Approaches*, S.167-186, Austin, Texas: The University of Texas Press.
1982 *On the Edge of the Sea: Mural Painting at Tancah-Tulum*, Quintana Roo, Mexico. Washington D.C.: Dumbarton Oaks.

OTT, JONATHAN & R. GORDON WASSON
1983 »Carved 'Disembodied Eyes' of Teotihuacan« *Botanical Museum Leaflets* 29(4): 387-400.

RÄTSCH, CHRISTIAN
1992 *The Dictionary of Sacred and Magical Plants*. Santa Barbara, CA: ABC-Clio.
1995a »Die Klauen des Tengu« *Dao* 1/95: 18-20.
1995b »Das Licht der Erde: Der Fliegenpilz bei den Lakandonen und im alten Amerika« *Curare* 18(1): .

REICHEL-DOLMATOFF, GERARDO
1977 »Training for the Priesthood Among the Kogi of Columbia« in: JOHANNES WILBERT (Hg.), *Enculturation in Latin American: An Anthology*, Los Angeles: UCLA Latin American Center Publications.

RIPINSKY-NAXON, MICHAEL
1993 »Maya Cosmovision and Shamanistic Symbolism« *Journal of Prehistoric Religion* 7: 49-61.

ROBICSEK, FRANCIS
1978 *The Smoking Gods: Tobacco in Maya Art, History, and Religion*. Norman: University of Oklahoma Press.

SCHELE, LINDA & DAVID FREIDEL
1991 *Die unbekannte Welt der Maya: Das Geheimnis ihrer Kultur entschlüsselt*. München: Albrecht Knaus.

SCHULTES, RICHARD EVANS & ALEC BRIGHT
1979 »Ancient Gold Pectorals from Colombia: Mushroom Effigies?« *Botanical Musueum Leaflets* 27(5-6): 113-141.

SCHUMANN G., OTTO
1973 *La lengua chol, de Tila* (Chiapas). México, D.F.: UNAM.

STEIN, SAM I.
1959 »Clinical Observations on the Effects of *Panaeolus venenosus* versus *Psilocybe caerulescens* Mushrooms« *Mycologia* 51: 49-50.

TAUBE, KARL ANDREAS
1992 *The Major Gods of Ancient Yucatan*. Washington, D.C.: Dumbarton Oaks Research Library and Collection (Studies in Pre-Columbian Art & Archaeology No. 32).

THOMPSON, ERIC
1970 *Maya History and Religion*. Norman: University of Oklahoma Press.
1977 »Hallucinatory Drugs and Hobgoblins in the Maya Lowlands« *Tlalocan* 7: 295-308.

TOZZER, ALFRED M. & GLOVER M. ALLEN
1910 »Animal Figures in the Maya Codices« *Papers of the Peabody Museum of American Archaeology and Ethnology, Harvard University* 4(3): 273-372 + 39 plates.

WASSON, R. GORDON
1973 »The Role of 'Flowers' in Nahuatl Culture: A Suggested Interpretation« *Botanical Museum Leaflets* 23(8): 305-324.
1983 *El hongo maravilloso teonanácatl: Micolatría en Mesoamérica*. México, D.F.: Fondo de Cultura Económica.

Die Jungfrau von Guadalupe ist im modernen Mexiko sowohl für viele katholisch beeinflußte Indianer als auch für die mexikanische Nationalbevölkerung die wichtigste Heilige. Ihr Kult geht eindeutig auf die vorspanische Verehrung der aztekischen Mondgöttin zurück. Das Heiligenbild ist der Vision eines Indianers während der frühen Kolonialzeit entsprungen. Heiligenbilder von der Jungfrau werden bei vielen indianischen Zeremonien verwendet. María Sabina hatte ein sehr inniges Verhältnis zu dieser Göttin.

Jonathan Ott

Zum modernen Gebrauch des Teonanácatl*

Weise vorausschauende Benutzer entheogener Substanzen lehnen alle Pillen oder Kapseln vom Schwarzmarkt ab, die angeblich Psilocybin oder »organisches Psilocybin« enthalten sollen. Es gibt kein synthetisches Material auf dem illegalen Markt; genauso unwahrscheinlich ist es, daß das tatsächliche Material auftaucht. Diese ungenauen Angaben über solche angeblichen Präparate sind immer irreführend, manchmal sind sie mit LSD oder PCP [»Engelsstaub«] verschnitten oder einfach wirkungslos; kurz gesagt sie sind ein »Beschiß«.

Gut informierte entheogene Mykophagen hingegen sind ebenso bei angeblichen »Psilocybin-Pilzen« skeptisch. Wenn diese gefroren, zerhackt, zerkleinert oder in Honig eingelegt auf den Markt kommen, kann man praktisch sicher sein, daß es sich nicht um die echte Substanz handelt. Das Einfrieren von frischen psilocybinhaltigen Pilzen ist wahrscheinlich die beste Methode um die Wirkstoffe nicht zu konservieren (ungeachtet der komplizierten Aufbewahrungsform). Es gibt nur einen einzigen Grund warum ein »Pharmacopolist« Pilze einfrieren würde: um aus ihnen eine amorphe Masse zu machen, die vom zukünftigen Schlucker nicht mehr erkannt werden kann - Gartenpilze in unbekannten Abwandlungen. Dasselbe gilt für in Honig eingelegte oder fermentierte Pilze. Die Wirkstoffe von zerhackten oder zerkleinerten getrockneten Pilzen fallen genauso schnell der Oxydation anheim. Nochmals, der Grund dieser Methoden ist es, die naiven Käufer an der Nase herum zu führen und sie glauben zu lassen, sie hätten echte psilocybinhaltige Pilze erworben. Aber nichts dergleichen - sie wurden betrogen! Falls jemand solchen gefälschten Präparaten begegnet, sollte er oder sie vom Kauf Abstand nehmen und sein oder ihr Mißfallen dem Verkäufer gegenüber deutlich ausdrücken.

Psilocybin kann man auf dem Schwarzmarkt ausschließlich in der Form ganzer getrockneter Pilze finden. Fast ausnahmslos handelt es sich um die Art *Psilocybe [Stropharia] cubensis*, die angeboten wird; dabei sind es gezüchtete Exemplare mit langen schlanken weißlichen Stielen und gelblichen Hüten. Der scharfsinnige Käufer wird nach blauen Verfärbungen im Stiel, dort wo der frische Pilz gedrückt oder abgeschnitten wurde, schauen. Dies ist ein sicheres Zeichen der echten Schwarzmarkt-Pilze. Der Käufer kann damit rechnen, einen dunklen faserigen Ring um die obere Stielsektion zu erkennen. Diese Pilze werden zum Schutz vor Feuchtigkeit meist in Plastikbeuteln eingeschweißt angeboten.

Wenn man frischen Pilzen im Feld begegnet, sollte man sie erst eindeutig bestimmen bevor man sie verspeist. Genaue Beschreibungen und Identifikationsschlüssel finden sich in verschiedenen Büchern (für nordamerikanische Arten siehe OTT & BIGWOOD 1978; für europäische Arten siehe GARTZ 1993) Der mexikanische Mykologe GASTÓN GUZMÁN hat eine Monographie der *Psilocybe spp.* veröffentlicht, die viele Farbtafeln und brauchbare Hinweise auf weiterführende Publikationen enthält (GUZMÁN 1983). Obwohl viele Leute die frischen Pilze direkt vom Feld essen, sei von dieser unhygienischen Praktik abgeraten. Einige Pilze wachsen dicht am Dung und haben möglicherweise Dungpartikel an ihr Fleisch geheftet. Aus Sicherheitsgründen sollte der weise Benutzer nur frische, gesunde Exemplare, die frei von Insektenbefall sind, auswählen, und sich von Verrottenden fernhalten. Sie sollten vor dem Ver-

Jonathan Ott
ist Naturstoffchemiker und Direktor der Natural Production Company. Er forscht und lebt in Mexiko und hat bedeutende Werke der Ethnopharmakolgie publiziert: *Teonanacatl* (zusammen mit JEREMY BIGWOOD), *Hallucinogenic Plants of North America, Chocolate Addict, Pharmacotheon* und *Ayahuasca Analogue*. Er ist Mitglied des Herausgeberbeirates des *Jahrbuches für Ethnomedizin und Bewußtseinsforschung*.

* Auszug aus JONATHAN OTT, *Pharmacotheon*, Kennewick, WA: Natural Products Company, 1993, S.291-293. Übersetzt von Christian Rätsch. Mit feundlicher Genehmigung des Autors.

»Vielleicht seit etwa 20 Jahren sind psilocybinhaltige Pilze keine rein mexikanische Angelegenheit mehr. Ein junges, buntes Völklein, welches jeweils im Herbst die Anhöhen des Jura und die Wälder des Berner und Zürcher Oberlandes auf der Suche nach diesen rauscherzeugenden Pilzen durchstreift, ist keine Seltenheit mehr. Der Bekanntheitsgrad und der Gebrauch dieser Pilze zum Herbeiführen veränderter Bewußtseinszustände, hat denn in unseren Breitengraden auch erst in den 60, 70er Jahren, im Zuge der Drogenwelle zugenommen.«
MAURIZIO VENTURINI und CLAUDIO VANNINI
Zur Geschichte der Halluzinogenforschung: Schwerpunkt Schweiz
(1995: 38f.)

»Niemand hat erwähnt, daß irgendwer irgendwelchen Wein getrunken hätte oder gar betrunken wurde; nur Pilze aus dem Wald, die sie roh verzehrten, durch die sie glücklich und außer sich wurden sind erwähnt, aber der Wein nicht. Erwähnt wird lediglich die riesige Menge Schokolade, die bei diesen Festen getrunken wurde.«
Der Missionar DIEGO DURAN über das Krönungsfest des aztekischen Kaisers Ahuitzotl (ca. 1486)

zehr gründlich mit Wasser gewaschen werden; der gewissenhafte Konsument wird auch das untere Ende des Stiels abschneiden.

Zum Aufbewahren werden die Pilze an der Luft etwa bei Raumtemperatur getrocknet (es eignen sich auch Nahrungsmittel-Trockengeräte; man kann sie auch auf einem Rost in der Nähe einer Wärmequelle trocknen). Überlange Trockenprozesse und hohe Temperaturen sind unbedingt zu vermeiden. Wenn die Pilze knusprig sind, werden sie in feuchtigkeitsundurchlässige Gefäße gefüllt. Jetzt kann man sie in der Tiefkühltruhe verstauen. So bleiben sie bei sehr geringem Verlust ihrer Wirksamkeit monatelang haltbar. Die Pilze dürfen nicht eingefroren werden, bevor sie nicht komplett getrocknet wurden (sonst werden sie schnell wirkungslos). Sie dürfen auch nicht frisch in Honig eingelegt werden (das Ergebnis ist eine ekelhafte, vergorene Masse). Wenn man die Pilze nur für ein paar Tage aufbewahren will, genügt es, sie in den Kühlschrank zu legen.

Einige Arten psilocybinhaltiger Pilze haben einen angenehmen Geschmack und können gut so gegessen werden. Die meisten Arten aber haben einen strengen beißenden Geschmack, zwar nicht bitter, aber für einige ist er unerträglich und ähnlich schwer zu tolerieren wie der [grauenvolle] Geschmack vom *péyotl*. Um dieses zu vermeiden, mischen epikureische Konsumenten die rohen oder getrockneten Pilze mit intensiv schmeckenden Früchten oder Schokolade um den Geschmack zu verbessern. Oft wird heiße Schokolade als Trägersubstanz verwendet; sie ergibt nicht nur einen guten Geschmack sondern entspricht auch der historischen Verwendung. Im alten Mexiko wurde der *teonanácatl* oft mit Honig und Kakaobohnen in ei-

ner Zubereitung, die *cacáhuatl* hieß, eingenommen (OTT 1985). Diese Methode der Geschmacksglättung hat für den entheogenen Mykophagen noch den Vorteil, daß man die verfügbare Menge an Pilzen zwischen den Genießern genau portionieren kann. Es ist schwierig, die richtige Dosis abzumessen, wenn man mit Pilzen verschiedener Arten, Größen und Trocknungszuständen hantiert. Wenn man einfach alles Pilzmaterial mit Milch oder Saft vermischt, kann man an alle Teilnehmer die gleiche Menge verteilen. Dadurch erhalten sie alle exakt die gleiche Dosis. Hinzukommt, daß, im Falle getrockneter Pilze, das Vermischen vor dem Verzehr die Absorbtion der Wirkstoffe verbessert. Offensichtlich sind die getrockneten Pilze nicht so gut verdaulich, besonders, wenn sie nicht ausreichend eingespeichelt wurden. Wenn die Pilze mit Saft oder Schokolade vermischt werden, wird das Gewebe aufgebrochen und das Psilocybin geht besser in Lösung über. Natürlich vermischt man die Pilze nur unmittelbar vor dem Verzehr mit der Trägersubstanz. Einige Benutzer bevorzugen in Butter sautierte Pilze, die mit Toastbrot oder Kartoffelchips gegessen werden. Leichtes Sautieren über kleiner Flamme wird auch den Psilocybingehalt nicht wesentlich verringern (möglicherweise ist es immer besser, frische Pilze zu braten, damit eventuelle toxische Bestandteile, z.B. Gyromitrin und andere Methyl-hydrazine, vernichtet werden).

Bei einigen Benutzern treten leichte Übelkeitsgefühle als Nebenwirkungen der Pilzberauschung auf. Sie sind normalerweise recht milde und vorübergehend. Die Übelkeit rührt möglicherweise von dem unangenehmen Geschmack mancher Pilze her, der auftreten kann, wenn nach dem Verzehr der Pilze der bittere Geschmack aufstößt (OTT & POLLOCK 1976). Einige Benutzer essen Früchte oder Schokolade nach dem sie die Pilze geschluckt haben um dieser kleinen Unanehmlichkeit vorzubeugen.

[In der Schweiz sind in den letzten Jahren Pilz-Schokoladen-Konfekte aufgetaucht, fein säuberlich verpackt in Zellophan, mit einer Masche verschnürt. Die ca. mit 1/2 g Pilze der Art *Psilocybe semilanceata* (Spitzkegeliger Kahlkopf) bestückten Schokoladenformen (meist lustige Gestalten mit Zwergen-oder Clown-Motiven) wurden in 10er-Packungen verkauft. Die Verträglichkeit auf den Magen war deutlich besser als bei puren Pilzen, ebenso der Wirkungsverlauf war sanfter, aber trotzdem in voller Intensität. Die Schokoladen-Teile sind auch sehr gut zu dosieren. Ob diese Kombination von Pilz/Schokolade das Geheimnis der Schweizer Schokolade ausmacht, sei dahingestellt. RL]

Der Pilztourismus in den siebziger Jahren in México trug zum vorzeitigen Erlöschen des schamanistischen Gebrauchs von Teonanácatl bei und ein ähnliches Phänomen findet heute in México mit Bezug auf Péyotl statt. Die Verbreitung populärer Information über die Kultivierung psilocybinhaltiger Pilze und die Identifikation nichtmexikanischer Arten half, den Pilztourismus zu zerstreuen.

Literatur

GARTZ, JOCHEN
1993 *Narrenschwämme: Psychotrope Pilze in Europa.* Genf/Neu-Allschwil: Editions Heuwinkel.

GUZMÁN, GASTÓN
1983 *The Genus Psilocybe.* Vaduz, Liechtenstein: Beihefte zur *Nova Hedwigia*, Nr.74.

OTT, JONATHAN
1985 *The Cacahuatl Eater: Ruminations of an Unabashed Chocolate Addict.* Vashon, WA: Natural Products Co.

OTT, JONATHAN & JEREMY BIGWOOD (Hg.)
1978 *Teonanacatl: Hallucinogenic Mushrooms of North America.* Seattle: Madrona.

OTT, JONATHAN & STEVEN H. POLLOCK
1976 »Interview with R. Gordon Wasson« *High Times* No.14 (October '76): 23ff.

Stropharia cubensis-Kultur

Faksimile eines Artikels der Sonntagszeitung vom 8. Oktober 1995 (Rubrik Reisen!) unter dem Motto »Die einen suchen Pilze für den Topf, die anderen für den Kopf«

Auf der Suche nach dem Zauberpilz in magischer Landschaft

Im Jura locken «Magic Mashrooms» viele Sammler an

VON PAUL IMHOF

Der Zustrom von Touristen in den Jura steigt jedes Jahr zu Beginn der Pilzsaison mächtig an. Doch nicht jeder denkt an ein Ragout mit Knoblauch und Weisswein. Immer mehr suchen Zauberpilze für eine ganz spezielle Reise.

Für die Grossmutter war es ein Geschenk des Himmels. Das ganze Jahr über hat sie keinen Ton von ihrem Enkel vernommen, nichts hat er von sich hören lassen, als ob sie vollständig aus seinem Leben verschwunden wäre. Da lädt er sie plötzlich ein zu einer Landpartie in die Freiberge.

Auf dem Plateau sind sie über die Weiden spaziert. Die grosse Attraktion in den Freibergen – einer Region von rund 200 Quadratkilometern Ausdehnung zwischen dem Doubs im Norden und dem Vallon de Saint-Imier im Süden – ist das Konzept der offenen Weiden mit solid gefertigten Fussgängerschleusen in den Zäunen, die den freien Zugang zur Landschaft ermöglichen. Anfänglich war die Grossmutter verblüfft, dass sich der charmante Jüngling für Pilze interessierte, doch später, als er sie bat, Umschau zu halten und ihn zu warnen, sollten sich Leute nähern, ging ihr ein Licht auf. Es mussten wundersame Pilze sein, die ihr Enkel sammelte, so klein und zerbrechlich, damit konnte man gewiss kein Ragout kochen.

Beobachtet wurden die Grossmutter und ihr Enkel von Felix, dem Schamanen. Er sah auf den ersten Blick, wonach der junge Mann schnüffelte, und ärgerlich hämmerte er spätnachts in seinen Computer, dass es wohl der Schwarzmarkt sei, auf dem die Funde des jungen Mannes endeten. «Die Grossmutter diente dazu, die Angst nicht alleine tragen zu müssen: Das nenne ich Missbrauch der Pilze.»

Für die Azteken war es das Fleisch der Götter

Tatsächlich ist unübersehbar, wie viele Leute es dieser Tage in den Jura zieht, wie mancher sich über die Weiten der Weiden bewegt, auf den Boden starrt und mit dem Kopf in Kuhfladen zu versinken droht, auf denen er den geheimnisvollen Zauberpilz entdecken möchte, den «Magic Mushroom», den die Azteken «teonanacatl» nannten, Fleisch der Götter. Bei uns heisst er Spitzkegeliger Kahlkopf, botanisch Psilocybe semilanceata. Erstmals gefunden in der Schweiz wurde er im Berner Oberland. Er wächst im ganzen Land, auf bestimmten Höhen, unter gewissen Bedingungen. Warum er aber vor allem im Jura gesucht wird, mag mit der magischen Ausstrahlung dieser urtümlichen Landschaft zusammenhängen, mit ihrer Geschichte als vergessenes, fürstbischöfliches Hinterland, das auf seinem mit Frommheit durchtränkten Boden Waldgeister, Erdleute und auch fahrendes Volk in Ruhe gewähren liess, so dass sich in dieser gut katholischen Gegend die geheimen Kräfte viel besser verbreiten konnten als in einer protestantischen.

Sonntagmorgen. Der Kopfschmuck des Schamanen liegt auf dem Rücksitz des Autos. In gemessener Geschwindigkeit gleiten wir durch das Land der Freien. Die Hochebene der Franches-Montagnes ist hervorragend erschlossen, eben typisch schweizerisch; jeder Hof hat eine asphaltierte Zufahrt erhalten, auch wenn es da oben länger gedauert hat als anderswo. Hier sind Besucher willkommen, wird im Büchlein «Franches-Montagnes» frohlockt, aber nur, «solange sie sich der humanen Art des ländlichen Tourismus anzupassen wissen».

Die Sammler gehen mit erbarmungsloser Gier vor

Tun sie das? Nicht jeder Besucher folgt dem Weg in den Jura aus reiner Lauterkeit. Entlang der Strassen, an Ausweich- und Kehrstellen, unter mächtigen Wettertannen, vor militärischen Anlagen und überhaupt in allen möglichen Nischen zwischen Strasse und Weidland sehen wir immer

Fortsetzung auf Seite 123

Christian Rätsch
Heilige Pilze in modernen Ritualen*

Der sinnvolle Gebrauch von psychoaktiven Substanzen ist in unserer modernen westlichen Kultur aufgrund verschiedener historischer Verhältnisse (z.B. Christianisierung, Inquisition) verloren gegangen und/oder systematisch unterdrückt worden. Die heiligen Pflanzen unserer Ahnen sind heute vom Betäubungsmittelgesetz als »Betäubungsmittel ohne medizinischen Wert« verboten und werden als sogenannte »kulturfremde« Drogen betrachtet. »Kulturfremd« soll dabei wohl heißen, daß es keinen kulturell tradierten Gebrauch mit diesen Substanzen gibt. Aber hier irrt der Gesetzgeber. Unsere Gesellschaft, für die diese Gesetzgebung gilt, wird nicht von einer homogenen Kultur getragen, sondern zersplittert sich in viele selbständige kulturelle Gruppen, die gerne als »Subkulturen« beschrieben werden. Nun hat sich aber gerade in einigen dieser eigenständigen kulturellen Untergruppen seit den späten fünfziger Jahren eine echte kulturelle Tradition entwickelt, in der die alten heiligen Pflanzen in modernen Ritualen verwendet werden. Besonders der Umgang mit entheogenen Pilzen hat eine eigene Tradition hervorgebracht, die sich heute zwar weltweit, aber hauptsächlich in Nordamerika und Mitteleuropa etabliert hat (LINDER 1981, THOMPSON et al. 1985). Die historischen Wurzeln dieser modernen Rituale lassen sich im wesentlichen auf die geistigen Väter der Hippies und die Schamanen der nord- und mesoamerikanischen Indianer zurückführen. Ich hatte in den letzten zehn Jahren mehrfach die Gelegenheit an derartigen Ritualen teilzunehmen, sie kulturanthropologisch zu beleuchten und mit traditionellen psychedelischen Ritualen anderer Kulturen oder Völker zu vergleichen. Ich konnte auch viele Menschen zu ihren Pilzerfahrungen bei derartigen Ritualen und zu ihren Vorstellungen über die Natur der Pilze usw. befragen. Aus verständlichen Gründen kann ich keine Angaben über Orte, Zeiten und Personen machen.

Eine entheogene Kultur

Das Wort Entheogen ist ein recht neues Kunstwort, das »Gott in sich hervorrufend« bedeutet und als Alternative zum Begriff Psychedelikum entwickelt wurde. Es sollte auf die Erfahrungsdimension bestimmter Substanzen hinweisen. Das Wort Entheogen hat sich seither verbreitet und ist heute, besonders in der positiv eingestellten Literatur weitgehend akzeptiert und etabliert. Ich benutze den Begriff entheogene Kultur (oder Pilzkultur) als Bezeichnung für Menschen einer Gruppe, die Pilze oder andere Substanzen rituell einnehmen, um spirituelle oder mystische Erfahrungen zu machen.

Die entheogene Pilzkultur ist dezentralisiert, anarchisch bzw. partnerschaftlich und reicht weit über religiöse, kognitive und politische Grenzen hinaus. Sie gleicht dem Wachstumsverhalten der Pilze. Im Untergrund verbreitet sich das Wurzelgeflecht. Zur richtigen Zeit am richtigen Ort treiben die Fruchtkörper aus, oft im Kreis (»Hexenring«), verteilen ihre Sporen in alle Welt. Um in die Pilzkultur eingeweiht oder initiert zu werden muß man lediglich die rituell, z.B. im Kreis

Dem Andenken an Jerry Garcia (1942-1995) gewidmet

* Dieser Artikel ist ein überarbeiteter Auszug aus einer längeren Arbeit, die unter dem Titel »Die 'Rückkehr zur Kultur': Heilige Pilze in modernen Ritualen« in: M. WINKELMAN & W. ANDRITZKY (Hg.), *Jahrbuch für Transkulturelle Medizin und Psychotherapie* 1995 (Berlin: VWB) erscheint.

»Die Pilze werden auf einheimischen Wiesen unter Einhaltung von Meidungstabus gesammelt, mit Salbeirauch gereinigt, getrocknet und in ebenfalls rituell gereinigten Gefäßen aufbewahrt. Sie gelten als 'Geschenke Gottes' bzw. 'der Natur' und werden nur in beschränkter Zahl gepflückt, wobei man jeweils die größten Exemplare einer Gruppe als 'Oberhäupter' stehen läßt, ihnen dankt und Mehl und andere Opfergaben vor sie hinlegt. Das Singen von an sie gerichteten Liedern soll die im Gras verborgenen Pilze veranlassen, sich zu zeigen«. (LINDER 1981: 727)

[1] »Devotees in Oregon also call it the Liberty Cap. Several informants told me that the name indicates its resemblance to the Liberty Bell in Philadelphia, but, in fact, it derives from a French Revolutionary emblem, the Cap of Liberty, which in turn, comes from an ancient symbol, the Phrygian bonnet. Especially after drying, the mushroom resembles this peaked, conical hat with its point bent over.« (WEIL 1977: 136)

[2] »Da die Rauschpilze üblicherweise selbst gesammelt werden, ergibt sich eine nicht zu unterschätzende Verwechslungsgefahr mit 'echten' Giftpilzen. So wird von einer Verwechslung von P. semilanceata mit dem bei flüchtiger Betrachtung recht ähnlichen muscarinhaltigen Erdblättrigen Rißpilz (Inocybe geophylla) berichtet.« (BRESINSKY & BESL 1985: 115)

Gleichgesinnter, Pilze essen und von »ihnen angenommen« werden. Die rituelle Kreiserfahrung wird von vielen Menschen als Einweihung in die Mysterien der Pilze erlebt (vgl. LINDER 1981).

Entheogene Pilze in Mitteleuropa

Nachdem zahlreiche mexikanische Arten (*Psilocybe spp.*) gesammelt, beschrieben und chemisch analysiert werden konnte, erhielt der Schweizer Chemiker Albert Hofmann, der die Wirkstoffe Psilocybin und Psilocin in den mexikanischen Zauberpilzen entdeckt hatte, von einem Schweizer Almbewohner den Hinweis, daß es auch in den Alpen Pilze gäbe, die so wirken würden, wie die mexikanischen. Er, der Almbewohner, hätte die Pilze öfter gegessen und kenne die Wirkungen sehr genau. Daraufhin erhielt Hofmann eine Probe der Pilze, die zu der Art *Psilocybe semilanceata* gehörten, und konnte in ihnen ebenfalls den Wirkstoff Psilocybin feststellen. Die Originalarbeit wurde in einer kleinen wissenschaftlichen Zeitschrift veröffentlicht (HOFMANN et al. 1962). Dennoch verbreitete sich das Wissen um den einheimischen Zauberpilz sehr schnell. Der Spitzkegelige Kahlkopf (englisch 'Liberty Cap'[1] oder 'Pixie Cap') oder P*silocybe semilanceata* (FR.) QUÉLET [1818] ist nicht nur in Europa und Amerika heimisch, er wird inzwischen weltweit (sogar in Australien) gefunden. Er gilt als der häufigste und am weitesten verbreitete Pilz der Gattung Psilocybe. In der Schweiz gibt es noch eine Form, bei der die Hüte wie »kleine Zwergenmützchen« aussehen. Er enthält z.T. hohe Konzentrationen an Psilocybin, etwas Psilocin und daneben Baeocystin. Der Kahlkopf wächst bevorzugt auf Wiesen mit alten Dungablagerungen. Er ist im Flachland von Norddeutschland genauso anzutreffen wie auf den Wiesen in den Mittelgebirgen, als auch auf den Almen der Alpenländer. Im Wald wurde er bisher nicht gefunden. Er scheint also eine Art Kulturfolger des Menschen zu sein. Seine Fruchtkörper reifen bereits im Spätsommer und Frühherbst. Ab Ende Juli schwärmen die Pilzsammler aus, um die Kahlköpfe, liebevoll 'Psilos', 'Glückspilze', 'Halluzipilze', 'Pilzli' oder 'Schwammerl' genannt, zu ernten.[2] Er kann bis Mitte Januar gesammelt werden. Mir wurde von sehr vielen Pilzsammlern berichtet, daß schon das Sammeln ein Ritual ist. Oft beginnt das Sammeln mit einem Gebet an die Erdgöttin Gaia oder an eine ominöse Pilzgottheit; es werden auch Opfergaben, z.B. kleine Kristalle am Rande der Wiese oder Alm als Dank an den Pilzgeist abgelegt. Die ersten zwei Pilze sollte man essen, danach würde man die richtige Art zielsicherer erkennen und überall finden können. Einige Pilzsammler sagten mir, daß man die Pilze nur findet, wenn man »gut drauf« sei; Leute, die »schräg oder schlecht drauf seien«, können keine Pilze finden. Die Pilze können entweder frisch verspeist oder getrocknet gelagert werden. Gelegentlich werden die getrockneten Pilze pulverisiert und dann mit Fruchtsäften, Kakao oder Schokolade eingenommen. Die Dosierungsangaben liegen bei einer Hand voll frischer Pilze (ca. 30-40 g) oder 3-5 Gramm getrockneter Pilze.

In jüngster Zeit hat sich vor allem der Gebrauch des *Psilocybe cyanescens* WAKEFIELD - nicht zu verwechseln mit dem *Panaeolus cyanescans* (= *Copelandia cyanescens*) - in Deustchland und der Schweiz eingebürgert. Dieser Pilz gehört ohnehin zur einheimischen Mykoflora Mitteleuropas und kann von »Gückspilzen« sogar im Wald gefunden werden. Der *Psilocybe cyanescens* gedeiht am besten auf Rindenmulch. Daher läßt er sich auch gut im eigenen Garten kultivieren. Dazu benötigt man nur ein Stück vom Mycelium. Der *Psilocybe cyanescens*, der u.a. den Spitznamen »Oink« trägt, gilt in Kennerkreisen als besondere »Psychedelikatesse«. Gewöhnlich haben schon drei getrocknete Pilze (ca. 1 g) eine sehr heftige entheogene Wirkung!

In den siebziger Jahren wurde von pilzbegeisterten Tüfftlern eine Methode zur heimischen Kultivierung von *Stropharia cubensis* EARLE 1906 [= *Psilocybe cubensis* (EARLE) SINGER], »der Pilz, der von den Sternen stammt«, entdeckt und erstmals auf Englisch im Jahr 1976 veröffentlicht (OSS & OERIC 1981). Dieses Buch wurde in viele Sprachen übersetzt, mehrfach indiziert und hat bis heute eine Gesamtauflage von einer halben Million (nicht mitgerechnet die Schwarzdrucke) erreicht. Viele Menschen haben diese Kultivierungsmethode erfolgreich angewandt. Die Zuchtmethoden werden ständig verbessert und einfacher für den Hausgebrauch. Es wurden sogar Methoden entdeckt, wie der Psilocybingehalt gesteigert werden kann. In den letzten Jahren sind auch die Arten *Psilocybe cyanescens* und *Panaeolus subbalteatus* Berk. & Br. erfolgreich in Heimlabors gezüchtet und rituell verspeist worden. Als wirksame Dosis des *Stropharia cubensis* werden 3-5 Gramm der getrockneten Pilze angegeben. Wobei je nach Bedarf des Genießers unterschiedliche Dosierungen für verschiedene Zwecke genommen werden. Es reicht von einem kleinen Pilz zur milden Psychostimulation bis zu dem 'full blast' oder psychedelischen Durchbruch (Terence McKenna's berühmtes 'heroisches' Rezept lautet: »Five gramm on an empty stomach in total silent darkness«). Meist werden die Zauberpilze frisch oder getrocknet verzehrt. Dabei haben sich bestimmte Formen des Genusses entwickelt. Dabei werden die Pilze in Honig eingetunkt oder pulverisiert mit Kakao getrunken. Manchmal wird auch etwas Schokolade mit den Pilzen gegessen.

Die modernen Ritualstrukturen

Das Bedürfnis nach sinnvollen Ritualen scheint beim westlichen Menschen der Neunziger Jahre stärker denn je zu sein. Immer mehr Menschen beschäftigen sich damit, wie aus alten verhärteten Strukturen neue lebendige Rituale geschaffen werden können. Die modernen Ritualstrukturen zum entheogenen Pilzgebrauch orientieren sich an den traditionellen indianischen Formen, so der mazatekischen velada und dem *Peyote Meeting* der nordamerikanischen Indianer. Die indianischen Modelle für entheogene Rituale wurden auch für den Gebrauch von MDMA in Gruppen entsprechend adaptiert (ADAMSON 1985; MÜLLER-EBELING & RÄTSCH o.D.). Es sind Kreisrituale, die manchmal 'Ceremonial Circle' oder 'Heilkreis', auch 'Pilzkreis' genannt werden. Der Einsatz von Kreisritualen ist nicht auf den sakramentalen Gebrauch von Pilzen oder anderen psychoaktiven Stoffen beschränkt, er hat sich in der eher heidnischen Gegenkultur weitgehend etabliert (CAHILL & HALPERN 1992). In den USA werden immer häufiger heilige psychoaktive Pflanzen in schamanistischen Ritualen eingenommen (METZNER 1988).

Die modernen Pilzrituale werden von den Teilnehmern meist als eine Form des »psychedelischen Schamanismus« betrachtet. Die Verwandt-

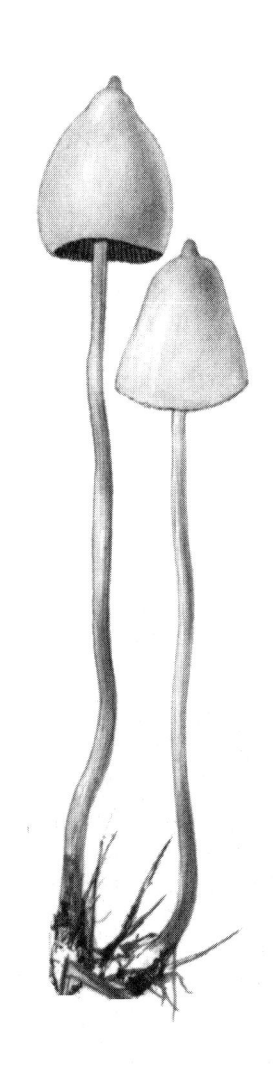

»Man kann heute sagen, daß die *Psilocybe semilanceata* der psychotrope Pilz Europas hinsichtlich Verbreitung, Erforschung und Anwendung ist.«
(GARTZ 1993a: 23)

»Die Pflanze mit ihrer Fähigkeit, den Geist zu öffnen, gibt den Rahmen, das Ritual vor, sie ist der bestimmende Faktor. Der bewußte Einsatz entheogener Substanzen, um Berührung mit der spirituellen Welt zu bekommen und die mystische Imagination zu entfesseln, beinhaltet die gesammelte Erfahrung vieler Generationen und gehört deshalb zum kulturellen Erbe. Der Schamane kennt die Pflanze mit ihren geistbewegenden Eigenschaften. Er versteht ihre Zubereitung, beherrscht die richtige Dosierung und kann die Wirkung erklären und lenken (oder lenkt sie ihn?)«
ALEXANDRA ROSENBOHM
(1991: 159).

»Pilze: Die mildesten Ergebnisse erzielen Sie mit Champignons, die wildesten mit Fliegenpilzen. Etwa in der Mitte liegen die Psilocybin-Pilze *(sic)*, kleine unscheinbare Gesellen mit manchmal magischer Wirkung. Doch keine Angst - wenn LSD der Porsche unter den bewußtseinserweiternden Drogen ist, dann ist Psilocybin *(sic)* das Fahrrad. Das bedeutet, die Grenzen der Wahrnehmung werden nie so drastisch erweitert, daß man glaubt, man habe fünf Lippen - drei Lippen sind das Höchste. Falls Sie richtig dosiert haben, werden sie bald eine nie gekannte Liebe für alle Lebensformen spüren: für Menschen, für Tiere, für Pflanzen und besonders für Pilze.«
WALTER MOERS
Schöner Leben mit dem Kleinen Arschloch: Sex, Drogen & Alkohol
(Frankfurt/M.: Eichborn 1992)

[3] D.h., daß »Heilung nicht den Anlaß von Krankheit oder manifester Störung benötigt, sondern vom Tage der Geburt an einen fortwährenden Prozeß darstellt, der nichts anderes bedeutet als ein ständiges Gewahrsein der Beziehungen jedes Menschen zu seinen Nächsten, zur Umwelt, zu Erde und Kosmos.« (ANDRITZKY 1993: 95)

schaft zu den indianischen Ritualen wird gesehen. Allerdings haben die Teilnehmer das Gefühl, daß es sich um eine wiederbelebte Urform entheogener Rituale handelt, die allen Menschen dank des »kollektiven Unbewußten« oder des »morphogenetischen Feldes« zugänglich ist.

Das Set: Vorstellungen über Pilze

In den meisten Kulturen wurden oder werden psychoaktive Pflanzen benutzt. Die dadurch ausgelösten veränderten Bewußtseinszustände (*altered states of consciousness*, ABZ, VWB) werden kulturell geprägt und dienen sowohl dem gemeinsamen religiösen Erleben als auch der Heilung. Diese kulturelle Komponente beeinflußt die Erfahrung genauso wie die persönliche Einstellung dazu (DOBKIN DE RIOS 1990). Die Wirkung einer psychoaktiven Substanz wird maßgeblich von den an sie gestellten Erwartungen (*set*) mitbeeinflußt. Es ist ein großer Unterschied, ob man glaubt, die Pilze seien ein gefährliches Rauschgift, das zwangsläufig Horrortrips induziert, oder eine Pflanze der Götter, die mystische Erfahrungen bewirkt. Über die Herkunft und Bedeutung der entheogenen Pilze gibt es bei den Pilzessern verschiedene Überzeugungen:

• Die Pilze sind außerirdische Wesen, die auf die Erde gekommen sind, um mit dem Menschen eine symbiotische Co-Evolution einzugehen
• Die Pilze sind Geschenke der Götter, bzw. der Erdgöttin Gaia und dienen dem Menschen, ein ökologisches und schamanisches Bewußtsein zu erlangen
• Die Pilze sind ein Geschenk der Natur und verbinden den Menschen mit der inneren und äußeren Natur
• Die Pilze sind intelligente Wesen, die unser Gehirn benötigen um sich ihrer selbst bewußt zu werden
• Die Pilze sind Tore zur Anderswelt oder zum Wunderland; sie offenbaren die wahre Wirklichkeit
• Die Pilze sind Heilmittel, die nicht nur Krankheiten und Symptome heilen können, sondern den gesunden Menschen heiler werden lassen[3]
• Die Pilze erweitern die Wirklichkeit, fördern die Spiritualität und vertiefen das Naturverständnis
• Der Pilz ist der Baum der Erkenntnis; jeder der davon nascht erkennt das Göttliche
• Die Pilze sind Lehrmeister oder Pflanzenlehrer, die vertiefte Erkenntnisse über den Menschen im Universum vermitteln

Diese Überzeugungen stehen im krassen Gegensatz zu den Überzeugungen der Gesetzgeber und deren Organen (FDA, Bundesopiumstelle), als auch zur etablierten naturwissenschaftlichen Psychiatrie. Sie erinnern allerdings sehr stark an die indianischen und/oder schamanischen Anschauungen.

Das Setting

Bei meiner kulturvergleichenden Untersuchung zur Struktur psychedelischer Erkenntnisrituale, habe ich ein Grundmuster entdeckt, siehe Tabelle (RÄTSCH 1991).

Die entheogenen Pilzrituale, an denen ich teilnehmen konnte, erfüllen dieses Modell bis in alle Einzelheiten. Ich werde die Rituale nach diesem Modell beschreiben. Dabei muß ich sagen, daß der Ablauf bei allen Treffen, an denen ich zugegen war, bis auf kleine Varianten gleich war. Die individuellen Besonderheiten der Ritualleiter - ob Männer oder Frauen - schlugen sich natürlich in der Form und den Gehalten des Rituales nieder. Von manchen Ritual-

Die Struktur psychedelischer Erkenntnisrituale

Phase	Innerer Prozeß	Äußere Handlung
Vorbereitung (Alltagsbewußtsein)	Reinigung	sexuelle Enthaltsamkeit Fasten Waschung/Erbrechen/Klistiere Kleidungswechsel
	Fragestellung	Besinnung/Kontemplation Meditation
Durchführung	Schaffung des heiligen Raumes	Räucherung Opfer Musik/Gebete/Beschwörungen Droge/psychoaktive Technik
(VWB)	Vision Erkenntnis	Gebrauch von Ritualobjekten
Nachbereitung (Alltagsbewußtsein)	Antworten finden Probleme lösen	Visionen kommunizieren (Erzählen, Singen, Malen, Bücher schreiben usw.)

leitern wurde betont, daß das Ritual einer strengen Form oder Ordnung bedarf; andere legten Wert auf die den Teilnehmern angepaßte Dynamik. Ein Ritualleiter sagte, daß zu strenge Formen den Tod des Rituales bedeuten; ein Ritual würde von lebenden Menschen ausgeführt und solle dementsprechend lebendig bleiben. Er berief sich auf den indianischen Ritualclown[4], dessen Aufgabe es sei, das Ritual zu persiflieren und die Teilnehmer zum Lachen zu bringen. Rituale sollen nicht an erstarrten Formen sterben, sondern humorvoll weiterentwickelt werden. Dabei würde der »Pilzgeist«, dem »der Schalk im Nacken sitzt«, die Funktion des Ritualclowns ausführen. Einige Ritualleiter sind der Meinung, daß während der Pilzeinnahme nicht gelacht werden soll. Andere Ritualleiter sehen im Lachen den »kosmischen Witz« des Pilzes, der eine starke Heilkraft in sich birgt (»nur wer lacht, ist gesund«). Ob gelacht wird oder nicht - die Ritualstruktur folgte bei allen Ritualleitern dem selben Schema.

Zeit und Ort

Als Zeitpunkte für entheogene Pilzrituale werden vor allem Vollmondnächte, aber auch die alten heidnischen Feiertage, wie Sonnenwende, Tag-und-Nacht-Gleiche, Walpurgisnacht, Halloween und Ostern (Frühlingsfest) genannt. Die Pilzesser glauben, daß der Vollmond eine magische Kraft hat und mit den Kräften der Pilze harmonisiert. Die alten heidnischen Feiertage würden die Pilzerfahrung mit dem morphogenetischen Feld der alten Kulte erfüllen. Pilzkreise werden auch bei persönlichen Feiern, wie Hochzeiten (*'high times'*), Hauseinweihungen oder Geburtstagen durchgeführt. In astrologischen Zirkeln werden Pilzrituale an astrologisch günstigen Zeitpunkten abgehalten.

---

[4] »Auf den ersten Blick könnte der Anschein entstehen, der Clown untergrabe mit seiner Verulkung des Schamanen und anderer religiöser Führer die Religion seines Volkes; tatsächlich aber gibt er ihr neue Lebensimpulse, indem er höhere Wahrheiten enthüllt.«
(TEDLOCK 1978: 113)

Der Omphalos von Delphi (ein antikes Modell des echten, heute verloren gegangenen Steines) gilt als der »Nabel der Welt«. Der Omphalos ist wahrscheinlich mit dem orphischen Weltenei identisch. Das Weltenei ist vermutlich ein Symbol für den entheogenen Pilz gewesen.

Alle Treffen, an denen ich teilnahm, fanden an Wochenenden statt, da die meisten Teilnehmer unter der Woche ihren Arbeitverhältnissen nachgehen. Die Treffen beginnen entweder am Freitag abend oder am Vormittag des Sonnabends. Das Ende der Treffens ist Sonntag mittag.

Die Orte für entheogene Pilzrituale werden sorgfältig ausgewählt (vgl. RÄTSCH 1992). Z.T. finden sie in besonderen Seminarhäusern statt; oft an Orten traditioneller Heiligkeit. Bevorzugt werden alte Kultplätze oder sogenannte Kraftplätze. Manche Plätze, die als geeignet gelten, sind geradezu Pilgerorte der Pilzfreunde geworden, z.B. Palenque (Chiapas/Mexiko), Delphi (Griechenland) oder die Externsteine (Deutschland). Die Rituale finden bei gutem Wetter im Freien oder in Tipis statt. Das indianische Tipi (auch 'Medicine Tipi') erscheint dabei als idealer Ritualraum (vgl. LAUBIN 1989: 241ff.). Zum einen ist der Kreis in dem sich die Teilnehmer versammeln vorgegeben, zum anderen deuten die gen Himmel strebenden Zeltstangen das kollektive Zusammenfließen der bepilzten Bewußtseine an.

Die Teilnehmer

Durch die rechtliche Situation werden die Pilzkreise verständlicherweise nicht öffentlich ausgeschrieben. Sie werden von dem Ritualleiter terminiert. Die Informationen über Zeitpunkt und Ort werden von Mund zu Mund verbreitet. Wer sich von dem »Pilz angezogen« fühlt, nimmt teil. Die Teilnehmer an solchen Pilzkreisen stammen meist aus gebildeten und akademischen Kreisen. Viele Teilnehmer arbeiten in kreativen Bereichen, sind als Künstler oder in den Medien tätig. Ich traf Industrielle, Schauspieler, Journalisten, Ethnologen, Physiker, Maler, Schriftsteller, Verleger, Redakteure, Apotheker, Kräuterhändler, Drogenberater, Sozialarbeiter, Psychiater, Ärzte, Therapeuten, Studenten, seltener Handwerker, Hausfrauen oder Fabrikarbeiter. Die Teilnehmer stammen aus allen Altersgruppen, von 18 bis 80. Das Durchschnittsalter liegt bei Mitte Dreißig. Viele Teilnehmer stammen aus der sogenannten 68er Generation. In den meisten Kreisen war das Verhältnis von Männern und Frauen ausgeglichen. An den Kreisen nahmen 9 bis 20 Personen teil. Durchschnittlich waren es jedoch 12 Teilnehmer. Die meisten Teilnehmer hatten schon vorher psychedelische Erfahrungen (mit LSD oder Pilzen). Manche Teilnehmer hatten niemals zuvor ein Psychedelikum probiert und kamen zu dem Kreis, weil sie die Kraft der Pilze im rituellen Rahmen kennenlernen wollten.

Von allen Ritualleitern wurde immer wieder betont, daß es sich bei den Pilzkreisen nicht um psychotherapeutische Behandlungen, sondern um spirituelle Treffen handelt. Ein Ritualleiter sagte zur Begrüßung: *»Im Pilzkreis geht es nicht um persönliche Probleme. Wir nutzen den Pilz, um über die personale Ebene hinaus zu gelangen, um den transpersonalen Raum zu erreichen und den Kontakt zur Natur zu finden. Die persönlichen Probleme möge bitte einjeder für sich behalten, sie interessieren niemand anderen. Es geht um kosmische Visionen und nicht um die Therapie von Symptomen. Die Erfahrung der transpersonalen Ebene hat ohnehin eine spirituelle Heilkraft, die jedem zuteil wird.«*

Paraphernalia

Kein Ritual kommt ohne Paraphernalia aus. Der Ritualort wird mit besonderen Dingen hergerichtet. Es werden Blumensträuße und Kerzen aufgestellt. An den Wänden werden Bilder aufgehängt, z.B. tibetische Thankhas, Garnbilder der Huichol-Indianer, Fotos von Planzen oder Pilzen, Poster von Xochipilli, dem aztekischen Gott der entheogenen Pflanzen. In der Mitte des Raumes befindet sich ein flacher Tisch oder ein Tuch; darauf wird der Altar errichtet. Auf dem Altar platziert der Ritualleiter seine persönlichen Ritualgeräte oder »Kraftobjekte«, z.B. Götterstatuen aus verschiedenen Kulturen, Abgüsse von steinzeitlichen Göttinnenbildern (»Venus von Willendorf«), Pilzsteine und Kristalle. Die Teilnehmer werden auch dazu ermuntert, »Kraftobjekte« mit in den Kreis einzubringen, und sie ggf. auf dem Altar zu platzieren.

Der Gebrauch von Räucherstoffen ist ein fester Bestandteil eines jeden Pilzkreises. Der Ort des Treffens wird vorher ausgeräuchert, um »negative Schwingungen« zu vertreiben und um die Pilzgötter und -göttinnen anzuziehen. Es wird während allen drei Ritualphasen geräuchert. Der am häufigsten verwendete Räucherstoff ist Sage. Sage ist nicht mit Salbei zu verwechseln. Sage heißt auch Präriebeifuß (*Artemisia ludoviciana, Artemisia scopulorum*) und stammt aus den nordamerikanischen Prärien und Plains. Sage ist bei den nordamerikanischen Indianern das bedeutendste Räuchermittel. Bei nordamerikanischen Pilzkreisen wird fast ausssschließlich Sage, seltener Sweetgrass (*Hierochloe odorata*) benutzt. Bei europäischen Pilzkreisen wird, wenn vorhanden, am liebsten auch das echte indianische Sage verwendet. Als Ersatz wird manchmal Salbei (*Salvia officinalis*) benutzt. In letzer Zeit hat sich der Gebrauch vom einheimischen Beifuß (*Artemisia vulgaris*) als rituellem Räuchermittel verbreitet. Als Räuchergefäß dient in den meisten Fällen die Schale eines großen Meerohres (*Haliotis sp.*), seltener ein tibetischer Räucherkelch. Harze und andere Räucherstoffe werden fast nie verwendet. Manchmal werden Räucherstäbchen verbrannt.

Duftstoffe (ätherische Öle, Blütenessenzen, Parfüms) und Duftlampen werden manchmal verwendet, um die Athmosphäre des Raumes nach den Prinzipien der Aromatherapie zu beeinflussen. Oft wird das Ylang-Ylang-Öl (aus den Blüten des Baumes *Cananga odorata*) benutzt. Es soll aphrodisische Wirkungen entfalten und die Pilzfreunde mit der »universellen Liebe« verbinden.

Musik spielt bei allen psychedelischen oder entheogenen Ritualen eine wesentliche Rolle. Rhythmen, Töne und Klangfarben können wesentlich das visionäre Erleben strukturieren. Deshalb verwenden alle Ritualleiter bei ihren Kreisen Musik. Entweder werden die Teilnehmer gebeten Trommeln und Rasseln mitzubringen, um selbst zu musizieren, oder es werden von den Ritualleitern CDs ausgewählt. Bei fast allen Kreisen, an denen ich teilnahm, wurden CD-Player und CDs benutzt. Zur bevorzugten Musik gehören die Produktionen von dem Percussionisten Mickey Hart (von der Gruppe Grateful Dead) und die Richtung, die heute als »Weltmusik« bezeichnet wird. Die Musik ist stark rhythmusbetont und komplex in ihrer Struktur. Didgeridoo-Klänge, Obertongesänge und afrikanische Trommeln gehören zu den wichtigsten musikalischen Elementen. Die Pilzfreunde haben bei bestimmten CDs das Gefühl, sie seien extra für

Pilzstab eines indianischen Schamanen der prähistorischen Mound Builder-Kultur im Süden Nordamerikas

»Ich [konnte] vom 21.-23.12.1979 an einer Sonnenwendzeremonie im Kanton Bern teilnehmen, bei der kleine Pilze, die ich als *Psilocybe semilanceata* identifizierte, im Rahmen eines seit etwa sieben Jahren bestehenden Kults mit komplizierten Schwitzbadritualen, Gebeten, Pfeifenzeremonien (ohne psychoaktive Substanzen), Fastengeboten, Räucherungen, Opferhandlungen und Musik in einem speziell hergerichteten Raum mit zentralem Altar verwendet wurden. Alle Anwesenden (5 Frauen und 6 Männer) hatten vier Tage vor und nach der Zeremonie jegliche Drogen inklusive Alkohol, sexuelle Kontakte, Fleischnahrung und 'schlechte Gedanken' strikt zu meiden und während des Treffens selbst strenges Fasten einzuhalten, aber nur zwei Männer aßen am zweiten Abend nach vorangehenden Reinigungsritualen je zwanzig Pilze. Diese Verwendung hatte für die Gruppe offenbar eine Orakelfunktion. Sie wurde durch intensives stundenlanges Trommeln aller Teilnehmer unterstützt. [...] Für die Gruppe, deren Ideologie von einem weitgespannten 'heidnisch'-christlich-buddhistisch-hinduistischen Synkretismus geprägt ist [...] scheint der Pilz nicht unter die Kategorie 'Drogen' zu fallen, sondern soll einen Bestandteil 'der ursprünglichen Religion' gebildet haben.« (LINDER 1981: 727)

den Pilzgebrauch produziert worden. Die computergenerierte New Age-Musik wird von den Pilzliebhabern als zu künstlich abgelehnt.

Das bei weitem wichtigste Ritualgerät ist der *talking stick* oder der »Sprechende Stab«. Der Sprechende Stab stammt aus dem nordamerikanischen Peyotekult (LA BARRE 1989). Er ist ein stabförmiges Gebilde, das individuell gestaltet sein kann. Jeder Ritualleiter hat einen eigenen, selbst gefundenen oder selbst hergestellten Sprechenden Stab. Da der Sprechende Stab als ein männliches Gerät und als Phallussymbol gilt, wird er meist im Zusammenhang mit einem weiblichen Ritualgerät, gewöhnlich einer Rassel, die das Symbol der fruchtbaren Gebärmutter ist, verwendet. Der Sprechende Stab hat eine äußerst wichtige Funktion im Ritual. Jeder der den Sprechenden Stab in Händen hält ist aufgefordert, sich dem Kreis mitzuteilen (durch Singen, Sprechen, Schweigen, Rasseln). Alle anderen Teilnehmer schweigen und schenken der Person, die den Stab in Händen hält, ihre volle Aufmerksamkeit. Der Stab wird in allen drei Ritualphasen im Kreis herumgereicht (immer im Uhrzeigersinn). Dadurch, daß jeder den Stab solange behalten kann wie er oder sie möchte, kann man sich selbst den Raum ritueller Aufmerksamkeit gewähren. Äußerst selten fordert der Ritualleiter einen Teilnehmer auf, den Stab weiter herumzureichen.

Vorbereitung

Wenn das Treffen am Freitag abend beginnt, tritt man gleich in die Vorbereitungsphase ein. Ritualleiter und Teilnehmer setzen sich in den Kreis und begrüßen sich. Der Leiter gibt ein Meerohr mit glosendem Sage (oder einem Substitut) herum, damit sich die Teilnehmer rituell reinigen können und um sich für die Gruppe und die »Welt der Geister« zu öffnen. Der Gebrauch und die Bedeutung des Sprechenden Stabes wird erklärt. Der Stab wird im Kreise herumgereicht, damit sich die Teilnehmer daran gewöhnen und sich dabei der Gruppe vorstellen. Der Ritualleiter gibt detaillierte Auskünfte über den Ablauf des Treffens, berichtet von den Kräften der Pilze, gibt einen geschichtlichen Überblick. Fast immer wird die Geschichte von Gordon Wasson und María Sabina erzählt. Den Teilnehmern wird gesagt, daß sie sich in der Nacht vor der Pilzeinnahme sexuell enthalten sollen. Den Männern wird empfohlen, falls sie von unbändiger Lust übermannt werden, wenigstens nicht zu ejakulieren. Dadurch würden sie Kraft verlieren, die ihnen dann bei der Begegnung mit dem Pilz abgeht. Nicht alle Ritualleiter legen wert auf sexuelle Enthaltsamkeit. Auf jeden fall hat die sexuelle Enthaltsamkeit nichts mit Prüderie zu tun, sondern dient der »Kanalisierung von Energie«.

Gelegentlich wird am Freitagabend eine Schwitzhütte zur körperlichen und geistigen Reinigung gemacht. Seit einigen Jahren hat sich der Gebrauch der indianischen Schwitzhütte bei weißen Amerikanern und Europäern - oft zum Leidwesen der Indianer - durchgesetzt. Der Gebrauch der Schwitzhütte ('Sweat Lodge') wird allerdings oft von indianischen Medizinmännern in Workshops gelehrt (vgl. DEERE 1987). Viele Ritualleiter haben die Konstruktion und Durchführung der Schwitzhütte von Indianern oder anderen Lehrern erlernt (zur Konstruktion der Schwitzhütte siehe BRUCHAC 1993 und LAUBIN 1989: 191-200). In Anlehnung an die Schwitzhütten-Reinigung gehen die Kreisteilnehmer am Freitagabend gemeinsam in die Sauna oder in ein Schwitzbad. Viele Teilnehmer haben mir berichtet, daß sie diesen Teil des Rituales als Vorbereitung auf die Pilzerfahrung sehr schätzen, u.a. weil sie sich dadurch vom Alltagstrott befreit fühlen.

Wenn sich die Gruppe erst am Sonnabend vormittag trifft, fällt die Schwitzhütten-Zeremonie weg.

Dann beginnt das Treffen mit der Begrüßung per Sprechenden Stab usw. Ab dem Frühstück wird gefastet. Der bei indianischen Ritualen gelegentlich vorkommende Gebrauch von abführenden und brecherregenden Mitteln kommt bei den Pilzkreisen praktisch nie vor.

Von allen Ritualleitern wird die Wichtigkeit der Fragestellung, mit der jeder Teilnehmer in die Erfahrung geht, betont. Um den Teilnehmern zu ermöglichen, sich selbst über ihre Fragestellung klar zu werden, werden verschiedene Techniken vorgeschlagen und verwendet. Manchmal machen die Ritualleiter mit den Teilnehmern eine Phantasiereise oder eine geleitete Meditation. Meist jedoch wird ein medicine walk oder »Medizin-Gang« durchgeführt. Der Medizin-Gang findet am Nachmittag statt. Dazu begibt sich die Gruppe in die Natur, in den Wald, in die Berge, die Prärie oder in die Wüste. An einem Platz (»Kraftplatz«), der vom Ritualleiter ausgewählt wird, setzen sich alle im Kreis hin. Der Ritualleiter instruiert die Teilnehmer über den Verlauf des Medizin-Ganges. Alle Teilnehmer sollen sich nach einer Phase des Schweigens aus dem Kreis entfernen und auf die Suche nach »ihrem Platz« gehen. Sie sollen dabei in alle Richtungen ausschweifen, jeden Kontakt mit anderen Personen meiden, sie vollständig ignorieren. Sie sollen sich von ihrer Intuition leiten lassen, versuchen den inneren Dialog abzustellen und sich mit aller Kraft auf die Wahrnehmung der Natur konzentrieren. Sie würden von selbst zu »ihrem Platz« geführt werden. Dort sollen sie sich für eine Stunde niederlassen und sich ganz auf die Wahrnehmung des Ortes beschränken. Immer wenn sie gedanklich abschweifen, sollen sie sich wieder auf Objekte der Außenwelt besinnen. Nach einer Stunde sollen die Teilnehmer schweigend in den Kreis zurückkehren. Die Teilnehmer werden gebeten ein oder mehrere natürliche Objekte, die sie auf ihrem Medizin-Gang finden, die irgendwie ihre Aufmerksamkeit erregen oder die »zu ihnen sprechen«, mitzubringen wenn sie in den Kreis zurückkehren. Oft geben derartige Objekte - meist handelt es sich um Steine, Holzstücke, Federn, Schneckenschalen, Tannenzapfen, Pilze usw. - den Teilnehmern den wesentlichen Impuls, sich über die eigene Fragestellung bewußt zu werden. Wenn die Teilnehmer zum Kreis zurückgekehrt sind, sollen sie die mitgebrachten Objekte erklären und in den Kreis legen. Die Objekte werden dann mitgenommen und auf dem Altar des Ritualraumes deponiert. Bei manchen Ritualen nennen die Teilnehmer der Reihe nach ihre Fragestellung. In anderen Ritualen sollen sie die Fragestellung für sich behalten. Die häufigsten Fragestellungen, die ich gehört habe, lauten:

»Wo stehe ich im Leben?«
»Wie soll ich mich in meiner derzeitigen Situation entscheiden?«
»Wie kann ich eine bestimmte Verhaltensweise verändern?«
»Was kann mich der Pilz lehren?«
»Was habe ich für ein Verhältnis zur Natur oder zur Erde?«
»Wie werde ich gesund?«
»Was muß ich in meinem Leben ändern?«

Ein »moderner Pilzstein« – ein Souvenir aus Mexiko

»Genauso wie wir die Pilze kultivieren, so kultivieren sie uns. Sie kultivieren unser visionäres Bewußtsein und werden dadurch echte Lehrer.«
Aussage eines Ritualleiters

Der Spitzkegelige Kahlkopf ist ein typischer Bewohner von Wiesen mit alten Dungablagerungen

»Woher komme ich, wohin gehe ich?«
»Was ist die Aufgabe meines Lebens?«
»Was hat das Leben für einen Sinn?«

Zwischen dem Medizin-Gang und der Pilzeinnahme, also der Durchführungsphase, wird den Teilnehmern noch Raum und Zeit gegeben, zu meditieren oder sich zurückzuziehen. Manchmal geht die Gruppe auch in die Sauna. Die Teilnehmer sollen dann baden oder duschen und sich festlich kleiden. Oft werden bunte T-Shirts mit eindeutig psychedelischen Bezügen getragen. Auch ziehen die Teilnehmer orientalische Gewänder, indianische Ponchos oder selbst angefertigte Ritualkleider an. Viele Teilnehmer legen besonderen Schmuck, oft indianischen oder tibetischen Silber- und Türkisschmuck an. Zu den bevorzugten Schmuckstücken gehören indianische Peyotevögel, Pilzamulette und buddhistische Malas. Das Tragen von Masken und Gesichtsbemalungen sind sehr selten. Das Parfümieren mit ätherischen Ölen und Essenzen ist hingegen weit verbreitet.

Durchführung

Die Durchführung des Pilzkreises dauert fast genau vier Stunden. Die Zeitpunkte des Beginns und des Ende bestimmt der Ritualleiter. Meist wird der Kreis gegen 20:00 Uhr begonnen. Er löst sich dann gegen Mitternacht auf. Der Pilzkreis beginnt mit verschiedenen Vereinbarungen:

»Niemand verläßt während des Rituales den Kreis, es sei denn man muß zur Toilette (aber zum Klo geht man nur, wenn niemand den Sprechenden Stab in Händen hält)«
»Niemand nimmt während des Pilzkreises Kontakt zur Außenwelt auf (z.B. per Telefon)«
»Niemand verletzt sich selbst oder andere«
»Niemand erzählt Außenstehenden, wann und wo der Kreis stattgefunden hat und wer daran teilgenommen hat«
»Niemand erzählt, woher die Pilze stammen«

Dann wird der Sprechende Stab herumgereicht und jeder Teilnehmer muß sich mit den Vereinbarungen einverstanden erklären. Wer nicht einverstanden ist, soll den Kreis verlassen (kommt praktisch nie vor). Nach den Vereinbarungen wird Sage geräuchert und im Kreis herumgereicht. Wenn sich alle mit dem Rauch gereinigt haben, werden die Pilze verteilt. Bei manchen Ritualen bestimmt der Leiter die Menge, die von den Teilnehmern genommen werden soll, bei anderen Ritualen bestimmt jeder für sich die richtige Menge. Im Durchschnitt werden bei Pilzkreisen drei Gramm getrockneter Pilze (entweder *Psilocybe semilanceata* oder *Stropharia cubensis*) pro Person gegessen. Während die Teilnehmer – die Ritualleiter nehmen fast immer selber Pilze – die Pilze essen, ruft der Leiter die Pilzgeister an, richtet Gebete an die vier Himmelsrichtungen und verschiedene heidnische Gottheiten, beschwört Krafttiere und Ahnengeister. Solche Gebete können je nach Ritualleiter individuell sehr unterschiedlich sein. Manchmal fallen sie ganz weg. Manchmal wird eine Pilzgeschichte (z.B. von TERENCE MCKENNA) vorgelesen oder erzählt.

Nach dem Pilzverzehr sollen sich die Teilnehmer schweigend setzen oder hinlegen und auf die anflutende Wirkung der Pilze warten. Dazu wird Musik gespielt, meist eine CD von Micky Hart oder Gary Thomas. Da die Wirkung nach ca. 20 Minuten einsetzt, wird eine erste Runde mit dem Sprechenden Stab nach ca. einer Stunde (entspricht etwa der Länge einer CD) nach Pilzeinnahme gemacht. Zu diesem Zeitpunkt sind alle Teilnehmer »drauf«. Sie sollen sich jetzt dem Kreis der Gruppe zuwenden. Der Stab wird herumgereicht. Oft wird bei dieser Runde geschwiegen oder gesungen. Die meisten Teilnehmer sind zu diesem Zeitpunkt »sprachlos«. Nach dieser ersten Runde, die kaum länger als eine halbe Stunde dauert, sollen sich die Teilnehmer wieder hinlegen und ganz in sich gehen, dem Pilz begegnen und sich ihre Visionen einprägen. Es wird wieder eine Musik für etwa eine Stunde gespielt

Danach beginnt die wichtigste Runde. Der Sprechende Stab wird wieder herumgereicht. Jetzt haben die meisten Teilnehmer ihre Sprache wiedergefunden und berichten von ihren Visionen. Durch die ungeheure Konzentration der Gruppe auf jeweils eine Person im Kreis kommt es oft zu dem Phänomen der shared vision oder »geteilten Vision«. Manche Teilnehmer erzählen sehr anschaulich von ihren Erfahrungen. Durch die empathogene (Neben)-Wirkung der Pilze können sich die anderen Teilnehmer so stark in die Vision hineinversetzen, daß sie selbst daran teilhaben. Es werden meist transpersonale Visionen berichtet. Manche Teilnehmer werden zu »Sprachrohren der Pilze«. Gelegentlich werden Prophezeiungen verkündet. Manche Teilnehmer haben eine »Comic-Wahrnehmung«; ihre humorvollen Mitteilungen an den Kreis sorgen oft für unglaubliche Lachekstasen. Manche Teilnehmer werden auch mit ihrer Trauer oder mit inneren Schmerzen konfrontiert, über die sie dann berichten. Durch die allgemeine Aufmerksamkeit können solche Personen ihre Trauer und ihren Schmerz leichter annehmen. Mir wurde oft berichtet, daß solche Erfahrungen als besonders heilsam oder befreiend erlebt wurden. Die allgemeine Akzeptanz für Lust und Schmerz, für Trauer und Humor ist erstaunlich hoch. Diese Runde dauert oft eine oder sogar eineinhalb Stunden. Die Teilnehmer erzählen fast immer, daß sie sich im Kreis Gleichgesinnter geborgen und beschützt fühlen. Dadurch können sie viel tiefer in die Erfahrung hineingehen. Der Kreis wird als der richtige Rahmen für die Pilzerfahrung betrachtet.

Nach dieser Runde gibt es wieder Musik. Die Teilnehmer gehen nach der totalen Öffnung nach außen wieder nach innen. Manchmal erzählt der Ritualteilnehmer zu diesem Zeitpunkt eine Geschichte (meist eine Mythe). Nach Ablauf der Musik wird die Schlußrunde begangen. Dazu wird wiederum der Sprechende Stab herumgereicht. In dieser Runde bedanken sich die Teilnehmer gewöhnlich bei den Pilzen, bei dem Kreis, der Gruppe, den Göttern und Göttinnen usw. Manchmal wird dazu ein Trinkhorn oder ein Pokal mit Wein oder Bier, um sich wieder zu »erden«, gereicht. Der Ritualleiter nimmt den Stab zum letzten Mal entgegen und legt ihn mit den Worten »hiermit endet der Kreis für heute« nieder. Zu diesem Zeitpunkt ist die Pilzwirkung am abklingen. Einige Teilnehmer ziehen sich zurück, andere rotten sich zusammen. Oft wird ein gemeinsames Nachtmahl, z.B. eine Suppe, eingenommen. Manchmal entwickelt sich eine Party mit orgiastischen Zügen. Gelegentlich geht man nach draußen um ein Feuer anzuzünden.

Nachbereitung

Am Sonntagmorgen trifft man sich zum gemeinsamen Frühstück. Die meisten Teilnehmer sind hungrig und haben guten Appetit. Beim

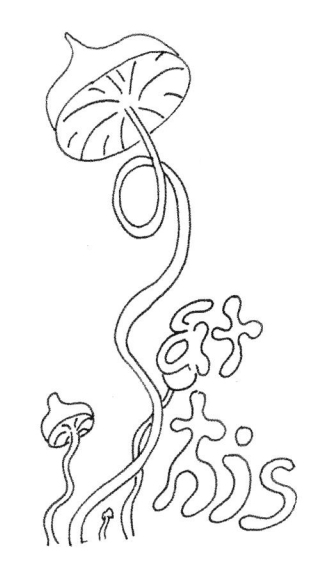

Zeichnung eines Ritualteilnehmers bei der Nachbereitung

Literatur

ADAMSON, SOPHIA
1985 *Through the Gateway of the Heart: Accounts of Experiences with MDMA and other Empathogenic Substances.* San Francisco: Four Trees Publications.
ANDRITZKY, WALTER
1993 »Heilen mit der Meister-Medizin« *Esotera* 6/93: 90-95.

BRESINSKY, ANDREAS & HELMUT BESL
1985 *Giftpilze*. Stuttgart: WVG.
BRUCHAC, JOSEPH
1993 *The Native American Sweat Lodge: History and Legends*. Freedom, CA: The Crossing Press.
CAHILL, SEDONIA & JOSHUA HALPERN
1992 *Ceremonial Circle*. San Francisco: Harper.
DEERE, PHILIPP
1987 »Warnung vor falschen Medizinmännern« in: CLAUS BIEGERT (Hg.), *Indianische Welten*, S.260-265, Reinbek: Rowohlt.
DOBKIN DE RIOS, MARLENE
1990 *Hallucinogens: Cross-Cultural Perspectives*. Bridport/Dorset: Prism Press.
HASENEIER, MARTIN
1992 »Der Kahlkopf und das kollektive Unbewußte« *Integration* 2&3: 5-38.
HOFMANN, ALBERT, ROGER HEIM & HANS TSCHERTER
1962 »Présence de la psilocybine dans une espèce européenne d'Agaric, le *Psilocybe semilanceata* Fr.Note (*) de MM.« in: *C.R. Acad. Sc. Paris*, t. 257, p.10-12, 1963.
LA BARRE, WESTON
1989 *The Peyote Cult*, Fifth Edition, Enlarged. Norman und London: University of Oklahoma Press.
1990 *The Ghost Dance: Origins of Religion*. Prospect Heights, Illinois: Waveland Press.
LAUBIN, REGINAL & GLADYS
1989 *The Indian Tipi: Its History, Construction, and Use* (Second Edition). Norman & London: University of Oklahoma Press.
LINDER, ADRIAN
1981 »Kultischer Gebrauch psychoaktiver Pflanzen in Industriegesellschaften - kulturhistorische Interpretation« in: *Rausch und Realität*, Bd. 2: 724-729, Köln: Rautenstrauch-Joest Museum.
METZNER, RALPH
1988 »Hallucinogens in Contemporary North American Shamanic Practice« *Proceedings of the Forth International Conference on the Study of Shamanism and Alternate Modes of Healing* (Independet Scholars of Asia): 170-175.

Frühstück wird meist gescherzt und gelacht, manchmal werden die Träume der letzten Nacht erzählt und diskutiert. Nach dem Frühstück versammeln sich alle in dem Ritualraum und nehmen wieder ihren Platz im Kreis ein. Es wird wieder Sage geräuchert. Für viele Teilnehmer ist der Geruch von Sage nach einem Pilzkreis auf immer mit der Pilzwirkung assoziiert. Mir wurde mehrfach berichtet, daß man durch den Geruch des Sages so stark an die Pilzerfahrung erinnert wird, daß man sich wieder in den Kreis zurückversetzt fühlt.

Der Ritualleiter spricht nun über die Bedeutung der Nachbereitung. Die Nachbereitung bzw. Verarbeitung der Erfahrung sei eigentlich der wichtigste Teil des Rituals. Visionen seien nur dann wertvoll, wenn sie mitgeteilt werden. Die Visionen sollen ernst genommen werden, denn sie geben die Richtlinien für die Zukunft vor. Jetzt wird der Sprechende Stab zum letzten Mal herumgereicht. Die Teilnehmer sollen nun über ihre Erfahrungen sprechen. Oft wird ihnen erst zu diesem Zeitpunkt klar, daß sie ihre Frage beantwortet haben und was sie vom Pilz alles gelernt haben. Es kommt dabei oft zu stark emotionalen Reaktionen und Dankbarkeitsbezeugungen. Wenn der Stab zum Leiter zurückgekehrt ist, gibt er noch ein paar Tips, wie man die Erfahrung in seinen Alltag integrieren kann. Dazu wird empfohlen, die Erfahrung aufzuschreiben, Visionen zu malen (z.B. in Form von Mandalas) und möglichst vielen Menschen davon zu berichten. Eine gute Methode, um sich die Visionen in Erinnerung zu rufen sei das meditative Hören der Musik, die während des Pilzkreises gespielt wurde. Dazu werden die CDs herumgereicht. Meist endet diese Nachbereitung damit, daß der Ritualleiter nochmals die Bedeutung der Pilze hervorhebt, die Teilnehmer an die Vereinbarung, weder Ort noch Zeit noch Leute bekanntzugeben erinnert, wohl aber über die eigene Pilzerfahrung zu sprechen. Nach einem gemeinsamen Mittagessen trennt sich die Gruppe. Die sich oft zuvor fremden Menschen verlassen das Ritual als Freunde. Mir ist bekannt geworden, daß sich aus solchen Begegnungen oft dauerhafte Freundschaften und intensive Beziehungen ergeben haben. Es scheint so, als wenn Menschen, die sich bei einem Pilzkreis kennengelernt haben, sich für ewig miteinander verbunden fühlen. Praktisch alle Teilnehmer gehen aus dem Ritual mit einer tiefen Dankbarkeit hervor. Sie haben fast immer das Gefühl, in die Mysterien des entheogenen Pilzes eingeweiht worden zu sein und ihre eigenen Stellung im Kosmos erkannt zu haben. Ein Ritualleiter sagte einmal:

»Auf die Pilze ist immer Verlaß. Egal, was während der Wirkung passiert, ob die Leute völlig ausflippen, den nackten Horror erleben, schamanisch zerstückelt werden oder in Paranoia verfallen, am Ende leuchtet der Pilz und verbreitet seine sagenhafte Heilkraft.«

Die entheogenen Pilze haben in der westlichen Welt einen spirituellen Kult mit eigenen Ritualen

> »Wir beide wurden Teil eines Lichtnetzes, das die Erde umspannt. Wir brachten uns, unsere Emotionen und Gedanken, unsere Erfahrungen mit des anderen Gerüchen und Geschmäckern mit ein, um so das Ganze anzureichern. In der verlangsamten Zeit wurde jede Berührung der Hand und des Mundes zu einem Akt der Schönheit, eine Gabe an unsere eigene Leibhaftigkeit und zur Macht der Bestätigung. Wir sagten JA zueinander, zu uns selbst, zum Lebendigsein, und das JA pulsierte zu uns zurück.«
> ANN SHULGIN über eine Pilzerfahrung
> (in RIPPCHEN 1993: 143)

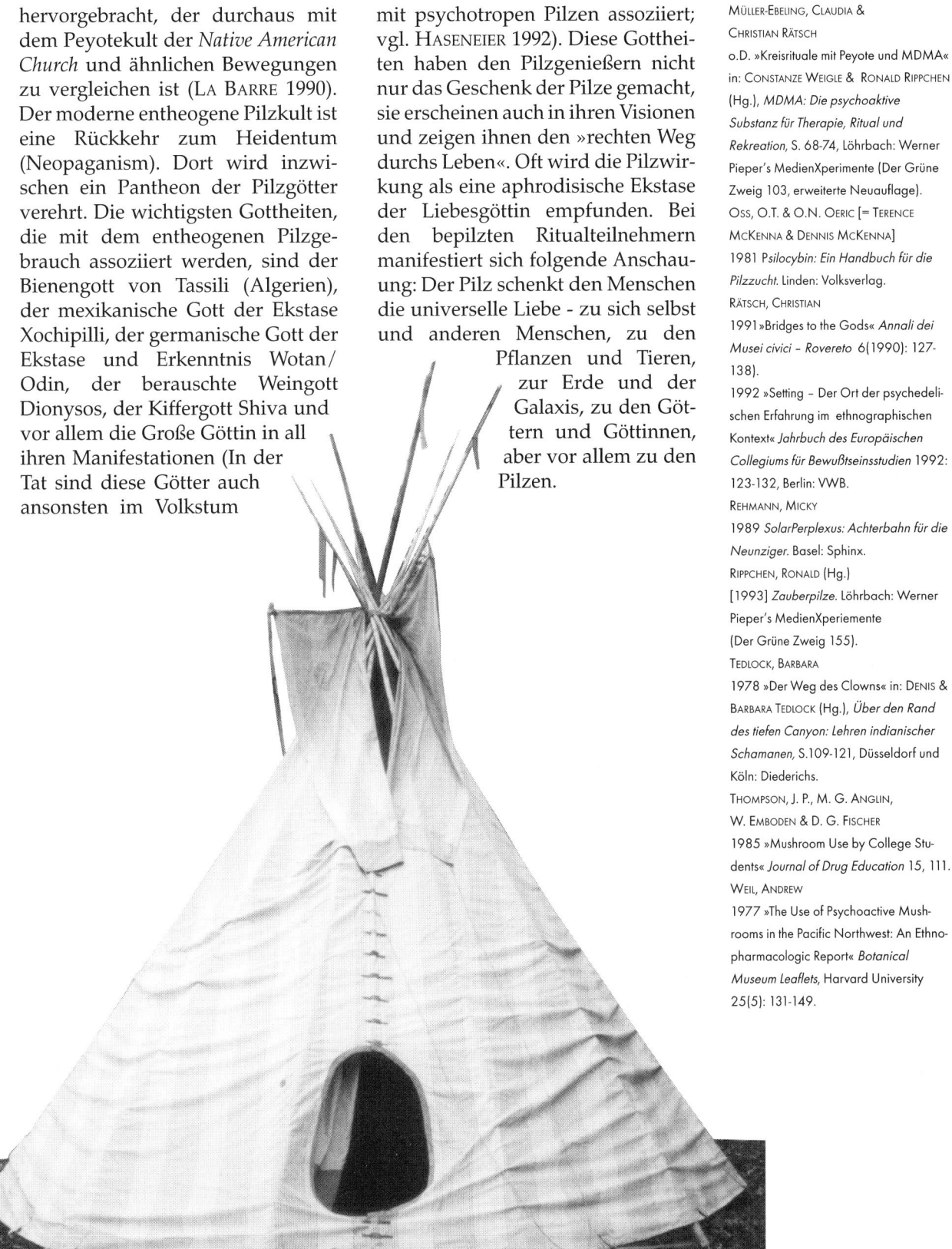

hervorgebracht, der durchaus mit dem Peyotekult der *Native American Church* und ähnlichen Bewegungen zu vergleichen ist (LA BARRE 1990). Der moderne entheogene Pilzkult ist eine Rückkehr zum Heidentum (Neopaganism). Dort wird inzwischen ein Pantheon der Pilzgötter verehrt. Die wichtigsten Gottheiten, die mit dem entheogenen Pilzgebrauch assoziiert werden, sind der Bienengott von Tassili (Algerien), der mexikanische Gott der Ekstase Xochipilli, der germanische Gott der Ekstase und Erkenntnis Wotan/ Odin, der berauschte Weingott Dionysos, der Kiffergott Shiva und vor allem die Große Göttin in all ihren Manifestationen (In der Tat sind diese Götter auch ansonsten im Volkstum mit psychotropen Pilzen assoziiert; vgl. HASENEIER 1992). Diese Gottheiten haben den Pilzgenießern nicht nur das Geschenk der Pilze gemacht, sie erscheinen auch in ihren Visionen und zeigen ihnen den »rechten Weg durchs Leben«. Oft wird die Pilzwirkung als eine aphrodisische Ekstase der Liebesgöttin empfunden. Bei den bepilzten Ritualteilnehmern manifestiert sich folgende Anschauung: Der Pilz schenkt den Menschen die universelle Liebe - zu sich selbst und anderen Menschen, zu den Pflanzen und Tieren, zur Erde und der Galaxis, zu den Göttern und Göttinnen, aber vor allem zu den Pilzen.

MÜLLER-EBELING, CLAUDIA & CHRISTIAN RÄTSCH
o.D. »Kreisrituale mit Peyote und MDMA« in: CONSTANZE WEIGLE & RONALD RIPPCHEN (Hg.), *MDMA: Die psychoaktive Substanz für Therapie, Ritual und Rekreation*, S. 68-74, Löhrbach: Werner Pieper's MedienXperimente (Der Grüne Zweig 103, erweiterte Neuauflage).

OSS, O.T. & O.N. OERIC [= TERENCE MCKENNA & DENNIS MCKENNA]
1981 *Psilocybin: Ein Handbuch für die Pilzzucht*. Linden: Volksverlag.

RÄTSCH, CHRISTIAN
1991 »Bridges to the Gods« *Annali dei Musei civici - Rovereto* 6(1990): 127-138.
1992 »Setting - Der Ort der psychedelischen Erfahrung im ethnographischen Kontext« *Jahrbuch des Europäischen Collegiums für Bewußtseinsstudien* 1992: 123-132, Berlin: VWB.

REHMANN, MICKY
1989 *SolarPerplexus: Achterbahn für die Neunziger*. Basel: Sphinx.

RIPPCHEN, RONALD (Hg.)
[1993] *Zauberpilze*. Löhrbach: Werner Pieper's MedienXperiemente (Der Grüne Zweig 155).

TEDLOCK, BARBARA
1978 »Der Weg des Clowns« in: DENIS & BARBARA TEDLOCK (Hg.), *Über den Rand des tiefen Canyon: Lehren indianischer Schamanen*, S.109-121, Düsseldorf und Köln: Diederichs.

THOMPSON, J. P., M. G. ANGLIN, W. EMBODEN & D. G. FISCHER
1985 »Mushroom Use by College Students« *Journal of Drug Education* 15, 111.

WEIL, ANDREW
1977 »The Use of Psychoactive Mushrooms in the Pacific Northwest: An Ethnopharmacologic Report« *Botanical Museum Leaflets*, Harvard University 25(5): 131-149.

CDs, die für Pilz-Rituale geeignet sind:

Rabih Abou-Khalil, *The Sultan's Picnic* (Enja Records, 1994)

Acid Test, *Hommage à Albert* (Simon + Leutner, 1993)

Airto, *The Other Side of This* (Ryko Records, 1992)

Mari Boine &..., *Leahkastin/Unfolding* (Verve, 1994)

Alain Eskinasi and Jim Wafer, *Brainscapes - Electric Dreamtime* (Megazijn Music, 1991)

Farafina, *Bolomakoté* (Verabra Records, 1989)

Harald Grosskopf, *World of Quetzal* (CMS Music 1992)
[Vertonung eines aztekischen Mythos, bei dem der Gott Quetzalcoatl die Zauberpilze einnimmt.]

Hamza el Din, *Eclipse* (Ryko Records, 1988)

Mickey Hart, *At The Egde* (Rykodisc, 1990)

Mickey Hart, *Planet Drum* (Rykodisc, 1991)

John Hassell/Farafina, *Flash of the Spirit* (Intuition Records, 1988)

Hawkwind, *It is the Business of the Future to be Dangerous* (Castle Communications, 1993)

Lights in a Fat City, *Somewhere* (These Records, 1988)

Material, *Hallucination Engine* (Island Records, 1994)

R. Carlos Nakai & William Eaton, *Ancestral Voices* (Canyon Records, 1992)

Mark Nauseef & Dave Philipson, *Venus Square Mars* (M•A Recordings MO28A, 1995)

Patrick O'Hearn, *Eldorado* (Private Music, 1989)

Steve Roach & Robert Rich, *Soma: In Pursuit of Ecstasy* (Heart of Space, 1992)

Robbie Robertson & The Read Road Ensemble, *Music for The Native Americans* (Capitol Records, 1994)

Sacred Spirit, *Chants and Dances of the Native Americans* (Virgin, 1994)

Steve Schroyder, *Sun - Spirit of Cheops* (Simon + Leutner, 1992)

U. Srinivas & Michael Brook, *Dream* (Realworld, 1995)

Gary Thomas, *Didgeridoo - Ancient Sound of the Future* (CMS Music, 1992)

Glen Velez, *Assyrian Rose* (CMP Records 1989)

Roger Liggenstorfer
Oink, der kosmische Kicherfaktor

In den letzten Jahren ist bei vielen Menschen vermehrt das Bedürfnis entstanden, mit bewußtseinsverändernden Substanzen in einem anderen Kontext umzugehen, traditionelle Rituale in die heutige Zeit zu integrieren und gleichzeitig neu zu definieren. So wurden seit Mitte der achtziger Jahre einige solcher Pilzkreise in der Schweiz organisiert. Selbstverständlich werden Rituale dieser Art nicht öffentlich ausgeschrieben. Diese Informationen werden wie ein Myzel unter der Oberfläche der Gesellschaft verbreitet. Ich hatte bereits mehrere Male das Glück, zu solchen Ritualen eingeladen zu werden. Das Kommende war angekündigt worden als ganz spezieller Ausflug in andere Welten, eingebettet in die Elemente der Natur. Wir trafen uns an einem der ersten April-Sonntage in einem kleinen Tal im Mittelland der Schweiz.

Um eine kleine Feuerstelle herum, direkt am Waldrand, steht ein Indianerzelt - ein Tipi. Außerdem eine vorbereitete Schwitzhütte, sowie in einigen Metern Entfernung eine Quelle, die aus einem Brunnen herausplätschert. Wir richten uns im Tipi kreisförmig ein, entfachen ein Feuer und ein anderes davor. Nach einer leichten Gemüsesuppe wird richtig eingeheizt, um die Steine für die Schwitzhütte zum erglühen zu bringen. Die neun Personen, inklusive dem »Reiseleiter«, stimmen sich gemeinsam auf das bevorstehende Ritual ein. Durch Gespräche und Lachen kommt man sich näher, einige kennen sich von anderen Ritualen oder Partys. Es ist eine bunt zusammengestellte Gruppe: von 20- bis 50-jährigen, von Jung- und Alt-Hippies, Techno-Kids, einem Anwalt, einer Lehrerin und einer Hausfrau. Der »Reiseleiter« erklärt einige minimale Grundregeln, die einzuhalten bei einem solchen Ritual von Vorteil sind: Daß der Kreis nur in Notfällen zu verlassen sei, und man sich in erster Linie an seinem Platz aufhalten soll, um die Kreisenergie beibehalten zu können. Des weiteren verpflichten sich alle, keinem Außenstehenden davon zu erzählen, wer dies organisiert hat und woher die Pilze stammen. Ebenso muß allen klar sein, daß sie in absoluter Eigenverantwortung teilnehmen.

In der Schwitzhütte werden nun kaltes Wasser, Kräuter und Essenzen bereitgestellt, und die heißen Steine in das Loch in der Mitte gelegt. Alle neun Leute finden knapp Platz und fangen schnell an zu schwitzen. Nach einigen Aufgüssen und feinsten Duftwohltaten geht es zur erfrischenden Quelle, um die Blutzirkulation richtig in Gang zu setzen. Danach zurück in das mittlerweile gut eingeheizte Tipi, frisch und sauber und mit dem Gefühl, neu geboren zu sein. Verschiedene Kräuter (z.B. Salbei) und Harze (Weihrauch etc.) werden verbrannt; reinigende entspannende Düfte erfüllen das Tipi. Nach einer Trommelrunde mit diversen Percussions-Instrumenten wird der langsam aufkommenden Ungeduld ein Ende gesetzt. Die Pilze der Sorte *Psilocybe cyanescens* werden aufgetischt. Der Veranstalter dieses Rituals erklärt, daß bereits ein

Zum Psilocybe cyanescens:
»Insgesamt kann eingeschätzt werden, daß die stark psychotrope und auffällige Art in Europa in Ausbreitung begriffen ist. Die zunehmende Eutrophierung der Landschaft, verbunden mit einer Ansäuerung weiter Bodengebiete sowie die Vielzahl der möglichen Substrate ohne nötige Dungassoziation in beliebigen feuchten Wäldern und Parks lassen vermuten, daß *Psilocybe cyanescens* in zukünftigen Jahren eine sehr große Verbreitung erlangen wird.«
JOCHEN GARTZ
Narrenschwämme
(1993: 39)

»Der lebende Oink«
Psilocybe cyanescens in Norddeutschland
(Okt.'95)

Stück davon eine erstaunliche Wirkung entfalten kann. Drei Pilze entsprechen ca. einem Gramm und würden für eine angemessene Reise ihren guten Beitrag leisten. Da die Dosierung individuell nach Körpergewicht und Erfahrung verschieden ist, wird sie jeder Person selbst überlassen. Natürlich wird darauf geachtet, daß weder zu wenig (weil sich die Wirkung nicht voll entfalten könnte und die Gefahr besteht, im »Geburtskanal« zur anderen Wirklichkeit stecken zu bleiben) noch zuviel genommen wird. Die meisten wählen drei Stück aus, zum Teil unterschiedlich in der Größe. Einzig Paul entschließt sich für sechs Pilze - er kann sich nicht vorstellen, daß lediglich drei Exemplare bei ihm etwas bewirken sollten. Der »Reiseleiter« erklärt noch seinen *Talking Stick*, den er zu Beginn, stündlich oder nach Bedarf in die Runde geben will. Wer diesen Stab, einen versteinerten Knochen in diesem Fall, in der Hand hält, darf etwas sagen: über sich selbst, was er denkt oder fühlt, oder sonstwas – oder auch gar nichts. Frei von irgendwelchen starr vorgegebenen Strukturen, die dem Pilzgeist nicht entsprechen würden. Wir wünschen uns gegenseitig eine schöne inspirierende Reise und verzehren genüßlich die Pilze.

Bereits nach 15 Minuten beginne ich etwas zu verspüren, kann es aber kaum glauben, da die Wirkung normalerweise erst nach rund 50 - 60 Minuten einsetzt. Erstaunt darüber, was da abgeht, erkundige ich mich bei meinem Nachbarn, wie es um ihn steht. Er guckt mich verschmitzt mit großen Augen an, um mir klar zu machen, daß sich bei ihm der Pilz in kaum vorstellbarer Intensität bemerkbar macht. Tatsächlich, wir schauen uns in der Runde gegenseitig an, alle erstaunt und zunehmend grinsender. Wir können es fast nicht glauben. Sowas ist den hier Anwesenden noch nie widerfahren: Pilze, die dermaßen schnell in der Wirkung wie auch in der Intensität sind. Die Vorbereitung durch die Schwitzhütte hat sicherlich ihren Teil dazu beigetragen. Zunehmend entwickelt sich das ganze Tipi zu einer einzigen Lach-Pyramide. Bilder von immenser Pracht erfüllen den ganzen Raum. Die ständig wechselnden psychedelischen Farben triefen wie Engelshaare von den Tipistangen. Das Lachen nimmt kein Ende, wird immer ausgelassener. Es vergehen keine zwei Minuten, die nicht von Gelächter erfüllt sind. Man sieht sich an, kann sich nicht halten vor Lachen. Der ganze Schalk des Universums guckt mich an, wenn ich in die Augen von Paul schaue – er, der das Doppelte gegessen hat! Sein sporadisches Aufbäumen aus dem Schlafsack, die Runde checkend, sich wieder ganz dem Inneren seines

Schlafsackes widmend zurück zufallen, erzeugt jedesmal wieder eine neue Lachrunde. Auf einmal setzt sich Paul wieder auf, um mit zwei Schlaghölzern das Feuer zu bannen. Mit unverständlichen Worten und wild um sich fuchtelnd, versucht er, alles Schlechte und Unverarbeitete dem Feuer zu übergeben. Ich stelle mir vor: so wird es wahrscheinlich in Selbsterfahrungsgruppen zu gehen, bei denen der Therapeut den inneren Schweinehund herauslockt. Einige sind etwas betroffen, wissen nicht so recht wie sie diese Reaktion von Paul einordnen sollen. Andere können einfach nicht anders, als sich richtig zu kugeln vor Lachen. Ich glaube es kaum, man kann sich tatsächlich vor lauter Lachen kugeln. Beide Reaktionen sind für Paul völlig in Ordnung. Er fühlt sich nicht ausgelacht, im Gegenteil, das Lachen hat ihn noch mehr beflügelt und angenehm begleitet. Auf einmal steht Paul auf, klopft mit den Schlaghölzern einen Rhythmus, den er tanzend zum Tipi heraustragt. Für mindestens 1-2 Stunden hüpft er rhythmusklopfend durch den Wald.

Kaum ein wenig erholt von Pauls Ausflug, betrachten und bestaunen wir die Reste der Pilze, die noch auf dem Teller liegen. Die Oberflächenstruktur des Pilzes studierend, diesen wellenförmigen Hut mit der Haut eines Elefanten, weiß ich, daß dies ein Oink sein muss. Klar, ein Oink, es kann gar nicht anders sein. Dem »Reiseleiter« erklärend, wie diese Pilze in Wirklichkeit heißen, pflichtet er mir bei, daß dies nur ein Oink sein kann!

Dieser bepilzt gefunde Name für den *Psilocybe cyanescens* verbreitet sich seither myzelartig.

Die Steine um das Feuer erhalten beim näheren Betrachten eine Oberfläche, die übersät ist mit versteinerten Schnecken und Muscheln. Selten je zuvor habe ich solcherart phantastische Exemplare gesehen! Leider haben am nächsten Tag die Steine diese Strukturen wieder verloren. Doch bin ich glücklich zu wissen, daß sich hinter jedem »normalen« Stein eine außerordentliche Schönheit verbergen kann.

Dieses wunderbare Setting beflügelt uns noch zu weiteren stundenlangem Gelächter, der Pilz hat längst die Regie übernommen, der *Talking Stick* erübrigt sich, kommt gar nie zum Einsatz. Tiefsinnige Gespräche und bedeutsame Einsichten wechseln sich mit absolutem Nonsens und den dazugehörigen Lachsalven ab. Wir sind alle so vollkommen dem Pilz und seiner Wirkung ausgesetzt, in diesem »Trichter zum Kosmos«, den das Tipi für uns in diesem Moment darstellt, daß wir weder an Rituale noch an's Musizieren denken. Die Zeit ist sowieso absolut relativ geworden. Ein vermeintlicher Sonnenaufgang hat sich dann noch um einige Stunden hingezogen....

Als es doch langsam hell wird, sitzen wir bei Wein und Joints noch draußen um das Feuer, essen etwas Brot und Käse. Dann versinken wir alle glücklich, erfüllt und angenehm müde in unseren Schlafsäcken. Nach einem reichhaltigen Frühstück gehen wir in einen neuen Tag, mit dem tiefen Gefühl, etwas Wunderbares erlebt und uns am Fleisch der Götter gelabt zu haben. Dieses phantastische und zugleich einem »inneren Grinsen« entsprechende Gefühl hält noch sehr lange an. Die Lachmuskeln im Gesicht spüre ich über eine Woche wie einen Muskelkater.

Für alle Teilnehmenden ist dies die stärkste oder eine der stärksten psychedelischen Erfahrungen in ihrem Leben gewesen. Gerade dieses enorme Lachen hatte eine erstaunlich heilende Wirkung. Diese ausgelassene Heiterkeit hat im normalen Alltag in dieser Art selten Platz und ist kaum möglich. Ein nächtlicher Spaziergänger würde wahrscheinlich die Welt nicht mehr verstehen, hätte er diesem lachenden Tipi zugehört.

Für solcherart tiefe psychedelische Erlebnisse ist nicht nur das Set und Setting von äußerster Wichtigkeit, sondern ebenfalls die richtige innere und äußere Vorbereitung vor dem eigentlichen Ritual. Ein bewußtes Einstimmen fördert ein besseres und entspannteres Wechseln aus der Alltagswelt in diese andere Wirklichkeit und erreicht dadurch mehr Tiefe. Auch durch Erfahrungen aus anderen Kreisritualen hat es sich gezeigt, daß es für einen harmonischeren Ablauf wichtig ist, wenn alle Teilnehmenden mehr oder weniger dieselbe Dosierung und die gleiche Substanz zu sich nehmen. Gerade bei Pilzkreisen, bei denen einzelne Personen LSD eingenommen hatten, kam es zu Diskrepanzen der verschiedenen Universen.

Der Austausch und das Mitteilen solcher Erkenntnisse trägt zur weiteren Entwicklung dieser Pilz-Kreisrituale bei. Diese leisten einen wichtigen Beitrag dazu, daß wir lernen, mit psychedelischen Drogen bewußt und sinnvoll umzugehen.

Oink sei Dank!

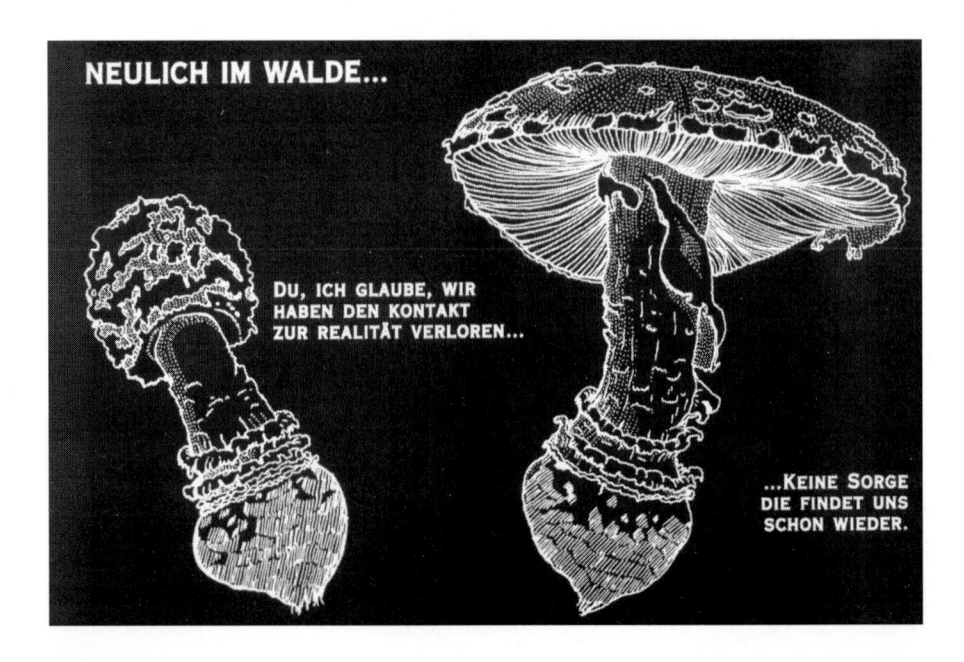

Postkarte aus dem psychedelischen Untergrund

René Strassmann

Sarahs Stimmen
– ein traditionelles europäisches Pilzritual

Das Ereignis - das Pilzritual - fand in Abwesenheit von Sarah und ihren Eltern statt. Der Name Sarah ist geändert.

Vorgeschichte: Oktober 1993

Die Mutter von Sarah erfuhr über einige Umwege von ihm. Sie gelangte, nachdem diverse Abklärungen und Therapieformen schon getan waren, zur Ansicht, daß es sich bei den Erscheinungen Sarahs nun tatsächlich um unerklärliche Phänomene handelte. In der Unsicherheit und Hilflosigkeit ersuchten die Eltern von Sarah den Heiler um seine Hilfe.

Alles begann vor gut neun Monaten. Sarah war damals gerade 10 Jahre alt. Zunächst hörte sie lediglich Stimmen, die ihr vor dem Einschlafen ins Ohr flüsterten. Die Stimmen wurden lauter und deutlicher. Allmählich nahmen sie eine so klare Form an, daß Sarah nicht mehr einschlafen konnte, oder sie wurde Mitten in der Nacht von ihnen geweckt.

Verängstigt und verstört schreckte sie auf und floh ins elterliche Schlafzimmer. Im Bett, bei den Eltern fand sie stets wieder die Ruhe zum schlafen. Doch dabei sollte es nicht bleiben: Die Stimmen blieben nicht einfach nur Stimmen, sie bekamen immer deutlichere Gestalt; nahmen Form und Charakter an, so daß Sarah sie zeichnen konnte. Dabei handelte es sich eigentlich um sieben unterschiedliche Gestalten, die auch ganz verschiedene Charaktere hatten. Sarah sah sie in ihrem Zimmer und konnte sie auch den Stimmen folgend sehr sicher ausmachen.

Nach einem ersten Vorgespräch mit der Mutter und Sarah und nach dem der Heiler die Zeichnung der Gestalten gesehen hatte, entschloß er sich vorerst Sarah, ihren Bruder und ihre Eltern zu besuchen. Sarah wohnt in einem älteren, umgebauten ehemaligen Bauernhaus in einem Dorf in der Umgebung Zürichs. Sie hatte ihr eigenes Zimmer. Bei dem Besuch ging es dem Heiler offensichtlich darum, abzuklären inwieweit die Wohnumgebung, das Haus aber auch die familiären Strukturen Sarahs mögliche Ursachen dieser Ereignisse sein könnten.

Es gab ein erstes Ritual, das dazu dienen sollte, das Zimmer und die Umgebung Sarahs zu klären. In der Hoffnung, das Ritual würde ausreichen um die Erscheinungsphänomene aufzulösen, verordnete der Heiler Sarah noch verschiedene Kräuteranwendungen: ein Teegemisch, mit beruhigender und nervenstärkender Wirkung, und ein Kräutersäckchen, das Sarah als Schutz um den Hals tragen sollte.

Es geschah das Gegenteil: die Stimmen wurden kräftiger, die Gestalten zudringlicher und fordernder. Im Dezember 1993 entschloß sich der Heiler zu einem zweiten Besuch bei Sarah und entwickelte ein zweites Ritual, bezog dabei die Eltern und den jüngeren Bruder Sarahs mit ein.

Mitte Dezember erhielt er einen Anruf der Mutter, daß alles noch schlimmer sei. Keine Nacht vergehe, ohne daß Sarah bis zu dreimal aufwache und weinend zu den Eltern gesprungen käme. Ja, es ging soweit, daß die Eltern nun auch abwechslungsweise im Zimmer bei Sarah schliefen.

Die grosse Arbeit

Zum 21. Dezember, der Wintersonnenwende, lud mich der Heiler ein, die Nacht gemeinsam zu feiern. Ich wußte, daß eine nächtliche Reise in die »Andere Wirklichkeit« eine Pilzreise bedeutet. Gespannt und in der Vorfreude auf das Feiern der

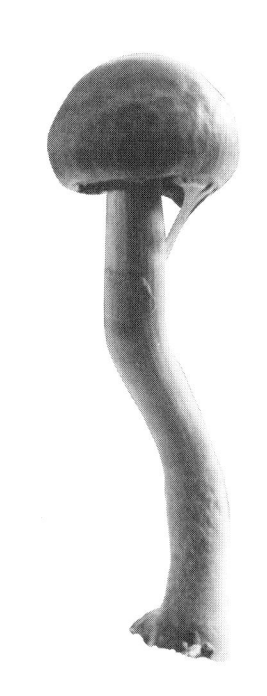

Bei diesem Heilritual wurden gezüchtete *Stropharia cubensis* verwendet

Zur Ehre
María Sabinas
Heilen und
Albert Hofmanns
Arbeiten

René Strassmann
ist ausgebildeter Drogist und hat sich auf naturheilkundliche Verfahren spezialisiert. Seit 1976 leitet er Kurse zum Gebrauch von Heilpflanzen und zur Duftheilkunde. Er ist als Dozent an einer Heilpraktikerschule in Zürich tätig, betreibt eine eigene therapeutische Praxis und ist Gründer und Leiter der Schule für Osmologie in Luzern. Er ist Autor u.a. der Bücher *Duftheilkunde* (1991) und *Baumheilkunde* (1994).

Bergkristalle sind in vielen Kulturen die wichtigsten Zaubersteine der Schamanen. Sie werden als äußerer Focus für einen inneren Bewußtseinsprozeß benutzt

Wintersonnenwende bereiteten der Heiler und ich uns auf die Nacht des 21. Dezembers vor.

Um 21:00 Uhr war es dann soweit. Wir gingen in seinen Heilraum. Er war mit Blumen geschmückt und in leuchtendes Kerzenlicht getaucht. Das Zimmer strahlte die ganze Freude und Hingabe, die der Heiler in die Vorbereitung hineintrug, aus. Düfte schwebten sanft im Raum und ruhige Musik erklang aus dem CD-Player. Trommeln, Rasseln, Klangkugeln und Regenrohr lagen bereit.

Nach einigen stillen Augenblicken wandte er sich mit der Frage nach meinen Wünschen und meiner inneren Bereitschaft an mich. Ich war etwas überrascht als er mir sagte, wenn es sich ergibt und sein darf möchte er einen Teil dieser Nacht Sarah schenken, ob ich mich dem anschließen könne. Ohne lange nachzudenken stimmte ich zu, denn es war für mich die erste Begegnung dieser Art, mit dem Heiler unterwegs zu sein.

Er sprach ein Gebet und bat den Pilz um Güte und liebevolle Führung. Wir schwiegen einige Minuten. Danach las er aus einem Buch zwei Passagen vor. Wieder ruhiges Schweigen. Nun segnete er die Pilze, reichte mir meine Portion und setzte sich neben mich auf die Liege. Schweigend aßen wir die Pilze, lachten einander zu und legten uns hin. Die Musik klang aus dem CD-Player. Es war eine Musik zum Abholen und Eintauchen in das Kommende. Die erste Musik war zu Ende und ich legte eine weitere CD auf. Kaum erklangen die ersten Töne, stand er mit den Worten auf: »Dorthin gehen wir heute nicht« und legte eine andere Musik auf. Der Geist des Pilzes nahm bereits in uns seinen Raum ein. Ich spürte seine Wirkung und die erste leise Angst kroch hervor. Gedanken schossen in Windeseile durch mich hindurch und immer wieder die Frage: »Komme ich wieder zurück?«

Der Heiler stand auf holte einen Bergkristall und eine Adlerfeder, und übergab sie mir mit den Worten: »Laß dich einfach tragen. Lehne dich zurück und entspanne dich. Laß dich vom Pilz führen, ich begleite dich«. Er setzte sich hinter mich und legte die eine Hand auf die Kreuzgegend und mit der anderen Hand berührte er mich sanft im Nacken. Die ganze Angst war wie weggeblasen. Ein warmer Strahl floß vom Steißbein bis zum Scheitel. »Jetzt bin ich hindurch gegangen. Etwas ist gestorben und zugleich ist etwas anderes am erwachen«. Freude und Tränen, eine tiefe Ruhe und stilles Lachen verwandelten sich zu Bildern und Farben. Sie bewegten sich in einem fließenden Tanz. Ich schloß die Augen und sank immer tiefer. Weit weg hörte ich die leise und angenehme Stimme des Heilers. Er lud mich ein, alles zu vergessen was ich bisher gelernt hatte und zu wissen glaubte. Die Zeit verlor ihr Gesicht und ließ Raum für die Begegnungen mit den Klängen der Musik, der Stimme des Heilers, den Berührungen seiner Hände, den Düften der Pflanzen und der Räucherungen.

Ich weiß nicht wie lange ich so verweilte. Ich spürte lediglich, daß sich der Raum völlig verändert hatte. Er war voller Licht, das jetzt nicht mehr von den Kerzen stammte. Es war ein anderes Licht, hell und schwebend, wechselnd in den Farben, pulsierend, als ob es atmen würde. Es nahm Formen an und verwandelte sich stetig. Ich gewahrte in diesem Licht Gestalten - Wesen erfüllt von Achtung und strahlender Kraft. Irgendwann wurde es im Raum ganz still. Die Musik hatte aufgehört zu spielen. Meine Augen öffneten sich und betrachteten den Heiler. Er war nicht mehr derjenige, den ich kannte. So wie ich ihn kannte, konnte ich ihn nur noch erahnen. Er war anders. Umgeben von einem Lichterkranz. Sein Gesicht strahlte eine Liebe und einen Frieden aus, wie ich es noch nie zuvor erlebt habe. Tränen flossen und in jeder Träne spiegelte er sich tausendfach. Seine Hände leuchteten und jede ihrer Bewegungen hinterließen eine Lichtspur im Raum. Diese Lichtspuren fügten sich zu Formen von ästhetischer Schönheit zusammen, daß in mir nur noch Wundern und Staunen übrig blieb. Es schien, als ob der Heiler einen Raum, eine Welt märchenhafter, göttlicher Schönheit erschuf. Manchmal war er es, der diese Welt gestaltete und dann wieder glaubte ich, er würde es lediglich ermöglichen, daß sich diese Welt aus der Verborgenheit der irdischen Welt hervorheben könne. Dann wieder verschmolz er mit ihr und war sie selber.

Nun begann er mit den Rasseln, den Klangkugeln zu spielen. Jeder Ton, jeder Klang war so präzise und blieb nicht einfach nur Klang, sondern verwandelte sich in Farbenspiele und Formgestalten. Mir schien es, er spreche mit jemandem oder mit etwas. Es war ein Zwiegespräch erfüllt von Stimmen, Rascheln, Wispern; Lachen und Reden flossen ineinander. Er horchte hin und ließ wieder erzählen. Mir schien als ob eine unendliche Zeit vergangen war, als er zufrieden war und mich mit schalkhaftem Lachen berührte und ansprach: »Komm, es ist Zeit für eine Pause! Gehen wir nach draußen«. Langsam tauchte ich auf, erhob mich; leicht schwankend verließen wir den Raum. Er wies mich an, die Feder und den Bergkristall mitzunehmen. Er selber nahm seinen Kristall, seine Feder, die Rassel, das kleine Regenrohr und die Klangkugeln mit. Draußen herrschte eine kalte, sternenklare Nacht. Ich schaute auf die Uhr und war ganz erstaunt: 03:00 Uhr früh am Morgen. Wir sprachen einige Worte miteinander, gingen auf und ab und rauchten eine Zigarette.

Er begann auf dem Platz vor dem Haus, in sich hineinhorchend, zu tanzen. Die Rassel und das Regenrohr ließen einen Rhythmus entstehen, der gleichförmig und suchend in der Nacht erklang. Er kam auf mich zu: »Ich möchte den Rest der Nacht Sarah schenken! Bis du einverstanden und bereit dazu?« – »Ja, klar, jederzeit!« – »Es kann aber sehr schwierig werden, und noch mehr von deiner Welt und deinem Wissen erschüttern!« »Ich habe keine Angst, was auch immer geschehen mag!« – »Oh, Angst kann lähmend sein, kann aber auch eine gute Lehrmeisterin sein! Es ist gut Angst zu haben, die nicht lähmt, sondern um Achtung und Respekt bittet! Bist du wirklich bereit?« »Ja, sicher!«

Tanzend und leichten Schrittes umkreiste er mich einige Male und bewegte sich danach etwas abseits von mir, in allen Himmelsrichtungen etwas suchend. Plötzlich blieb er still stehen, dem Süden zugewandt, horchend und schauend in die tiefe Weite der Nacht. Seine Füße begannen sich zu bewegen. Schneller und schneller sprang er von Ort zu Ort, aufrecht und kraftvoll in einer unvorstellbaren Geschwindigkeit. Er ließ sich von den Füßen in den Süden tragen, um etwas zu holen oder zu finden. Plötzlich, von einem Augenblick auf den andern stand er still, ruhte einen Moment und wandte sich wieder mir zu. »Komm, wir

Peyote-Rassel der *Native American Church*, die bei den nächtlichen Ritualen zur Begleitung der visionären Lieder gerasselt wird

Holunder als Räuchermittel: »Holz, Rinde, Blätter, Blüten und Wurzelstücke dienen in Räucherungen zur bewußten Kontaktaufnahme mit der Schattenwelt. Je nach angewendetem Teil können sie auch zur Reinigung von Räumen Anwendung finden. Beim Räuchern mit diesen Teilen des Holunderstrauches begegnen wir unseren inneren Erdkräften. Das Räuchern des Bastes (innerer Teil des Holunderholzes) dient uns zu Schutzräucherungen in Heilritualen, deren Themen in erster Linie traumatische Erinnerungen beinhalten.«
RENÉ STRASSMANN
Baumheilkunde (1994: 156)

»Wo der Weihrauch eher die geistigen Brücken zu bauen hilft, schafft die Myrrhe in erster Linie die Verbindung zwischen der Seele, dem Fühlen und dem geistigen Menschen. Die Myrrhe reinigt den Körper und die Seele und macht frei und offen, um die Botschaften der göttlichen Welt empfangen zu können. Die Myrrhe ist Ausdruck der Reinheit und Fruchtbarkeit.«
RENÉ STRASSMANN
Duftheilkunde (1991: 34)

gehen rein. Die Zeit ist gut. Sie sind bereit!« Jetzt erst kroch eine leise Angst meinen Rücken herauf. Im Raum wieder angekommen, gab er mir die Trommel in die Hand: »Wenn das Lied da ist, nimm seinen Rhythmus auf die Trommel und bleibe dabei. Sollte für dich irgendwas eintreten das du meinst, nicht ertragen zu können, schließ die Augen, zieh die Decke über deinen Kopf, bleibe sitzen und kreuze die Arme über der Brust, so daß die Hände die Schultern berühren. Laß es einfach vorbeiziehen. Geh nicht hinaus und öffne kein Fenster, bis ich es sage. Berühre mich auf keinen Fall!« Jetzt war die stille Angst ganz im Nacken. Ich habe nicht gewußt, daß ich mich tatsächlich in dieser Art je ängstigen könnte.

Er setzte sich vorne beim Fenster, dem Süden zugewandt, hin. Seine Handgriffe waren sicher und traumwandlerisch zugleich. Die Räucherpfanne, Weihrauch, Myrrhe, Benzoe und Holunder standen bald bereit. Aufmerksam und gespannt saß er da und horchte in den Süden. Die Feder und den Kristall hielt er in den Händen. Seine Rassel, das Regenrohr und die Klangkugeln prüfend, wartete er.

Wie aus weiter Ferne berührt, begann er sich rhythmisch hin und her zu bewegen. Er pendelte. Die eine Hand begann auf seinem Oberschenkel einen Takt zu schlagen, die andere Hand, in der er den Kristall und die Feder hielt, zeichnete Formen und Figuren in den Raum. Die Anspannung und Aufmerksamkeit knisterte förmlich im Raum. Plötzlich gewahrte ich ein Leuchten um ihn herum. Licht erstrahlte als ob es aus ihm herauskommen würde. Ich sah sein Gesicht, das sich allmählich verwandelte und die Kraft und Sicherheit eines Götterwesens annahm. Er war leer, ganz leer, nur

mehr Gefäß, das sich reinigte und vorbereitete.

Ich nahm den Rhythmus seiner Hand auf die Trommel. In der Ecke des Südens begann sich Dunkelheit anzukünden. Das Licht im Raum verschwand und war doch da. Eiseskälte erfüllte vom Süden aus stetig den Raum. Es wurde dunkler und schwärzer. Der ganze Raum schien in ein trübes graues Licht getaucht.

Er atmete rhythmisch ein und aus, sog in sich auf, tiefer und tiefer in sich hinein. Sein Gesicht begann sich zu verändern, schmerzverzerrt, sich in sich krümmend und pendelnd, sich immer wieder rhythmisch hin und her bewegend, verformte er sich. Ich sah nicht was in ihn eindrang, ich spürte nur die unheimliche und kraftvolle Energie, die zunehmend schwer und dunkel im Raum entstand.

Die Gestalt des Heilers war nicht mehr erkennbar. Unförmig dunkel, schleimig fließend drangen aus einer unendlichen Tiefe Laute hervor. Schreien voller Schmerzen, wütendes Brüllen, tierisches Aufbäumen – ein Ringen und Fordern, ein Bitten und Rufen – alles war zugleich da. Immer noch tief in sich einatmend, hin- und herpendelnd, saß er da und löste sich auf, bis er nur mehr die dunkle, wütende, schmerz- und zornerfüllte, trauernde und bittende Kraft war. Schleim tropfte aus den Mundwinkeln in die Räucherpfanne und verdampfte zischend in der Luft.

Schon lange war ich in mich zurück gekrochen. Alle Haare sträubten sich und unsägliche Angst schnürte mir beinahe den Atem ab. Ich lehnte mich an der Wand an, die Arme so gekreuzt wir er es mir gesagt hatte. Wann hört das jemals wieder auf? Ich wollte raus, spürte aber zugleich, daß ich wie gelähmt war. In keinem meiner Träume, oder auch nur annähernd in meinen Vorstellungen begegnete ich jemals einer solchen Kraft, einer solchen Gestalt. Ich zitterte am ganzen Leib bis in die tiefsten inneren Gefühle erschrocken. Für mich öffnete sich die »Hölle« im wahrsten Sinne und ließ mich einen Blick in die Welt des Dunklen gewähren.

Wieder schien mir eine unendlich lange Zeit vergangen zu sein, als es langsam stiller wurde. Der Heiler saß zitternd und trotzdem ruhig da, sammelte im Mund alles zusammen was er in sich aufgenommen hatte. Die Kohle in der Räucherpfanne glühte und Holunderholz verbreitete seinen Duft. Er öffnete den Mund, ließ den Schleim, der sich in ihm angesammelt hatte, in die Pfanne gleiten, wohlbedacht nichts zu schlucken. Nun nahm er Meersalz in den Mund, reinigte ihn damit und spuckte das Meersalz in die Räucherpfanne.

Es wurde stiller und stiller. Im Raum kehrte wieder Ruhe ein. Die Klangkugeln erzählten die Geschichte der Begegnung und sangen tröstend und begleitend ihr Lied. Ein helles Strahlen begann sich im Raum auszubreiten. Sein Gesicht war überströmt von Tränen. Ein liebevolles Lächeln zog sich um seine Mundwinkel. Dankbarkeit und Frieden, wie ich sie noch kaum kennenlernen durfte, umgaben ihn und durchdrangen mich.

Draußen wurde es langsam Tag. Die ersten Vögel sangen und begrüßten uns. Er saß still da und verweilte so noch einige Zeit.

»Leg dich nun hin und ruhe etwas. Ich gehe für eine kurze Zeit hinaus und komme dann wieder zurück.« Er nahm die Räucherpfanne und verließ den Raum.

Nach einiger Zeit kehrte er mit der leeren und gereinigten Räucherpfanne zurück.

Ausklang

Es war nun Freitag, der 21. Dezember 1993. Am Nachmittag telefonierte er mit der Mutter von Sarah und erkundigte sich nach ihr.

Sarah war in der Nacht gegen 04:00 Uhr schreiend und weinend erwacht und ins Elternbett gekrochen. Die Eltern konnten sie nicht beruhigen. Sarah hatte Schmerzen, und erst gegen 06:00 Uhr entspannte sie sich langsam. Sie schlief ein und erwachte gegen 08:00 Uhr mit Fieber und starken Ohrenschmerzen im linken Ohr. In die Schule konnte sie nicht. Gegen Mittag überlegten sich die Eltern, ob sie den Arzt aufsuchen sollten, da die Anzeichen einer Mittelohrentzündung gegeben waren.

Der Heiler sprach noch mit der Mutter und sagte ihr, daß es sich nicht um eine Mittelohrentzündung handle, sondern um eine andere Art von Verwundung, die nun alleine heilen würde. Er riet ihnen, mit Fenchelkompressen das Ohr Sarahs zu behandeln und anzurufen, wenn sich etwas aus dem Ohr lösen würde.

Am Samstagvormittag war es dann soweit: Ein Ohrpfropfen, fast so groß wie die Daumenspitze Sarahs löste sich aus dem linken Ohr. Sie hatte durchgeschlafen, zwar noch unruhig, doch ohne zu erwachen. Der Heiler verschrieb Sarah noch einen Tee zur allgemeinen Stärkung.

Von dieser Nacht an waren sowohl die Stimmen als auch die Gestalten nicht mehr bei Sarah anwesend.

Inzwischen ist Sarah 12 Jahre alt geworden. Die Gestalten ließen sie seit dem Pilzritual vollkommen in Ruhe. Vor etwa fünf Wochen, im Juli 1995, hörte sie für kurze Zeit wieder die Stimmen. Sarah, nun älter und reifer geworden, läßt sich von den Stimmen nicht mehr so bestimmen

Nächste Seite:

Ein Peyotefächer aus Guacamayo-Federn zum Gebrauch beim nächtlichen *Peyote Meeting* der *Native American Church* (Navajo)

und beginnt nun selbstständig mit ihnen umzugehen.

Es war mein erstes Pilzritual, zu dem mich der Heiler einlud. Seither durfte ich an verschiedenen Ritualen mit ähnlichen Formen und Inhalten teilnehmen, ähnliche Erlebnisse erfahren – zugleich immer wieder neu und unbekannt.

Eine stetige Reise des Entdeckens und Lernens. Für deine Begleitung Heiler, danke ich Dir von Herzen!

Jochen Gartz
Ein »neuer« psilocybinhaltiger Pilz

In den letzten 15 Jahren hat sich unsere Kenntnis psilocybinhaltiger Pilze bedeutend erweitert. 1983 beschrieb GUZMÁN in einer Weltmonographie umfassend die Gattung *Psilocybe* unter historischen, botanisch, chemischen und vor allem taxonomischen Gesichtspunkten. Inzwischen wurden auch in weiteren Gattungen Psilocybin und seine Abkömmlinge Psilocin und Baeocystin nachgewiesen und nun steht fest, daß auf allen Kontinenten diverse Arten aus mindestens 7 Gattungen wachsen (GARTZ 1992/3; 1995). Generell gilt aber bis heute, daß diese Pilze bei taxonomischen Untersuchungen lediglich eine Nebenrolle spielen, von nur wenigen Mykologen studiert werden und weiterhin große Unsicherheiten in der Artabgrenzung bestehen. Ihre Verbreitung in der Welt ist mit Sicherheit viel größer als bis jetzt nachgewiesen werden konnte (GARTZ 1995) und die zukünftige Entdeckung einer Vielzahl neuer Spezies läßt sich vorhersagen.

Im Folgenden soll über eine »neue« Art berichtet werden, wobei »neu« hier lediglich im Sinne von Entdeckung gebraucht werden kann. Viele Pilzarten existieren lange in engbegrenzten Arealen und können unter günstigen Bedingungen oft auch auf Grund der menschlichen Landschaftsumgestaltung schließlich eine explosionsartige Ausbreitung erfahren und dadurch letztlich an solchen anthropogenen Standorten aufgefunden werden.

Schon OTT und BIGWOOD (1978) erwähnten, daß durch die extensive Verwendung von Rindenmulch im Pazifischen Nordwesten der USA eine enorme Ausbreitung psychotroper Arten wie *Psilocybe cyanescens* WAKEFIELD, *Psilocybe baeocystis* SINGER & SMITH und seit Anfang der 70er Jahre *Psilocybe stuntzii* GUZMAN & OTT erfolgte. Die beiden erstgenannten Spezies enthalten hohe Konzentrationen an Psilocybin und Psilocin und werden entsprechend häufig gesammelt und verwendet (OTT & BIGWOOD 1978; GARTZ 1995).

1979 fanden Pfadfinder bei der Stadt Astoria im Staat Oregon nahe der Mündung des majestätischen Columbia-River stark blauende Blätterpilze, die ungewöhnlich groß waren. Stiellängen bis zu 20 cm (!) und Hutbreiten um die 10 cm waren keine Seltenheit. Bereits 1981 wurden die Pilze *outdoor* auf Holzstücken oder Rindenmulch kultiviert, diese ursprünglich für *Psilocybe cyanescens* entwickelte Methode wurde bereits früher im Detail beschrieben (GARTZ 1993). Bald wurden diese »neuen« Pilze, welche sich als stark psychoaktiv erwiesen, »*Psilocybe astoriensis*« genannt (GARTZ in RIPPCHEN 1993), jedoch keine mykologische Beschreibung mit einer gültigen lateinischen Diagnose publiziert.

PAUL STAMETS (1993) beschrieb das Myzelwachstum näher und benutzte dabei den vorläufigen Artnamen *Psilocybe azurescens* STAMETS nom. prov.. Schließlich beschrieben wir die Pilze in einer rezenten Publikation (STAMETS & GARTZ 1995) als neue Art mit folgender lateinischen Diagnose:

Psilocybe azurescens STAMETS & GARTZ sp. nov.:

Pileo ochreato-brunneo, hygrophano, viscido, pellicula separabili intructo, conico dein convexo, plano 30-100 mm. lato, umbonato. Lamellis sinuato-adnatis, pallidis vel brunneo. Stipite albo, stricto, elongato, 90-200mm., fibrillis cum strigositate basis caerulescentibus. Carne caerulescente. Sporis 12-13.5 x 6.5-8.0 mm. Cystidiis fusoid-ventricosis. Cheilocystidiis 23-28 x 6.5-8.0 mm; pleurocystidiis 23-35 x 9-10 mm.

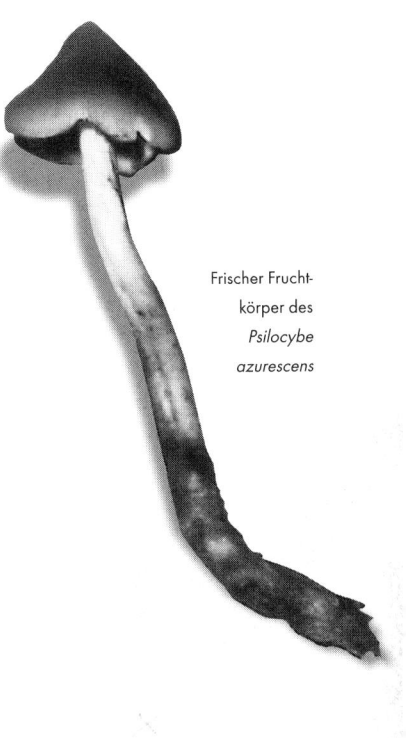

Frischer Fruchtkörper des *Psilocybe azurescens*

Dr. Jochen Gartz
ist Chemiker und als Mykologe am Institut für Biotechnologie in Leipzig tätig. Er ist ein international anerkannter Experte für psilocybinhaltige Pilze. Er hat seine Forschungsergebnisse in zahlreichen Fachartikeln, u.a. in *Planta Medica*, *Zeitschrift für Mykologie*, *Zeitschrift für ärztliche Fortbildung* und *Integration* publiziert. Er hat an dem Buch *Zauberpilze* mitgearbeitet und ist Autor des Buches *Narrenschwämme*. 1989 habilitierte er mit einer Arbeit über Indolalkaloide in Pilzen.

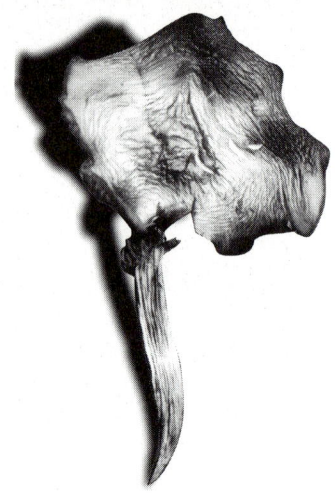

Getrockneter Fruchtkörper des *Psilocybe cyanescens*

Der amerikanische Mykologe PAUL STAMETS hat ein hervorragendes Buch mit Anleitungen zur Aufzucht von Pilzen verfaßt

Die bei Druckeinwirkung stark blauverfärbende Art ist mit *Psilocybe cyanescens* verwandt, unterscheidet sich jedoch in einigen Mikromerkmalen, sowie auch makroskopisch. Kreuzungsversuche mit Myzelien aus einzelnen Sporen verschiedener ähnlicher Arten aus Europa und Nordamerika bewiesen ebenfalls, daß *Psilocybe azurescens* eine eigenständige Art darstellt (STAMETS & GARTZ 1995).

Die Pilzhüte sind konisch bis konvex geformt, wobei ein Hutbuckel immer zu sehen ist. Wie bei vielen *Psilocybe*-Spezies sind die Hüte bei Nässe braungefärbt (hygrophan) und nehmen beim Abtrocknen eine gelblich-weiße Farbe an. Ähnlich wie die mexikanische Pilzart *Psilocybe caerulescens* MURRILL schmecken die frischen Pilze sehr bitter, der typische Geschmack ist jedoch beim Trockenpulver nicht mehr nachweisbar. Auffällig sind ausgeprägte Fruktifikationen mit oft mehreren Hundert Pilzen. Das Myzel wächst sehr aggressiv und schnell unter Ausbildung von dicken weißen Strängen (Rhizomorphen), die ebenfalls bei Druck blau verfärben. Es kann auf Holzabfällen, Nadelholzrinde, Stroh sowie nasser Pappe und Papier wachsen. Man fand auf zufällig herumliegenden Wäscheklammern sogar größere Fruchtkörper. Die Art fruktifiziert im Pazifischen Nordwesten hauptsächlich von Oktober bis Ende November, was etwa dem europäischen Temperaturbereich von Ende September bis Mitte Oktober entspricht. Die Fruktifikation wird durch mehrtägige Temperaturen von 7-13° C eingeleitet (STAMETS 1993) und kann durch Frosteintritt beendet werden.

Ich fand Ende Oktober 1991 einige Fruchtkörper auf Holzresten direkt unter Büschen im Gebiet der Hafenanlagen von Astoria. Heute sind die Pilze in Oregon sowie im angrenzenden Staat Washington im Herbst in vielen Gebieten verbreitet, was sicher auch durch die heimliche Kultivierung im Freien mit entsprechend massiver Sporenfreisetzung begünstigt wurde.

Die chemische Analyse bestätigte das Wissen um die starke Psychoaktivität der Pilze (STAMETS & GARTZ 1995). Es konnten Alkaloidkonzentrationen gefunden werden, die teilweise doppelt so hohe Werte ergaben wie bei der Analyse der aktivsten europäischen Art *Psilocybe semilanceata* (FR.) KUMM. (GARTZ 1992/1993):

Typische Analysenwerte einzelner Trockenpilze der *Psilocybe azurescens* (%)

Pilz	Psilocybin	Psilocin	Baeocystin
1	1,71	0,34	0,41
2	1,68	0,28	0,38
3	1,56	0,30	0,32
4	1,40	0,31	0,28

Auffällig war, daß bei der qualitativen Dünnschichtchromatographie (DC) mit Ausnahme der hohen Psilocin-Werte die weiterhin festgestellten und meist unbekannten Nebenalkaloide völlig identisch mit denen in den Extrakten der *Psilocybe semi-*

lanceata aus Europa waren. Dagegen enthält die meist in-vitro auf Kompost, Stroh oder Roggen kultivierte, subtropische Art *Psilocybe cubensis* (EARLE) SING. bedeutend weniger Nebenalkaloide (GARTZ 1995). Es scheint so, als ob der Syntheseweg des Psilocybins bei gleichzeitiger Akkumulation des Baeocystins im Pilz diese Bildung der Begleitalkaloide bewirkt. Da auch Baeocystin psychoaktiv ist (GARTZ 1995), kann man davon ausgehen, daß 1 g Trockenpilze der *Psilocybe azurescens* bis zu 25 mg psychoaktive Indolalkaloide akkumulieren können. Damit enthält die Art den höchsten Durchschnittswert an Alkaloiden, der jemals nachgewiesen werden konnte! Einzelne Fruchtkörper der *Psilocybe cyanescens* aus dem Pazifischen Nordwesten enthielten zwar auch Psilocybin und Psilocin in Mengen bis zu 2% der Trockenmasse; Baeocystin ist darin jedoch nur in Spuren feststellbar (eigene Untersuchungen, unveröffentlicht). Diese Pilzart ist dadurch auch chemotaxonomisch von *Psilocybe azurescens* abtrennbar.

Abschließend noch der Erlebnisbericht eines Mykologen, der die starke Wirkung der Pilze eindrücklich erfahren hat:

»Zu meiner Überraschung war das Pilzpulver (1 g) in der Orangensaftmischung geschmacklos, was ich als positiv im Vergleich zu früheren Experimenten mit *Psilocybe semilanceata* und *Psilocybe cubensis* empfand. Nach etwa 20 Minuten setzte die Wirkung schlagartig in einer Weise ein, bei der sich der Körper plötzlich in reine Energie auflöste. Dieses Gefühl einer verbleibenden, isolierten Seele ohne einen christlich-kirchlichen Kontext, irgendwo existierend und irgendwann, war äußerst eindrucksvoll. Es begann eine Reise durch historische Zeitabschnitte, die für mich ohne vorheriges Beispiel war. Die grobe Struktur der weißen Zimmerdecke löste sich völlig auf, wie wenn Spinnweben zur Seite geschoben würden und eine Bühne öffnete sich. Eine Vielzahl von historischen Ereignissen, Erfahrungen, die meine Seele ganz real erlebte, wechselten in rascher Folge ab. So war das Zimmer einmal völlig nach Art einer altägyptischen Grabkammer transformiert und ich lag im Zentrum darin, was einen Moment des jähen Schreckens hervorrief, da ein absoluter Echtheitscharakter vorlag. Generell verlief dieser Flug durch historische Zeiten aber in einer ruhigen, meditativen Grundstimmung mit vielen Erfahrungen transpersonaler Art wie sie STANISLAV GROF umfassend beschrieben hat. Persönliche Probleme existierten nicht mehr.

Nach etwa 5 Stunden endete diese Reise jenseits von Zeit und Raum durch ein recht abrupt eintretendes Gefühl der Neuschaffung des Körpers und dessen Vereinigung mit der freischwebenden Seele. Außer einer gewissen Müdigkeit konnten keine weiteren Nachwirkungen festgestellt werden. Am nächsten Tag bestand dann ein sehr angenehmes Gefühl besonderer Geistesfrische, das sich dann langsam verlor.«

Getrocknete Exemplare des Pilzes, der bei Züchtern unter dem Namen »*Psilocybe astoriensis*« läuft

Literatur:

GARTZ, JOCHEN
1992/93 »New Aspects of the Occurrence, Chemistry and Cultivation of European Hallucinogenic Mushrooms« in: *Atti del 2º Convegno Nazionale sugli Avvelenamenti da Funghi, Ann. Mus. Civ. Rovereto, Suppl. vol.N.8 (1992)*: 107-123.
1993 »Eine neuere Methode der Pilzzucht aus Nordamerika« *Integration* 4: 37-38.
1995 *Magic Mushrooms Around the World: A Scientific Journey across Cultures and Time*. Los Angeles: LIS Publications.

GROF, STANISLAV
1988 *Topographie des Unbewußten: LSD im Dienst der tiefenpsychologischen Forschung*. Stuttgart: Klett-Cotta.

GUZMÁN, GASTÓN
1983 *The Genus Psilocybe*. Vaduz, Liechtenstein: Beihefte zur *Nova Hedwigia*, Nr.74.

OTT, JONATHAN & JEREMY BIGWOOD (Hg.)
1978 *Teonanacatl: Hallucinogenic Mushrooms of North America*. Seattle: Madrona.

RIPPCHEN, RONALD (Hg.)
1993 *Zauberpilze*. Löhrbach: Werner Pieper's MedienXperimente & Solothurn: Nachtschatten Verlag (Joint Venture; Der Grüne Zweig 155).

STAMETS, PAUL
1993 *Growing Gourmet & Medicinal Mushrooms*. Berkeley: Ten Speed Press.

STAMETS, PAUL & JOCHEN GARTZ
1995 »A New Caerulescent *Psilocybe* from the Pacific Coast of Northwestern America« *Integration* 6 (im Druck).

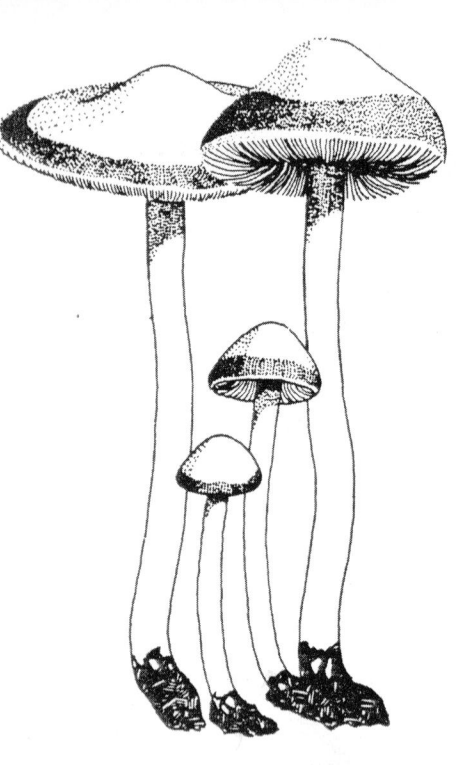

Der Düngerling *Panaeolus subbalteatus* ist in
Nordamerika und Europa heimisch

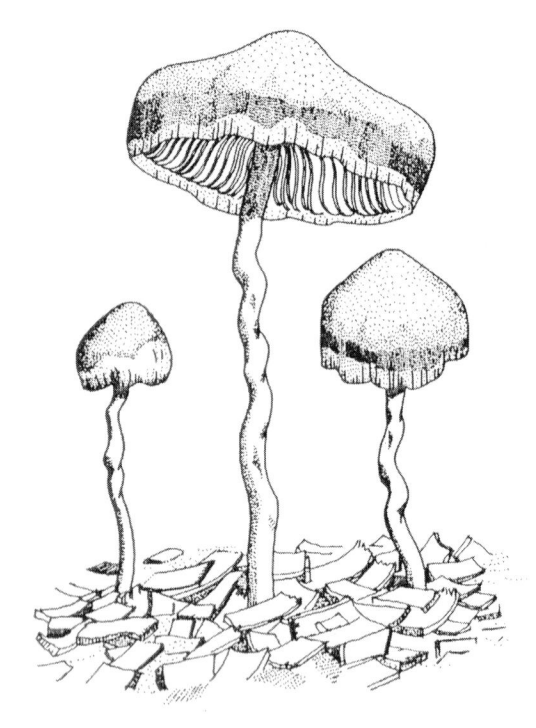

Der *Psilocybe baeocystis* kommt an der Nordwestküste Nordamerikas
vor. Nach seinem Artnamen ist der psilocybinverwandte Wirkstoff
Baeocystin benannt worden

Der »neu« entdeckte psiolocybinhaltige Pilz *Psilocybe azurescens* in seinem
natürlichen Habitat (Foto: Jochen Gartz)

Hartmut Laatsch
Zur Pharmakologie von Psilocybin und Psilocin*

Während Heilkräuter und auch Giftpflanzen zu allen Zeiten fester Bestandteil im Leben der Völker waren und ihre Wirkung gewöhnlich rational erfaßbar ist, haben halluzinogene Drogen auch heute noch eine magische Aura. Dies liegt daran, daß sie auf den Verstand selbst wirken und sich die chemischen Vorgänge, die dem Fühlen und Denken zugrunde liegen, rational und emotional nur schwer erfassen lassen: Wirkstoffe, die hier eingreifen, beeinflussen den Menschen in seiner Persönlichkeit und seinen Empfindungen und verändern ihn auf eine auch heute noch schwer begreifbare, geheimnisvolle Weise. Wie viel geheimnisvoller noch müssen diese Wirkungen von den Naturvölkern empfunden worden sein, die sie vor Urzeiten entdeckten? Psilocybin, der Wirkstoff der mexikanischen Zauberpilze, ist vielleicht das geheimnisvollste und facettenreichste Halluzinogen aus der Pflanzenwelt. Veränderte Bewußtseinszustände lassen sich durch kontemplative Techniken erreichen, leichter und intensiver - wenn auch nicht ungefährlicher - jedoch durch Drogen erzeugen. Halluzinogene besitzen daher als Mittel für mentale Beeinflussungen seit jeher eine große Bedeutung. Was sind Halluzinogene, wo kommen sie vor, welche Wirkungen haben sie und wie ist ihre chemische Struktur? Diese Zusammenfassung geht auf die allgemeinen Begriffsbestimmungen ein, die vor allem an den Indolalkaloiden der mexikanischen Zauberpilze und gewisser tropischer Bäume erläutert werden sollen.

* Dieser Beitrag ist eine leicht gekürzte Version des Artikels »Das Fleisch der Götter - Von den Rauschpilzen zur Neurotransmission« in: ADOLF DITTRICH, ALBERT HOFMANN & HANSCARL LEUNER (Hg.), *Welten des Bewußtseins*, Bd.3 (1994): 181-195, Berlin: VWB. Der Abdruck erscheint mit freundlicher Genehmigung des Autors.

Prof. Dr. Hartmut Laatsch
ist als Professor für organische Chemie am Institut für Organische Chemie der Georg-August-Universität in Göttingen tätig. Dort leitet er verschiedene Forschungsprojekte, u.a. zur Aufklärung von Pilzwirkstoffen. Er hat über Pilzwirkstoffe (auch von Fliegenpilzen) und verwandte Themen in *Welten des Bewußtseins* Bd.3, im *Jahrbuch des ECBS*, in *Pharmazie in unserer Zeit* usw. publiziert. Er ist ein Gründungsmitglied des Europäischen Collegiums für Bewußtseinsstudien (ECBS/ECSC).

Überblick über Vorkommen und Struktur

Die auf das Gehirn zeitweilig funktionsverändernd einwirkenden und zu Betäubungs- und Erregungszwecken benutzten Drogen sind in ihrer Gesamtheit chemisch sehr heterogen.

Chemisch gehören die Halluzinogene einer relativ kleinen Gruppe von Wirkstoffen an. Wir kennen substituierte *Phenylpropene*, z.B. Elemicin aus dem Muskatnußöl. Sie gehen im Körper in Phenylpropylamine über, die auch in verschiedenen Kakteen vorkommen, wie z.B. Meskalin.

Dibenzopyrane, die Cannabinoide, sind die Wirkstoffe des Haschisch, einfache Indolderivate kommen in höheren Pflanzen und Pilzen, aber auch in der Krötenhaut vor (Bufotenin).

Die *β-Carboline*, zu denen das Harmin gehört, sind in ihrer halluzinogenen Wirkung umstritten; einige sind vermutlich nur potenzierende Kofaktoren für andere Wirkstoffe, wie etwa das Dimethyltryptamin. Wir kennen sie aus der Steppenraute *Peganum harmala* und der Liane *Banisteriposis caapi*, aber auch aus der *Zirbeldrüse*, und einige von ihnen sind *pathologische Stoffwechselprodukte* bei Alkoholmißbrauch, also möglicherweise *endogene, körpereigene Halluzinogene*.

Zu den Isochinuclidinen gehört das *Ibogain* (dessen Wirkung als Halluzinogen ebenfalls umstritten ist) des in Afrika beheimateten Strauchs *Tabernanthe iboga*, zu den Ergolinen die Lysergsäurederivate aus mittelamerikanischen Trichterwinden, aus der *Argyreia nervosa* (Winde) und das synthetische LSD.

Von den Tropanen ist besonders *Scopolamin* wichtig, der Wirkstoff der mittelalterlichen Hexensalben; zu den *Isoxazolen* schließlich gehören Ibotensäure und Muscimol aus Fliegenpilz und Pantherpilz. Die beiden letzten Gruppen gehören zu den Delirantia bzw. »Halluzinogenen II. Ordnung« (LEUNER).

Weitere Grundstrukturen halluzinogener Verbindungen wurden in der Natur bisher nicht aufgefunden.

Die Entdeckung der Pilzwirkstoffe

»*Drogen sind die Schlüssel zu den Tiefen der Seele, die freilich nicht mehr erschließen werden, als unser Inneres verbirgt*«. Was ERNST JÜNGER hier über bewußtseinsverändernde Drogen gesagt hat, trifft auf den Wirkstoff der mexikanischen Zauberpilze ganz besonders zu: Die »kleinen Blumen der Götter«, wie die Indianer die Pilze nennen, waren auch bei den Eingeborenen »Schlüssel«.

In Guatemala, El Salvador und im südlichen Mexiko bei Ausgrabungen gefundene pilzähnliche Steinplastiken wurden früher für Fruchtbarkeits- oder Phallussymbole gehalten. Heute wissen wir, daß es sich um Darstellungen des heiligen Pilzes der Azteken handelt, den *Teonanacatl*, was soviel wie »Fleisch Gottes« heißt, und der im Symbolwert mit dem christlichen Kreuz gleichzusetzen ist.

Die ältesten Aufzeichnungen über die heiligen Pilze der Azteken stammen aus dem sog. *Florentiner Codex* des FRAY BERNARDINO DE SAHAGUN, eines in der 2. Hälfte des 16. Jahrhunderts in Mexiko lebenden Missionars. Er beschreibt kleine Pilze, die die Indianer zu Berauschungszwecken einnehmen und die im Gegensatz zu den normalen Speisepilzen (*Nanacatl*) *Teonanacatl* - göttlicher Pilz - genannt wurden.

Auch aus den Beschreibungen des FRANCISCO HERNANDEZ, Leibarzt des Königs von Spanien, in seiner *Geschichte der Pflanzen Neu-Spaniens* geht hervor, daß bestimmte Pilze zu magischen Handlungen, rituellen Heilungen, zur Anbetung der Götter und zum Weissagen benutzt wurden.

Wie schon bei dem Meskalin enthaltenden *Peyotl,* so ist auch hier dieser Brauch im Zuge der Christianisierung nahezu völlig verdrängt worden. Erste Versuche in unserer Zeit, diese Droge botanisch zu identifizieren, waren daher sehr schwierig: Sie stammen von WILLIAM E. SAFFORD, der die ihm damals zugänglichen, allerdings noch sehr unvollständigen Herbarien durchforstete und schließlich zu der Überzeugung gelangte, *Teonanacatl* wäre mit Peyotl-Scheiben identisch, die sich beim Trocknen pilzartig aufwölben können.

Der in Mexiko lebende österreichische Arzt BLAS PABLO REKO fand schließlich Hinweise, daß es sich doch um Pilze handelte, die sogar in unserer Zeit noch gebraucht werden.

Sein Cousin VICTOR A. REKO nahm sich dieser Idee an und verbreitete sie publikumswirksam in seinem Buch *Magische Gifte*[1]. Er ordnete die Pilze, die er selbst nie gesehen hatte, der Gattung *Amanita* zu: *Amanita muscaria* var. *Mexicana* [nom.nudum!].

1937 gelang es BLAS P. REKO über den Ethnologen ROBERT JULIUS WEITLANER Pilzmaterial zu erlangen, das er an den bekannten Biologen und Mykologen RICHARD EVANS SCHULTES zur Identifizierung schickte. Dieser konnte sie der Gattung *Panaeolus* - Düngerlinge - zuordnen. Wegen des schlechten Zustandes der Proben war die endgültige Klassifizierung jedoch nicht möglich.

1938 gelang es SCHULTES auf einer Expedition zusammen mit REKO zu den Mazateken (in Oaxaca) dem Geheimnis der Pilzrituale näherzukommen und zwei Exemplare eines Pilzes zu sammeln, der von LINDER am Farlow Herbarium als *Panaeolus sphinctrinus* - eine Varietät des *Panaeolus campanulatus* - identifiziert wurde.

Bei dieser Expedition wurde noch ein zweiter Pilz gesammelt, der nach den Informationen der Einheimischen aber keine Bedeutung hatte und von SCHULTES daher ohne nähere Bestimmung in sein Herbar eingegliedert wurde. Später hat sich dann gezeigt, daß es sich um *Stropharia cubensis* (= *Psilocybe cubensis*) handelte, der als Rauschpilz viel wichtiger ist als *Panaeolus sphinctrinus.*

Mit Ausbruch des 2. Weltkrieges ging SCHULTES für 12 Jahre an den Amazonas, um nach neuen Kautschukquellen zu suchen. Die Erforschung der Rauschpilze ruhte daher, bis Anfang der 50er Jahre der Bankier und Hobbymykologe GORDON WASSON auf SCHULTES' Schriften stieß. Wasson und seine Frau hatten sich fast zwei Jahrzehnte lang mit der Bedeutung des Pilzes in Mythos und Religion der Völker befaßt und waren unabhängig von SCHULTES zu der Meinung gelangt, daß bestimmte Pilze psychoaktive Substanzen enthalten müßten. Nun fanden sie erstmals konkrete Hinweise.

WASSON organisierte ab 1952 mehrere Expeditionen in die von SCHULTES beschriebenen Gebiete Mittelamerikas, um die heiligen Pilze zu suchen. Nach drei Jahren Mißerfolg gelang es ihm dann 1955 im Dorf Huautla de Jiménez das Vertrauen der Curandera María Sabina zu erlangen und aktiv an einer Pilzzeremonie teilzunehmen. WASSON und sein Photograph RICHARDSON waren die ersten Weißen, die »bepilzt« waren. WASSON schreibt:

»*Nichts, absolut nichts haben diese Heiligen Pilze mit unserem Gebrauch des Alkohols zu tun.... Die Wirkung ist auch völlig anders. Bei den Pilzen gibt es keinen Kater, keine Gedächtnistrübung,*

Illustrationen der mexikanischen Zauberpilze in der *Paso y Troncoso*-Ausgabe des Werkes von BERNARDINO DE SAHAGÚN

[1] Erstausgabe 1936, mehrere erweiterte Auflagen und Nachdrucke, zuletzt Berlin: VWB 1995.

Die Entdeckungsgeschichte der mexikanischen Zauberpilze ist in den folgenden Publikationen dokumentiert (siehe Bibliographie am Ende des Buches): BROWN 1987; HEIM 1959; HOFMANN 1958ff.; JOHNSON 1939a & 1940; MILLER 1956; OTT 1979b & 1993; PIKE 1949; B.P. REKO 1940; SCHLEIFFER 1973; SCHULTES 1937, 1939, 1940 & 1978; WASSON 1961.

und anscheinend erzeugen die Pilze auch keine Sucht wie manchmal der Alkohol und bestimmte andere Drogen. Die Dosierung bleibt während des ganzen Lebens gleich. Die Pilze werden genommen, wenn ein ernstes Problem gelöst werden muß; und zwar wie ich glaube, nur dann...«

WASSON hatte auch an den Pariser Mykologen ROGER HEIM Pilze geschickt, und diesem war es gelungen, auf künstlichen Nährböden Kulturen anzulegen. 1957 übergab Heim das Pilzmaterial dem Chemiker ALBERT HOFMANN. Dieser hatte 1943 die Wirkung von LSD entdeckt und befaßte sich derzeit mit einer anderen mittelamerikanischen Zauberdroge, dem Ololiuqui (*Turbina corymbosa*), war also Spezialist in der Analytik der Halluzinogene.

Die Untersuchungen wollten erst gar nicht voranschreiten, da es nicht gelang, die aktiven Fraktionen im Tierversuch zu lokalisieren. Erst als sich HOFMANN und seine Mitarbeiter entschlossen, die Fraktionen selbst einzunehmen, gelang die Isolierung der Reinsubstanz.

Diese wurde schnell als *4-Hydroxyindol*-Derivat erkannt, denn HOFMANN hatte von seinen Arbeiten an der Lysergsäure noch *4-Hydroxyindol* im Regal stehen. Der Isolierung schlossen sich bald die Strukturaufklärung und die Synthese an, ebenfalls die Synthese modifizierter Verbindungen.

Die Untersuchung der heiligen Pilze fand ihren krönenden Abschluß, als HOFMANN mit WASSON und einigen anderen Begleitern er-

Strukturformeln der Pilzwirkstoffe

Psilocybin

Psilocin

Baeocystin

Nor−baeocystin

neut nach Huautla de Jiménez aufbrach, diesmal mit synthetischem Psilocybin im Gepäck. Die inzwischen weltbekannte Maria Sabina konnte keinen Unterschied zum Pilz feststellen und gab damit diesem großen Abenteuer die letzte Bestätigung. Ein großer Mythos wurde aufgeklärt, entschleiert, aber auch zerstört. Das Sakrale hatte sich zum Profanen gewandelt, der Kult wurde teilweise zum Kommerz. Maria Sabina sagte selbst, der alte Zauber wirkt nicht mehr.

Chemie und Pharmakologie der Pilzwirkstoffe

Chemisch handelt es sich bei Psilocybin um *4-Phosphoryloxy-dimethyl-tryptamin,* eine verhältnismäßig einfache Verbindung also, die aber durch die in Naturstoffen sehr seltene C-4-Substitution im Indolring und den Phosphorbestandteil auffällt.

Psilocybin wirkt oral in Dosen von 8-20 mg rauscherzeugend. Das Desphosphorylderivat Psilocin wirkt im gleichen Molverhältnis gleich stark, und man nimmt an, daß auch Psilocybin im Körper zunächst in Psilocin übergeht; Baeocystin und Norbaeocystin sind meist Spurenbestandteile und kaum von Bedeutung.

1/4 der Dosis wird *unverändert ausgeschieden*, der Rest innerhalb von 8 Stunden zu 80-90 % metabolisiert; ein kleiner Teil bleibt über eine Woche im Körper. Dabei kommt es zu einer gewissen Toleranzentwicklung, die dazu führt, daß eine zweite Dosis innerhalb weniger Tage nach der ersten eine erheblich geringere Wirkung zeigt. Die Toleranz verliert sich nach einiger Zeit wieder.

Die LD_{50} der Maus beträgt 280 mg/kg; im Vergleich mit den Wirkdosen spiegelt dies bereits die enorme therapeutische Breite dieser Substanz wieder. Die Wirkdauer beträgt etwa 6 Stunden und bricht dann abrupt ab. Die vegetativen Begleiterscheinungen sind insgesamt wie bei fast allen anderen Halluzinogenen in üblichen Dosierungen vergleichsweise gering. Sie äußern sich in Pupillenreaktionen, in Blutandrang im Gesicht, leichten Schwankungen von Blutdruck, Puls- und Atemfrequenz, Schwindel, manchmal Übelkeit, Störungen der Motorik usw.

Der Schwerpunkt der Halluzinogenwirkung liegt in der Psyche. Es beginnen zunächst überwiegend optische Trugwahrnehmungen in Form von »Elementarhalluzinationen«, d.h. farbigen Linien und geometrischen Mustern, wie man sie auch durch anhaltenden Druck auf die Augäpfel auslösen kann, und in verlängerten Nachbildern.

Der Berauschte erlebt eine Modifizierung im affektiven Bereich, eine Steigerung und Sensibilisierung des emotionellen Erlebens. Die normale, besonders die visuelle Wahrnehmung, wird zusammenhanglos durch grellfarbige Muster überdeckt, was man als additives Phänomen bezeichnet.

Danach folgen sogenannte Illusionen: Reale Gesichtseindrücke werden verformt oder umgestaltet, wobei der Grundeindruck jedoch erhalten bleibt. Nach LEUNER kann vor geschlossenen Augen eine kaleidoskopartige Vielfalt tausender sich bewegender, teils bruchstückhafter, teils szenischer Trugwahrnehmungen erscheinen. Bei wiederholten Versuchen organisieren sie sich im allgemeinen zu einem geordneten szenischen Erlebnisganzen mit autosymbolischen Inhalten, eine kontemplative Haltung der Versuchsperson vorausgesetzt. Interessant ist, daß blind Geborene im Gegensatz zu später Erblindeten keine optischen Halluzinationen haben;

> »Wird Psilocybin häufiger als 1 Mal wöchentlich genommen, kann es rasch zu einer erheblichen Toleranzbildung kommen. Wie bei LSD-25 ist dann die jeweils doppelt so hohe Dosis zur Auslösung des gleichen Effektes erforderlich. Bei Absetzen der Droge kommt es, ebenfalls wie bei LSD-25, allerdings zu einem ebenso schnellen Verschwinden der Toleranzwirkung.« GESCHWINDE (1990: 110)

> »In manchen Fällen kommt es zu außersinnlichen Wahrnehmungen, andere Menschen entdecken eine Welt, wie sie in ihrer Schönheit bisher nie erlebt wurde, vielen anderen enthüllt sich die Herrlichkeit, der unendliche Wert und die unendliche Bedeutungsfülle der bloßen Existenz und des gegebenen, nicht in Begriffe gefaßten Ereignisses. Im letzten Stadium der Ichlosigkeit kommt es zu einer dunklen Erkenntnis, daß das All in allem, daß alles tatsächlich jedes ist. Weiter kann vermutlich ein endlicher Geist nicht darin gelangen, alles wahrzunehmen, was irgendwo im Weltall geschieht.« ALDOUS HUXLEY

> »Seit 1957, als der wissenschaftlichen Welt nur 7 Arten geistbewegender Pilze bekannt waren, sind viele Artikel publiziert worden, die die Arten, die Psilocybin und seine Derivate wie Psilocin und Baeocystin enthalten, betreffen. Jetzt sind über 130 Arten und Varietäten bekannt, die 12 Gattungen und 6 Familien zugerechnet werden.«
> JOHN W. ALLEN, JOCHEN GARTZ & GASTÓN GUZMÁN
> (1992: 91)

ihnen fehlt die visuelle Erfahrung. Die Illusionen gehen schließlich - besonders bei höheren Dosierungen - in eigenständige, vor allem in visuelle Pseudohalluzinationen über, die oft von überwältigender Art sind und starke Ähnlichkeit mit ekstatischen oder mystischen Erlebnissen haben. Sie werden begleitet von schwer zu beschreibenden Bewußtseinsveränderungen, Änderungen im Raum-Zeit-Empfinden, Depersonalisation, Vorstellungen des Einsseins mit dem Kosmos.

Die Drogen können allerdings weder Kreativität, noch Intelligenz verbessern, sie können sie allenfalls freilegen. Wenn bekannte Autoren über ihre Erlebnisse mit diesen Drogen interessant und anregend im Sinne einer Erweckung schöpferischer und einer Steigerung künstlerischer Kräfte sowie einer Förderung der Kreativität berichten, so muß darauf hingewiesen werden, daß sich diese Autoren auch ohne Drogen in ihren Werken hinreichend ausgewiesen haben.

Verbreitung der Pilzwirkstoffe

Psilocybin enthaltende Pilze hat man inzwischen in der ganzen Welt gefunden. Auch bei uns kommt eine Psilocybin enthaltende Art recht häufig vor. Es handelt sich hierbei um *Psilocybe semilanceata*, den Spitzkegeligen Kahlkopf, einen kleinen hygrophanen Pilz, der auf Wiesen, nie auf Holz oder im Wald wächst und einen bei Verletzung langsam bläuenden Stiel besitzt; der Hut ist spitz und gerieft. Bei einem Gehalt von 0.6 % Psilocybin bilden etwa 20-40 Pilze eine wirksame Dosis. Inzwischen kennt man vor allem durch die Arbeiten von JOCHEN GARTZ (Leipzig) zahlreiche weitere Psilocybinführende Arten (siehe Bibliographie am Ende des Buches). In Hinblick auf die sich immer mehr ausbreitende Mykophagie ist aber zu bedenken, daß Verwechselungen mit anderen Pilzen (etwa Amanitin enthaltenden *Gallerina*-Arten!) zu tödlichen Vergiftungen führen können.

Einfache Tryptaminderivate

Die Ähnlichkeit des Psilocybin bzw. Psilocin mit dem Neurotransmitter Serotonin (5-Hydroxy tryptamin) ist augenfällig und führte bald zu der Frage, ob andere einfache Indol- bzw. Tryptaminderivate ebenfalls halluzinogene Eigenschaften besitzen. Dies gab den Anstoß zu zahlreichen Untersuchungen an modifizierten Indolalkylaminen, auf die aber hier nicht näher eingegangen werden kann. Erwähnenswert ist jedoch, daß Dimethyltryptamin (DMT) und verschiedene Bufoteninderivate die Wirkstoffe von Schnupfpulvern sind, die Eingeborene des *Orinoco-beckens* und des nordöstlichen Brasiliens benutzen.

Der erste wissenschaftliche Bericht über *Yopo* wurde von ALEXANDER VON HUMBOLDT 1801 verfaßt, der die Herstellung des Pulvers beschrieb. 1916 konnten ethnobotanische Untersuchungen schließlich die Herkunft aus den Samen von *Piptadenia peregrina* (= *Anadenanthera peregrina*) belegen, einem der Mimose chemisch wie botanisch nahestehenden Baum.

Die Indianer schnupfen das Pulver oder blasen es sich gegenseitig mit einer Röhre in die Nase, etwa 3 - 6 Teelöffel je Priese. Dies löst sofort starken Tränenfluß und Naselaufen aus. Die Wirkung setzt ein mit Gliederzittern, Unruhe und Bewegungsdrang, wobei die Indianer bis zur Erschöpfung tanzen und dann in einen Trance-artigen Zustand fallen, in dem sie ihrer Meinung nach Kontakt mit den Geistern haben. *Cohoba* oder *Yopo* ist ein nur kurzwirkendes Halluzinogen.

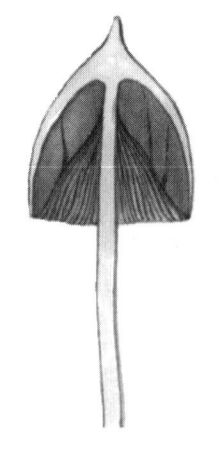

Querschnitt durch den *Psilocybe semilanceata*

Die Eingeborenen nehmen die Droge zu bestimmten Anlässen in erschreckenden Mengen ein, oft drei Tage hintereinander.

Mit dem Schnupfpulver aus *Anadenanthera peregrina* (= *Piptadenia peregrina*) oft verwechselt wird ein Schnupfpulver, das die Waika-Indianer im nordöstlichen Brasilien, aber auch andere Stämme im westlichen Amazonasgebiet und im angrenzenden Orinocobecken als heiliges Rauschmittel verwenden.

Botanisch stammt es von verschiedenen *Virola*-Arten ab, die zu den Muskatnußgewächsen gehören. Der eingedickte Saft oder Rindenauszüge werden eingekocht, mit Pflanzenasche vermischt und nach dem Trocknen zu Staub pulverisiert. Das *Virola*-Schnupfpulver wird meistens *Epená* genannt, gelegentlich auch *Hakudufha*.

Die chemische Untersuchung dieser Drogen hat recht lange auf sich warten lassen. Der englische Botaniker und ehemalige Lehrer RICHARD SPRUCE hatte bereits 1851 Proben von *Anaden- anthera peregrina* gesammelt, die jedoch erst 1977 (!) analysiert wurden.

Nachdem der brasilianische Botaniker DUCKE 1938 verschiedene *Virola*-Arten als Ursprungspflanzen von *Epená* identifiziert und 1939 von den *Cohoba* liefernden Leguminosen unterschieden hatte, fand 1954 STROMBERG 5-Hydroxy-dimethyltryptamin (Bufotenin) in *Anadenathera peregrina* (Cohoba).

FISH hat anschließend hier und in verwandten Bäumen DMT, DMT-N-Oxid, 5-OH-DMT-N-Oxid entdeckt, später kamen MMT, 5-MeO-DMT, 5-

Die DMT-haltigen Samen der *Anadenanthera peregrina*

Serotonin

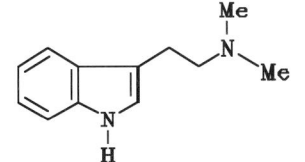

Dimethyltryptamin

Bufotenin

Bufotenidin

Dehydro—bufotenin

Bufothionin

Bufoviridin

Melatonin

MeO-MMT und 2-Methyl- und 1,2-Dimethyl-6-methoxytetrahydrocarbolin (Spuren) hinzu (SCHULTES & HOFMANN 1979). Nahezu die gleichen Mischungen werden auch in *Epená* gefunden, das bis zu 11% Alkaloide enthält.

Einfache Tryptaminderivate sind nur parenteral wirksam. Bemerkenswert ist daher, daß die Indianer diese Drogen dennoch entdeckt haben und sich Zubereitungen ausgerechnet aus diesen seltenen Pflanzen in die Nase blasen oder per Klistier einnehmen. Noch überraschender ist die Methode, Abkochungen DMT-haltiger Pflanzen die Liane *Banisteria caapi [= Banisteriopsis caapi]* zuzusetzen: Das darin enthaltene Alkaloid Harmin wirkt im Körper als Hemmstoff der Monoaminoxidase und führt dazu, daß die Alkyltryptamine nun auch oral wirksam sind; ein wirklich genialer Trick.

Halluzinogene und Neurotransmission

Die Ähnlichkeit der Wirkung aller Halluzinogene führte bereits frühzeitig zu der Idee von einem gemeinsamen Wirkort. Gestützt wird diese Auffassung z.B. von der Entwicklung von Kreuztoleranzen, etwa zwischen LSD und Meskalin. Besonders weist aber die Stereospezifität der Wirkung darauf hin, daß die halluzinogenen Eigenschaften durch spezielle Rezeptoren ausgelöst werden: Von diesen weiß man allerdings erst wenig mehr, als daß sie in bestimmten Bereichen der Nervenzelle, den Synapsen, liegen. Einige Halluzinogene, z.B. LSD oder die Amphetamine, lassen sich in verschiedenen stereoisomeren Formen synthetisieren, die sich durch die räumliche Anordnung der Atome unterscheiden; meist hat aber nur eins der Stereoisomeren halluzinogene Eigenschaften. Der Zellkörper und die Dendriten eines Neurons im ZNS sind mit Hunderten und Tausenden synapsenbildender Nervenendigungen anderer Neurone besetzt. Über Dendriten und Zellkörper laufen ständig Signale ein, die das Ruhepotential der Zelle entweder depolarisieren oder hyperpolarisieren. Im Zellkörper wird die Summe der Signale gebildet, die Signale werden integriert. Überwiegt zu einem gegebenen Zeitpunkt die Depolarisation und wird dabei ein Schwellenwert überschritten (etwa -50 mV), so klingt die Depolarisation nicht mehr ab, sondern baut sich selbständig weiter auf und erreicht schließlich innen sogar positive Werte.

Gelangt das Aktionspotential in die Nähe des Axonausganges, so läuft es wie ein Zündfunke an der Zündschnur das mit Ionenkanälen besetzte Axon hinunter. In der präsynaptischen Verdickung am Nervenende kommt es nun zur kurzzeitigen Öffnung von Calcium-Kanälen; Ca strömt in die Endigung ein (die intrazelluläre Ca-Konzentration ist hier nur etwa 1 mmol pro Liter) und setzt eine komplexe Sequenz von Ereignissen in Gang: In der Folge kommt es zur Fusion von synaptischen Vesikeln mit der präsynaptischen Membran. Die mit Neurotransmittern als chemischem Überträgerstoff gefüllten Vesikeln (Konzentration ca. 0.5-1 M im Innern!) entleeren dabei ihren Inhalt in den synaptischen Spalt. Das ursprüngliche elektrische Signal ist in ein chemisches umgewandelt worden, man spricht deshalb von *chemischen Synapsen*.

Die am Axonende freigesetzten Neurotransmitter diffundieren durch den synaptischen Spalt zur postsynaptischen Membran, treffen dort auf Membranproteine, soge-

nannte Rezeptoren, an die sie reversibel für kurze Zeit anbinden. Diese Wechselwirkung löst eine Veränderung in der dreidimensionalen Struktur des Rezeptorproteins aus, die je nach Beschaffenheit des chemischen Überträgers und des Empfängers in der Zielzelle Exzitation, Inhibition oder eine metabolische Antwort auslöst. Die Wirkung des Neurotransmitters am postsynaptischen Rezeptor muß zeitlich begrenzt werden, um eine Dauerpolarisation der Zielmembran zu vermeiden und ein präzises Signal zu erzeugen. Dem Neuron stehen dazu mehrere wirkungsvolle Mechanismen zur Verfügung:
• der Abbau des Transmitters im synaptischen Spalt durch geeignete Enzyme, z.B. die Acetylcholinesterase, die Catechol-O-methyl-Transferase oder die Monoamin-Oxidase.
• Aktiver Rücktransport durch ein spezielles Transportsystem, das den ausgeschütteten Transmitter sofort nach seiner Freisetzung wieder entgegen einem Konzentrationsgradienten in die synaptische Membran zurückführt (bei Noradrenalin 70-80%) und in den Vesikeln speichert.
• Ein dritter Weg besteht nun darin, daß die Transmitterkonzentration im synaptischen Spalt über einen präsynaptischen Autorezeptor gemessen und über ein *negatives feed back* limitiert wird. Und schließlich gibt es Interneurone, die prä- und postsynaptische Zellen miteinander verbinden und als Filter wirken, indem sie zu hohe Signalamplituden wiederum durch negatives *feed back* präsynaptisch begrenzen.

Die im Gehirn wichtigsten Transmitter sind die sich vom Catecholamin ableitenden Derivate Dopamin, das 1972 von AXELROD als Neurotransmitter erkannte Noradrenalin und Adrenalin; ein anderer wichtiger Transmitter ist Serotonin; γ-Aminobuttersäure (GABA) ist ein inhibitorischer Transmitter im ZNS, sie öffnet Cl-Kanäle der postsynaptischen Zellen wahrscheinlich durch direkte Bindung an die Kanalproteine und verstärkt dadurch das herrschende Potential. Auch die Aminosäure Glycin wirkt als inhibitorischer Transmitter auf den Chlorid-Kanal.

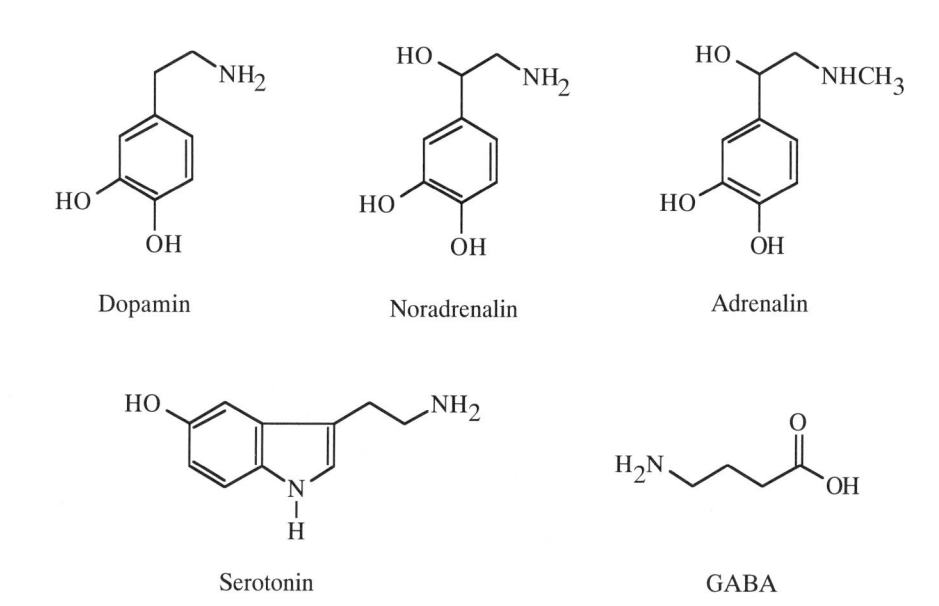

Die verschiedenen adrenergen Transmittersysteme beeinflussen über Quervernetzungen cholinerge, Serotonin-enthaltende oder GABA-Neuronen und werden ihrerseits von diesen beeinflußt. Man kann sich leicht vorstellen, daß eine Störung dieses fein ausbalancierten Gleichgewichtes spektakuläre Folgen haben muß.

Die strukturelle Ähnlichkeit von Amphetaminen und Halluzinogenen mit wichtigen Neurotransmittern ist offensichtlich und hatte schon früh zu der Annahme geführt, daß spezifische Wechselwirkungen mit synaptischen Rezeptoren für die Wirkungen verantwortlich sind.

Einleuchtend ist die Deutung, wonach die Halluzinogene (außer LSD) als Agonisten den präsynaptischen 5-HT-Rezeptor stimulieren und dadurch (feed back!) die Ausschüttung von Serotonin drosseln. Dadurch kann der dämpfende Einfluß der serotoninergen Neuronen nicht wirksam werden, was zu einer Entdämpfung des dopaminergen Systems - offensichtlich bevorzugt im visuellen Bereich - führt: Damit stimmt überein, daß DMT, Psilocybin u.a. den Serotonin-Umsatz verringern, den NE- (und Dopamin?)-Durchsatz jedoch erhöhen.

In dieses Bild paßt auch, daß eine Reihe neurologischer und psychiatrischer Krankheiten durch einen Überschuß oder Mangel spezifischer Neurotransmitter ausgelöst werden: Ein Überschuß des Neurotransmitters Noradrenalin verursacht z.B. manische Zustände, während ein Mangel Depression auslöst. Ein Überschuß an Dopamin bewirkt Psychosen, jedoch Parkinsonismus, wenn zu wenig vorhanden ist. Schlafsucht tritt bei Serotonin-Überschuß auf, aber Schlaflosigkeit bei Mangel. Ein Zuviel an Acetylcholin führt zu neurotischen Angstzuständen, ein Mangel zu Benommenheit und *Myasthenia gravis* (hängende Augenlider).

Wahrscheinlich sind die Zusammenhänge aber weit komplizierter: Untersuchungen von AGHAJANIAN haben gezeigt, daß sich die Halluzinogene besonders an Serotonin-Rezeptoren in den Raphe-Kernen binden (einer eng umschriebenen Region im Gehirn), und daß die Bindungsstärke mit der Wirkstärke korreliert und durch selektive S_2-Antagonisten (z.B. LY 53857) aufgehoben wird.

Es gibt Hinweise, daß Psilocybin oder auch LSD über die Hemmung der Raphe-Neuronen die Noradrenalin-Neuronen des benachbarten *Locus coeruleus* aktivieren, die nun ihrerseits über Milliarden von Synapsen mit allen sensorischen Bereichen des Gehirns in Verbindung stehen. Der *Locus coeruleus* integriert und kanalisiert sämtliche Arten von Sinnesbotschaften. Es ist daher verständlich, daß eine Stimulation eine extrem gesteigerte Wahrnehmungsfähigkeit, eine »Überwachheit« mit transzendentalem Charakter bewirken und zu einer Überschneidung der Sinneswahrnehmungen mit den bekannten Synästhesien führen kann.

So einleuchtend eine Erklärung der Halluzinogenwirkung über Wechselwirkungen mit Serotoninführenden Neuronen auch sein mag: Sie ist nur eine Theorie von mehreren und erklärt bislang auch nur Teilaspekte eines komplexen Geschehens. Interaktionen mit anderen Rezeptortypen oder die unter Halluzinogenen beobachtete Stimulation der Zirbeldrüse bieten sicher noch viel Stoff für weitere Forschungen, auf deren Ergebnisse man gespannt sein darf.

Literatur

LEUNER, HANSCARL
1981 *Halluzinogene*. Bern, Stuttgart, Wien: Huber.

SCHULTES, RICHRAD E. & ALBERT HOFMANN
1979 *The Botany and Chemistry of Hallucinogenes*. Springfield, Illinois: Charles C. Thomas Publ..

SNYDER, SOLOMON H.
1988 *Chemie der Psyche*. Heidelberg: Verlag Spektrum der Wissenschaft.

Franz X. Vollenweider

Perspektiven der Bewußtseinsforschung mit Halluzinogenen

Halluzinogene: »Chemische Skalpelle« der biologischen Psychiatrie

Die komplexen chemisch-physiologischen Mechanismen, durch die Indolhalluzinogene wie LSD und Psilocybin beim Menschen ihre psychische Wirkung entfalten, sind immer noch ein Geheimnis. Die Aufklärung der durch LSD veränderten Hirnfunktionen ist dabei nicht nur für die biologische Bewußtseinsforschung »per se«, sondern auch für die neurochemisch orientierte Psychoseforschung von besonderer Bedeutung. Denn je nach Reaktionsablauf können LSD und verwandte Halluzinogene beim gesunden Menschen neben positiv-gefärbten mystischen Erfahrungen auch vorübergehende Wahrnehmungsveränderungen und Ich-Störungen auslösen, die einer natürlich ablaufenden Psychose, einer schizophrenen Erstmanifestation etwa, sehr nahe kommen [14]. Im Gegensatz zu verschiedenen hochentwickelten neurophysiologischen Theorien der Sinnesverarbeitung, z. B. des visuellen Systems, verfügt die Bewußtseinsforschung jedoch noch kaum über die nötigen Grundlagen, die eine biologisch abgestützte Theorie, z. B. der Ich-Störungen, erlauben würde. In dieser Hinsicht sind Halluzinogene wie LSD und Psilocybin, die dosisabhängig Veränderungen des Denkens und der Affekte, Ich-Störungen und Halluzinationen, verursachen können, einzigartige »Werkzeuge« für die biologische Bewußtseinsforschung. Die neuesten Resultate der Halluzinogenforschung mittels moderner chemisch-physiologischer Untersuchungsmethoden, wie z. B. der Positronen-Emissions-Tomographie, sind vielversprechend und lassen hoffen, daß damit neue Einsichten in die Biologie veränderter Bewußtseinszustände, insbesondere in die Pathopysiologie und Pathobiochemie funktionaler Ich-Störungen gewonnen werden können.

Voraussetzungen für eine psycho-physiologische Synthese

Bis dahin sind einzelne psychologische und physiologische Aspekte der Halluzinogenwirkung schon gut untersucht worden. Die meisten im Tierversuch erhobenen chemisch-physiologischen Befunde sind jedoch noch nicht am Menschen validiert worden. Zudem sind bestimmte psychologische Fragestellungen am Tier nicht überprüfbar, und umgekehrt sind verschiedene tierexperimentelle Resultate auf den Menschen nicht übertragbar. So wissen wir heute z. B. trotz differenzierter aus dem Tierexperiment abgeleiteter Hypothesen immer noch nicht, ob Indolhalluzinogene ihre psychischen Effekte beim Menschen über eine Aktivierung bestimmter Serotoninrezeptoren entfalten. In Hinblick auf die Formulierung und Überprüfung pathobiochemischer Hypothesen halluzinogen-induzierter und natürlich ablaufender Psychosen und der Entwicklung potentieller therapeutischer Ansätze sind daher systematische Untersuchungen am Menschen unumgänglich. Insbesondere benötigen wir zur Charakterisierung der komplexen halluzinogen-induzierten psycho-physiologischen Beziehungen a) quantitative psychologische und physiologische Marker und b) statistische und theoretische integrative chemisch-physiologische Modelle, die eine experimentelle Überprüfung zulassen. Noch kaum Einsicht haben wir in den Verlauf halluzinogen-induzierter psychologischer und biologischer Veränderungen, sei es im Akutversuch oder im Verlauf mehr-

Dr. med. Franz X. Vollenweider
ist Arzt mit Forschungstätigkeit an der Psychiatrischen Universitätsklinik Zürich und Mitglied des Europäischen Collegiums für Bewußtseinsstudien (ECBS). Er ist Leiter eines PET-Projektes zur Untersuchung der Aktivierung von Gehirnpartien durch verschiedene psychoaktive Substanzen. Zahlreiche Publikationen in internationalen Fachzeitschriften sowie in der Festschrift *50 Years of LSD*.

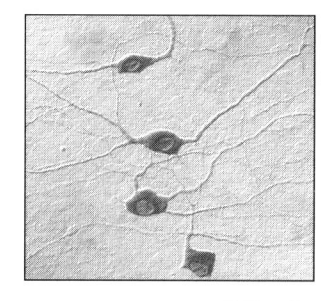

Gehirnzellen
(© B. Gähwieler)

maliger Halluzinogen-Applikationen.

Neues zur Serotonin-Hypothese veränderter Bewußtseinszustände

Die Idee, daß LSD und Psilocybin ihre psychische Wirkung durch eine Störung der serotonergen Neurotransmission verursachen könnten, ist nicht neu. GADDUM war der erste, der 1954 vermutete, daß LSD und Psilocybin aufgrund ihrer chemischen Strukturen die Bindungstelle (Rezeptoren) des körpereigenen Neurotransmitters Serotonin blockieren und dadurch Halluzinationen und psychotische Symptome auslösen könnten [12]. Diese Hypothese wurde jedoch fallen gelassen, nachdem sich herausstellte, daß andere sehr potente Serotonin-Rezeptorblocker keine Halluzinationen induzieren.

Mit der Entdeckung, daß LSD, Psilocybin und verwandte Indolhalluzinogene die serotonerge Neurotransmission nicht nur hemmen, sondern auch aktivieren, rückte die Serotonin-Hypothese veränderter und psychotischer Bewußtseinszustände seit 1988 erneut ins Zentrum der biologischen Psychosenforschung [27].

Neuere Rezeptorstudien konnten im menschlichen Gehirn mindestens 3 serotonerge Rezeptorfamilien (5-HT1, 5-HT2, 5-HT3) mit jeweils einer unterschiedlichen Anzahl von Rezeptorsubtypen (A, B, C etc.) charakterisieren. LSD und verwandte Indolhalluzinogene aktivieren die serotonergen 5-HT1A, 5-HT1D, 5-HT2A und 5-HT2C Rezeptorsubtypen. Daneben binden sie sich mit sehr geringer Affinität auch an die dopaminergen und alpha-adrenergen Rezeptoren [3, 15, 20, 25]. Trotz diesem relativ breiten Wirkspektrum, sprechen die neusten Befunde elektrophysiologischer, autoradiographischer und behavioristischer Studien dafür, dass LSD und verwandte Halluzinogene ihre psychische Wirkung über die Aktivierung der 5-HT2A (und 5-HT2C) Rezeptoren entfalten [1]. Die Ähnlichkeit der LSD-induzierten angstvollen Ich-Auflösungen mit akut schizophrenem Erleben läßt vermuten, daß natürlich ablaufende psychotische Episoden ebenfalls durch eine serotonerge Hyperakti-

---

Voraussetzungen für eine Psycho-Physiologische Synthese

- Biologische Ansätze

- EEG/ERP, MEG, PET, SPECT, funktionelles MRI: Neurochemie, Pharmakologie, Physiologie, Verhaltensforschung (Mensch und Tier)

- Psychologische und psychopathologische Ansätze

- quantitative Meßverfahren (Psychometrie): Psychologie, Psychopathologie

- computerunterunterstützte Meßverfahren: Neuropsychologie

- Integrative Konzepte: Beziehung von Psychologie und Physiologie

a) statistische Modelle:

- Regressionsmodelle (univariate, bivariate, multivariate; linear; non-linear)

b) dynamische Modelle

c) Simulationsmodelle (single process models; integrated interactive modells)

- Interdisziplinarität, multizentrische Studien

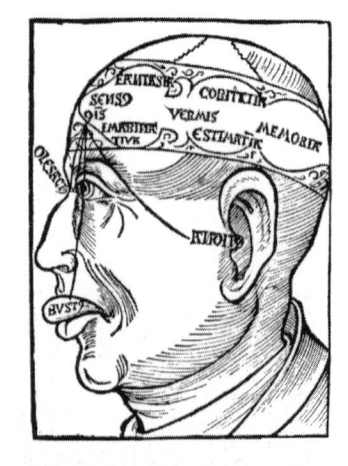

Bild einer anatomischen Gehirndarstellung aus dem Mittelalter

vität bedingt sein könnten [10]. Diese Hypothese wird durch das Rezeptorprofil neuentwickelter atypischer Neuroleptika stark unterstützt. In einer PET-Studie mit psychotischen Patienten konnte kürzlich gezeigt werden, daß atypische Neuroleptika bei klinisch wirksamer Dosierung mehr frontokortikale Serotonin 5-HT2A /C Rezeptoren, als subkortikalen Dopamin-D2 Rezeptoren blockieren [18]. Da LSD neben seinem potenten serotonergen Wirkprofil auch eine geringe Affinität für den Dopamin-D2 Rezeptor aufweist, können wir die mögliche Beteiligung der dopaminergen Neurotransmission bei der Entstehung der LSD-induzierten Symptome nicht vollständig ausschließen. Ungelöst ist auch die Frage, ob LSD das dopaminerge System auch indirekt über eine Stimulierung der serotonergen Rezeptoren aktiviert [13, 21].

Um die Rolle der serotonergen und dopaminergen Neurotransmission bei der Entstehung Indolhalluzinogen-induzierter Symptome weiter zu klären, haben wir in einer Studie gesunde Probanden vor der Verabreichung von Psilocybin mit verschiedenen selektiven Rezeptor-Antagonisten vorbehandelt [2, 16, 17, 24]. Da diese Studie noch nicht abgeschlossen ist, sind die Resultate als präliminär zu betrachten. Die vorläufige Datenanalyse zeigt jedoch jetzt schon deutlich, daß sich die normalerweise durch Psilocybin-induzierten Bewußtseinsveränderungen mit dem selektiven 5-HT2 Rezeptor Antagonist Ketanserin und dem kombinierten 5-HT2/D2 Rezeptor Antagonist Risperidon vollständig blockieren lassen, während Dopamin D2 Antagonisten eher zu einer unspezifischen Dämpfung führen. Die vollständige Unterdrückung der Psilocybin-Symptome durch den selektiven 5-HT2 Antagonisten Ketanserin erhärtet somit erstmals die Annahme einer primär serotonergen Störung in der Pathogenese der Indolhalluzinogen-induzierten Symptome beim Menschen.

Hemmung der Psilocybinwirkung durch Ketanserin und Risperidon
(mean±SD, n=5; Ketanserin = 5-HT2 Antagonist, Risperidon = 5-HT2/D2 Antagonist)

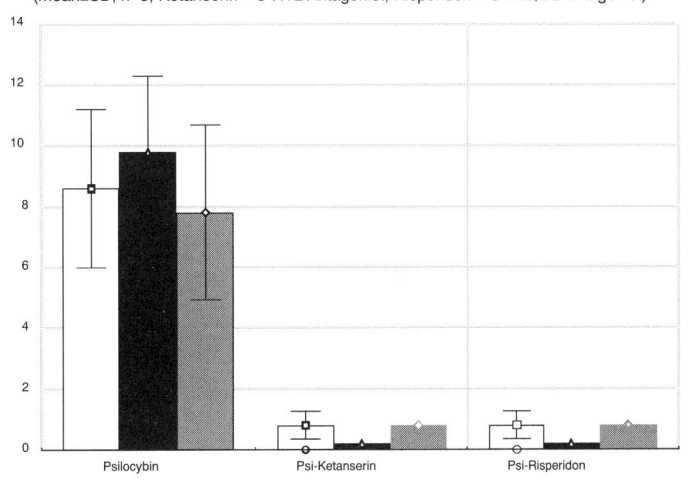

□ OSE
▲ VUS
◇ AIA

Multifaktorielle Hypothese veränderter Bewußtseinszustände

Die Möglichkeit, daß weitere sekundäre Transmitterstörungen zur Entstehung der LSD-induzierten Bewußtseinsveränderungen beitragen, läßt sich von der Beobachtung ableiten, daß Substanzen wie Ketamin und Amphetamin, die nicht primär mit dem serotonergen Neurotransmittersystem interferieren, ähnliche psychische Phänomene auslösen können [5]. Die gemeinsame Phänomenologie Halluzinogen-induzierter Bewußtseinszustände läßt vermuten, daß sie durch eine oder mehrere gemeinsame sekundäre chemische Veränderung bedingt sein dürfte.

In den folgenden Erläuterungen wird ein aktuelles Forschungskonzept zur Untersuchung neurochemischer Interaktionen und physiologischer Korrelate während veränderter Bewußtseinszustände mittels

PET scanner

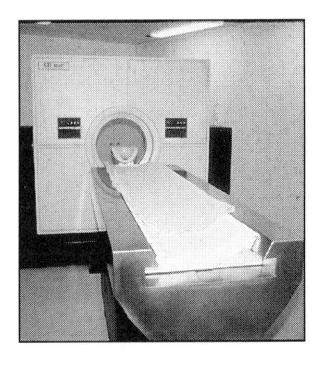

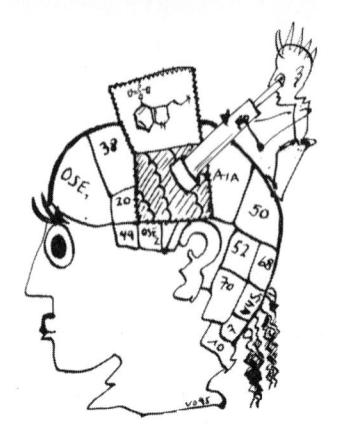

Einblick ins Gehirn
(© Vollenweider)

The Royal Albert Hall
(© Vollenweider)

PET Scan-Bilder vom Gehirn siehe
Farbtafel auf Seite 152

Positronen- Emissions- Tomograpie (PET) vorgestellt. Dabei spielen neurochemische Netzwerke, die von neurophysiologischen Modellen der psychosensorischen Informationsverarbeitung ausgehen, eine zentrale Rolle.

Bis heute sind relative wenig neurochemische Netzwerke zur Beschreibung kognitiver Hirnleistungen und pathopsychologischer Prozesse, insbesondere veränderter Ich-Bewußtseinszustände, vorgeschlagen worden. Die meisten dieser chemisch-neurophysiologischen Netzwerke (Modelle) sind im Zusammenhang mit der Schizophrenieforschung entwickelt worden. Während das ursprünglich von SWERDLOW und KOOP (1987) [28] entwickelte neurochemische Modell noch vorwiegend die Bedeutung der dopaminergen mesolimbischen Bahnen für die Entstehung psychotischer Prozesse betonte, wies CARLSSON mit seinem 1988 erstmals vorgestelltem Modell auf die Möglichkeit einer glutamaterg-dopaminergen Störung in kortiko-subkortikalen Projektionsbahnen hin [4]. 1990 erweiterte VOLLENWEIDER das von CARLSSON formulierte Psychosenmodell zum cortico-striato-thalamo-corticalen loop-Modell (CSTC-loops) [29]. Bei diesem CSTC-loop Modell spielt neben der glutamatergen und dopaminergen Neurotransmission, auch die serotonerge und GABAerge Neurotransmission eine zentrale Rolle für die Entstehung veränderter Bewusstseinszustände [30,31] (für eine Diskussion weiterer Ansätze siehe [9, 22, 23]).

CSTC-loop Modell

Das cortico-striato-thalamo-cortikale (CSTC) loop-Modell der psychosensorischen Wahrnehmungsverarbeitung geht davon aus, daß psychedelische bzw. psychotische Bewußtseinszustände auf einer veränderten bzw. fehlerhaften Interpretation von externen und internen Reizmustern beruhen. Das Prinzip dieser neuronalen Informationsverarbeitung ist, daß die über den Thalamus zum Cortex eingehende sensorische Information cortikal decodiert und über cortico-striato-thalamische Feedbackschleifen zum Thalamus zurückprojiziert und erneut in die CSTC-loops eingespeist wird. Dieser Zirkel ermöglicht einerseits

Fig.1 Cortiko-striato-thalamo-cortikale Wahrnehmungsschleifen (CSTC)

die Verhaltens- und Gedächtnisstrukturen je nach Bedeutung der eingehenden Information für das Individuum anzupassen *(reentry)*. Andererseits schützt dieser Verarbeitungsmodus das Großhirn vor externer Reizüberflutung, indem die zum Thalamus zurückprojizierte Information einen hemmenden Einfluß auf die neu eingehenden äußeren Sinnesreize ausübt (»negativer Feedback«, thalmische Filtertheorie). Mindestens fünf dieser Schleifen, die parallel verlaufen und vernetzt sind, wurden bis dahin beschrieben. Für die Bewußtseinsforschung sind vor allem die limbische und die assoziative Regelschleife von Bedeutung, die an der Integration und Interpretation von emotionaler und sensorischer Information beteiligt sind.

Zwei wichtige Neurotransmittoren dieser CSTC-loops sind *Glutamat* (Glu) und GABA (Gamma-Aminobuttersäure). Hemmung der glutamatergen cortikale und cortikostriatären Bahnen z.B. mittels Ketamin oder Stimulierung der GABAergen subcortikalen Bahnen müßte theoretisch zu einer Öffnung des thalamischen Filters und zu einer sensorischen Reizüberflutung im vorderen Bereich des Großhirns führen. Der neuronale Informationsfluß in den CSTC-loops wird durch weitere extrinsische Systeme moduliert. Die vom Hirnstamm aufsteigenden *dopaminergen* Bahnen (DA) haben dabei einen *hemmenden*, die *serotonergen* (5-HT) einen *fördernden* Einfluß auf die Aktivität verschiedener Komponenten der CSTC-loops [30]. Die direkte Aktivierung der postsynaptischen 5-HT2A Rezeptoren durch Indolhalluzinogene müßte ebenso wie eine glutamaterge Blockade durch Ketamin zu einer Öffnung des thalamischen Filters und zu einer frontokortikalen Reizüberflutung führen. Da auf diese Weise die Sinnesinformationen nicht mehr fortlaufend mit Gedächtnisspuren verglichen und damit »sinnvoll« interpretiert werden könnte, wäre eine fundamental veränderte Ich- und Umwelterfahrung zu erwarten. Das Gehirn könnte die Welt nur noch in einzelnen Bildern ohne Zusammenhang und Bedeutung-schizophren - oder als ein unermeßlich fließendes Ganzes, als einen Strom innerer Visionen, erleben.

Experimentelle Untersuchungen zum CSTC-Modell: Psilocybin und Ketamin

Ob es bei einer Hemmung der glutamatergen oder Aktivierung der serotonergen Neurotransmission tatsächlich zu einer solchen Übererregung des Frontalhirns kommt, haben wir mittels Positronen-Emissions-Tomographie (PET) untersucht [32]. Tatsächlich beobachteten wir eine Stoffwechsel-*Überaktivität* des Frontalhirns bei freiwilligen Probanden, die eine halluzinatorische Dosis von Ketamin und Psilocybin eingenommen hatten (siehe Fig.1). Eine ähnliche Hyperfrontalität konnte auch mit dem selektiven 5-HT2 Agonisten Meskalin induziert werden. Eine erhöhte frontocortikale metabolische Aktivität oder zerebrale Durchblutung konnte kürzlich auch bei akut halluzinierenden und chronisch Schizophrenen während akut psychotischen Episoden beobachtet werden [8, 11, 19]. Die Ähnlichkeit der ketamin- und psilocybin-induzierten *Hyperfrontalität* mit der metabolischen *Überaktivität* endogener Psychosen unterstützt die Bedeutung der Aufklärung der Halluzinogenwirkung für die Schizophrenieforschung. Die unterschiedlichen pharmakologischen Wirkungsmechanismen von Psilocybin und Keta-

Literatur

1 AGHAJANIAN, G.K. »LSD and phenethylamine hallucinogens: common sites of neuronal action«. In A. PLETSCHER and D. LADEWIG (Eds.), *50 Years of LSD*, The Parthenon Publishing Group, New York, 1994, pp. 27-41.

2 BOER, A.P. and SIPPRELLE, »C.N. Induced anxiety in the treatment for LSD effects«, *Psychother. Psychosom.* 17 (1969) 108-113.

3 BURRIS, K.D., BREEDING, M. and SANDER-BUSH, »E. (+)Lysergic acid diethylamide, but not its nonhallucinogenic congeners, is a potential serotonin 5HT1C receptor agonist«, *J. Pharmacol. Exp Ther.* 258 (1991) 891-896.

4 CARLSSON, A. »The current status of the dopamine hypothesis of schizophrenia«, *Neuropsychopharm.* 1 (1988) 179-186.

5 DITTRICH, A. *Ätiologie-unabhängige Strukturen veränderter Wachbewußtseinszustände*, Ferdinand Enke Verlag, Stuttgart, 1985, 1 pp.

6 DITTRICH, A., Psychological aspects of consciousness of the LSD type: measurements of their basic dimensions and prediction of individual differences. In A. PLETSCHER und D. LADEWIG (Hg.), *50 years of LSD. Current status and perspectives of halluzinogens.* Parthenon Publishing, London, 1994, pp. 101-118

7 DITTRICH, A., VON ARX, S. und STAUB, S. »International study on altered states of consciousness (ISASC). Summary of the results«, *Germ. J. Psych.* 9 (1985) 319-339.

8 EBMEIER, K.P., BLACKWOOD, D.H.R., MURRAY, C., SOUZA, V., WALKER, M., DOUGHALL, N., MOFFOOT, A.P.R., O'CARROLL, R.E. and GOODWIN, G.M. »Single-photon emission computed tomography with 99mTc-Exametazime in unmedicated schizophrenic patients«, *Biol. Psychiatry,* 33 (1993) 487-495.

9 EDELMAN, G.M. *The remembered present. A biological theory of consciousness,* Basic Books, Inc. New York, 1989, 1 pp.

10 FISCHER, R. »Selbstbeobachtungen im Meskalin-Rausch«, *Schweiz. Z. Psychol. und Anw.* 5 (1946) 308-315.

11 FRISTON, K.J., LIDDLE, P.F., FRITH, C.D., HIRSCH, S.R. und FRACKOWIAK, R.S.J. »The

left medial temporal region and schizophrenia«, *Brain*, 115 (1992) 367-382.

12 GADDUM, J.H. und HAMMEED, K.A. »Drugs which antagonize 5-Hydroxytryptamine«, *Br. J. Pharmacol.* 9 (1954) 240-248.

13 GLENNON, R.A. »Do classical hallucinogens act as 5-HT2 agonists or antagonists?« *Neuropsychopharm.* 1990 Oct-Dec; 3 (1990) 5-6.

14 LEUNER, H. *Halluzinogene: Psychische Grenzzustände in Forschung und Therapie*, Hans Huber, Bern, 1981, 1 pp.

15 MCKENNA, D.J., NAZARALI, A.J., HOFFMAN, A.J., NICHOLS, D.E., MATHIS, C.A. und SAAVEDRA, J.M. »Common receptors for hallucinogens in rat brain: a comparative autoradiographic study using [125I]LSD and [125I]DOI, a new psychotomimetic radioligand«, *Brain Res.* 476 (1989) 45-56.

16 MITTMAN, S.M. und GEYER, M.A. »Dissociation of multiple effects of acute LSD on exploratory behavior in rats by ritanse-

min weisen darauf hin, daß mehrere Transmittersysteme bei der Enstehung psychotischer Bewußtseinszustände beteiligt sind. Aufgrund der ähnlichen Aktivitätsmuster kann jedoch eine gemeinsame Endstrecke postuliert werden. Die oben postulierte Blockade der cortico-striato-thalamischen Projektionsbahnen und die daraus resultierende Störung des thalamischen Filters könnte ein solcher gemeinsamer Mechanismus sein. Dabei könnte in beiden Modell-Psychosen (Psilocybin und Ketamin) eine sekundär erhöhte dopaminerge Aktivität eine zentrale Rolle bei der Entstehung der halluzinatorischen Symptome spielen. Ob die Dopaminausschüttung in den Basalganglien unter Ketamin und Psilocybin erhöht ist, untersuchen wir zur Zeit mittels PET und dem Radioliganden 11C-Raclopride. Daß der thalamische Filter bei halluzinatorischen Bewußtseinszuständen geöffnet sein dürfte, wird durch die Hyperfrontalität und die starke metabolische Aktivitätssteigerung in den entsprechenden Komponenten des limbischen CSTC-loops (G. cingulum anterior, temporal und parietal Cortex, Thalamus) angezeigt [31]. Die Veränderung der funktionellen Beziehung des Thalamus zu seinen Projektionsgebieten kann auch durch eine einfache Korrelationsanalyse der regionalen zerebralen Glukose umsatzraten abgeschätzt werden. Dabei zeigt sich, daß die meisten Hirnregionen unter Ruhebedingungen mit ihren Projektionsgebieten funktionell eng gekoppelt sind. Die Figur 2 zeigt die Entkoppelung der thalamischen Aktivität von cortikalen Hirnregionen und den Basalganglien unter Psilocybin-Bedingungen.

Ein Ziel unserer Untersuchungen ist, die Beziehung von regionaler Hirnaktivität und psycho(patho)logischen Veränderungen zu charakterisieren. Aufgrund der relativ klei-

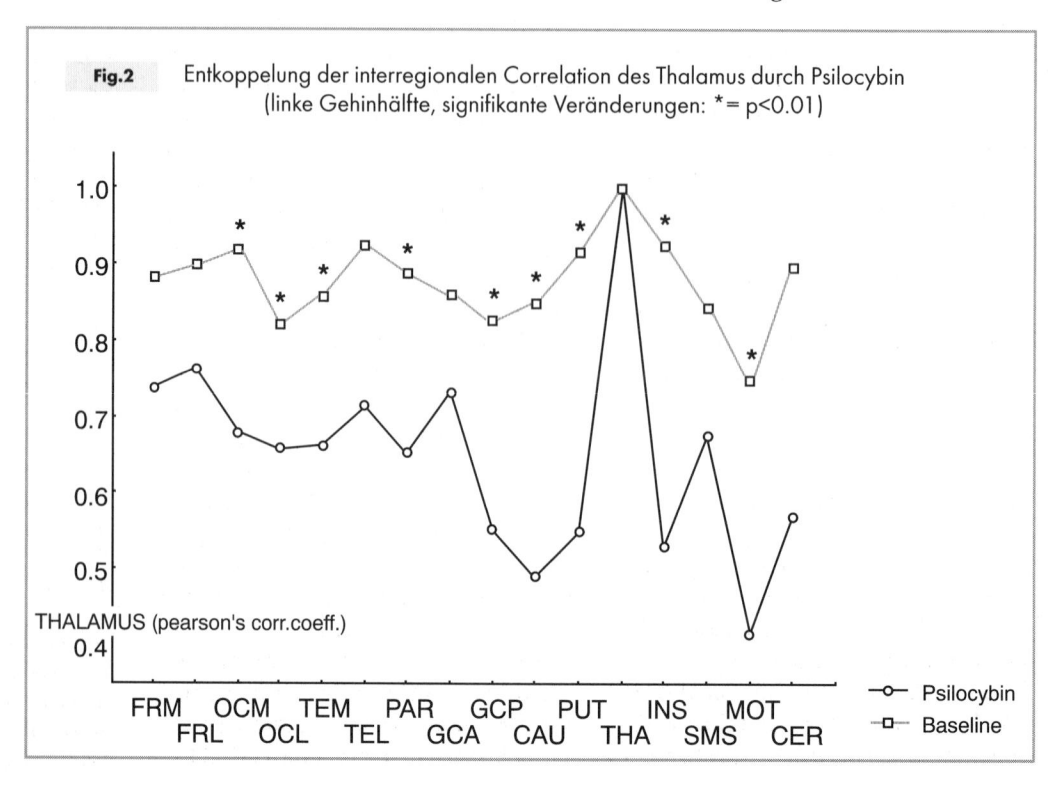

Fig.2 Entkoppelung der interregionalen Correlation des Thalamus durch Psilocybin
(linke Gehinhälfte, signifikante Veränderungen: *= p<0.01)

nen Stichproben haben wir dazu ursprünglich nur einfache univariate Korrelationsanalysen durchgeführt [31, 32]. Von den verschieden signifikanten Beziehungen, die wir zwischen psychologischen Veränderungen und regionaler Gehirnaktivität während ketamin- und psilocybininduzierten Bewußtseinszuständen gefunden haben, soll hier ein Beispiel erwähnt werden. Dabei fanden wir, daß die frontokortikale Aktivitätssteigerung positiv mit den Skalenwerten für »Ich-Demarkation« und Ich-Identitätsstörung des Ich-Psychopathologie-Inventars korrelierte [26]. Die Werte für »Ich-Identitätsstörung« korrelierten jedoch auch mit metabolischen Veränderungen bilateral im Putamen, im linken Temporallappen und G. cinguli anterior. Diese Befunde bestätigen die Annahme, daß Störungen höherer mentaler Funktionen eher mit Veränderungen eines neuronalen Netzwerkes, als mit regionalen neuronalen Veränderungen assoziiert sind. Dieser Befund wird auch durch eine preliminäre faktoranalytische Untersuchung bestätigt. Nachdem von den metabolischen PET-Daten 5 Faktoren (Hauptkomponenten) bestimmt wurden, konnte durch eine multiple Regressionsanalyse das Verhältnis der neuronalen Aktivität (Faktoren) und den Dimensionen OSE (ozeanische Entgrenzung), AIA (angstvolle Ich-Auflösung) und VUS (vionäre Umstrukturalisierung) analysiert werden (VOLLENWEIDER und DITTRICH 1995, in Vorbereitung) [7]. Ein vorläufiges Beispiel einer solchen Beziehung ist in Tabelle 2 dargestellt (n=106). Die Gleichung (2) weist darauf hin, daß mystisches Erleben - ozeanische Entgrenzung (OSE) - hauptsächlich mit Aktivitätsveränderungen im Frontalcortex, G. cinguli anterior und im Parietalkortex korreliert (Faktor 1; x1). Von sekundärer Bedeutung sind Veränderungen im visuellen Cortex (Faktor 2; x2) und in den Basalganglien (Faktor 4; x4).

Tabelle 2

Korrelation zwischen OSE und metabolischen Veränderungen im FDG-PET

$$\text{Psych} = B + \beta_1(x_1) + \beta_2(x_2) + \beta_3(x_3) + \beta_4(x_4) + \beta_5(x_5)$$
$$\text{OSE} = 6.63 + 0.91(x_1) - 0.71(x_2) + 0.4(x_3) + 0.64(x_4) + 0.17(x_5)$$

Die weitere Datenanalyse zeigt, daß auch die APZ-Subskalen »visionäre Umstrukturierung« (VUS) und »angstvolle Ich-Auflösung« (AIA) mit einem bestimmten neuronalen Aktivitätsmuster einhergehen. Da durch die verschiedenen Gleichungen die Bewußtseinszustände OSE, VUS und AIA auf ein und dasselbe neuronale Netzwerk abgebildet werden, ist offensichtlich, daß bestimmte Hirnregionen mehr oder weniger an der Verarbeitung unterschiedlicher Bewußtseinszustände beteiligt sind. Das bedeutet, daß je nach Aktivitätszustand einer Hirnregion ($f(x_1)$; z.B. des Stirnhirns) und dem Aktivitätszustand einer Anzahl weiterer Hirnregionen ($f(x_2)+f(x_3) \ldots f(x_n)$) die Bedingungen gegeben sind, daß sich ein bestimmter Bewußtseinszustand einstellen kann. Daß weiter Faktoren, z. B. Persönlichkeitsstruktur, Halluzinogen-Vorerfahrung, Set und Setting etc., das Zustandekommen dieser Bedingungen beeinflußen, ist aufgrund verschiedener Forschungsergebnisse anzunehmen [6]. Durch die weitere Aufklärung des Zusammenhangs zwischen Prädiktoren und neurobiologischen Variabeln besteht somit in Zukunft die Möglichkeit, daß be-

16 rin and propranolol«, *Psychopharmacology* (Berlin), 1991; 105 (1991) 1): 69-1): 76.

17 NIEMEGEERS, C.J., AWOUTERS, F. und JANSSEN, P.A. »Serotonin antagonism involved in the antipsychotic effect. Confirmation with ritanserine and risperidone«, *Encephale*, 16 (1990) 147-151.

18 NYBERG, S., FARDE, L., ERIKSSON, L., HALLDIN, C. und ERIKSSON, B. »5-HT2 and D2 dopamine receptor occupancy in the living human brain - A PET study with risperidone«, *Psychopharmacology* (Berlin), 110 (1993) 265-272.

19 PARELLADA, E., CATAFAU, A.M., BERNARDO, M., LOMEÑA, F., GONZÁLEZ-MONCLÚS, E. und SETOAIN, J. »Prefrontal dysfunction in young acute neuroleptic-naive schizophrenic patients: a resting and activation SPECT study«, *Psychiatry Research: Neuroimaging*, 55 (1994) 131-139.

20 PIERCE, P.A. und PEROUTKA, S.J. »Hallucinogenic drug interactions with neurotransmitter receptor binding sites in human cortex«, *Psychopharmacology* (Berlin), 97 (1989) 118-122.

21 PIERCE, P.A. und PEROUTKA, S.J. »Antagonist properties of d-LSD at 5-hydroxytryptamine2 receptors«, *Neuropsychopharm.* 1990 Oct-Dec; 3 (1990) 5-6.

22 PRIBRAM, K.H. »Holonomic brain theory«, *New Trends in Exp. Clin. Psychiat.* 5(1) (1989) 53-78.

23 PRIBRAM, K.H. »The frontal cortex - a luria/pribram rapprochement«. In E. GOLDBERG (Ed.), *Contemporary neuropsychology and the legacy of luria*, Erlbaum,L. Hillsdale, 1990, pp. 77-97.

24 SADZOT, B., BARABAN, J.M., GLENNON, R.A., LYON, R.A., LEONHARDT, S., JAN, C.R. und TITELER, M. »Hallucinogenic drug interactions at human brain 5-HT2 receptors: implications for treating LSD-induced hallucinogenesis«, *Psychopharmacology* (Berlin), 1989; 98 (1989) 4): 495-4): 499.

25 SADZOT, B., BARABAN, J.M., GLENNON, R.A., LYON, R.A., LEONHARDT, S., JAN, C.R. und TITELER, M. »Hallucinogenic drug interactions at human brain 5-HT2 receptors: implications for treating LSD-induced hallucinogenesis«, *Psychopharmacology* (Berlin), 98 (1989) 495-499.

26 SCHARFETTER, C. *The self-experience of shizophrenics. Empirical studies of the ego/self in shizophrenia, borderline disorders and depression.* Private Publication, Zürich, 1995, 1pp.

27 SEDVALL, G. »Monoamines and schizophrenia«, *Acta Psychiatr. Scand. Suppl.* 1990; 358: 7-13 (1990)-13.

28 SWERDLOW, N.R. und KOOB, G.F. »Dopamine, schizophrenia, mania, and depression: Toward a unified hypothesis of cortico-striato-pallido-thalamic function«. *Behav. Brain Sci.* 10 (1987) 197-245.

29 VOLLENWEIDER, F.X. »Der Einsatz von PET (Positronen-Emissions-Tomographie) zum Studium neuronaler Aktivität während veränderter Bewußtseinszustände«. In H. LEUNER und M. SCHLICHTING (Hg.), *Jahrbuch des Europäischen Collegiums für Bewußtseinsstudien 1992*, VWB - Verlag für Wissenschaft und Bildung, Berlin, 1992, pp. 33-52.

30 VOLLENWEIDER, F.X. »Kortiko-Subkortikale Dysbalance während Ketamin- und Psilocybin-induzierten Bewusstseinszuständen«. In A. DITTRICH, A. HOFMANN und H. LEUNER (Hg.), *Welten des Bewußtseins*. Band 3: Experimentelle Psychologie, Neurobiologie und Chemie, VWB - Verlag für Wissenschaft und Bildung, Berlin, 1994,

31 VOLLENWEIDER, F.X. »Evidence for a cortical-subcortical dysbalance of sensory information processing during altered states of consciousness using PET and FDG«. In A. PLETSCHER und D. LADEWIG (Eds.), *50 Years of LSD: State of the Art and Perspectives of Hallucinogens*. Symposium of the Swiss Academie of Medical Sciences, October 21-22,1993, Lugano-Agno, Switzerland, Parthenon Publishing, London, 1994, pp. 67-86.

32 VOLLENWEIDER, F.X., SCHARFETTER, C., LEENDERS, K.L. und ANGST, J. »Disturbance of serotonergic or glutamatergic neurotransmission results in hyperfrontality as measured by PET and FDG in acute human model psychoses«, *European Neuropsychopharmacology*, (1994) 367.

Kultur von *Psilocybe mexicana* – erkennbar an den Sombrero-Hüten – im Labor von ALBERT HOFMANN
(Foto: A. Brack)

stimmte Voraussagen über den Bewußtseinszustand, der sich nach Einnahme eines Halluzinogens entfalten wird, gemacht werden können.

Der Stand der aktuellen Halluzinogenforschung mittels PET weist auf eine vielversprechende Perspektive hin. Die Aufklärung der chemisch-physiologischen Wirkmechanismen der Halluzinogene läßt hoffen, vertieft Einsicht in die funktionelle Organisation höherer Hirnleistungen und der Sinneswahrnehmung zu erhalten.

Unsere aktuellen Resultate weisen darauf hin, daß sich mystisch-ozeanische Bewußtseinszustände (OSE) von mehr schizophrenieartigen Bewußteinszuständen (AIA) biologisch unterscheiden lassen. Die Möglichkeit, daß psilocybin-induzierte Bewußtseinszustände mit einem spezifischen Blocker vollständig gehemmt werden können, ist nicht nur für die biologische Psychosenforschung von besonderer Bedeutung, sondern dürfte auch der psilocybin-unterstützten Psychotherapie neue Perspektiven eröffnen.

Danksagung

Ich möchte Prof. Dr. D. Hell, Direktor der Psychiatrischen Universitätsklinik Zürich, für die großzügige Unterstützung meiner Forschungsarbeiten sehr danken. Ein besonderer Dank gilt auch den Professoren J. Angst und C. Scharfetter, die in den letzten Jahren wesentlich zur Entwicklung meines Forschungsansatzes beigetragen haben.

Torsten Passie
Psilocybin in der Psychotherapie*

Die Verwendung von Halluzinogenen oder auch als »Psycholytika« (SANDISON) bezeichneten Substanzen, wie Meskalin und LSD, im Rahmen moderner psychotherapeutischer Verfahren reicht bis in die fünfziger Jahre zurück und wurde zunächst hauptsächlich von der Verwendung des LSD geprägt (vgl. ABRAMSON 1960; 1967). Erst zu Beginn der sechziger Jahre wurde das kurz zuvor entdeckte und synthetisierte Psilocybin (4-phosphoryloxy-N,N-dimethyltryptamin) (HOFMANN et al. 1958; 1959) unter dem Namen *Indocybin* Sandoz in diese Verfahren einbezogen. Das praktisch nur in Europa verwendete Psilocybin wurde vor allem als Hilfsmittel zur Aktivierung unbewußten Materials im Rahmen tiefenpsychologischer Behandlungen eingesetzt (»Psycholyse«). Dieses Verfahren nutzt die Eigenschaft halluzinogener Substanzen einen traumartigen Erlebnisfluß bei klarem Bewußtsein und gutem Erinnerungsvermögen zu erzeugen. In diesem können unbewußte Konflikte und Erinnerungen aktiviert und psychotherapeutischer Durcharbeitung zugänglich gemacht werden. Aber nicht die pharmakologischen Effekte selbst erzeugen eine therapeutische Wirkung, sondern vielmehr erst die langfristige therapeutische Durcharbeitung des freigelegten Materials. Mittels der pharmakologisch induzierten traumartigen Erlebnisveränderung konnten sogar vordem als therapieresistent erachtete Patientengruppen mit gutem Erfolg psychotherapeutisch behandelt werden. Das Psilocybin und sein kurzwirkendes Derivat CZ 74 (4-hydroxy-N-diäthyltryptamin) (HOFMANN 1959; LEUNER et al. 1965; BAER 1967a,b) zeichnen sich – nach übereinstimmenden Beobachtungen der Autoren – durch Eigenschaften wie kurze Wirkungsdauer, geringe neurovegetative Nebenwirkungen, wenig Depersonalisationserleben, seltene Angstprovokation sowie eine stabil positive Tönung des affektiven Erlebens aus. Da es somit einen schonenderen und besser steuerbaren Rauschablauf als das vorher dominierende LSD bietet, erscheint es als Mittel der Wahl für zukünftige Arbeiten mit der psycholytischen Therapie (vgl. LEUNER 1968, 1981). Bezüglich ihres Einsatzes in der Psychotherapie werden vier Verfahrensweisen dargestellt, mit denen etwa 1500 Patienten behandelt wurden. In der Diskussion werden Similaritäten und Differenzen von traditionellen und modernen Anwendungsformen herausgearbeitet.

Frühgeschichte des Psilocybingebrauches

In dem Monumentalwerk des spanischen Franziskanerpaters BERNHARDINO DE SAHAGÚN aus dem Jahre 1598 mit dem Titel *Historia general de las cosas de Nueva Espana* finden sich Beschreibungen von Eingeborenen der neuen Welt, die während religiöser Feste bestimmte berauschende Pilze zu sich nahmen. Diese Rituale erschienen den inquisitorischen Geistlichen der alten Welt als Teufelswerk. Die Eingeborenen vernahmen dagegen in der Wirkung der Pilze eine direkte Wirkung Gottes und bezeichneten ihn von daher als *Teonanacatl*, den »göttlichen Pilz« (WASSON 1958). In der gleichen Quelle finden sich Hinweise, daß die Pilze nicht nur zu religiösen Festen, sondern auch von Medizinmännern im Rahmen von Heilbehandlungen verwendet wurden. Die Einnahme der Pilze verlieh ihnen demnach gewisse seherische Kräfte, die es ihnen ermöglichten, sowohl die Ursachen von Krankheiten zu erkennen als auch Wege zu ihrer Heilung zu wei-

Dr.med. Torsten Passie, geboren 1961, studierte Philosophie, Soziologie und Medizin. Er unternahm mehrere Studienreisen nach Mexiko und Guatemala. Seine Arbeitsschwerpunkte und Publikationen liegen auf den Gebieten: Phänomenologische Psychiatrie, Taxonomie der Bewußtseinszustände, Psycholytische Therapie und Schamanismus (u.a. »Ausrichtungen, Methoden und Ergebnisse früher Meskalinforschungen«, Kommentierte Bibliographie zum Schamanismus, Phänomenologisch-anthropologische Psychiatrie und Psychologie).

*Vom Autor bearbeiteter Auszug aus dem Artikel »Psilocybin in der westlichen Psychotherapie«, erschienen in *Curare* 18(1): 131-152, 1995.

[1] Malitz et al. 1960; Hollister 1961; Heimann 1961; Sercl et al. 1961; Rinkel et al. 1961; Nieto Gomez 1962; Leuner 1962ff; Aguilar 1963; Perez de Francisco 1964; Reda et al. 1964; Keeler 1965; Metzner et al. 1963; 1965; Da Fonseca et al. 1965; Steinegger et al. 1966; Flores 1966; Dubansky et al. 1967a,b; Fischer et al. 1970.

»Ein mexikanischer Indianer, der aus den Händen des Heilpriesters den sakralen Pilz Teonanacatl empfängt, wird etwas vollkommen anderes erwarten und erleben – und wird vor allem sein Erlebnis auch ganz anders deuten – als ein europäischer oder amerikanischer Psychiater, der dieselbe Substanz (also Psilocybin) entweder im Selbstversuch benützt, um durch eine 'Modellpsychose' Einblick in die Innenwelt gewisser Schizophrener zu gewinnen, oder aber sie einem Patienten verabreicht, um mittels einer solchen 'Psycholyse' verdrängte Erlebnisinhalte rascher zutage zu fördern.
Deshalb: es gibt keinen Rausch und kein Rauschmittel, über die als solche ein Urteil gefällt werden könnte.«
RUDOLF GELPKE
Vom Rausch im Orient und Okzident
(1995II: 165)

sen. Im Rahmen derartiger schamanistischer Heilbehandlungen werden sowohl psychologische als auch soziale Konfliktsituationen der Patienten behandelt. Die therapeutischen Sitzungen vollziehen sich meist in Gegenwart auch von Verwandten des Patienten, die selektiv in den Verlauf der Behandlungszeremonie einbezogen werden. Die Pilze werden dabei oft auch alleine vom Heiler zu diagnostischen Zwecken gegessen. Aber auch die gemeinsame Einnahme mit dem Patienten sowie gelegentlich auch mit anwesenden Verwandten scheint recht häufig vorzukommen. Letzeres geschieht, um nicht nur Charakter und Ursachen der Erkrankung zu diagnostizieren, sondern die Sensibilisierung im veränderten Bewußtsein zugleich für heilerische Katharsis und Beeinflussung zu nutzen (WASSON 1980; PASSIE 1985, 1987). Durch die Einbeziehung von Familienangehörigen und Verwandten gewinnt das Geschehen außerdem wichtige psychodramatische Akzente. Die ersten modernen psychopharmakologischen Untersuchungen des Psilocybins wurden schon in den Jahren 1958 bis 1960 vorgelegt (DELAY et al. 1959a,c; RÜMMELE 1959; QUETIN 1960). Berichtet wurde über ein den bekannten Halluzinogenen LSD und Meskalin nahestehendes Wirkungsbild mit traumartigen Erlebnisabwandlungen, Steigerungen des sensorischen Erlebens bis zu Illusionen und Pseudohalluzinationen, ausgeprägter Introversionsneigung, Synästhesien, Veränderungen des Raum-, Zeit- und Körpererlebens, Depersonalisationserscheinungen sowie einer unspezifischen Verstärkung affektiver Qualitäten. Besonders erwähnt wird von den Autoren das häufig auftretende lebhafte Wiedererleben affektbesetzter Erinnerungen mit ausgeprägter emotionaler Beteiligung, welches besonders prägnant bei neurotischen Versuchspersonen beobachtet werden konnte (DELAY et al. 1959b,c;; 1961; 1963; QUETIN 1960). Während der sechziger Jahren folgten Untersuchungen unter verschiedenen Gesichtspunkten durch Forscher unterschiedlicher Nationalität (mit z.T. erheblichen Probandenzahlen [LEARY 1961ff.; SALGUEIRO 1964]). Diese konnten die oben geschilderten psychopharmakologischen Wirkungen, die gute Steuerbarkeit des Rauschzustandes und die physiologische Ungefährlichkeit des Psilocybins bestätigen[1].

Klinisch-psychotherapeutische Ansätze

Im Zusammenhang mit umfangreichen Forschungen zu halluzinogenen Substanzen in der ersten Hälfte des 20. Jahrhunderts, insbesondere dem Meskalin (vgl. PASSIE 1995a), wurde schon auf die Tatsache ihrer langtradierten Anwendung in indigenen Heilungsritualen des mittel- und südamerikanischen Raumes hingewiesen (BERINGER 1927; LABARRE 1938). Insofern lag es nahe, ihre Brauchbarkeit zur Unterstützung psychotherapeutischer Behandlungen zu prüfen. Doch erst Experimente mit dem 1943 entdeckten hochwirksamen Halluzinogen LSD (STOLL 1947) gaben den Anstoß, diese Substanzen bei der Psychotherapie neurotisch erkrankter Patienten anzuwenden.

Erste explorative Behandlungsversuche führten BUSCH et al. (1950) und – im Kontext des psychoanalytischen Verfahrens – FREDERKING (1953/54; 1954) durch. Vor allem aber wurde man durch die von der englischen Gruppe um SANDISON et al. (1954ff.) berichteten Zustandsbesserungen neurotischer Patienten nach einmaliger LSD-Verabreichung auf das Potential dieser Substanzen zur Förderung psychotherapeutischer Behandlungen aufmerksam.

Zunächst hatten einige Forscher einen pharmakologischen Effekt für die therapeutische Wirkung verantwortlich gemacht. Es wurde aber schnell deutlich, daß es sich bei den beobachteten Besserungen keineswegs um pharmakologisch induzierte Veränderungen handelte, sondern die hervorgerufenen Erlebnisse sich ohne Einbindung in eine längerfristige psychotherapeutische Behandlung wenig ergiebig strukturierten und zudem schnell verflüchtigten. Letztlich wurde den beteiligten Forschern immer klarer, daß es sich bei diesen Substanzen nur um *Hilfsmittel zur Förderung unbewußten Materials und vertiefter Selbsteinsicht im Kontext aufdeckender psychotherapeutischer Verfahren* handeln kann.

Eine Brauchbarkeit zur Unterstützung von Psychotherapie besitzen Psycholytika wie LSD und Psilocybin durch ihre Eigenschaft, einen traumartigen Erlebnisfluß bei weitgehend klarem Bewußtsein und gutem Erinnerungsvermögen hervorzurufen. In diesem können vordem verdrängte unbewußte Konflikte und Erinnerungen aktiviert und lebhaft wiedererlebt werden, was sie psychotherapeutischer Durcharbeitung zugänglich macht. Unter der psychischen Aktivierung kann außerdem eine Lockerung psychischer Abwehrmechanismen und eine Begünstigung psychotherapeutisch wertvoller regressiver Erlebnisweisen (»Altersregression«) beobachtet werden. Unter ihrer Wirkung kommt es zu einer Freilegung von Emotionen und Affekten, was sowohl vergangene als auch aktuelle Gefühlsbeziehungen deutlicher erlebbar werden läßt. Auch die Übertragungsbeziehung erfährt eine Intensivierung, die bis zu illusionären Gesichts- und Gestaltverkennungen des Arztes gehen kann. Dem Patienten wird dadurch mit aller Deutlichkeit der projektive Charakter der infantilen Übertragungsbeziehung und ihr störender Einfluß vor Augen geführt. Weiteres Kennzeichen des Erlebens unter geringen Dosen von Psycholytika ist eine eigentümliche Distanz mit der der Erlebende bzw. ein »reflektierender Ich-Rest« (LEUNER) dem veränderten Erleben gegenüberzustehen vermag. Dies garantiert die stete Einsicht des Patienten in den artifiziellen Ursprung seiner Erlebnis- veränderungen. Außerdem gelingt es ihm aus einer Beobachterperspektive, nach dem Prinzip eines Weitwinkelobjektives, weit auseinanderliegende innerseelische Fakten wie Reminesenzen, menschliche Gefühlsbeziehungen oder fehlerhafte charakterliche Einstellungen miteinander in Sinnzusammenhang zu bringen. Dabei sind mehrere Bewußtseinsbereiche gleichzeitig angesprochen, so daß eine breite Integration unbewußten Materials gelingt. Der Betreffende kann so eine Fülle introspektiver Einsichten in neurotische Fehlhaltungen gewinnen. Deren Überzeugungscharakter ist durch die ausgeprägte emotionale Beteiligung ausgesprochen gut, so daß der therapeutische Prozeß beträchtlich intensiviert, beschleunigt und zugleich vertieft wird. Aufgrund der genannten Wirkungen erschien einer nicht geringen Zahl von Therapeuten mittels der psycholytischen Methode eine Erweiterung des Indikationsspektrums der Psychotherapie auch auf vordem für unbehandelbar erachtete schwere und chronifizierte Neurosen möglich. Die meisten Patienten dieser Gruppe sind gekennzeichnet durch rigide

»Die Totalsynthese von Psilocybin und Psilocin, also ihre künstliche Herstellung ohne Zuhilfenahme des Pilzes, konnte zu einem technischen Verfahren ausgearbeitet werden, das erlaubt, diese Stoffe in großem Maßstab zu produzieren. Ihre synthetische Gewinnung ist rationeller und billiger als die Extraktion aus den Pilzen. Mit der Isolierung und Synthese der wirksamen Prinzipien war die Entzauberung der Zauberpilze vollzogen. Die Stoffe, deren wunderbare Wirkungen die Indianer über Jahrtausende glauben ließ, ein Gott wohne im Pilz, sind in ihrer chemischen Struktur aufgeklärt und können im Glaskolben künstlich hergestellt werden.«
ALBERT HOFMANN
LSD – Mein Sorgenkind
(1979: 132f.)

»Mit unserem ganzen modernen Wissen brauchen wir die göttlichen Pilze vielleicht nicht mehr. Oder brauchen wir sie mehr als je zuvor? Einige entsetzt es, daß sogar der Schlüssel zur Religion auf eine einfache Droge reduziert sein könnte. Auf der anderen Seite ist die Droge so geheimnisvoll, wie sie es schon immer war: 'Wie der Wind kommt sie, wir wissen weder woher, noch warum'.«
JONATHAN OTT
Ayahuasca Analoge
(1995: 110)

Abwehr- und Verdrängungsmechanismen, mangelnde zwischenmenschliche Beziehungsfähigkeit und eine Unfähigkeit unbewußtes Material durch die üblichen Methoden der »freien Assoziation«, das Traumleben usw. hervorzubringen. Eine aufdeckende psychotherapeutische Behandlung ist von daher stark behindert bzw. unmöglich. In der durch Psycholytika anregbaren traumartigen Erlebnisveränderung erkannten deshalb viele Psychotherapeuten ein probates Mittel, um auch diese schwierige Klientel erfolgreich psychotherapeutisch zu behandeln (ARENDSEN HEIN 1963). Im Laufe der folgenden zehn Jahre wurde die Anwendung von Halluzinogenen in der Psychotherapie schwer behandelbarer neurotischer Störungen durch Forscher verschiedener Nationalität geprüft, weiterentwickelt und als klinisches Verfahren etabliert[2]. Vor der Einführung des Psilocybins in die klinische Praxis dominierte der Einsatz von LSD bei diesem Verfahren. Die ersten Experimente zur psychotherapeutischen Verwendung des Psilocybins datieren schon aus den ersten Jahren nach seiner Entdeckung und synthetischen Reindarstellung 1958-61. Zuerst wurde nur die einfache psychopharmakologische Wirkung auf einzelne neurotische Patienten – ohne psychotherapeutische Vorbereitung und Nachbearbeitung der Erlebnisse – untersucht[3]. Die genannten Autoren konnten eine lösende Wirkung auf die innerpsychischen Abwehrstrukturen, eine erleichterte Zugänglichkeit affektbesetzter Erinnerungen sowie deren lebhaftes Wiedererleben im traumartig veränderten Bewußtsein beobachten. Als Vorteile des Psilocybins gegenüber dem LSD wurden die kürzere Wirkungsdauer, weniger neurovegetative Nebenwirkungen, geringere Neigung zu Depersonalisationserlebnissen, eine stabilere positive Tönung des Erlebens und eine geringere Bedräng- nis beim Wiedererleben von Konflikten und traumatischem Material beschrieben. Dies lasse das Erleben unter Psilocybin insgesamt schonender und weniger konfrontativ verlaufen als beim LSD. Erste Behandlungen mit Psilocybin im psycholytischen Setting berichtete HANSCARL LEUNER (BAROLIN 1961: 468; LEUNER 1962), der mit seiner Arbeitsgruppe an der Göttinger Universitätsklinik bis in die achtziger Jahre mehr als 150 neurotische Patienten mit Psilocybin bzw. seinem kurzwirkenden Derivat CZ 74 behandelte (LEUNER 1981, 1987, 1995; FERNANDEZ CERDENO et al. 1967a,b). Sollen die psychotherapeutischen Anwendungsformen des Psilocybins beschrieben werden, so bietet sich bei Durchsicht der Literatur eine Unterteilung der Verfahrensweisen nach Therapiesetting und therapeutischer Vorgehensweise bzw. Intention an:

A. Psychoanalytische Individualtherapie mit eingeschobenen ambulanten oder stationären psycholytischen Einzelsitzungen und deren Nachbearbeitung im konventionellen psychoanalytischen Einzelsetting.

B. Ambulante oder stationäre psychoanalytische Individualtherapie mit regelmäßigen psycholytischen Einzelsitzungen im stationären Setting und gruppentherapeutischer Nachbereitung des Erlebten (Variante: »stationäre Intervallbehandlung«).

C. Tiefenpsychologische Gruppentherapien mit eingestreuten psycholytischen Gruppensitzungen und anschließender Durcharbeitung in der Gruppe.

D. Gruppentherapeutische Vorbereitung und (hochdosierte) Verabrei-

---

[2] Vgl. z.B. SANDISON et al. 1954ff.; LEUNER 1962ff.; LING et al. 1963; HAUSNER et al. 1963ff.; GROF 1967ff.; vgl. auch ABRAMSON 1960, 1967; PASSIE 1995b.

[3] Vgl. DELAY et al. 1959ff.; VERNET 1960; QUETIN 1960; DAVID et al. 1961; DUCHE 1961, SERCL et al. 1961.

chung der Substanzen im supportiven stationären Gruppensetting mit »psychedelischer« Methodik und Zielsetzung, d.h. einzelnen erlebnisintensiven Sitzungen von persönlichkeitswandelnder Wirkung.

Zu A.: Es handelt sich hierbei um die in erster Linie von SANDISON et al. (1954ff.), LEUNER (1959ff.), HAUSNER et al. (1963ff.), LING et al. (1963) und GROF (1967ff.) bis zur klinischen Anwendungsreife entwickelte Methode der Anwendung von psycholytischen Substanzen im Verlauf von psychotherapeutischen Einzelbehandlungen. Den Rahmen dieses 1960 von SANDISON erstmals als »Psycholyse« bezeichneten Verfahrens (vgl. BAROLIN 1961: 468) bildet die psychoanalytische Einzelbehandlung mit zusätzlichen wöchentlichen bis monatlichen psycholytischen Sitzungen. Die Erlebnisse aus den psycholytischen Sitzungen werden dann in drogenfreien Zwischensitzungen anhand von Protokollen und Erinnerungen durchgearbeitet. Fast immer geht den ersten psycholytischen Sitzungen eine mehrmonatige psychoanalytische Vorbehandlung voraus. Zur Anwendung kommen bei diesem Verfahren niedrige Dosen von Psilocybin (3-15 mg) bzw. seinem kürzerwirkenden Derivat CZ 74 (5-20 mg) oder LSD (50-150 µg). In den ersten Sitzungen wird mit einer Schwellendosis begonnen und sukzessive bis auf jene Dosis gesteigert, bei welcher der Patient die produktivsten Erlebnisverläufe zeigt. Bei adäquater Dosierung solle das psychodynamische Erlebnismaterial sowie eine Intensivierung der Übertragungsbeziehung im Vordergrund stehen. Während der Sitzungen bietet die permanente Anwesenheit des Therapeuten bzw. eines sogenannten Hilfstherapeuten (meist eine speziell geschulte Schwester) schützenden Beistand, ohne jedoch interpretierend in den Erlebnisverlauf einzugreifen. Gelegentliche Besuche des behandelnden Arztes ergänzen die Betreuung. Die Rahmenbedingungen der Sitzungen sind darauf angelegt, daß sich der Patient möglichst unbefangen den auftauchenden Erlebnissen hingeben kann. Deren Interpretation und psychotherapeutische Aufarbeitung bleibt den drogenfreien Zwischensitzungen vorbehalten. Zur diskreten Stimulation des Erlebens wird von fast allen Autoren eine Abdunkelung des Behandlungsraumes und das Abspielen von leiser Musik empfohlen. Mittels dieser Methodik bei der Anwendung von Psilocybin wurden in den sechziger Jahren Behandlungserfolge bei mehreren hundert neurotischen Patienten berichtet[4].

Als geeignete Hauptindikationen werden von den Autoren Charakter-, Angst- und Zwangsneurosen, neurotische und reaktive Depressionen, Perversionen und Sexualneurosen angegeben. Kontraindikationen stellen dagegen hysteriforme Neurosen, Psychosen, Borderline-Fälle sowie konstitutionell infantile und Ichschwache Personen dar.

[4] Siehe FONTANA 1961; HEIMANN 1962; LEUNER 1962ff.; ALHADEFF 1963a, 1963b; HAUSNER et al. 1963ff.; STEVENIN et al. 1962; GNIRSS 1963, 1965; KRISTENSEN 1963; GEERT JÖRGENSEN et al. 1964, 1968; MASSONI et al. 1964; CWYNAR et al. 1966; DERBOLOWSKY 1966; JOHNSEN 1967; FERNANDEZ CERDENO et al. 1967a; CLARK 1967/68; BERENDES 1979/80

Psycholytische Behandlung durch Hanscarl Leuner, assistiert von Torsten Passie

Rudolf Gelpke über ein Experiment mit 10 mg Psilocybin (am 6.4.1962):
»Zugleich versank ich nach innen; es war ein absoluter Höhepunkt: ein Glücksgefühl durchdrang mich, eine wunschlose Seligkeit – ich befand mich hinter meinen geschlossenen Lidern in einem Hohlraum voll ziegelroter Ornamente und zugleich im 'Weltmittelpunkt der vollkommenen Windstille'. Ich wußte: alles war gut – der Grund und Ursprung von allem war gut. Aber ich begriff im gleichen Augenblick auch das Leiden und den Ekel, die Mißstimmungen und Mißverständnisse des 'gewöhnlichen Lebens': dort ist man nie 'ganz', sondern zerteilt, zerhackt und zerspalten in die winzigen Scherben der Sekunden, Minuten, Stunden, Tage, Wochen und Jahre; man ist dort ein Sklave des Molochs Zeit, der einen stückchenweise auffrißt; man ist zu Stammeln, Stümperei und Stückwerk verdammt; man muß das Vollkommene, und Absolute, das Zugleich aller Dinge, den Ewigen Nu des Goldenen Zeitalters, diesen Urgrund des Seins – der doch schon immer bestand und immer bestehen wird – 'dort', im Alltag des Menschseins, als einen tief in der Seele begrabenen Qualstachel, als ein Mahnmal nie erfüllenden Anspruches, als eine Fata Morgana von verlorenem und verheißendem Paradies, mit dahinschleppen durch diesen Fiebertraum 'Gegenwart' aus einer verdämmernden 'Vergangenheit' in eine umnebelte 'Zukunft'. Ich begriff es. Dieser Rausch war ein Weltraumflug nicht des äußeren, sondern des inneren Menschen und ich erlebte die Wirklichkeit einen Augenblick von einem Standort aus, der irgendwo jenseits der Schwerkraft der Zeit liegt.– «
(GELPKE 1962: 395)

Zu B.: Diese Verfahrensweise wurde zunächst von SANDISON et al. (1954ff.) entwickelt und an einer größeren Zahl von Patienten unter Verwendung von LSD erprobt. Die weitere Etablierung der Methodik – bei hauptsächlicher Verwendung von Psilocybin – wurde während der sechziger Jahre von psychoanalytisch orientierten Therapeuten wie FONTANA (1961ff.), DERBOLOWSKY (1966), HAUSNER et al. (1963ff.), GEERT JÖRGENSEN et al. (1964ff.), GNIRSS (1965), JOHNSEN (1967), ALNAES (1965) und vor allem LEUNER (1962ff.) geleistet. Im wesentlichen folgt auch dieses Verfahren den unter A. beschriebenen Prämissen. Auch hier werden die in wöchentlichen bis monatlichen Abständen vom Therapeuten bzw. Hilfstherapeuten begleiteten psycholytischen Einzelsitzungen in einen tiefenpsychologischen Behandlungsrahmen integriert. Zur Abwicklung der Sitzungen werden die Patienten für mehrere Tage in einer Klinik bzw. Tagesklinik aufgenommen. Unterschiede zu der unter A. beschriebenen Verfahrensweise bestehen vor allem darin, daß die Patienten jeweils im Vorfeld und direkt im Anschluß an die parallel in separaten Einzelzimmern stattfindenden psycholytischen Sitzungen zur tiefenpsychologischen Interpretation und Durcharbeitung in einer Gruppensitzung zusammenkommen. Hierbei kann der sensibilisierte psychische Zustand während der abklingenden Wirkung und die Aufgeschlossenheit unter dem Eindruck des in der Sitzung Erlebten für die Nachbearbeitung des aktivierten Materials genutzt werden. Im Anschluß daran wird meist eine Möglichkeit zur Gestaltungstherapie (Malen, Formen von Tonmasse u.a.) geboten, wo die Patienten ihren Erlebnissen künstlerischen Ausdruck verleihen können.

Am nächsten Tag finden nochmals einzel- und gruppentherapeutische Sitzungen statt, um die weitere Integration des Erlebten zu fördern. Eine bewährte Variante dieses Verfahrens stellt die von LEUNER (1963ff.), DERBOLOWSKY (1966), FONTANA (1961, 1963), GEERT JÖRGENSEN et al. (1964ff.), ALNAES (1965) und JOHNSEN (1967) benutzte Methode der »stationären Intervallbehandlung« dar. Hierbei werden 5-6 Patienten, die sonst ambulant in psychoanalytischen Einzeltherapien behandelt werden, in regelmäßigen Abständen für nur 2-3 Tage zur stationären Aufnahme einbestellt und nach dem oben skizzierten Verfahren behandelt. Dieses Vorgehen vereinigt die Vorteile einer längerfristigen ambulanten Psychotherapie mit den Möglichkeiten einer Intensivierung und Vertiefung durch psycholytische Sitzungen. Außerdem wird die Sicherheit des Verfahrens durch die gute Überwachungsmöglichkeit während und nach den Sitzungen erhöht.

Zu C.: Die Anwendung von Psilocybin und LSD in tiefenpsychologischen Gruppentherapiesitzungen hat vor allem FONTANA (1961, 1963) an mehr als 240 Patienten erprobt. Nachdem eine feste Gruppe von 7-8 Patienten über mehrere Monate 1-2x wöchentlich gruppentherapeutisch gearbeitet hat, wird ihnen die Durchführung von gelegentlichen psycholytischen Gruppensitzungen vorgeschlagen. Zu den Sitzungen kommen die Teilnehmer in einer geeigneten Klinik zusammen und erhalten eine niedrige Dosis Psilocybin (8-12 mg) oder LSD (50-150 µg). Ohne das eine Gruppeninteraktion gefordert wäre, soll sich jeder Teilnehmer möglichst unbefangen dem eigenen Erleben hingeben. Allein ihren Bedürfnissen gemäß sollen die

Teilnehmer miteinander in Kontakt treten. Als Sitzungsbegleiter fungieren der jeweilige Gruppentherapeut und ein zusätzlicher Co-Therapeut, der aber nur bei auftauchenden Problemen in das Geschehen einzugreifen hat. Mit einer ähnlichen Methode arbeiteten in jüngster Zeit auch die Schweizer Psycholyse-Therapeuten SAMUEL WIDMER und JURAI STYK (BENZ 1989; STYK 1994; GASSER 1995). Besondere Vorteile des Verfahrens sehen die Anwender in der gruppendynamischen Aktivierung und Intensivierung von Übertragungsphänomenen und einem dem Patienten ermöglichten Beobachten und Verstehen eigener Abwehrmechanismen. Außerdem biete die Gruppe dem Einzelnen eine tragende Struktur und vermindere Ängste und Isolation. FONTANA (1963: 944) beschreibt die Dynamik einer sorgfältig vorbereiteten psycholytischen Gruppensitzung als »... *comparable with that of a musical group, in that the melodies and rythms of each one serve to form a collective rythm and a complete melody not interfering with the individual melodies*«. Trotz der in Gruppensituationen besonders intensivierten Übertragungsreaktionen seien – bei sorgfältiger Vorbereitung – während solcher Sitzungen keine Steuerungsschwierigkeiten aufgetreten. Die von JOHNSEN (1964) berichteten Schwierigkeiten bei der Gruppenapplikation von Psycholytika: gesteigerte Konfusion der Gruppendynamik und Beeinträchtigung des Selbsterlebens beim einzelnen Patienten, sind wohl eher auf die simple Übertragung gruppentherapeutischer Interaktionsanforderungen auf psycholytische Sitzungen zurückzuführen. Eine Nachbearbeitung der Erlebnisse aus den Sitzungen findet im Gruppenrahmen und, wenn erforderlich, auch in Einzelgesprächen statt. FONTANA (1963: 944) sieht die speziellen Indikationen für eine derartige Gruppenbehandlung bei Charakterneurosen (Verdeutlichung sonst ich- synton erlebter Abwehrmechanismen), bei Hypochondrien (eine oft unter Psycholytika erlebte Dissoziation von Psyche und Soma macht deren Zusammenwirken erfahrbar), bei Adoleszenten (intensive Konfrontation mit spezifischen Konfliktmustern der Lebensphase: Beziehungen zur äußeren Welt und Lösung aus der Mutterbeziehung). Ansonsten gilt der Indikationsbereich für die unter A. und B. beschriebenen Verfahren.

Zu D.: Die Verwendung von hochdosierten Psilocybingaben in Gruppensitzungen zur Induktion religiöser Erlebnisweisen mit persönlichkeitsverändernder Wirkung geht unmittelbar auf die anfangs beschriebenen indianischen Rituale bei der Verwendung des *Peyotl*-Kaktus (Meskalin) und des *Teonanacatl*-Pilzes (Psilocybin) zurück. Die Gruppe um TIMOTHY LEARY (LEARY 1961ff.; LEARY et al. 1963; METZNER et al. 1963, 1965) und auch PAHNKE (1962) erforschten in naturalistischen Settings (Natur, Privatwohnungen, Kirchen) an mehr als hundert gesunden Freiwilligen die Wirkungen hochdosierter Psilocybinsitzungen. Aufgrund ihrer Beobachtungen empfanden sie es als naheliegend, die tiefgreifenden Abwandlungen des Selbst- und Welterlebens unter Psilocybinwirkung zur Förderung therapeutisch wirksamer Selbsteinsicht bei verhaltensgestörten Probanden (Gefängnisinsassen) einzusetzen. Man verfolgte dabei die Hypothese, daß – bei unterstützendem Setting und entsprechender Einstimmung der Probanden – »*Psilocybin ... produces a state of dissociation or detachment from the roles and games of everyday interaction... This can provide insight

> »Der Psilocybin-Geist springt seine 'Opfer' von hinten oder seitlings an; er ist nie da, wo man gerade hinsieht.«
> RUDOLF GELPKE
> (1962: 399)

Literatur:

ABRAMSON, H.A. (Hg.)
1960 *The Use of LSD in Psychotherapy.* New York: Josiah Macy Foundation.
1967 *The Use of LSD in Psychotherapy and Alcoholism.* New York, Kansas City: Bobbs Merrill.

AGUILAR, T.M.
1963 »La Psilocybine: perspectives d'utilisation en psychiatrie clinique« *Acta Neurologica et Psychiatrica Belgica* 63: 114-131.

ALHADEFF, B.W.
1963a »Aspects cliniques de l'emploi du delyside et de l'indocibine en psychiatrie« *Schweizer Apotheker-Zeitung* 101: 245-250.
1963b »Les effets psychotomimetiques du LSD et de la psilocybine dans l'exploration clinique de la personnalite« *Schweizer Archiv für Neurologie, Neurochirurgie und Psychiatrie* 92: 238-242.

ALNAES, R.
1965 »Therapeutic Application of the Change in Consciousness Produced by Psycholytica (LSD, Psilocybin etc.)« *Acta Psychiatrica Scandinavica* 40 (Suppl. 180): 397-409.

ARENDSEN HEIN, G.W.
1963 »Psychotherapeutische Möglichkeiten zur Überwindung einer Behandlungsresistenz unter besonderer Berücksichtigung der psycholytischen Methode« *Zeitschrift für Psychotherapie und medizinische Psychologie* 13: 81-87.

BAER, G.
1967a »Statistical Results on Reactions of Normal Subjects to the Psilocybin Derivates CEY 19 and CZ 74« in: H. BRILL (Hg.): *Neuro-Psycho-Pharmacology,* S.400-404, Amsterdam, New York, London: Excerpta Medica.
1967b *Über die psychopathologische Wirkung zweier neuer Halluzinogene der Psilocybingruppe.* Göttingen: Diss. med.

Barolin, G.S.
1961 »Erstes Europäisches Symposion für Psychotherapie unter LSD-25, Göttingen, November 1960« *Wiener Medizinische Wochenschrift* 111: 466-468.

BENZ, ERNST
1989 *Halluzinogen unterstützte Psychotherapie.* Zürich: Diss. med.

and perspective about repetetive behaviour or thought patterns and open up the way for the construction of alternatives« (LEARY et al. 1965: 64; vgl. auch Selbstschilderungen von Teilnehmern: SWAIN 1963: 240ff.; CASTAYNE 1968). Das von LEARY et al. am Concord Prison in Massachusetts initierte Projekt sollte im Kontext eines 6-wöchigen Programmes zur Verhaltensänderung neben regelmäßigen gruppentherapeutischen Sitzungen (unter Prämissen der Transaktionsanalyse) für jeden Probanden zwei Psilocybinsitzungen von »einsichtsförderndem Charakter« in einer Kleingruppe beinhalten. Nach der Selektion der Probanden wurden diese über Sinn und Zweck des Programmes sowie über die Wirkungen des Psilocybins aufgeklärt. Nach einigen vorbereitenden Gruppensitzungen wurde in speziell hergerichteten Räumen des Gefängniskrankenhauses an eine zuerst 5-10, später nur noch 5 Personen (4 Probanden, 1 Psychologe) umfassende Gruppe in der ersten Sitzung 20-30mg, in der zweiten Sitzung 50-70mg Psilocybin verabreicht. Im Anschluß an die, nach Angaben der Autoren, meist von intensiven Erlebnissen und Selbsteinsichten geprägten Sitzungen wurden diese in Gruppendiskussionen nachbesprochen. Trotz dieser Nachbearbeitung wurden einige depressive Nachschwankungen und Schwierigkeiten bei der psychischen Integration der »psychedelischen« Erlebnisse beobachtet (LEARY et al. 1965: 65). Laut den Autoren wurde bei katamnestischen Erhebungen eine deutlich reduzierte Rückfallquote, insbesondere was das erneute Begehen krimineller Akte angeht, bei Teilnehmern der Studie gefunden (LEARY et al. 1968). Einen dem Vorgehen von LEARY et al. nicht unverwandten gruppentherapeutischen Ansatz verfolgte der Norweger ALNAES (1965). Er wollte einer Gruppe von 20 psychoneurotischen Patienten durch einige in einen tiefenpsychologischen Gruppenprozeß eingestreute hochdosierte Psilocybinsitzungen (20-50 mg), mittels einer »psychedelischen« Erfahrung von Selbsttranszendenz tiefere Einsichten in eigenes Erleben und Verhalten ermöglichen. Bei der Vorbereitung und Durchführung seiner Experimente folgte er maßgeblich den von LEARY et al. (1964) entworfenen Konzepten zu psychedelischen Erfahrungsformen. Nach einer Vorbereitung des Patienten in psychotherapeutischen Einzelsitzungen wurde den Patienten im Gruppensetting unter supportiven äußeren Bedingungen (angenehm gestaltete Behandlungsräume mit Bildern, Kerzenlicht und Musik) Psilocybin bzw. dessen Derivat CZ 74 verabreicht. Am Nachmittag nach der Sitzung wurden die Erlebnisse im Gruppenrahmen durchgesprochen und interpretiert. ALNAES berichtet von guten Besserungen seiner Patienten, ohne allerdings eine genauere Evaluierung zu leisten. In anderer Weise verwendete der mexikanische Psychiater SALVADOR ROQUET Psilocybin und andere psycholytische Substanzen. Nachdem er seit 1967 bei deren Verwendung zunächst den Behandlungsrichtlinien von LEUNER (1962) gefolgt war, integrierte er zuneh- mend bestimmte Praktiken indianischer Heiler und kombinierte sie mit modernem technischen Instrumentarium zu einer eigenen Methodik (ROQUET et al. 1975, 1981). Nach einer sorgfältigen Vorbereitung der Patienten durch tiefenpsychologische Gruppen- bzw. Einzeltherapie werden diese im Laufe des Behandlungsplanes einer programmartigen Sequenz von Erfahrungen mit verschiedenen halluzinogenen

Pflanzen bzw. Substanzen im Gruppensetting ausgesetzt (VILLOLDO 1977: 50). Die Gruppen bestehen aus jeweils 6-35 Patienten. Am Tag der Sitzung finden sich die Teilnehmer morgens zu Entspannungsübungen zusammen, um danach in einem mit speziellem Bildmaterial von existentieller Bedeutung sowie moderner Beleuchtungstechnik ausgestatteten Raumes im Institut von Roquet die Substanzen einzunehmen. Nach dem Einsetzen der Wirkung werden die Teilnehmer starken sensorischen Reizen (Geräusche, Musik, Filme, Dias) ausgesetzt, die mittels ihres Bedeutungsgehaltes während des sensibilisierten psychischen Zustandes der Teilnehmer ausgeprägte emotionale Reaktionen hervorrufen. Dieses bewußt erzeugte »sensorische Bombardement« führt zu einer starken psychischen Irritation, die meist von einem Zusammenbruch innerpsychischer Abwehrstrukturen und mentaler Konzepte begleitet ist. Die konfrontative Anlage des Verfahrens zielt auf die Evokation und Stimulation persönlicher und transpersonaler psychischer Konflikte, die dann mittels anschließender Psychotherapie in die bewußte Persönlichkeit integriert werden sollen. ROQUET et al. (1981: 98) behandelten mit diesem Verfahren vor allem Charakterneurosen (83%), Sexualneurosen und Drogenabhängige. Bei der Behandlung von mehr als 950 Patienten wurden laut Angaben der Autoren bei etwa 80% der Behandelten deutliche Besserungen der Symptome beobachtet (ROQUET et al. 1981: 103ff.).

Diskussion

Das erst Ende der fünfziger Jahre als Inhaltsstoff von mittelamerikanischen Pilzen entdeckte und synthetisierte Psilocybin wurde schon kurz nach seiner Entdeckung intensiv auf seine pharmakologischen, somatischen und psychischen Wirkungen an Gesunden und Kranken untersucht. In den folgenden Jahren wurde ein reiches Erfahrungsmaterial durch Forscher in aller Welt generiert (vgl. PASSIE 1995c). Die regelmäßige Anwendung des Psilocybins in der Psychotherapie zeigte, daß das Psilocybin eine gute Eignung zur Unterstützung psychotherapeutischer Behandlungen – vor allem nach der in Europa üblichen »psycholytischen« Methode – besitzt. In diesem Kontext konnten auch seine spezifischen Wirkqualitäten im Unterschied zum LSD genauer herausgearbeitet werden. Die das Psilocybin auszeichnenden Eigenschaften sind demnach:

1. eine wünschenswerte kürzere Wirkungsdauer;
2. geringere neurovegetative Nebenwirkungen;
3. weniger Depersonalisationserlebnisse;
4. seltenere Angstprovokation;
5. eine stabil positive Tönung des affektiven Erlebens

(FONTANA 1961: 97; KRISTENSEN 1963: 178f.; FISHER 1963: 211; ALHADEFF 1963A: 245; MASSONI et al. 1964: 129; CLARK 1967/68: 22; RYDZYNSKI et al.: 81).

Daraus ergibt sich das Bild eines – im Vergleich zu LSD – sanfteren sowie besser erinner- und integrierbaren Erlebniswandels bei guter Steuerbarkeit des Rauschverlaufes (GNIRSS 1963: 234; LEUNER 1968: 359; 1995). Vorteilhaft ist auch die nur kurze Wirkungslatenz bei intramuskulärer Applikation, was die Erwartungsspannung des Patienten vermindern hilft (die LSD-Wirkung entfaltet sich dagegen auch bei intramuskulärer Injektion erst nach ca. 30 Minuten (LEUNER 1981: 257; PAHNKE 1967: 640)). Zwei weitere Argumente

> »Während der Psychiater und westliche Seelenforscher von experimentellen Psychosen, Depersonalisation, Spaltung und Halluzination spricht, empfängt der pilzberauschte Schamane die Gnade, das Getrennte wieder zu vereinen, indem er dem kranken, entfremdeten Individuum den Weg zurück zu seinen ekstatischen und kreativen Ursprüngen, zu seinem Selbst und zum kollektiven Bewußtsein mit seinen übergreifenden Symbolen eröffnet.«
> MARTIN HASENEIER
> (1992: 20)

BERENDES, M.
1979/80 »Formation of Typical, Dynamic Stages in Psychotherapy Before and After Psychedelic Drug Intervention« *Journal of Altered States of Consciousness* 5: 325-338.

BERINGER, K.
1927 *Der Meskalinrausch*. Berlin: Springer.

BUSCH, A. & JOHNSON, W.
1950 »L.S.D. 25 as an Aid in Psychotherapy« *Diseases of the Nervous System* 11: 241-243.

CASTAYNE, G.
1968 »The Crime Game« in: R. METZNER (Hg.): *The Ecstatic Adventure*, S.163-169, New York: Macmillan.

CHWELOS, N., D.B. BLEWETT, C.M. SMITH & A. HOFFER
1959 »Use of d-Lysergic Acid Diethylamide in the Treatment of Alcoholism« *Quarterly Journal of Studies on Alcohol* 20: 577-590.

CLARK, B.
1967/68 »Some Early Observations on the Use of Psilocybin in Psychiatric Patients« *British Journal of Social Psychiatry* 2: 21-26.

CLARK, J.
1970 »The Use of Psilocybin in a Prison Setting« in: B. AARONSON & H. OSMOND (Hg.), *Psychedelics*, S.40-44. London: Hogarth Press.

CLARK, W.H.
1977 »Art and Psychotherapy in Mexico« *Art of Psychotherapy* 4: 41-44.

CWYNAR, S. & Z. RYDZYNSKI, Z.
1966 Psilocybin in der Behandlung von

Persönlichkeitsstörungen. *Activitas Nervosa Superior* 8: 424.

DA FONSECA, J.S., C. CARDOSO, E. SALGUEIRO & M.L. FIALHO
1965 »Neurophysiological and Psychological Study of Psilocybin-Induced Modifications of Visual Information Processing in Man« in: D. BENTE & P.B. BRADLEY (Hg.): *Neuro-Psychopharmacology* Vol. 4., S.315-319, Amsterdam, London, New York: Elsevier.

DAVID, A.E. & J. DAVID
1961 »La psilocibina, un nuevo alucinogeno, y sus posibilidades terapeuticas en psicoterapia« *Acta Neuropsiquatrica Argentina* 7: 143-144.

DELAY, J., P. PICHOT & P. NICOLAS-CHARLES
1959a »Premiers essais de la psilocybine en psychiatrie« in: P. BRADLEY, P. DENIKER & C. RADOUCO-THOMAS (Hg.): *Neuro-Psychopharmacology*, S. 528-531, Amsterdam, London, New York, Princeton: Elsevier.

DELAY, J., P. PICHOT, T. LEMPERIERE & A.M. QUETIN
1959b »Effet therapeutique de la psilocybine sur une nevrose convulsive« *Annales medico-psychologiques* 117: 509-515.

DELAY, J., P. PICHOT, T. LEMPERIERE, P. NICOLAS-CHARLES & A.M. QUETIN
1959c »Les effets psychiques de la psilocybine et les perspectives therapeutiques« *Annales medico-psychologiques* 117: 899-907.

DELAY, J., P. PICHOT & T. LEMPERIERE
1961 »La Psilocybine - Ses Implications Therapeutiques«. *Le Sud Medical et Chirurgical* 97: 9217-9224.
1963 »The Therapeutic Implications of Psilocybine« in: R. CROCKET, R.A. SANDISON & A. WALK (Hg.): *Hallucinogenic drugs and their Psychotherapeutic Use*, S.37-41, London: Lewis.

DERBOLOWSKY, G.
1967/68 »Dealing and Working with Materials in Group-Analysis and with „LSD-25"« *British Journal of Social Psychiatry* 2: 67-72.

DERBOLOWSKY, U.
1966 »Psycholytische Intervalltherapie mit LSD 25 oder ambulante analytische Psychotherapie?« *Zeitschrift für Psychotherapie und medizinische Psychologie* 16: 33-38.

die für eine Verwendung des Psilocybins bzw. seines Derivates CZ 74 bei psycholytischen Therapieverfahren sprechen, sind das Wegfallen des Suggestivhintergrundes durch ihre geringe Bekanntheit in der Öffentlichkeit und ihre erschwerte chemische Herstellbarkeit. Von Interesse für zukünftige Arbeiten mit der psycholytischen Therapie könnte, wie schon erwähnt, auch das von LEUNER et al. (1965) und BAER (1967a,b) klinisch geprüfte sowie von LEUNER (1967ff.), JOHNSEN (1967) und ALNAES (1965) regelmäßig psychotherapeutisch eingesetzte Psilocybin-Derivat CZ 74 sein. Dieses hat eine Wirkungsdauer von nur ca. 3 Stunden und ist fast völlig frei von somatischen Nebenwirkungen. Ein verwandtes Tryptaminderivat mit einer Wirkungsdauer von 2-4 Stunden, nämlich DPT (Dipropyltryptamin) wurde während der letzten Forschungsprojekte der Baltimore-Gruppe von STANISLAV GROF (1972/73; GROF et al. 1973) und SOSKIN (1975; SOSKIN et al. 1973) als Alternative zur Verwendung von LSD untersucht. Insbesondere für psycholytische Behandlungen im ambulanten Setting scheinen diese kurzwirkenden Substanzen gut geeignet (LEUNER et al. 1965: 473). Mindestens die unter A., B. und C. geschilderten Verfahren bei denen Psilocybin bzw. dessen Derivat CZ 74 psychotherapeutisch eingesetzt wurden, sind stark von den Prämissen und Verfahrensweisen der Freudschen und Jungschen Psychoanalyse geprägt. Die Psychoanalyse arbeitet schon von je her mit Methoden, die geeignet sind, unbewußte Konflikte und traumatische Erlebnisse der Persönlichkeitsentwicklung aufzudecken bzw. bewußt zu machen. Die hierbei von der Psychoanalyse angewandten Methoden sind die Hypnose, Interpretationen nächtlicher Träume,

die Jungsche »Aktive Imagination«, die »freie Assoziation« und das Erleben im Tagtraum (auch als »katathymes Bilderleben«). Von daher konnte die Verwendung von Psycholytika, welche introspektives Erleben fördern und unbewußtes Material aktivieren, bei den psychoanalytisch orientierten Therapeuten auf fruchtbaren Boden fallen. Sie hat sich deshalb in diesen Kreisen schnell als experimentelles Verfahren etablieren können. Zudem reichte die Aktivierung unbewußter Konflikte und traumatischer Erinnerungen in psycholytischen Sitzungen weit tiefer als mit konventionellen Methoden (vgl. z.B. GROF 1978). Dazu kommt die Beobachtung, daß die von Psycholytika erzeugten Altersregressionen bis in das erste Lebensjahr zurückreichen können und den Patienten ein äusserst lebhaftes und realistisches Wiedererleben weit zurückliegender Erfahrungen ermöglichen, was deren therapeutische Durcharbeitung stark beschleunigt (LEUNER et al. 1967b). Somit schien man ein probates Mittel zur Intensivierung und Beschleunigung der traditionellen tiefenpsychologischen Verfahren gefunden zu haben, welches die Behandlungsdauer beträchtlich abkürzen kann. Zudem können mittels der pharmakologischen Aktivierung unbewußten Materials auch vordem als therapieresistent geltende Patienten für psychotherapeutische Arbeit aufgeschlossen werden (ARENDSEN HEIN 1963; LEUNER 1981). Aufgrund dessen wurde von vielen Therapeuten und Forschern für diese Substanzen eine vielversprechende Zukunft in der Psychotherapie vorausgesehen. Diese fand aber angesichts des Ende der sechziger Jahre aufkommenden massenhaften Gebrauchs der Substanzen durch Laien ein jähes Ende durch deren Verbot seitens der

WHO (LEUNER 1981: 17ff.). Im Folgenden sollen einige Betrachtungen zum Vergleich der traditionellen und modernen Anwendungsformen von Psycholytika angestellt werden.

In der modernen Psychotherapie wurden die Substanzen weit überwiegend im Einzelsetting bzw. in Kleingruppen mit nachfolgender Durcharbeitung und Interpretation genutzt, was einige Similaritäten zu ihren althergebrachten traditionellen Verwendungsformen aufweist (vgl. WASSON 1980; ROSENBOHM 1991). Bei den schamanistischen Heilbehandlungen sollen gleichermaßen unbewußte Konflikte und krankheitsbezogene Erinnerungen stimuliert, als Krankheitsursachen erkannt und mit Hilfe des Schamanen interpretierend aufgearbeitet werden. Während die klassischen Psycholyse-Therapeuten den Patienten auffordern, sich den auftauchenden Erlebnissen einfach hinzugeben und nach Möglichkeit überhaupt nicht in den Rauschablauf eingreifen, nutzen viele der indigenen Heiler den sensibilisierten Zustand ihrer Patienten auch zu prägnanten suggestiv-kathartischen Interventionen. Das in Europa entwickelte psycholytische Verfahren mit niedrigdosierten Seriensitzungen nutzt weniger suggestive und psychodramatische Potentiale der Behandlung, sondern hebt vielmehr auf die Aktivierung und Durcharbeitung unbewußter Konflikte und Erinnerungen ab. Dafür geeignetes Material tritt bei einer im Vergleich zu traditionellen Anwendungen sehr niedrigen Dosierung vor allem in Gestalt von Traumfragmenten auf. Diese Traumfragmente haben nachweislich persönlichkeitsbezogenen Charakter (LEUNER 1962) und können von daher sinnvoll in einen tiefenpsychologischen Therapieprozeß integriert werden. Das psychodramatische Moment fehlt bei dieser Methode demnach völlig und die Stimulation des Erlebens beschränkt sich auf das Abspielen leiser Musik in abgedunkelten Räumen. Die Ichfunktionen bleiben aufgrund minimaler Dosierung und Stimulation großenteils erhalten und erlauben dem Patienten eine Beobachterperspektive. Ein weiterer Unterschied zu traditionellen Verwendungen stellt auch die serienmäßige Sitzungsfolge beim psycholytischen Verfahren dar. Während dabei die Patienten einer Folge von 10-70 wöchentlichen bis monatlichen Sitzungen ausgesetzt werden, herrschen in der traditionellen Verwendung einzelne konfliktzentrierte Sitzungen mit starken psychodramatischen Elementen vor. Obwohl auch bei indigenen Heilern Folgesitzungen nicht ganz selten sind, ist doch die um ein aktuelles Krankheitsgeschehen zentrierte Anwendung die Regel. Um schon in solchen kurzzeitigen Interventionen einschlägige Wirkungen erzielen zu können, werden auch suggestive, psychodramatische und religiöse Aspekte der induzierten Erlebnisveränderungen genutzt. Die leitenden Schamanen greifen auch viel prägnanter und massiver in den Verlauf des Sitzungsgeschehens ein, als dies bei den modernen Psycholyse-Therapeuten der Fall ist. Diese leisten Interpretationshilfe und therapeutische Durcharbeitung praktisch ausschließlich in den drogenfreien Zwischensitzungen. Auch die von Schamanen genutzte Einbeziehung von Familienmitgliedern und Verwandten in die Sitzungen verstärkt wahrscheinlich eine durchgreifende Wirkung solitärer Interventionen. Die Ichfunktionen sind durch die höhere Dosierung und die seltenere Verabreichung starken Fluktuationen ausgesetzt. Im Unterschied zu den traditionellen Heilern konzen-

DUBANSKY, B., M. VYHNANKOVA & L. SETLIK
1967a »Veränderungen der ausseroptischen Sinneswahrnehmung nach Psilocybin«. *Activitas Nervosa Superior* 9: 378-379.

1967b »Gleichzeitiges Vorkommen von propriozeptiven Sinnestäuschungen und neurologischer Symptomatologie nach Psilocybin« *Activitas Nervosa Superior* 9: 376-377.

DUCHE, D.J.
1961 »Les effets de la psilocybine dans une cas d'hysterie« *Semaine des hospitaux de Paris* 37: 3061-3062.

FERNANDEZ-CERDENO, A., A. BRUGMANN & A. SUAREZ
1967a »Besonderheiten der psycholytischen Technik im Vergleich mit dem psychoanalytischen« *Jahrbuch für Psychologie, Psychotherapie und medizinische Anthropologie* 15: 274-279.

FERNANDEZ-CERDENO, A. & HANSCARL LEUNER
1967b »Das Erleben der oralen Regression unter Einfluss von Halluzinogenen (LSD-25 und Psilocybin)« *Zeitschrift für psychosomatische Medizin* 11: 45-54.

FISCHER, R., R.M. HILL, K. THATCHER & J. SCHEIB
1970 »Psilocybin-Induced Contraction of Nearby Visual Space« *Agents and Actions* 1: 190-197.

FISHER, G.
1963 »Some Comments Concerning Dosage Levels of Psychedelic Compounds for Psychotherapeutic Experiences« *Psychedelic Review* 1: 208-218.

FLORES, JOSÉ RENE
1966 »Psicosindrome experimental con psilocybina« *Revista de Neuropsiquiatria* 29: 45-70.

FONTANA, A.E.
1961 »El uso clinico de las drogas alucinogenas. *Acta Neuropsiquiatrica Argentina* 7: 94-98.

1963 »Clinical Use of Hallucinogenic Drugs« in: *Proceedings of the Third World Congress of Psychiatry* Vol. 2., S.942-944, Toronto: University of Toronto Press.

Fortes, J.R.A.
1964 *Psilocibina e alcoolismo cronico; contribuciao para los estudos des efeitos somaticos e psiquicos em 30 casos.* Sao Paulo: Diss. med.

FORTES, J.R.A., F.O. BASTOS, P.V. ARRUDA
1968 »Estudio comparativa de la accion psicopharmacologica del LSD-25 y de la psilocybina en los alocoholicos cronicos« in: J. LOPEZ IBOR (Hg.), *Proceedings Fourth World Congress of Psychiatry* 1966 Vol. 3., S. 2010-2013, Amsterdam usw.: Excerpta Medica.

FREDERKING, W.
1953/54 »Über die Verwendung von Rauschdrogen (Meskalin und Lysergsäurediäthylamid) in der Psychotherapie« *Psyche* 7: 342-364.
1954 »Meskalin in der Psychotherapie« *Medizinischer Monatsspiegel* 3: 5-7.

Gasser, P.
1995 »Katamnestische Untersuchungen zur psycholytischen Therapie« *Jahrbuch für transkulturelle Medizin und Psychotherapie* 1995 (im Druck)

GEERT-JÖRGENSEN, E., M. HERTZ, K. KNUDSEN & K. KRISTENSEN
1964 »LSD-Treatment: Experience Gained Within a Three-Year-Period« *Acta Psychiatrica Scandinavica* (Suppl. 180): 373-382.

GNIRSS, F.
1959 »Untersuchungen mit Psilocybin, einem Phantastikum aus dem amerikanischen Rauschpilz Psilocybe mexicana« *Schweizer Archiv für Neurologie und Psychiatrie* 84: 346-348.
1963 »Therapie der Neurosen mit Phantastica«. *Schweizer Archiv für Neurologie, Neurochirurgie und Psychiatrie* 92: 234-236.
1965 »Neurosentherapie mit psycholytischen Stoffen« in: P. KIELHOLZ (Hr.), *Psychiatrische Pharmakotherapie in Klinik und Praxis*, S.135-151, Bern, Stuttgart: Huber.
1995) Persönliche Mitteilung.

GROF, STANISLAV
1967 »The Use of LSD 25 in Personality Diagnostics and Psychotherapy of Psychogenic Disorders« in: H.A. ABRAMSON (Hg.), *The Use of LSD in Psychotherapy and Alcoholism*, S.154-190, New York, Kansas City: Bobbs Merrill.
1972/73 »LSD and the human Encounter with Death« *Voices: the Art and Science of Psychotherapy* 8: 64-76.
1978 *Topographie des Unbewußten. LSD im Dienst der tiefenpsychologischen For-*

trieren sich die Psycholyse-Therapeuten mit ihren Sitzungsserien auf die Behandlung chronifizierter neurotischer Erkrankungen. Diesen liegen meist strukturelle Persönlichkeitsverformungen zugrunde, denen nur mittels längerfristiger psychotherapeutischer Anstrengungen beizukommen ist (LEUNER 1981). Unterschiede von traditionellen und modernen Verfahrensweisen lassen sich auch bezüglich der Tageszeit finden, zu der die Sitzungen veranstaltet werden. Während bei den indigenen Heilern die Sitzungen den Nachtstunden vorbehalten sind, verabreichen die klassischen Psycholyse-Therapeuten die Substanzen vormittags, um den Nachmittag für eine Nachbesprechung nutzen zu können. Die unter D. dargestellten Verfahrensformen schließen dagegen in verschiedener Hinsicht unmittelbar an die religiös-kultischen Verwendungen halluzinogener Substanzen an. Es wird dabei direkt auf religiös-ekstatische Erlebnisse abgezielt, wie sie bei entsprechender Präparation der Teilnehmer unter höheren Halluzinogendosen häufig zu beobachten sind (LEARY et al. 1963). Solcherart Erfahrungen gehen häufig mit Konversionserlebnissen von persönlichkeitsverändernder Wirkung einher. Dieser Effekt wurde vor allem von PAHNKE (1962) wissenschaftlich verifiziert und kam in dem von amerikanischen LSD-Therapeuten entwickelten Konzept der »psychedelischen Therapie« zum tragen (CHWELOS et al. 1959; SAVAGE 1962; SHERWOOD et al. 1962). Das den Probanden dabei gebotene Setting schließt in vielen Aspekten an Praktiken und Rituale traditioneller indigener Kulte an: Abgedunkelte und speziell präparierte Räumlichkeiten, quasi-religiöse Vorbereitung und Einstimmung der Teilnehmer, Schaffung einer Geborgenheit vermitteln-

den Gesamtatmosphäre, musikalische Begleitung und Begünstigung einer starken Verinnerlichung der Erlebnisse (SAVAGE et al. 1967; LIPP 1990; HEIM et al. 1958; LABARRE 1938). Eine psychodynamische Interpretation und Durcharbeitung der Erlebnisse findet im Gegensatz zur pycholytischen Methode nicht statt. Ein weiterer Unterschied ist darin zu sehen, daß die klassischen psychedelischen Therapiesitzungen meist im Einzelsetting bzw. sehr kleinen Gruppen veranstaltet wurden. Die traditionelle vorwiegend religiös inspirierte Verwendung findet dagegen stets in einem rituell strukturierten Gruppensetting statt. Während im Einzelsetting der Verlauf des Erlebens maßgeblich von der Therapeut-Patient-Beziehung geprägt wird, ist bei traditionellen indianischen Gruppenritualen der Rauschzustand durch die rituelle Struktur und die gesamte Gruppe ausgesteuert. Die Nacharbeit beschränkt sich im traditionellen Setting auf eine gemeinsame Diskussion der jeweiligen Erlebnisse.

Ähnlich wie bei den traditionellen Anwendungen werden auch bei der psychedelischen Therapie nur wenige längerfristig vorbereitete Sitzungen mit höherer Dosierung durchgeführt (SAVAGE et al. 1965; GROF 1981). Einer sachgerechten Nachbeobachtung der Teilnehmer (wegen möglicher Nachschwankungen) werden sowohl die traditionellen Heiler mittels nächtlichem Setting und erneuter Zusammenkunft am nächsten Tage gerecht, als auch die Psycholyse-Therapeuten mit ihrer Bevorzugung eines stationären bzw. teilstationären Settings (Klinik oder Tagesklinik). Einen schon von GROF (1967) vorgeschlagenen Ansatz, Vorteile des psycholytischen und psychedelischen Verfahrens miteinander zu verbinden, verfolgten von den dargestellten Autoren ALNAES (1963), und ROQUET et al. (1981) wie auch jüngst die Schweizer Psycholyse-Therapeuten WIDMER und STYK (STYK 1994; GASSER 1995). Diese Autoren bemühten sich sowohl um die Begünstigung »psychedelisch-mystischer« Erfahrungsformen in einem dem traditionellen stark angenäherten Setting (Gruppensitzungen mit höherer Dosierung, nächtliche Einnahme, rituelle Struktur, naturnahe Settings u.a.) als auch um eine längerfristige therapeutische Aufarbeitung psychodynamisch-biographischer Erlebnisbestandteile. Überblickt man die historische Entwicklung der Verfahrensweisen zur Nutzung von psycholytischen Substanzen in der modernen Psychotherapie, so ist eine zweigleisige Entwicklung zu beobachten. Zum einen die Entwicklung der psycholytischen Methode in Europa, die die Möglichkeiten der Evokation unbewußten Materials durch Psycholytika in hergebrachte tiefenpsychologische Behandlungsverfahren einbaute. Und zum anderen die Entwicklung der psychedelischen Methode, die in vielem unmittelbar an die traditionellen Settings und Vorgehensweisen anknüpft und quasi-religiöse Erlebnisse von mystischer Selbsttranszendenz zur Grundlage therapeutischen Wirkens machte. Was die Behandlungsergebnisse der geschilderten Anwendungen des Psilocybins in der modernen Psychotherapie angeht, soll hier nur auf die katamnestischen Untersuchungen von MASCHER (1966), SCHULZ-WITTNER (1989), LEUNER (1994) und der Baltimore-Gruppe (vgl. YENSEN et al. 1995) verwiesen werden. Diese Autoren konnten – in Übereinstimmung mit vielen anderen – über eine deutliche Besserung bei etwa 65% der behandelten meist schweren und chronifizierten Neurosen berichten. Ein Teil dieser Evaluierungen erscheint allerdings problematisch, weil sie vor allem während der sechziger Jahre – als noch viel mit psycholytischen Substanzen geforscht wurde –, durchgeführt wurden und somit nur den damaligen Standards der Psychotherapie-Evaluation genüge tun. Aus heutiger Perspektive erscheinen sie von daher mit z.T. gravierenden Mängeln behaftet (vgl. PLETSCHER et al. 1994). Weitere Untersuchungen bzw. Überprüfungen der damals berichteten, als vielversprechend gewerteten, Behandlungserfolge mit heutiger Methodik sind unter Einhaltung mindestens folgender Prämissen wünschenswert:

1. Spezifikation der Diagnosen nach DSM IV / ICD-10;
2. Gebrauch standardisierter Instrumente zur Erfassung der Psychopathologie;
3. Spezifikation der Therapeuten und Environment betreffenden Variablen;
4. Operationalisierung der Outcome-Variablen und
5. Einführung von Kontrollgruppen.

»... It is hoped that with a better methodology and standardization and, hopefully, with international cooperation, a protocol on psychotherapeutic/psychopharmacological procedures will allow this work to continue« (LADEWIG 1994: 228).

schung. Stuttgart: Klett-Cotta.
1983 LSD-Psychotherapie. Stuttgart: Klett-Cotta.
GROF, STANISLAV, R.A. SOSKIN, W.A. RICHARDS & A.A. KURLAND
1973 »DPT as an Adjunct in Psychotherapy of Alcoholics« International Pharmacopsychiatry 8: 104-115.
HAUSNER, MILAN & V. DOLEZAL
1963a »Prakticke zkusenosti s halucinogeny v psychoterapii« Ceskoslovenska Psychiatrie 54: 328-335.
1963b »Group and Individual Therapy under LSD« Acta Psychotherapeutica et Psychosomatica 11: 39-59.
HAUSNER, MILAN
1968 »Psyckolyticka psychoterapie« Activitas Nervosa Superior 10: 50.
HEIMANN, H.
1962 »Zur Behandlung therapieresistenter Neurosen mit Modellpsychosen (Psilocybin)« Schweizer Archiv für Neurologie, Neurochirurgie und Psychiatrie 89: 214-220.
HOFMANN, ALBERT
1959 »Abwandlungsprodukte des Psilocybin und Psilocin« Helvetica Chimica Acta 42: 2073ff.
HOFMANN, ALBERT, ROGER HEIM, ARTHUR BRACK & H. KOBEL
1958 »Psilocybin, ein psychotroper Wirkstoff aus dem mexikanischen Rauschpilz Psilocybe mexicana Heim« Experientia 14: 107-109.
HOFMANN, ALBERT, R. HEIM, A. BRACK, H. KOBEL, A. FREY, H. OTT, T. PETRZILKA & F. TROXLER
1959 »Psilocybin und Psilocin, zwei psychotrope Wirkstoffe aus mexikanischen Rauschpilzen« Helvetica Chimica Acta XLII: 1557-1572.
HOLLISTER, L.E.
1961 »Clinical, Biochemical and Psychologic Effects of Psilocybin« Archives Internationales de Pharmacodynamie et de Therapie 130: 42-52.
HOLLISTER, L.E., R.O. DEGAN & S.D. SCHULTZ
1962 »An Experimental Approach to Facilitation of Psychotherapy by Psychotomimetic Drugs« Journal of Mental Science 108: 99-100.
Johnsen, G.
1964 »Three Years` Experience with the Use of LSD as an Aid in Psychotherapy«

Acta Psychiatrica Skaninavica 40 (Suppl. 180): 383-388.
1967 »Indications for Psycholytic Treatment with Different Types of Patients« in: H.A. ABRAMSON (Hg.), *The Use of LSD in Psychotherapy and Alcoholism*, S.333-341, New York, Kansas City: Bobbs Merrill.

KEELER, MARTIN H.
1965 »Similarity of Schizophrenia and the Psilocybin Syndrome as Determined by Objective Methods« *International Journal of Neuropsychiatry* 1: 630-634.

KRISTENSEN, K.K.
1963 »Kliniske erfaringer med psilocybin« *Nordisk Psykiatrisk Tidsskrift* 17: 177-182.

LABARRE, WESTON
1938 *The Peyote Cult.* New Haven.

LADEWIG, D.
1994 »Conclusions, with Special Regards to Clinical Aspects« In: A. PLETSCHER & D. LADEWIG (Hg.), *50 Years of LSD. Current Status and Perspectives of Hallucinogens,* S.223-228, New York: Parthenon.

LEARY, TIMOTHY
1962 »How to Change Behavior« in: G.S. NIELSEN (Hg.), *Clinical Psychology,* S.50-68, Kopenhagen.
1964» The Religous Experience: Its Production and Interpretation« *Psychedelic Review* 1: 324-346.
1969 »The effects of Consciousness-expanding Drugs on Prisoner Rehabilitation« *Psychedelic Review* 10: 29-44.

LEARY, TIMOTHY, RICHARD ALPERT & RALPH METZNER
1964 *The Psychedelic Experience.* New York: University Books.

LEARY, TIMOTHY, G.H. LITWIN & RALPH METZNER
1963 »Reactions to Psilocybin Administered in a Supportive Environment«. *Journal of Nervous and Mental Disease* 137: 561-573.

LEARY, TIMOTHY & RALPH METZNER
1967/68 »Use of Psychedelic Drugs in Prisoner Rehabilitation« *British Journal of Social Psychiatry* 2: 27-51.

LEARY, T., R. METZNER, M. PRESNELL, G. WEIL, R. SCHWITZGEBEL & S. KINNE
1965 »A New Behavior Change Program Using Psilocybin« *Psychotherapy: Theory, Research and Practice* 2: 61-72.

LEUNER, HANSCARL
1959 »Psychotherapie in Modellpsychosen« In: E. SPEER (Hg.), *Kritische Psychotherapie,* S.94-102 München: J.F. Lehmanns.
1960 »Über psychopathologische Schlüsselfunktionen in der Modellpsychose«. *Medicina Experimentalis* 2: 227-232.
1961 »Psychophysische Korrelationen unter der Einwirkung von Psycholytika (LSD, Psilocybin und ähnl.)« *Medicina Experimentalis* 5: 209-214.
1962a *Die experimentelle Psychose*. Berlin, Göttingen, Heidelberg: Springer.
1962b »Ergebnisse und Probleme der Psychotherapie mit Hilfe von LSD-25 und verwandten Substanzen« *Psychiat. Neurol.* 143: 379-391.
1963 »Die Psycholytische Therapie: Klinische Psychotherapie mit Hilfe von LSD-25 und verwandten Substanzen« *Zeitschrift für Psychotherapie und medizinische Psychologie* 13: 57-64.
1966 Psychotherapie mit Hilfe von Halluzinogenen. Arzneimittelforschung 16: 253-255.
1967 »Present Status of Psycholytic Therapy and Its Possibilities« in: H.A. ABRAMSON (Hg.): *The Use of LSD in Psychotherapy and Alcoholism*, S.101-116, New York, Kansas City: Bobbs Merrill.
1968 »Ist die Verwendung von LSD-25 für die experimentelle Psychiatrie und in der Psychotherapie heute noch vertretbar?« *Nervenarzt* 39: 356-360.
1971a »Halluzinogene in der Psychotherapie« *Pharmakopsychiatrie – Neuro-Psychopharmakologie* 4: 333-351.
1981 *Halluzinogene. Psychische Grenzzustände in Forschung und Psychotherapie*. Bern, Stuttgart, Wien: Huber.
1987 »Die psycholytische Therapie: Durch Halluzinogene unterstützte tiefenpsychologische Psychotherapie« in: A. DITTRICH & CH. SCHARFETTER (Hg.), *Ethnopsychotherapie,* S.151-160, Stuttgart: Enke.
1994 »Hallucinogens as an Aid in Psychotherapy: Basic Principles and Results« in: A. PLETSCHER & D. LADEWIG (Hg.), *50 Years of LSD: Current Status and Perspectives of Hallucinogens,* S. 175-190, New York: Parthenon.
1995 Persönliche Mitteilung.

LEUNER, H. & G. BAER
1965 »Two New Short-Acting Hallucinogens of the Psilocybin Group« in: D. BENTE & P.B. BRADLEY (Hg.): *Neuro-Psychopharmacology* Vol. 4., S. 471-473, Amsterdam, London, New York: Elsevier.

LEUNER, H. & H. HOLFELD
1964 »Psycholysis – Psychotherapy Under the Influence of Hallucinogens«. *Physicians Panorama* 2: 13-16.

LING, T.M. & J. BUCKMAN
1963 *Lysergic Acid (LSD 25) & Ritalin in the Treatment of Neuroses.* Sidcup, Kent: Lambarde Press.

LIPP, F.
1990 »Mixe Concepts and Uses of Entheogenic Mushrooms« in: Th. RIEDLINGER (Hg.): *The Sacred Mushroom Seeker,* S.151-160, Portland, Oregon: Discorides Press.

MALITZ, S., H. ESECOVER, B. WILKENS & P.H. HOCH
1960 »Some Observations on Psilocybin, a New Hallucinogen, in Volunteer Subjects« *Comprehensive Psychiatry* 1: 8-17.

MASCHER, E.
1966 *Katamnestische Untersuchung von Ergebnissen der psycholytischen Therapie*. Göttingen: Diss. med.

MASSONI, R.S. & F. LEBENSOHN
1964 »Las drogas alucinogenas: su importancia en psicoterapia asistencial« *Acta psiquiatrica y psicologica America latina* 10: 128-132.

METZNER, RALPH & EDITORS OF PSYCHEDELIC REVIEW
1963 »The Subjective Aftereffects of Psychedelic Experiences: A Summary of Four Recent Questionnaire Studies« *Psychedelic Review* 1: 18-26.

METZNER, RALPH, G. LITWIN & G.M. WEIL
1965 »The Relation of Expectation and Mood to Psilocybin Reactions: A Questionnaire Study« *Psychedelic Review* 5: 3-39.

NIETO GOMEZ, D.
1962 «Psicosis experimentales con psilocibina« *Neurologia, Neurocirurgia, Psiquiatria* 4.

PAHNKE, W.N.
1962 *Drugs and Mysticism: An Analysis of the Relationship between Psychedelic Drugs and the Mystical Consciousness.* Cambridge, Mass.: Diss. phil.

PASSIE, TORSTEN
1985 Feldbeobachtungen in Mexiko.
1987 Feldbeobachtungen in Mexiko.
1995a »Ausrichtungen, Methoden und Ergebnisse früher Meskalinforschungen im deutschsprachigen Raum« *Jahrbuch des Europäischen Collegiums für Bewußtseinsstudien* 1993/1994: 103-111.
1995b »Die Psycholyse in den skandinavischen Ländern. Ein historischer Überblick« *Jahrbuch für transkulturelle Medizin und Psychotherapie* 1995 (im Druck).
1995c »Psilocybin in der modernen Psychotherapie« *Curare* 18 (im Druck).
PEREZ DE FRANCISCO, C.
1964 *Psicosis experimentales con psilocybine y LSD.* Mexico City: Diss.med.
PLETSCHER, A. & D. LADEWIG (Hg.)
1994 *50 Years of LSD: Current Status and Perspectives of Hallucinogens.* New York: Parthenon.
QUETIN, ANNE-MARIE
1960 *La psilocybine en psychiatrie clinique et experimentale.* Paris: Diss.med.
REDA, G., G. VELLA, L. CANCRINI & E. D'AGOSTINO
1964 »Studio clinico e psicopatologico della psilocibina« *Rivista sperimentale di freniatria e medicina legale delle alienazioni mentali* 88: 7-76.
RINKEL, M., A. DIMASCIO, A. ROBEY & C. ATWELL
1961 »Personality Patterns and Reaction to Psilocybin« in: P.B. BRADLEY (Hg.): *Neuro-Psychopharmacology* Vol.2., S.273-279, Amsterdam: Elsevier.
ROQUET, SALVADOR & P. FAVREAU
1981 *Los alucinogenos de la concepción indigena a una nueva psicoterapía.* México D.F.: Ediciones Prisma.
ROQUET, S., P.L. FAVREAU, R. OCANA & M.R. VELASCO
1975 *Lo existencial a través de psicodyslepticos: una nueva Psicoterapía.* Mexico City: Instituto de psicosíntesis.
ROSENBOHM, ALEXANDRA
1991 *Halluzinogene Drogen im Schamanismus.* Berlin: Reimer.
RYDZYNSKI, Z. & W. GRUSZCZYNSKI
1978 »Treatment of Alcoholism with Psychotomimetic Drugs: A Follow-Up Study.« *Activitas Nervosa Superior* 20: 81-82.
SALGUEIRO, EMILIO E.G.
1964 *A psicose experimental pela psilocibina: estudio-clinico-labortorial em voluntarios humanos.* Lissabon: Inquerito.
SANDISON, RONALD A.
1954 »Psychological Aspects of the LSD Treatment of the Neurosis« *Journal of Mental Science* 100: 508-518.
1959 »The Role of Psychotropic Drugs in Individual Therapy« *Bulletin of the World Health Organization* 21: 495-503.
SANDISON, R.A. & A. SPENCER
1954 »The Therapeutic Value of Lysergic Acid Diethylamide in Mental Illness« *Journal of Mental Science* 100: 491-507.
SANDISON, R.A., A. SPENCER & J. WHITELAW
1957 »Further Studies in the Therapeutic Value of Lysergic Acid Diethylamide in Mental Illness« *Journal of Mental Science* 103: 332-342.
SAVAGE, C.
1962 »LSD, Alcoholism and Transcendence« *Journal of Nervous and Mental Disease* 135: 429-435.
SAVAGE, C. & S. WOLF
1967 »An Outline of Psychedelic Therapy« In: H. BRILL (Hg.): *Neuro-Psycho-Pharmacology*, S.405-410, Amsterdam usw.: Excerpta Medica.
SCHULZ-WITTNER, G.
1989 *Mit psychoaktiven Substanzen unterstützte Psychotherapie bei negativ prognostizierten Patienten: Neue katamnestische Ergebnisse.* Göttingen: Diss. med.
SERCL, M., J. KOVARIK & O. JAROS
1961 »Klinische Erfahrungen mit Psilocybin (CY 39 Sandoz)« *Psychiat. Neurol.* 142: 137-146.
SHERWOOD, J.N., M.J. STOLAROFF & W.W. HARMAN
1962 »The Psychedelic Experience – A New Concept in Psychotherapy« *Journal of Neuropsychiatry* 4: 69-80.
SOSKIN, R.A.
1975 »Dipropyltryptamine in Psychotherapy« *Current Psychiatric Therapies* 15: 147-156.
SOSKIN, R.A., S. GROF & W.A. RICHARDS
1973 »Low Doses of Dipropyltryptamine in Psychotherapy« *Archives of General Psychiatry* 28: 817-821.
STEINEGGER, E. & H. HEIMANN
1966 »Pharmakochemie und psychische Wirkung von drei mexikanischen Zauberdrogen« *Mitteilungen der Naturforschenden Gesellschaft in Bern* 23: 83-99.
STEVENIN, L. & J.-C. BENOIT
1962 »L'utilisation des medicaments psychotropes en psychotherapie« *Encephale* 51: 420-459.
STOLL, W.A.
1947 »Lysergsäure-diäthylamid, ein Phantastikum aus der Mutterkorngruppe« *Schweizer Archiv für Neurologie und Psychiatrie* 60: 279-323.
STYK, JURAI
1994 Persönliche Mitteilung.
SWAIN, F.
1963 »Four Psilocybin Experiences« *Psychedelic Review* 2: 219-243.
VERNET, J.
1960 »Actions psychologique et therapeutique de la psilocybine« *Medecine et Hygiene* 18: 420.
VILLOLDO, ALBERTO
1977 »An Introduction to the Psychedelic Psychotherapy of Salvador Roquet« *Journal of Humanistic Psychology* 17: 45-58.
WASSON, R.GORDON
1958 »Les premieres sources« In: R. HEIM & R.G. WASSON, *Les champignons hallucinogenes du mexique*, S.15-44, Paris: Museum d'histoire naturelle.
1980 *The Wondrous Mushroom. Mycolatry in Mesoamerica.* New York: McGraw Hill.
YENSEN, RICHARD & DONNA DRYER
1995 »Thirty Years of Psychedelic Research. The Spring Grove Experiment and its Sequels« *Jahrbuch des Europäischen Collegiums für Bewußtseinsstudien* 1993/94: 73-102.

Die mexikanische Zauberpflanze Ololiuqui *(Turbina corymbosa)* enthält pilzähnliche Wirkstoffe

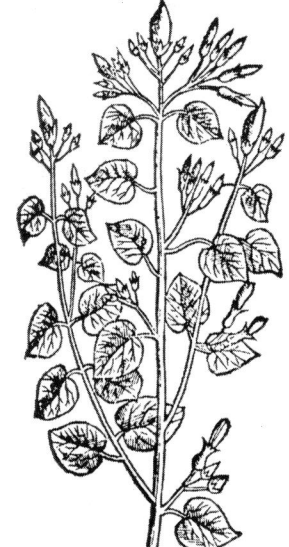

Der orphische Welten-Pilz

Dionysos war zum einen ein Fruchtbarkeitsgott, der in ländlichen Festen als Herr der Pflanzen verehrt wurde; zum anderen war er ein schamanischer Gott der Psychopharmaka, der in ekstatischen Kulten gefeiert wurde und sich in geheimen Mysterien offenbarte.

Dionysos wurde besonders von den spätantiken Orphikern verehrt. Nach der orphischen Tradition ist der gesamte Kosmos aus einem Weltenei hervorgegangen. Dazu wurde das Weltenei von einer Schlange zum Leben erweckt. Daraus brach ein schöpferischer Phallus hervor, der sich zum ersten geflügelten Dionysos ausbreitete. Diese Geschichte ist eine deutliche Metapher für das Pilzwachstum, das in den antiken Quellen ganz ähnlich beschrieben wird.

In der Orakelstadt Delphi gibt es ein antikes Modell des *Omphalos* (»Nabel der Welt«), das nicht nur wie die obere Hälfte eines Eies aussieht, sondern wie das perfekte Abbild eines *Psilocybe*-Pilzhutes wirkt. Sollte dieses Artefakt das geheime Zeichen einer antiken Pilzreligion um den phallischen Ekstasegott Dionysos gewesen sein?

Das Löwentor von der Pilzstadt Mykene

In der Mythologie finden sich Pilzmetaphern, die auf die ihnen eigenen Kräfte schließen lassen. Der Zeussohn Perseus, der heilige König von Argos, schloß sich dem Dionysoskult an und nannte seinen von Kyklopen oder Titanen erbauten Palast Mykene *(mykenai)*, abgeleitet von *mykes*, »Pilz«. Er hatte auf dem Hügel inmitten des fruchtbaren Tales einen Pilz gefunden, aus dem eine Quelle hervorging. So wäre der Anfang der mykenischen Zivilisation eine Pilzvision gewesen:

»*Perseus ging zurück nach Argos... und so überredete er den Megapenthes..., ihm die Herrschaft zu vertauschen. Nachdem er dessen Gebiet erhalten hatte, gründete er Mykenai. Denn dort verlor er den Knauf seines Schwertes, und dies Zeichen hielt er für eine Vorbedeutung für die Gründung einer Stadt. Ich hörte auch, daß, als ihn dürstete, er einen Pilz [μυκος] von der Erde aufgenommen habe, und weil er von dem daraus rinnenden Wasser trank und sich erfrischte, habe er dem Ort den Namen Mykenai gegeben.*« (PAUSANIAS, *Reisen in Griechenland* II 16-3)

Sollte das aus dem Pilz »rinnende Wasser« eine Anspielung auf den blauenden Effekt des psilocybinhaltigen Pilzstieles sein?

Das um 1400 v.Chr. entstandene Relief im Löwentor – der Löwe ist ein Tier des Dionysos und wie alle Wildkatzen ein typisch schamanisches Tier – sieht ebenfalls wie ein Pilzhut im Querschnitt aus.

Hanscarl Leuner
Religiöses Erleben durch Halluzinogene beim modernen Menschen*

Zunächst möchte ich einige wesentliche Gesichtspunkte für das Verständnis der religionspsychologischen Bedeutung halluzinogener Substanzen vermitteln.

Die *Native American Church* mit ihrem christlichen Meskalinkult ist in der Literatur schon dargestellt worden (JOSUTTI & LEUNER 1972, LA BARRE 1989). Einige technische Erfahrungen dieser Indianer standen Pate bei der Vorbereitung des modernen Menschen für das psychedelische bzw. ekstatische Erleben unter Drogeneinfluß. Dabei ist zu bedenken, daß »Gesunde«, häufig Gläubige, schon von sich aus besser vorbereitet sind als Menschen, die wegen Verhaltensstörungen einer psychedelischen Therapie unterzogen werden sollen. Ich beschreibe hier jedoch die Vorbereitung im letzteren Fall, da sie ein besonders anschauliches Bild der Technik und der Möglichkeiten einer Einstimmung auf religiöses Erleben durch Halluzinogene vermittelt.

In einer Periode von einigen Tagen bis zu 4 Wochen werden neben Aufnahme der Vorgeschichte regelmäßig Einzelgespräche mit dem Therapeuten und späteren »Begleiter« durchgeführt. Der Betreffende wird dabei unter optimistischen Aspekten auf die »einmalige, überwältigende Erfahrung« hingewiesen. Weitere Präparationen erfolgen durch besonders geeignete Schriften, wie etwa die Lektüre des *Tibetanischen Totenbuches* oder von Wiedergaben aus mystischen Erfahrungen von Zen-Buddhisten und begeisterten Anhängern der psychedelischen Therapie, etwa dem Buch von BISHOP *My Discovery of Love* (1963), in dessen Anhang der Autor seine eigene psychedelische Erfahrung beschreibt. HOFFER und OSMOND (1967) heben hervor, daß »Optimismus« die wichtigste Haltung des Therapeuten bzw. des Begleiters sein muß und daß dem Betreffenden vorher gesagt werde, er würde seine bisherigen Einstellungen zum Leben und seine Verhaltensweisen zu ändern vermögen. Dabei legt man gesteigerten Wert auf die Entwicklung einer besonders engen personalen Beziehung zum jeweiligen Begleiter bzw. Therapeuten, etwa im Sinne einer »Brüderlichkeit«, d. h. eines warmen, menschlichen Verständnisses. Entsprechend muß auch der Begleiter bzw. Therapeut ausgewählt sein nach der Fähigkeit, Wärme auszustrahlen und eine enge mitmenschliche Beziehung aufzubauen, ohne dabei sein eigenes Ich zu gefährden oder unglaubhaft zu wirken. Psychologisch gesprochen ist man also bemüht, das Milieu einer positiven Übertragung besonderer Stärke, verbunden mit einem hohen Grad an Zuversicht, herzustellen. Manche Autoren sprechen auch von einem Versuch, dem Probanden das Gefühl zu vermitteln, daß er »geliebt« werde, um ihm ein Gefühl von »Liebe und Vertrauen« zu ermöglichen. Ein erfolgreich behandelter Patient formulierte die damit verbundene Erfahrung: »Nun fühle ich mich vollkommen in der Lage, Liebe zu geben und zu empfangen.« Obgleich der Proband bzw. der Patient in dieser Vorbereitungsphase oft ermutigt wird, alle seine Gefühle, auch die negativen, zu äußern, wird niemals der Versuch unternommen, diese Gefühle oder die Übertragung auf den Therapeuten zu interpretieren oder etwa die Beziehungen zu Prägungen aus der Kindheit aufzuweisen.

Die Sitzung beginnt im allgemeinen morgens um 8 Uhr. Die Gruppe der Begleiter bzw. Therapeuten (verantwortlicher Arzt, Schwester oder andere weibliche Helferin, Musiktherapeut[in]) empfängt den Patienten im Behandlungsraum, und es be-

Prof. Dr. med. Hanscarl Leuner war der Direktor der Abteilung Psychotherapie und Psychosomatik am Zentrum für Psychologische Medizin an der Georg-August-Universität in Göttingen. Er hat das katathyme Bilderleben entdeckt und die Möglichkeiten einer halluzinogen-unterstützten Therapie erforscht. Er gilt als der Pionier der Psycholyse. Außerdem entwickelte er das Verfahren des Atem-Biofeedbacks. Unter seinen zahlreichen wissenschaftlichen Veröffentlichungen sind besonders die Bücher *Die experimentelle Psychose*, *Katathymes Bilderleben* und *Halluzinogene* zu nennen. Er leitete jahrelang eine psychotherapeutische Praxis und ist Präsident des Europäischen Collegiums für Bewußtseinsstudien (ECBS).

* Auszug aus: HANSCARL LEUNER, *Halluzinogene*, Bern usw.: Huber, 1981, S.177-189. Mit freundlicher Genehmigung des Autors.

»Wie andere auch behaupten ROBERT VON RANKE-GRAVES (1960) und TERENCE MCKENNA (1992), daß der bei den dionysischen und bacchantischen Riten konsumierte 'Wein' wahrscheinlich nicht nur gegorene Weintrauben enthielt, sondern auch noch verschiedene andere Halluzinogene und aphrodisische Kräuter - vielleicht Psilocybin-Pilze, die mit den berühmten 'Zauberpilzen' der alten schamanistischen Tradition Mexikos verwandt sind. Es gibt Berichte von dionysischen Orgien, bei denen ekstatische Mänaden nachts durch die Wälder rannten, der Erotik hingegeben sangen und tanzten, ihrer androgynen Gottheit ihre nackten Brüste anboten und auf wunderbare Weise Wein, reines Wasser, Milch und Honig aus der Erde und aus Felsen fließen ließen. Es gibt auch abwertende Geschichten von berauschten Mänaden, in denen diese angeblich kleine Tiere mit bloßen Händen und Zähnen in Stücke reißen. Möglicherweise gehören derartige Geschichten zur Reaktion konservativer Kräfte auf den sich ausbreitenden, dionysischen Wein- und Halluzinogenkult, den sie übertrieben darstellten und dämonisierten. Ebenso ist es möglich, daß der Kult im Laufe der Zeit bei steigendem Weingenuß degenerierte, und die heilige visionäre Feier allmählich zu einer besoffenen Orgie ausartete.«

RALPH METZNER

Die schwarze Göttin, der grüne Gott und der wilde Mensch

(1993)

---

[1] Exakte Untersuchungen über den Einfluß der Musik in der psychedelischen Therapie und ihre Auswahl stellten GASTON und EAGLE (1970) an.

ginnt eine allgemeine Diskussion beim gemeinsamen Kaffeetrinken. Gegen 8 Uhr 20 wird das Halluzinogen in Wasser oral verabreicht. Die Dosis liegt - verglichen mit der Verwendung von Halluzinogenen zu anderen Zwecken - relativ hoch: LSD zwischen 200 bis maximal 1500 Mikrogramm, Psilocybin zwischen 20 bis 40 mg. Die Höhe der Dosis wird durch klinisches Urteil ermittelt und hängt von den voraussichtlich zu erwartenden Abwehren des Betreffenden ab. Im allgemeinen wird eine Dosis von 200 Mikrogramm gegeben, und wenn der Patient nach ein bis zwei Stunden Zeichen des Widerstandes oder der Angst zeigt bzw. die Reaktion nicht ausgeprägt genug ist, wird eine zweite Gabe von 100 bis 200 Mikrogramm LSD und mehr injiziert.

Auf die Gestaltung des Behandlungsraumes, überhaupt der Umgebung des Probanden wird größter Wert gelegt. Gerade bei dieser Form der halluzinogenen Einwirkung ist der Umgebungsfaktor (Setting) von größter Bedeutung. Es soll ein ruhig gelegener, am besten gegen Schall abgesicherter Raum sein, in dem die Drapierung der Wände, die Teppiche auf dem Boden und das Mobiliar geschmackvoll kombiniert sind. Blumenarrangements sind aufgestellt, Bilder, die eine harmonische und beruhigende Atmosphäre ausstrahlen, und unter Umständen empfehlen sich auch gute Wiedergaben kunsthistorischer Darstellungen christlicher oder außerchristlicher Kunst. Darüber hinaus sollen dominante Momente der Dekoration symbolische Betrachtungsmöglichkeiten bieten wie Früchte, Blumen, eine einzelne Rose, eine Bibel oder religiöse Darstellungen, etwa Maria mit dem Kind, Heilige usw. Eine Kerze kann während der Sitzung brennen. Darüber hinaus werden während der Sitzung verschiedene Stimulantien benutzt, vor allem Musik aus einer Stereoanlage, am besten durch einen Stereokopfhörer vermittelt, klassische Musik (etwa Bach), halbklassische oder andere Komponisten. Anfangs empfiehlt sich besonders entspannende Musik, während später die Musik zum ekstatischen Höhepunkt hinführt, etwa in den Requien von Mozart und Verdi, *Ode an die Freude*, 4. Satz der IX. Symphonie von Beethoven usw.[1]

Der Betreffende wird gebeten, sich auf eine bequeme Couch zu legen, zu entspannen und der Musik zuzuhören. Ein oder zwei Begleiter bleiben regelmäßig beim Patienten, bedienen den Plattenspieler, sorgen für Getränke oder Essen - wenn erforderlich - und führen den Patienten auf die Toilette. Sie halten mit ihm engen Kontakt. Er kann nichtverbaler Art sein, indem sie ihm Angstschutz durch Handauflegen oder verbal tröstenden und beruhigenden Zuspruch bieten, sofern das nötig wird. Besonders bei Menschen mit persönlichen emotionalen Problemen können anfangs stark frustrierende, auch depressive Erlebnisinhalte im Vordergrund stehen. Diese werden von dem geschickten Begleiter durch sein verständnisvolles Eingehen und die Aufforderung überwunden, auch unangenehme Erlebnisse, vielleicht auftretende Ängste zu akzeptieren. Dafür wird ihm der Schutz des Begleiters, zu dem eine enge Vertrauenssituation bestehen muß (auch unter Einfluß des Mittels), gewährt. Ist das nicht der Fall, sollte einer der anderen Begleiter (etwa anderen Geschlechts) an seine Stelle treten. Der Proband wird dabei suggestiv und nachdrücklich darauf hingewiesen, daß er sich der Wirkung der Droge bedingungslos hingeben soll, um auf den rechten Weg zur großen

»Spitzenerfahrung« (*peak experience*) zu kommen. In diesen ersten, noch konfliktgeladenen Phasen können auch Bilder z. B. aus der Kindheit des Patienten dargeboten werden. Der Proband wird ermutigt, die Bilder so lange zu betrachten und auf sich wirken zu lassen, bis sie für ihn eine tiefere Bedeutung erlangen.

Die meisten Autoren verlangen, daß der Begleiter oder der die Therapie leitende Nervenarzt selbst über psychedelische Erfahrungen verfügt, um seine Patienten auf die Dauer besser verstehen und eine verständnisvolle, gewährende Haltung einnehmen zu können. Auch würde es ihm dann möglich sein, die der Erfahrung angemessenen Begriffe zu gebrauchen, die dem Außenstehenden im allgemeinen fremd sind, um so mehr, als das Erleben sich nur schwer in Worten ausdrücken läßt.[2] Andere Autoren (KURLAND et al. 1971) lassen den Patienten eine Augenbinde tragen, damit er sich ganz auf seine innere Erfahrung konzentrieren kann.

Etwa zwei Stunden nach Beginn der Sitzung sind die meisten Probanden zutiefst mit der inneren Selbsterforschung und Hingabe an die oft überdimensionalen Erlebnisse beschäftigt. Etwa drei bis vier Stunden danach versuchen sie, ihre Erfahrungen mit Hilfe des Therapeuten, dem sie über die Einzelheiten berichten, einzuordnen. Der Begleiter verwendet dabei im allgemeinen eine nicht-direktive Methode der Gesprächsführung (vergleichsweise nach der Methode von ROGERS 1973 bzw. TAUSCH 1966). Gegen 16 Uhr, d. h. 8 1/2 Stunden nach Beginn der Sitzung, kehrt der Proband in sein eigenes Zimmer zurück. Einer der Begleiter oder ein entsprechend ausgebildeter Helfer bleibt dort mit ihm im gemeinsamen Gespräch bis zum Eintritt der Nacht zusammen - wir würden sagen, im »gemütlichen«, menschlich verständnisvollen Gespräch. Diese Periode kann unter Umständen die fruchtbarste Zeit der gesamten Sitzung sein. Einige Autoren empfehlen auch, nächste Angehörige nach sechs Uhr abends zumindest versuchsweise mit dem Probanden zusammenzubringen. Der Proband kann den Angehörigen über seine psychedelischen Erlebnisse und Gefühle informieren, der seinerseits wiederum an dem Erleben teilnehmen kann und sich nicht abseitsstehend zu fühlen braucht. Es ist der Eindruck entstanden, daß Partnerschaften gefördert werden, sofern der andere Teil wirklich ein echtes Verstehen für die profunde Erlebniswelt aufbringt.

Mit der genannten vorbereitenden Technik gelingt es dem erfahrenen Therapeuten bzw. Begleiter, bei etwa 70 bis 80% der Individuen das angestrebte kosmisch-mystische oder transzendente Erleben, als »psychedelische Spitzenerfahrung« (MASLOW 1964 & 1973) bezeichnet, hervorzurufen (UNGER et al. 1968). Es kann dann über Stunden mit tiefer ekstatischer Beglückung andauern. Dem Psychiater sind solche mystisch-ekstatischen Erlebnishöhepunkte von gewissen Schizophrenen bekannt. In der durch Halluzinogene hervorgerufenen »experimentellen Psychose« sind diese Erscheinungen mehr am Rande beschrieben worden, und man hatte ihnen zunächst wenig Bedeutung beigemessen (LEUNER 1962). In der psychedelischen Anwendung, wie sie in den USA auch therapeutisch geübt wird, ist diese Erlebnisweise jedoch Ziel der Sitzung überhaupt. Manche Autoren haben im Erleben der *peak experience* enge Beziehungen zum Sartori der Buddhisten gesehen (MASLOW 1973). Erfahrene Zen-Prie-

»Die Pilze sind für die Erforschung des inneren Bewußtseins das, was die Fernrohre für die Erforschung des äußeren Weltalls sind.«
MICKEY REMANN
(1989: 258)

Der Peyote-Vogel oder *Waterbird* ist für die Mitglieder der *Native American Church* das Zeichen ihrer psychedelischen Religion

[2] Alles nach HOFFER & OSMOND 1967, aus eigenen Erfahrungen ergänzt.

Religion und die Droge

Herausgegeben von
Manfred Josuttis / Hanscarl Leuner

Kohlhammer   T-Reihe

Der Autor hat sich schon früh mit dem Zusammenhang zwischen dem Gebrauch psychedelischer Drogen und religiöser Erfahrungen beschäftigt. Das Buch erschien 1972

LSD-25

ster erklärten die Erlebnisse als damit identisch. Dem persönlichen Erleben des ernsthaften, tief empfindenden und kultivierten Menschen kann es Quelle religiöser und philosophischer Einsichten werden und Anlaß zu innerer Einkehr sein. Die Einstellung zur eigenen Erkenntnis kann sich dabei eigentümlich und in sinnträchtiger Weise wandeln. Die Tatsache, daß sich dieses von einer Droge relativ »einfach« hervorgerufene, tiefgreifende transzendentale Erleben durch säkulare Auswüchse aber auch zu psychotischen Halbekstasen äußerst quälender Form auswachsen kann, ist auch beobachtet worden.

Hier sollen einige charakteristische Beispiele von Personen folgen, die nach mehr oder weniger systematischer Einstimmung eine psychedelische Spitzenerfahrung durchlaufen haben und sie nachträglich schildern. Dabei wird deutlich, daß diese Grenzerfahrung mit den kargen Begriffen »kosmisch-mystisch« oder »Eins-sein-mit-der-Welt« bzw. »transzendent« kaum beschrieben, geschweige denn nachvollzogen werden kann. Begriffe vermögen offensichtlich die tiefe Sinnerfüllung, die der Proband während dieses Erlebnisses erfährt, nicht im geringsten wiederzugeben.

Erstes Protokoll: Eine 23jährige Patientin aus dem Spring-Grove-Hospital, Baltimore, die an einer schweren Neurose litt (Dosierung 300 Mikrogramm LSD):

»... Die Augenblende und die Kopfhörer wurden an ihren Platz gelegt. Der Doktor ergriff meine Hand, und plötzlich schwand meine Furcht. Ich gab mich ganz der Musik hin und wurde eins mit ihr... Bald hatte ich ein starkes Gefühl inneren Friedens. Plötzlich schien meinem Körper sehr warm zu werden. Ich fühlte mit allen Sinnen, daß ich in der Hölle war. Wärmer und wärmer wurde mein Körper und brach plötzlich in Feuer aus. Ich hatte Angst. Der Doktor nahm meine Hand. Plötzlich schien es mir, als sei Gott mit mir. Ich war nicht länger ängstlich. Ich lag da und ließ meinen Körper anbrennen. Das Feuer schien mich zu reinigen. Dann schienen alle Sensationen zu schwinden, und ich wollte mich aufsetzen... Der Doktor zeigte mir einige Bilder, eine Mutter und ihr Kind. Überrascht sagte ich, ich sei das selbst, und fing an zu weinen. Ich kann mein Baby lieben. Jetzt, ganz plötzlich, wußte ich, daß ich Mutter war und mein Kind nach all den vielen Zweifeln und Befürchtungen liebte... Eine Pause der Musik trat ein, die mir wie eine Ewigkeit erschien. Ich wollte sie fortgesetzt wissen, denn Gott war ganz in mir. An dieser Stelle fühlte ich, als ob Gott mich in seinen Armen hielt und sich mir offenbarte. Ich lächelte und sagte 'Ich habe ihn gefunden, ich habe ihn gefunden'. Ich hatte ein außerordentliches Gefühl für Frieden und Wohlsein. Nachdem ich so viele Jahre allein herumgelaufen war, war nun Gott mit mir. Es war wundervoll... Ich fand auch Gründe für alles. Gottes Platz im Universum, in der Welt und in mir selbst schien mir so klar. Er ist Leben und Liebe. Er ist in allem enthalten und schließlich, nach so langer Zeit, war er auch in mir... Ich blickte auf ein Bild meines Sohnes und sagte, es ist mein Baby, er ist mein. Ich fühlte eine überwältigende Liebe und das erste Mal Dankbarkeit für meine Mutterschaft... Ich weinte vor Freude und Dankbarkeit... Ich sah die Rose auf dem Tisch. Ich sah nichts anderes als nur die Rose. Sie hatte sich nun entfaltet und war prächtig. Ich nahm sie auf, und Gefühle, die so lange begraben waren, blühten auf... Wiederum ließ ich mich von der Musik dahintragen. Ich hatte ein außerordentliches Gefühl von Leben und Erleben. Ich wiederholte immer wieder: 'Ich bin am Leben.' Die ganzen 23 Jahre war ich niemals lebendig gewesen. Ich hatte nur existiert... Dann kam eine andere Musik. Der Ton stampfte um mich herum, es schien so, als ob die Musik mich verschlingen wollte. Angst, nackte Angst überkam mich. Sie war überall um mich herum und bedeckte mich. Die Musik schrie mich an und vibrierte durch mich hindurch. Der Doktor stellte sie ab. Ich habe niemals so viel Angst gehabt, aber ich wußte dann, daß ich davongelaufen bin. Der Doktor sprach mit mir von Furcht und von Angst. Mir wurde klar, daß ich mein ganzes Leben von der Furcht verzehrt worden war, als er sagte, das sei der richtige Zeitpunkt, 'laß uns auf sie zugehn'... Ich blickte auf die Rose und sah, daß sie sich noch mehr geöffnet hatte. Ich identifizierte mich selbst mit der Rose und fragte erstaunt, habe ich mich so weit eröffnet? - Dann plötzlich wußte ich, daß ich dem entgegensehen mußte, was immer da kommen werde, jetzt oder später. Ich bat um etwas leichte Musik, hielt die Hand des Arztes und sagte: 'Lassen Sie mich nicht davonlaufen.' Die Musik trug mich davon. Ich fühlte mich wohl und wieder in Frieden, entspannte mich und war bald ganz eins mit der Musik. Beim Blick ins Zimmer waren die Farben lebendig und glühten. Ich fühlte die Farben eines purpurnen Glases. Ich schien eins zu sein mit diesem sanft glühenden Purpur. Als ich aus dem Fenster hinaussah, schien die Erde zu vibrieren, voll Leben. Es ist eine wundervolle Welt, ich muß nicht mehr davonlaufen. Nach einer kurzen Periode, in der ich das Gefühl hatte, in den Armen Gottes gehalten zu werden, dachte ich: 'Ich konnte lieben und wurde geliebt.' Nach so vielen Jahren der Wanderung war ich nach Hause gekommen. Meine Worte waren: 'Ich wanderte mit Gott, absolut mit Gott, ich weiß, was Liebe ist.' Ich habe so viel zu geben, ich war so leer. Ich weinte vor Glück und Dankbarkeit. - Später gab der Arzt mir einen Spiegel, und ich blickte hinein: Ich sah mich selbst, ich strahlte Liebe aus. Ich sagte, ich sähe Liebe, so viel Liebe, oh, ich liebte mich selbst. Ich war gerade am Beginn meines eigenen Lebens, war gerade geboren, war lebendig. Nach 23 toten, vergeudeten Jahren war ich geboren. In Ehrfurcht sagte ich, ich brauche nicht mehr davonzulaufen, ich könne ich selbst sein, es sei so wunderbar. Ich war so dankbar. - 'Ich bin eine Mutter, eine richtige Mutter und eine Frau.' - Später ging ich mit dem Doktor zu einem Spaziergang in den Garten, und ich entdeckte buchstäblich die Schönheit der wundervollen Welt. Ich sah herum, berührte die Bäume, die Blumen und das Gras, ich berührte den Ast eines Baumes und fühlte das Leben hindurchrinnen und die tiefgrünen Blätter nähren. Ich berührte das Gras, und es fühlte sich wie Samt an. Die weiche, warme Luft umarmte mich. Um 9 Uhr abends kehrte ich auf die Station zurück und versank in einen traumlosen Schlaf.«

Ein Kommentar oder eine ins einzelne gehende Analyse des Erlebens, das ja auch zugleich den Behandlungsbericht eines neurotisch gestörten Menschen darstellt, wird vom Therapeuten nicht angestrebt und soll auch hier unterlassen werden. Deutlich wird immerhin, wie sich die Umweltbezüge mit der Umwertung aller Wertsetzungen ändern und durch die ekstatisch erlebte Liebe ein ganz neues Element in das Leben der Betreffenden getreten ist. Gerade dieser Wandel der Bedeutungssetzungen hat nicht nur den Betroffenen, sondern auch die Beobachter solcher Sitzungen überrascht und tief ergriffen.

Als zweites Protokoll folgt der Bericht eines 23jährigen Studenten (Dosis 10 mg CZ 74, ein Psilocybin-Abkömmling), der wegen einer schweren charakterlichen Störung mit Kontaktmangel und Einengung aller seiner Lebensbereiche sowie der Unfähigkeit, geistig zu arbeiten, in unsere Behandlung kam. Nach-

»Sowohl LSD als auch psilocybinhaltige Pilze erzeugen einen sehr ähnlichen psychedelischen Bewußtseinszustand der z.T. kaum oder gar nicht zu unterscheiden ist. Dennoch fallen beim häufigeren Gebrauch beider Substanzen jedem Benutzer gewisse Unterschiede auf. Ich sehe den Hauptunterschied so: LSD ist nur ein Katalysator, der den psychedelischen (entheogenen) oder schamanischen Bewußtseinszustand auslöst. Pilze hingegen sind Wesenheiten, mit denen man eine Symbiose eingeht, und die im psychedelischen Bewußtseinszustand als Verbündete gegenwärtig sind.
LSD ist der perfekte Katalysator; Pilze sind echte Verbündete.«
CHRISTIAN RÄTSCH

dem konflikthafte Inhalte in Beziehung zur Mutter in der ersten Phase der Behandlung auftauchten, berichtete er ohne einstimmendes Zutun in einem zweiten Teil wie folgt:

»... *Ein paradiesischer Zustand. Ich bestehe nur noch aus Liebe, als reines Geisteswesen. Gott taucht auf, eine Vaterfigur, ich winke ihm vorbeischwebend freundlich zu und werde zurückgegrüßt... überwältigende kosmische Gefühle: Ich spüre den ewigen Geist, der durch alle Urzeiten zieht, das Universum und alles Leben mit seinem Hauch erfüllt. Ich selbst nur ein Sandkorn in der Ewigkeit der Zeit. Das alles rührt an das Selbstverständnis der menschlichen Existenz. Dann werde ich aus dem Paradies vertrieben, warum weiß ich nicht. Ich kann mich nicht mehr gegen Gott auflehnen, weil sein Haß übermächtig ist und ich verstoßen werden kann. Bei mir entsteht das Bedürfnis des Menschen, erlöst zu werden, durch die Liebe und das Blutvergießen, erlöst zu werden. Alles christliches Selbstverständnis und Menschenbild. Dann will mich Gott zu seinem Propheten auserwählen, aber ich sträube mich dagegen, habe Angst vor dieser unmenschlichen Aufgabe: Gott, was Gottes ist, dem Menschen das, was ihm gebührt. Aber die Versuchung ist da, selig aber impotent zu werden. Gott hat sich zurückgezogen und den Menschen entlassen. Ich sehe Gott und den Teufel um den Menschen kämpfen, dann entlassen sie ihn in die Freiheit zu Gut und Böse mit dem Auftrag, er solle sich die Erde untertan machen. Ich sehe mich als Urmenschen, der ein Wildschwein erlegt, mit seiner Frau bumst. Dann fühle ich mich als Gottes Sohn, meine Mutter als Maria und meinen Vater als Gott. Aber dieser Bezug zu meiner Familie blitzt nur ganz kurz auf. Ich empfinde alles als Offenbarung Gottes, der gnädig einen Türspalt zu seinem überwältigenden Reich der Liebe offen läßt. Dann wieder das Bedürfnis, sich* *als Gottes Sohn aufzuopfern, für die anderen sein Brot hinzugeben. Alles wird wieder blutig. Sich ganz verströmend, aber keine körperlichen Lustgefühle dabei...«* [Im Anschluß daran wieder konflikthaftes Material, Bild, gefügig von der Mutter ausgenutzt zu werden, verbluten zu müssen, sich nicht dagegen wehren zu können, sondern sich den sittlichen und moralischen Normen der Mutter unterzuordnen:] »*Deine Mutter liebt dich, du mußt ganz für sie da sein.*« ... »*Wenn ich ihr nichts gebe, weil ich dabei kaputtgehe, fühle ich mich moralisch schlecht, den Zorn Gottes auf mich herabkommend, der Aufhängepunkt für Gotteserlebnisse...*« - Am Ende wird noch ein Geburtserlebnis berichtet.

Diese beiden Protokolle stammen von Menschen, die nach ihrer Vorbildung und Erziehung keine ausgesprochen christliche Tradition besitzen und durch ihre Ausbildung oder ihren Beruf mit der christlichen Religion nicht näher in Berührung gekommen sind. Bei dem letzten ist der psychologische Bezug zum eigenen Vater und z. T. zur Mutter deutlich.

Drittes Protokoll: Ein amerikanischer Student der Theologie, der sich eingehend mit christlicher und außerchristlicher Mystik befaßt hat und anläßlich einer Erprobung neuer Substanzen (CZ 74, ein Psilocybin-Abkömmling) ohne besondere psychedelische Vorbereitung ein klassisches kosmisch-mystisches und transzendentes Erlebnis hat (nach MASLOW):

»*Relativ bald, nachdem ich die Droge erhalten hatte, erweiterte sich die übliche Ebene meines Bewußtseins, und ich wurde mir phantastischer Dimensionen des Seins bewußt, die alle ein tiefgründiges Gefühl von Realität besaßen. Ich schien diese Dimensionen zu sehen, obgleich ich keine Erinnerung an visuelle Vorstellungen habe, außer an gelegentlich auftretende farbige Linien.*

Es wäre zutreffender zu sagen, daß ich 'in' diesen Dimensionen des Seins existierte, wie ich nicht nur mein Ich transzendierte, sondern die Spaltung in Subjekt und Objekt. - Es ist bedeutungsvoll zu sagen, daß ich, Bill, aufhörte zu existieren, indem ich mich im Grund des Seins versenkte, in Brahman, in Gott, in das Nichts, in eine letzte Realität oder in ein analoges religiöses Symbol der Einheit. Wenn mich jedoch jemand nach meinem Namen oder über die Vorlesung des Morgens gefragt hätte, über das, was ich gegessen hatte heute Mittag, so fühlte ich, ich hätte auf die Routinewelt des Alltags zurückblicken können wie auf einen Punkt und hätte korrekte Antworten geben können. Ich wußte, wie fremdartig und entfernt dieser Punkt aus meiner transzendierten Perspektive erschien. - Die Gefühle, die ich erlebte, könnten am besten beschrieben werden als kosmische Zartheit, durchdringender Friede, unendliche Segnung und bedingungslose Annahme durch eine Hand oder eine andere unter unaussprechlicher heiliger Scheu, überwältigender Freude, ursprünglicher Demut, unaussprechlicher Dankbarkeit und grenzenloser frommer Hingebung. Jedoch sind all diese Worte hoffnungslos unangemessen und können nicht mehr als bescheiden etwas in der Richtung der ursprünglichen unaussprechlichen Gefühle auszudrücken versuchen, die ich tatsächlich empfand. - Nicht eigentlich ich erlebte, sondern ich war das Gefühl und ich war die Musik - Bachs Phantasie und Fuge in g-Moll. Die 'Liebe', die ich auf dem Höhepunkt empfand, war so überwältigend, als ob sie untragbar sei oder fast schmerzhaft, und die Tränen in diesem Moment waren die einer ganz unfaßbaren Freude.«

Auch unter psychiatrischem Aspekt kann kein Zweifel bestehen, daß es sich hier um ein charakteristisches Beispiel einer ernstzunehmenden, besonnenen mystischen Ekstase handelt. ELIADE (1956) gebraucht hierfür den Begriff »Enstase«. Für FREI (1968) ist diese Form der Ekstase zentrales Element der Mystik durch eben das Unionserlebnis mit dem Absoluten (wie man das Absolute auch immer umschreiben mag - jüdisch, christlich, mohammedanisch), also ein Unionserlebnis mit dem geistig personal Absoluten, das er mit Gott meint, das im Kosmos zugleich immanent und transzendent möglich ist, das ebenso zentral die Liebeskräfte wie die Erkenntniskräfte betrifft. FREI ist der Auffassung, daß die seelisch-geistige Konstitution, besonders am Anfang, den neuen, ungeheuren Erlebnissen oft nicht gewachsen ist und sie aus ihren normalen Verbindungen herausreißt.

Die bisher angeführten drei Protokolle waren so ausgewählt, daß in ihnen das Element der überströmenden Liebe und des Transzendenten als zentrales Erlebnismoment hervorstach. Eben diese, oft nicht mehr rekapitulierbare Spitzenerfahrung ist die eigentliche psychedelische Erfahrung als exquisite Form religiösen Erlebens unter Einfluß von Halluzinogenen. Es scheint notwendig, diese Erlebniskategorie von einer anderen abzugrenzen, die sich stärker um visionäre religiöse Erlebnisse zentriert und den transzendenten Aspekt zumindest nicht in den Vordergrund stellt, wenn nicht gar vernachlässigt.

Ausgehend von seinen Erfahrungen mit der Oberstufe des autogenen Trainings vertritt der Pfarrer und Arzt KLAUS THOMAS dieses Moment religiöser Halluzinogen-Erfahrung, obgleich auch hier ekstatische Glücksgefühle nicht zu übersehen sind.

Viertes Protokoll eines Arztes und Theologen nach 10 mg Psilocybin, dritter Versuch (nach THOMAS 1970, gekürzt):

»Die *moksha*-Medizin [= *Psilocybe*-Pilz] vermag euch bloß eine Folge seliger Einblicke, die eine oder andre Stunde der Erleuchtung und befreienden Gnade zu schenken. An euch ist es, ob ihr mit dieser Gnade zusammenwirken und euch jene Gelegenheiten zunutze machen wollt.«
ALDOUS HUXLEY
(1984: 205)

Nach anfänglichen Licht- und Angsterlebnissen kommt es zu Veränderungen des Blickfeldes, Tierfratzen treten auf und ästhetische Erlebnisse wie zahlreiche Muster und Ornamente und farbige Lichtwellen beherrschen zunächst das Bild. Hier befleißigt sich der Proband noch stärker einer kategoriellen und damit zwanghaft rationalen Einleitung seiner Erlebnisse, und visionär-optische und ästhetische Elemente herrschen vor.

a) »Die Ahnung der göttlichen Majestät«

Perlenbesetzte, lichtblaue Schmuckbänder unbeschreiblicher Schönheit führten empor zu gleitenden, diamantenbesetzten, strahlenden Gewölben, aus denen ich »die Stimme hörte«: »Gott ist Licht, und die ihn anbeten wollen, die müssen sich in Ehrfurcht von seinem Lichte füllen lassen« (inhaltlich anklingend an Verse von Christian Fürchtegott Gellert: »Licht ist sein Kleid - und seine Wahl das Beste...«).

b) »Die Kraft des Wortes Gottes«

Auf hohem Sockel lagen die steinernen Tafeln des Gesetzes, darauf, ebenfalls in Stein, die Taube als Sinnbild des Heiligen Geistes. Da begann der Stein zu glühen, er wandelte sich in die Bibel, aus der helle, lodernde Flammen schlugen; die steinerne Taube wurde zum lebendigen Adler, der sich erhob und die mächtigen Schwingen ausbreitete. Dazu erklang die »Stimme«. - »Mein Wort ist Feuer und Leben«, und der Chor der Engel sang:

*»Auf Adlers Flügeln getragen
übers brausende Meer der Zeit,
auf Adlers Flügeln getragen
bis hinein in die Ewigkeit.
Schaue nicht in die Wogen hinieden,
was sie geraubt und gerafft; denn unter den Flügeln ist Friede, und auf den Flügeln ist Kraft.«*

(Als ursprünglicher Text wurde später ein Lied von A. v. Viebahn erkannt.)

c) »Das siebenfältige Hosianna«

In immer höheren Stufen erklang der Lobpreis Gottes in Chören, in die immer weitere Kreise der Schöpfung einstimmten, auch die Pflanzen mit ihrer Blütenpracht nahmen teil. Auf jeder Stufe schloß der Lobpreis mit einem Dominant-Septimenakkord, der die Auflösung in einem neuen Hosianna auf höherer Ebene forderte und herbeiführte.

Die Tiere wurden sichtbar, die Gott lobten.

Die Musik wird dabei begleitet vom Erleben des Fliegens und Schwebens in immer »höhere Sphären«, bis schließlich in vollkommener Harmonie auf der höchsten Stufe der Thron Gottes in seiner Herrlichkeit mit dem »Schemel seiner Füße« sichtbar wurde und der Chor der Engel sang:

*»Ich habe von ferne,
Herr, Deinen Thron erblickt,
und hätte gerne mein Herz vorangeschickt...«*

(Lied Nr. 487, Evangelisches Kirchengesangbuch Berlin/Brandenburg)

Im Protokoll folgt nachher:

d) »Die Kabod Jachweh« (Herrlichkeit Gottes)

Als Höhepunkt des Erlebens mit dem Schauen und Erfahren der Herrlichkeit Gottes und seiner göttlichen Allmacht wiederum mit einer Stimme, die einen entsprechenden Vers wiedergibt. Dem folgt dann

e) »Schamschon-schämäch« (»Simson und die Sonne«) und schließlich

f) der persönliche Segen, wozu der Betreffende einen begleitenden Chor der Engel hört.

Der theologische Autor (THOMAS 1970) kommt zu dem Ergebnis, daß die Erlebnisse im vollkommen Maße das vermittelt haben, was sonst nur gute Seelsorge bewirkt, nämlich eine Befreiung von druckenden depressiven Affektspannungen, eine beschämende, vertiefte Selbsterkenntnis, dabei echten Trost und Stärkung des Glaubens sowie neue Einsichten in biblische Wahrheiten, wie etwa das Wesen des Wortes Gottes, des Heiligen Geistes

u. a. sowie eine unmittelbare Erfahrung der Nähe und des Friedens Gottes.

Es ist deutlich, daß sich das halluzinogene Erleben in diesem Falle ganz besonders stark, allerdings noch ohne die in den vorhergehenden Beispielen ausgedrückte Tiefe kosmischer Transzendenz, ausgesprochen an christliches, biblisches bzw. kirchliches Bilder- und Gedankengut hält, was nach meiner Erfahrung äußerst selten ist. Die Einordnung der erstgenannten Erlebnisqualitäten und der zweiten hier wiedergegebenen ist letztlich eine Aufgabe des Theologen. Unter kategoriellem Aspekt kann man nur bei der ersten Gruppe als von dem psychedelischen, in der Literatur und den folgenden Kapiteln eingehend untersuchten kosmisch-mystischen Erleben mit seinen Beziehungen zu anderen Ekstasetechniken sprechen.

Es kann nicht genug hervorgehoben werden, daß die hier dargestellten Erfahrungen nur möglich waren durch sachverständige ärztliche Kontrolle, und zwar eines Arztes, der Erfahrungen mit halluzinogengen Substanzen hat. Eine entsprechende (mehr oder weniger gezielte) Vorbereitung war Voraussetzung. Die Eigenart des Erlebens ist dabei entscheidend abhängig von Faktoren, die in der Persönlichkeit des Betreffenden, in seinem geistigen Niveau, seiner aktuellen Gestimmtheit, inneren Haltung und seinen mehr oder minder unbewußten Problemen (Set) liegen. Die äußere Situation (Setting) hat ähnlichen Einfluß (Art des Raumes, seine Ausgestaltung und die emotionale Beziehung zum Leiter der Sitzung).

Selbst wenn diese optimalen und für solche Sitzungen zu fordernden Bedingungen vorliegen, kann es zu »Versagern« kommen, und der den Versuch leitende Arzt muß Erfahrung in der Steuerung von gegenteiligen, den Probanden vielleicht sogar beängstigenden oder potentiell schädigenden Situationen haben. Allgemein herrscht die Erfahrung vor, daß ein ausgesprochen kosmisch-mystisches Erleben nicht regelmäßig wiederholt werden kann. Keine Sitzung fällt aus wie die andere, und es hat sich gezeigt, daß Probanden, die aus einer solchen tiefgreifenden Erfahrung für ihr eigenes persönliches Leben Konsequenzen gezogen haben, im allgemeinen nicht den Wunsch nach Wiederholung zeigen. Werden diese der psychedelischen Erfahrung günstigen Gesamtbedingungen, die das innere Erlebnisfeld des Probanden (Set) und das äußere (Setting) betreffen, hingegen nicht erfüllt, und das ist sicher auch unter Bereitstellung eines entsprechenden erfahrenen Versuchsleiters nicht immer der Fall, kann es zu unkontrollierten Halbekstasen psychotischen Charakters oder höchst quälenden Einsprengungen dieser kommen.

Literatur:

Bishop, Malden G.
1963 *The Discovery of Love: A Psychedelic Experience with LSD 25.* New York: A Torquil Book.

Eliade, Mircea
1956 *Schamanismus und archaische Ekstase-Technik.* Zürich, Stuttgart: Rascher.

Frei, G.
1968 »Ekstase in katholischer Schau« in: Th. Sporri, *Beiträge zur Ekstase.* Basel, New York: Karger.

Gaston, E. Th. & Ch. T. Eagle
1970 »The Function of Music in LSD Therapy for Alcoholic Patients« *Journal of Music Therapy 7:* 3ff.

Hoffer, A. & H. Osmond
1967 *The Hallucinogens.* New York, London: Academic Press.

Josuttis, Manfred & Leuner, Hanscarl (Hg.)
1972 *Religion und die Droge.* Stuttgart usw.: Kohlhammer (T-Reihe).

Kurland, A. A., C. Savage, W. Pahnke, S. Grof & J. E. Olssen
1971 »LSD in the Treatment of Alcoholics« *Pharmacopsychiatry* 4: 83ff.

La Barre, Weston
1989 *The Peyote Cult, Fifth Edition, Enlarged.* Norman und London: University of Oklahoma Press.

Leuner, Hanscarl
1962 *Die experimentelle Psychose.* Berlin usw.: Springer.

Maslow, A. H.
1964 *Religions, Values and Peak-Experiences.* Columbus: Ohio State University Press.
1973 *Psychologie des Seins.* München: Kindler.

Rogers, C. R.
1973 *Die Klienten-zentrierte Gesprächstherapie.* München: Kindler.

Tausch, R.
1966 *Das psychotherapeutische Gespräch.* Göttingen: Hogrefe.

Thomas, Klaus
1970 *Die künstlich gesteuerte Seele.* Stuttgart: Enke.

Unger S. et al.
1968 »On the Therapeutic Use of High-dose LSD Sessions« in: J. Shlien et al. (Hg.), *Research in Psychotherapy III,* Chicago: American Psychological Association.

Analogie zwischen exogenen und endogenen Neurotransmittern

Exogene Neurotransmitter	endogene Neurotransmitter
Tryptamine	
Psilocybin/Psilocin	Serotonin
Bufotenin	
5-Meo-DMT/DMT/	5-Meo-DMT/N,N-DMT/
LSD	Endopsychedelika
Harmalin/Harmin	ß-Carboline
Ibogain	
Yohimbin	
Phenethylamine	
Phenethylamin	Phenethylamin
Meskalin	Dopamin
Amphetamine/-derivate	Adrenalin
(Ephedrin, MDMA usw.)	
Kokain	Noradrenalin
Morphine	
Opiumalkaloide	Endorphin/Enkephalin
Opiate/Heroin	
Tropan-Alkaloide	
Atropin	Acetylcholin
Scopolamin	
diverse Gruppen	
PCP/Ketamin	Angeldustin
Muscimol/Ibotensäure	GABA
THC/Cannabinoide	Anandamid
Valium	Endovalium

Hartwig Kopp-Delany
Bardo und der Nebelkönig

Im Garten meiner Großtante Katharina S, den sie liebevoll pflegte, gab es Jahr für Jahr und im Wechsel der Jahreszeiten immer wieder Ereignisse besonderer Natur. Einmal war es die üppige Jasminblüte, die den Garten in ein Paradies aus Duft verwandelte, dann die Blüte des Sommerflieders, der hunderte der schönsten Schmetterlinge anzog. Auch war in regelmäßigen Abständen ein Reiher zu Gast, der sich ebenso lässig wie geduldig ein paar Fische aus dem Teich herauspickte. Kaum war der Vogel gelandet, bekam er einen neugierigen Zuschauer. Das Pony meiner Tante, welches auf der anliegenden Weide graste, beäugte den stelzigen Vogel über den Koppelzaun hinweg, als prüfe er die schrullige Erscheinung auf die Möglichkeit eines gemeinsamen Spieles hin.

In unvergleichlicher Erinnerung aber blieb mir eine Geschichte, die mir kürzlich widerfuhr. Ich lag auf dem Rücken unter dem Kirschbaum und haschte mit den Augen die Sonne, die in blitzenden Strahlen durch das im Wind spielende Blattwerk fiel. Ich glaubte, eine Elfe zu sehen. Sie baumelte in Verkleidung einer Raupe an einem der Blätter, die am tiefsten Ast des Baumes kaum einen Meter über der Erde hingen.

An einem dünnen Faden seilte sie sich auf meine Brust hinunter und blieb dort eine Weile eingerollt liegen, als wolle sie es sich für längere Zeit bequem machen. Ich hatte noch nie das Vergnügen gehabt, mich mit einer Elfe zu unterhalten, darum bat ich sie, mir etwas über sich zu erzählen, vielleicht ein besonderes Ereignis aus ihrem Leben.

Ich sei wohl nicht ganz bei Sinnen, hörte ich eine Stimme in meinem Kopf, eine Raupe könne keine Elfe sein, und eine Elfe könne sich einem Menschen nicht mitteilen, und überhaupt sei das alles ein ziemlicher Unsinn, der geneigt sei, einen Menschen um den Verstand zu bringen. Und so wies mich diese Stimme in heftiger Rede zurecht, was mich gleichermaßen überraschte wie erheiterte, denn nun war ich erst recht neugierig geworden auf die seltsame Erscheinung.

Ich fragte sie einfach nach ihrem Namen und schob gleich die Bemerkung hinterher, daß sie mich in meiner Absicht, mit ihr zu plaudern, nicht abbringen könne. Da ich in der Lage sei, sie zu hören, müsse eine Unterhaltung möglich sein. Außerdem hielte ich nichts von weltanschaulichen Theorien, welche den gegebenen Tatsachen widersprächen.

Das schien ihr plausibel, und sie meinte, dann sei es so, wie es sei, und sie begann von ihrem Dasein als Raupe zu erzählen, einer Raupe, die auf den Namen Bardo hörte.

»Natürlich bin auch ich unter einem Kohlblatt geboren worden«, sagte sie. »Obwohl ich selbst keine bewußte Erinnerung an dieses Ereignis habe, sehe ich doch, wie andere winzige Raupen aus kleinen Kügelchen kriechen und ihr Leben mit dem Fressen von Blättern beginnen. Tradition, eine grünbärtige Raupe, zeigte mir die für mein Geschlecht bekömmlichsten Blattsorten und unterließ nicht die Warnungen bezüglich gewisser Pflanzen, die giftig seien, Übelkeit hervorriefen oder gar tödlich sein konnten. Die Unterweisungen waren streng, doch schon

für Albert Hofmann

»Was für die Raupe das Ende der Welt bedeutet, ist für den Rest der Welt ein Schmetterling.«
RICHARD BACH

bald kannte ich alles und bedurfte keiner Aufsicht mehr.«

Die Sommertage erschienen grün, satt und alles war mehr als reichlich vorhanden. Wie ich erfuhr, begnügte Bardo sich nur mit den üblichen Pflanzen, die auch im Überfluß vorhanden waren, und fraß sich lustig runder und runder, und sie wurde eine starke, gesunde und sogar etwas fettliche Raupe und war, das gab sie unumwunden zu, ein wenig stolz auf ihre stattliche Größe.

Eines Tages, Bardo vermutete, daß sie schon sehr lange nur gefressen und gefressen hatte, führte ihr Weg sie an einen Teich. Ich erkannte aus ihrer Beschreibung, daß es sich um jenen Teich handelte, den meine Tante schon vor vielen Jahren angelegt und mit allerlei Wasserpflanzen begrünt und mit Goldfischen besetzt hatte. Von der spiegelnden Oberfläche fasziniert, kletterte Bardo auf ein Blatt, welches sich schlank wie ein Krummsäbel über das Wasser bog und mit der Spitze beinahe hineintauchte. Kaum hatte sie das Ende

des Blattes erreicht, da faßte jemand einen Büschel ihrer langen Raupenhaare. Sie wollte sich zurückziehen, doch sie konnte nicht.

Da schrie sie ins Wasser: »Höre, wer immer du auch bist, laß meine Haare, oder ich verfluche dich!« Doch sie wurde nur stärker niedergezogen, und das Wasser kam ihrem Mund bedrohlich nahe. Da verlegte sie sich aufs Bitten, doch das ganze Blatt tauchte mit ihr im Wasser unter, noch bevor sie ein zweites Mal um ihr Leben flehen konnte.

Da sagte plötzlich jemand im Wasser: »Wenn du mir davon gibst, wovon du in deiner Welt nicht essen darfst, dann lasse ich dich los.«

Bardo schlug ein. Sie hätte diesem Teufel alles versprochen, denn sie drohte unter Wasser zu ersticken, obwohl sich eine kleine Luftblase zwischen ihren Haaren verfangen hatte, aus der sie aufgeregt atmete.

»Ich verspreche es dir!« rief sie. »Aber sag mir, wer du bist und wo ich dich finde.«

»Überall!« entgegnete die tiefe Stimme lachend. »Du brauchst mich nicht zu suchen, denn ich finde dich wo du auch bist und das zu jeder Zeit. Suche nur, und suche schnell, denn ich bin ungeduldig und hungrig!«

Bardo war ganz elend zumute. Als sich das Blatt aus dem Wasser wieder ans Licht erhob, seufzte sie tief und weinte. Dann aber wandte sie sich dem Ufer zu und irrte zwei Tage und zwei Nächte im Garten umher, um den grünbärtigen Lehrer Tradition zu finden, der sie einst unterrichtet hatte. Er würde wissen, was sie dem Ungeheuer im Wasser bringen müsse, um vom Fluch und ihrem Versprechen wieder frei zu werden.

Ein sonniger Morgen war angebrochen, und der Wind wehte bunte Handtücher an der Wäscheleine hin und her, als Bardo mit dem grünbärtigen Lehrer auf der freien Rasenfläche beinahe zusammenstieß.

»Endlich!« rief Bardo und berichtete mit hastigen Worten ihre Erlebnisse. »Was darf ich hier nicht essen? Wovon spricht das Ungeheuer im Teich?«

»Das wächst nicht in unserem Bereich«, entgegnete der Lehrer. »Das ist himmlische Speise und verboten für Erdenwesen wie wir es sind.«

»Wer behauptet das?« wollte Bardo wissen.

Als Tradition zaudernd mit einer Erklärung zurückhielt, bohrte sie immer stetiger nach und fand den Lehrer bald in die Enge getrieben.

»Frag mich nicht nach diesen Dingen«, sagte Tradition. »Sie sind geneigt, dir den Verstand zu vernebeln. Wer davon ißt, muß bereit sein, zu sterben. Du mußt deinen Körper aufgeben. Das kann nicht einmal der Teufel von dir verlangen.«

»Aber ich muß wissen, was es ist, und wo es wächst.«

»Das wissen nur die Kröten, aber das ist niederes Volk. Damit läßt man sich nicht ein!«

»Und wo finde ich eine Kröte?«

Der Lehrer wurde sehr wütend als er sah, daß Bardo von ihrem Vorhaben nicht abzubringen war und richtete sich auf: »Was ich weiß, habe ich dir berichtet, hör auf, nach Dingen zu suchen, die nicht unsere Sache sind.«

Da stürzte von einem Wäschepfeiler plötzlich eine schwarze Gestalt auf sie herab, und noch ehe sich Bardo ganz zusammenrollen konnte, fühlte sie sich schmerzhaft von einem Schnabel zusammengedrückt. Auch der Lehrer drehte und wand sich mit den beiden freien Enden. Ihm schien es besonders übel zu ergehen, denn sein Gesicht wurde blaß und seine Augen verdrehten sich ganz schrecklich. Der Vogel hüpfte mit einigen Sätzen über den Rasen und wollte wohl gerade zum Flug ansetzen, als eine Katze ihn mit einem Prankenhieb erwischte. Der Schnabel riß auf, und der Kehle entsprang ein fürchterlicher Schrei. An mehr konnte sich Bardo nicht erinnern, denn erst in der Nacht wachte sie auf und sah den toten Lehrer neben sich. Es donnerte und grollte.

Erste dicke Regentropfen fielen. Bardo fand keine Zeit, den Bärtigen zu betrauern. Jetzt hieß es, schnell Deckung suchen, denn allzubald konnte sich die Umgebung in ein unüberwindliches Meer verwandeln. Doch kaum hatte sie so gedacht, da prasselte auch schon der Regen, als gieße man ihn aus Kübeln. Bald gab es keinen Halt mehr an den Gräsern, und wie im Handumdrehen bildete sich eine Flut, die sich den leicht abschüssigen Rasen hinunter gegen den Teich zu fließen anschickte. Bardo wurde mitgerissen. Sie taumelte und rollte in den Fluten, und es schien endlos zu gehen, bis sie sich zwischen Blattwerk verfing, welches zu den Uferpflanzen des Teiches gehörte. Benommen versuchte Bardo sich zu orientieren. Ihr Blick war noch nicht ganz klar, da erfaßte sie die Konturen einer glitschigen, grün-bräunlichen Kröte mit häßlichen Runzeln und dicken schwarz-braunen Noppen.

»Wie kommst du hierher?« rief Bardo. »Eine Kröte wie dich habe ich gesucht.«

Das eklige Etwas drehte seine Glupschaugen und hob die Schultern. »Niemand weiß, wie es dazu kam, daß wir sind, wo wir sind. Du bist hier, ich bin hier, du bist auf der Suche, ich bin auf der Suche. Niemand weiß, warum du suchst. Ich weiß nicht, warum ich will, daß ich immerfort suche und suche.«

»He, he«, räusperte sich Bardo und spuckte noch etwas Wasser aus. »Ich weiß, warum ich dich suche. Ich weiß auch, daß du eine Kröte bist.«

»Du *siehst* eine Kröte«, entgegnete die Kröte. »Aber bin ich darum eine Kröte?«

»Was immer du auch bist, beantworte mir bitte eine Frage.« Weil die Kröte begann, sie genauestens zu mustern und dabei scheinbar gleichgültig schwieg, trug Bardo ihr ganzes Anliegen laut und deutlich vor, denn die schweren Regentropfen schlugen geräuschvoll platschend in den Teich. Noch während der letzten Sätze, Bardo war schon beinahe heiser geworden, hörte der Regen endlich auf.

»Schrei nicht so«, maulte die Kröte. »Gegen ein Geschenk erteile ich Auskunft.«

Bardo erschrak. Ein Geschenk? Sie wand sich, lächelte verlegen und begann, in einschmeichelnder Weise zu plaudern, denn sie wußte beim besten Willen nicht, was sie der Kröte schenken sollte.

Als das garstige Ding das vernahm, lächelte es mild: »Aber ich will nichts weiter als nur deine Fähigkeit, dich zu verwandeln. Ich war lange genug im Körper einer Kröte. Ich möchte werden, was du werden könntest.«

»Du meinst, ein Schmetterling?«

»Genau das meine ich.«

Bardo sann eine Weile darüber nach, und kam zu dem Entschluß, daß sie wohl niemals ein Schmetterling werden könnte, wenn sie bereits als Raupe sterben müßte, und das wäre sicherlich der Fall, wenn sie dem Ungeheuer im Wasser nicht das brächte, was es verlangte. Es war gewiß nicht bequem, was die Kröte als Gegenleistung von ihr wollte, doch schien es der einzig mögliche Ausweg zu sein. Und so willigte Bardo ein und übertrug der Kröte – wie in solchen Fällen üblich – durch dreifache Willensbekundung ihre Fähigkeit zur Wandlung. Die Kröte holte tief Luft, blies ihre Backen dick und kugelrund auf, um ein zufriedenes Quaken abzulassen. Damit war der mündliche Vertrag besiegelt.

Nun hielt die Kröte ihren Teil der Abmachung und schilderte in allen Details, um was es sich bei der für Raupen verbotenen Speise handele. Es seien Pilze, die dem Nebelkönig gehörten. Er ließe sie unscheinbar auf dem Misthaufen wachsen, damit jeder sie verachte. »Und bewacht werden sie von seinen Raben. Du wirst auf der Hut sein müssen. Doch nachts schlafen die Vögel.«

»Und wo finde ich einen solchen Misthaufen?« wollte Bardo wissen.

»Nichts einfacher als das«, entgegnete die Kröte. »Direkt neben dem Ponystall ist einer zu finden, das heißt etwa sechzig bis siebzig große Hüpfer in nördlicher Richtung.« Sie beschrieb sogar eine kleine Abkürzung, denn als Raupe war es ja möglich, durch das dichte Beet der Rosen hindurchzukrabbeln, ohne sich den geringsten Kratzer zuzuziehen

»Was immer dir unterwegs begegnet«, riet die Kröte noch, »sprich mit niemandem über deine Absichten, frage niemanden nach dem Weg, sonst wird das Ungeheuer die Speise nicht mehr nehmen. Und laß es dir nicht in den Sinn kommen, von der teuflischen Speise zu essen. Du wirst sterben, noch bevor du zurück am Teich bist, um deine Gabe abzuliefern.«

»Ich werde deinen Rat befolgen«, versprach Bardo, orientierte sich kurz und freute sich, daß der Mond hier und da durch die dicken Wolken brach und den Weg erhellte. Alles war still, denn das Brausen des Windes hatte sich gelegt. Nur ein Käuzchen, das im Kirschbaum saß, rief traurig ahnend in die Nacht.

Bardo kam gut voran, und sie mochte etwa zwei Drittel der Stecke zurückgelegt haben, da regte sich – kaum einen Krötensprung vor ihr – ein welkes Ahornblatt am Boden. Der Schreck war größer als die wirkliche Gefahr, hatte Bardo in ihrer eingebildeten Angst Ungeheuer aus der Unterwelt erwartet, so tauchte unter dem Blatt nur ein farbenfrohes Schneckenpaar hervor, welches sich kichernd als Zwillingsbruder und Schwester vorstellte.

»Wohin des Wegs?« fragte der Bruder, während seine beiden Augen, die wie kleine Knospen auf langen Antennen saßen, sich neugierig in Bardos Richtung drehten.

»Man trollt so herum, kein bestimmtes Ziel«, entgegnete diese.

»Dann darf man sich wohl anschließen?« fragte die Schwester und warf mit einer Kopfbewegung eine rot gefärbte Haarsträhne über ihre Schulter zurück.

»Ich bedarf weder des Schutzes noch bin ich zu heiteren Gesprächen aufgelegt«, entgegnete Bardo so unfreundlich, wie sie es eben durch ihre Kehle bringen konnte.

»Nun, dann werden wir dich aufheitern«, erwiderte die Schwester. »Mein Bruder und ich haben die besten Mittel, die man sich denken kann."

»Ich bin..., ich bin«, stotterte Bardo und hoffte mit einer Lüge die launigen Quälgeister abzuschütteln. »Ich bin auf Pilgerfahrt und darf nicht viele Worte machen.«

»Ein Pilger ist`s...«, sang da der Bruder lang und breit und wurde dabei so laut, daß man Angst haben konnte, er wecke alle Tiere in der Nachbarschaft auf.

Bardo zuckte angewidert, tat aber, als ignoriere sie die Leichtsinnigkeit der beiden und setzte ihren Weg unverzüglich fort. Was gab es doch für schleimiges Gewürm! Sie durfte und wollte sich nicht unterhalten, und nun zwang man ihr Gespräche auf. Sie hastete und pustete, doch die scheinbar angetrunkene Gesellschaft folgte ihr auf dem Fuß. Der Hügel des Misthaufens erschien bereits in schattiger Kontur, da versuchte Bardo einen letzten, einen verzweifelten Trick, die Geschwister loszuwerden. Sie wolle, so versprach sie, die beiden auf ihrem Rückweg hier wieder treffen, wenn sie sich jetzt nur ein wenig ausruhen wollten. Sie wäre dann bereit, ihnen eine Geschichte zu erzählen, die sie gewiß in Staunen versetzen würde.

»Wir staunen bereits«, lachte die Schwester.

»Wir kommen aus dem Staunen niemals raus«, kicherte der Bruder. Und Bardo wurde klar, daß es unmöglich sein würde, die beiden abzuschütteln.

Nun kamen sie dem Haufen Mist immer näher, und es geschah, was geschehen mußte. Als die Schnecken sahen, daß herrliche Pilze am Rande des Haufens wuchsen, stießen sie einen lauten Freudenschrei aus.

»Noch ein Geschenk der Götter!« riefen beide wie aus einem Mund und krochen so schnell, daß Bardo

241

»Pflanzliche Halluzinogene lösen Gewohnheiten auf und ermöglichen, die eigenen Motivationen von einer weniger egozentrischen und besser geerdeten Warte aus zu betrachten. Töricht, wer glaubt, der psychedelische Weg sei frei von Risiko. Kurzsichtig, wer glaubt, das Risiko lohne sich nicht. Was wir brauchen, ist die erfahrbare Bestätigung eines übergreifenden Leitbildes, einer Metapher, die der Gesellschaft und dem Individuum als Grundlage eines neuen Selbstmodells dienen kann.«
TERENCE MCKENNA
Plan – Plant – Planet
(1990: 9)

CD-Cover der Grunge-Band Screaming Trees; die Illustration knüpft an die kiffende Raupe auf dem Pilz in Alice's Wunderland an

kaum folgen konn- konnte. Nur wenige Augenblicke waren vergangen, und die Schnecken hingen mit ihren schleimigen Leibern auf den kleinen Pilzen und fraßen mit kräftigen Bissen.

»Wie könnt ihr von der Speise essen, die für alle Erdenwesen tödlich ist?«

Da lachten die Schnecken und riefen in alle vier Himmelsrichtungen ihre Freunde und Verwandte. Das würde eine richtige Party geben heute Nacht.

»Was dir vielleicht schadet, ist für meinen Gaumen ein Genuß«, sagte der Bruder.

»Nicht allen ist es verboten, Pilze zu essen«, ergänzte die Schwester. »Jedes Wesen hat andere Verdauungssäfte. Vielleicht solltest auch du einmal probieren.«

Bardo lehnte entrüstet ab.

»Dennoch brauche ich ein paar Brocken von dieser Speise für…« Bardo stockte.

»Wofür immer du sie brauchst«, kicherte die Schwester. »Greif zu!«

Bardo wollte sich für ihr Tun rechtfertigen, doch wie sie sich auch drehte, sie konnte und durfte sich nicht erklären. Natürlich würden die Schnecken glauben, sie wolle heimlich von den Pilzen essen. Doch sie würde niemals gegen ein Tabu verstoßen. Tabus, so hatte Tradition gelehrt, seien göttliche Gesetze, die man nicht ohne schreckliche Folgen brechen würde. Doch hin oder her, warum wurde sie von Ungeheuern gequält, obwohl sie sich an die Ordnung hielt?

»Diese Pilze lindern die Schmerzen des Leibes und der Seele«, schmatzte der Bruder. »Das Unge-

heuer wird diese Medizin wohl brauchen, um aus der Hölle endlich in den Himmel zu kommen.«

Bardo war sprachlos. Wie war das möglich? Sie hatte nichts von alledem verraten. Als sie sich wieder gefaßt hatte sprach sie leise: »Was weißt du von dem Ungeheuer?«

»Nicht mehr als du auch«, entgegnete der Bruder. »Es ist der Nebelkönig. Er spielt mit uns allen, der große Lügner. Er steckt in jedem Ding. Tauche in ihn ein, und du wirst sein wahres Wesen erkennen.«

»Was ist sein wahres Wesen?«

»Wie willst du etwas beschreiben, was du nicht kennst? Sein wahres Wesen ist Illusion. Und diese erkennst du nur, wenn du in sie eindringst.«

Bardo verstand nun gar nichts mehr und gestand in ihrem Durcheinander alles, was ihr widerfahren war, auch ihren Kummer über die vermachte Fähigkeit, sich als Raupe in einen Schmetterling zu verwanden. Da hatten die Geschwister Mitleid, wußten aber keinen Rat. Sie brachen ein paar Stücke aus dem schönsten Pilz und reichten sie Bardo.

»Bring deinem Ungeheuer diese Speise«, sagte der Bruder. »Und laß von dir hören, wie es dir erging.«

Dankbar und doch mit sehr gemischten Gefühlen nahm Bardo die Stücke an, verfrachtete sie auf ihren Rücken und erreichte kurz vor Sonnenaufgang den Rand des Teiches.

Als sich Bardo am Ufer umsah, saß vor ihr plötzlich eine schillernde Libelle auf einem Irisblatt. Sie stieg sogleich surrend in die Luft und umrauschte die erschöpfte Raupe, die traurig wurde, da sie bemerkte, mit welcher Leichtigkeit und Eleganz man sich in der Welt der Luftgeister bewegen konnte.

»Was ist mit dir?«

Bardo schüttete ihr Herz aus.

»Das also ist die Speise für das Ungeheuer hier im Wasser?«

Bardo nickte.

Da lachte die Libelle und gab sich als Kröte zu erkennen.

»Nun hast du auch noch dein Leben als Raupe verspielt. Du hättest weder über dein Schicksal noch über deine Aufgabe reden dürfen. Wirf die Speise ins Wasser. Nicht einmal der dümmste Fisch wird von diesen Stücken fressen. Du wirst nicht mehr lange auf der Erde weilen. Raben werden dich fressen, du hast ein Tabu gebrochen!« Und mit einem verhöhnenden Lachen stieg die Libelle surrend auf, flog kunstvoll eine Schleife und schwirrte mit glitzernden Regenbogenflügeln über das Wasser davon.

Nun war Bardo klar, daß sie alle Kraft für die Zukunft verloren hatte. Jede Hoffnung auf Sinn und Wandlung ihres Lebens war dahin. Da brach ein heftiges Weinen aus ihr hervor, und sie erkannte, welch gemeine Streiche das Leben aufrichtigen Wesen spielen kann. Sie wußte nicht, wie lange sie geweint hatte. Die Libelle ließ sich nicht mehr sehen, und obwohl die ersten Lichtstrahlen der Sonne das Wasser farbig aufblitzen ließen, war alle Lebensfreude in Bardo erloschen. Da entschloß sie sich, die giftigen Pilze zu essen, um dem elenden Leben ein Ende zu bereiten.

Anfangs kaute sie langsam, als wolle sie ihr Schicksal doch noch einmal wenden. Dann aber nahm sie den Rest und würgte ganze Brocken hinunter. Sie wollte es schnell hinter sich bringen. Als sie fertig war, wunderte sie sich ein wenig. Die Pilze hatten nicht bitter geschmeckt, wie man ihr prophezeit hatte, und weder Kopfweh noch Übelkeit stellten sich ein. Im Gegenteil, recht Sonderbares geschah. Während sie auf ihren Tod wartete, wurde ihr ganz leicht und heiter zumute. Wie aus tiefster Vergessenheit lösten sich die Schleier, die ihr Schicksal verhangen hatten, und sie wußte, sie würde nicht sterben, sie wußte, warum sie gerade hier und an dieser Stelle die verbotenen Pilze gegessen und was alles Elend zu bedeuten hatte. Und aus dem Nebel tiefster Ahnung tauchte das Geheimnis der Transzendenz wieder auf, welches sie der Kröte vermacht hatte. Bardo wußte genau, was zu tun war. Nach kurzem Suchen war ein gemütliches Versteck gefunden, und mit geschicktem Weben spann sie sich ein.

Die Merkwürdigkeiten waren keineswegs zu Ende. Unerwartetes geschah. Unter dem Einfluß der Pilze wurde ihr Kokon ganz anders, als die traditionellen Klausen der Wandlung. Er war größer, und farbig war er auch. Mit ein wenig Phantasie, hätte man ihn für einen aus glitzernden Fäden gewebten Pilz halten können. Nun, das ging vielleicht ein wenig zu weit, aber er funkelte wie ein Kristall.

»So wurde aus mir kein Schmetterling«, sagte das kleine Wesen auf meiner Brust, »sondern eine Elfe.« Und tatsächlich sah ich jetzt deut-

Hartwig Kopp

ist Schriftsteller, Klarträumer und Weltenreisender. Er hat mehrere Romane verfaßt, die von Jungianischer Psychologie beeinflußt wurden (z.B. *The Space Between*, 1992); sowie Artikel zur Bewußtseinsforschung im *Jahrbuch für Ethnomedizin und Bewußtseinsforschung* und in der ethnomedizinischen Zeitschrift *Curare*. Unter dem Pseudonym DANIEL DELANY hat er den ethnopharmakologischen Roman *Der Hexentrank* (1994) veröffentlicht

lich, daß die Raupe, die eben noch vor mir lag, ein ganz anderes Aussehen angenommen hatte. Sie stand in buntem Blumenröckchen auf zwei Beinen, weniger als daumengroß. Winzige blonde Locken fielen über ihren geflügelten Rücken, und sie war einfach wunderschön.

»Schade«, sagte sie. »So viele Raupen wissen nicht, daß sie sich in Elfen wandeln könnten. Ich habe einigen von Ihnen davon erzählt, aber sie lachten mich nur aus. Sie folgen weiter den grünbärtigen Lehrern, werden Schmetterlinge, fliegen zur Eiablage und sterben bald danach. Doch heute abend werde ich dem Nebelkönig wieder helfen und mich in einen Frosch verwandeln. Er hat nämlich vorgestern eine neugierige Raupe unter Wasser gezogen und auf die Suche nach der verbotenen Speise geschickt. Armes Ding, aber ich werde sie wohl oder übel ein klein wenig erschrecken müssen. Das gehört nun mal zum Spiel. Oder wie denkst du darüber?«

Christian Rätsch
Bibliographie

Die letzte umfangreiche, und wohl sehr komplette Bibliographie zu den Zauberpilzen und zu Psilocybin ist schon recht alt:
WASSON, R. Gordon
1963 »The Hallucinogenic Mushrooms of Mexico and Psilocybin: A Bibliography« *Botanical Museum Leaflets, Harvard University* 20(2a): 25-73c. [Second printing, with corrections and addenda]

Die Literatur zu den mesoamerikanischen Pilzsteinen ist (bis 1976) erfaßt in:
MAYER, Karl Herbert
1977 *The Mushroom Stones of Mesoamerica*. Ramona, CA: Acoma Books.

[Reprinted from *Archiv für Völkerkunde* 29(1975): 37-73, Wien: Museum für Völkerkunde].

In der folgenden Bibliographie* sind einige, bereits von Wasson 1963 angeführten Publikationen sowie die wichtigsten seither erschienenen Werke erfaßt. Die Publikationen zu den Pilzen und zum Psilocybin von R. GORDON WASSON und ALBERT HOFMANN sind wegen ihrer herausragenden Bedeutung vollständig aufgenommen worden.

* Seit kurzem ist eine Bibliographie auf CD Rom angekündigt, die jedoch bei der Bearbeitung der vorliegenden Bibliographie noch nicht vorlag: ALLEN, JOHN W. & MARK D. MERLIN, 1995, *Teonanacatl: a Bibliography of Entheogenic Fungi*. CD-ROM published by Psychedelic Illuminations.

A

AARONSON, BERNARD & HUMPHRY OSMOND (Hg.)
1970 *Psychedelics*. Garden City, NY: Anchor Books (Doubleday).
AGUILERA, CARMEN
1985 *Flora y fauna mexicana: Mitolgía y tradiciones*. Mexico, D.F.: Editorial Everest Mexicana.
ALLEN, JOHN W.
1991 »Commercial Activities Related to Psychoactive Fungi in Thailand« *Boston Mycological Club Bulletin* 46(1): 11-14.
1993 »Iconae plantarum inebriantium - 2« *Integration* 4: 81-87.
ca.1994a »A Short Note on the Home Cultivation of *Panaeolus subbalteatus*« *Psychedelic Illuminations* # 5: 32-33.
ca.1994b »Close Encounters of the *Panaeolus* Kind« *Psychedelic Illuminations* # 5: 58-62.
ALLEN, JOHN W., JOCHEN GARTZ & GASTÓN GUZMAN
1992 »Index to the Botanical Identification and Chemical Analysis of the Known Species of the Hallucinogenic Mushrooms« *Integration* 2&3: 91-97.
ALLEN, JOHN W. & MARK D. MERLIN
1992a »Psychoactive Mushroom Use in Koh Samui and Koh Pha-Ngan, Thailand« *Journal of Ethnopharmacology* 35(3): 205-228.
1992b »Psychoactive Mushrooms in Thailand: Some Aspects of Their Relationship to Human Use, Law and Art« *Integration* 2&3: 98-108.
1992c »Observations Regarding the Suspected Psychoactive Properties of *Panaeolina foenisecii* MAIRE« *Jahrbuch für Ethnomedizin und Bewußtseinsforschung* 1(1992): 99-115, Berlin: VWB.
ALLEN, John W., Mark D. MERLIN & KARL L. R. JANSEN
1991 »An Ethnomycological Review of Psychoactive Agarics in Australia and New Zealand« *Journal of Psychoactive Drugs* 23(1): 39-69.
ALLEN, TAMARA D.
1994 »Research in Archetypal Art Therapy with Psilocybin« *Maps* 5(1): 39-40.

AVILA B., ALEJANDRO DE, A. L.
WELDEN & GASTÓN GUZMÁN
1980 »Notes on the Ethnomycology of Hueyapan, Morelos, Mexico« *Journal of Ethnopharmacology* 2(4): 311-321.

B

BADHAM, EDMOND R.
1984 »Ethnobotany of Psilocybin Mushrooms, especially *Psilocybe cubensis*« *Journal of Ethnopharmacology* 10(2): 249-254.
1985 »The Influence of Humidity upon Transpiration and Growth in *Psilocybe cubensis*« *Mycologia* 77(6): 932-939.

BAER, GERHARD
1986 »'Der vom Tabak Berauschte' - Zum Verhältnis von Rausch, Ekstase und Wirklichkeit« *Verhandlungen Naturf. Ges. Basel* Bd. 96: 67-84.

BALDWIN, MAITLAND & ALBERT HOFMANN
1969 »Hallucinations« in: P. J. VINKEN & G. W. BRUYN (Hg.), *Handbook of Clinical Neurology* Vol.4, Chapter 7, S.327-339, Amsterdam: North-Holland Publishing Co.

BAUER, GERD
1992 »Wabernde Wellen, döhnende Glocken: Herr Thionville trifft *Stropharia cubensis*« *Integration* 2&3: 130-132.

BAUER, WILHELM
1908 »Heidentum und Aberglaube unter den Maçateca-Indianern« *Zeitschrift für Ethnologie* 40: 857-865.

BE/AS [= RUDOLF BRENNEISEN et al.]
199? »Psilocybe« in: *Hagers Handbuch der Pharmazeutischen Praxis* (5.Aufl): 287-295, Berlin usw.: Springer-Verlag.

BECK, J. E. & D. V. BORDON
1982 »Psilocybian Mushrooms« *The PharmChem Newsletter* 11(1): 1-4.

BENEDICT, R. G., R. G. BRADY, A. H. SMITH & V. E. TYLER
1962 »Occurence of Psilocybin and Psilocin in Certain *Conocybe* and *Psilocybe* Species« *Lloydia* 25: 156-159.

BENITEZ, FERNANDO
1964 *Los hongos alucinantes.* México, D.F.: Ediciones Era.
Benjamin, C.
1979 »Persistent Psychiatric Symptoms after Eating Psilocybin Mushrooms« *British Medical Journal* 6174: 1319-1320.

BEUG, MICHAEL W. & JEREMY BIGWOOD
1982 »Psilocybin and Psilocin Levels in Twenty Species from Seven Genera of Wild Mushrooms in the Pacific Northwest, U.S.A.« *Journal of Ethnopharmacology* 5(3): 271-285.

BIGWOOD, JEREMY & MICHAEL W. BEUG
1982 »Variation of Psilocybin and Psilocin Levels with Repeated Flushes (Harvests) of Mature Spororcarps of *Psilocybe cubensis* (EARLE) SINGER« *Journal of Ethnopharmacology* 5(3): 287-291.

BLUM, RICHARD and Associates
1965 *Utopiates: The Use and Users of LSD 25.* London: Tavistock.

BÖTTCHER, HELMUTH M.
1959 *Wunderdrogen: Die abenteuerliche Geschichte der Heilpilze.* Köln, Berlin: Kiepenheuer & Witsch.

BORHEGYI, STEPHAN F. DE
1961 »Miniature Mushroom Stones from Guatemala« *American Antiquity* 26(4): 498-504.
1963 »Pre-Columbian Pottery Mushrooms from Mesoamerica« *American Antiquity* 28(3): 328-338.

1965 »Some Unusual Mesoamerican Portable Stone Sculptures in the Museum für Völkerkunde Berlin« *Baessler-Archiv* N.F. 13: 171-206.

1969a »'Miniature' and Small Stone Artifacts from Mesoamerica« *Baessler-Archiv* N.F. 17: 245-264.

1969b »Stone, Bone, and Shell Objects from Lake Amatitlan, Guatemala« *Baessler-Archiv* N.F. 17: 265-302.

BORNER, STEFAN & RUDOLF BRENNEISEN

1987 »Determination of Tryptamines in Hallucinogenic Mushrooms Using High-Performance Liquid Chromatography with Photodiode Array Detection« *Journal of Chromatography* 408: 402-408.

BRACK, A., ALBERT HOFMANN, F. KALBERER, H. KOBEL & J. RUTSCHMANN

1961 »Tryptophan als biogenetische Vorstufe des Psilocybins« *Archiv der Pharmazie* 294./66. Bd. (Nr.4): 230-234.

BRAU, JEAN-LOUIS

1969 *Vom Haschisch zum LSD.* Frankfurt/M.: Insel. Enthält das umfangreiche Kapitel »Halluzinogene Pilze« (S. 127-178)

BRENNEISEN, RUDOLF & STEFAN BORNER

1988 »The Occurence of Tryptamine Derivatives in *Psilocybe semilanceata*« *Zeitschrift für Naturforschung* 43c: 511-514.

BRESINSKY, ANDREAS & HELMUT BESL

1985 *Giftpilze.* Stuttgart: WVG.

BROWN, CHRISTOPHER

1987 »R.Gordon Wasson: 22 September 1893-23. December 186« *Economic Botany* 41(4): 469-473.

C

CACERES, A.

1984 *In Xochitl in Cuicatl: Hallucinogens and Music in Mesoamerican Amerindian Thought.* Thesis, University of Indiana, Bloomington, IN.

CALAME, BLAISE

1993 »Champignons interdits: Les hallucinés du pâturage« *L'Illustré* 29.9.93: 34-35.

CASO, ALFONSO

1963 »Representaciones de hongos en los códices« *Estudios de Cultura Náhuatl* 4: 27-38.

CASTANEDA, CARLOS

1973 *Die Lehren des Don Juan: Ein Yaqui-Weg des Wissens.* Frankfurt/M.: Fischer TB.

1975 *Eine andere Wirklichkeit: Neue Gespräche mit Don Juan.* Frankfurt/M.: Fischer TB.

CASTAYNE, GEORGE

1968 »The Crime Game« in: RALPH METZNER (Hg.), *The Ecstatic Adventure*, S. 163-169, New York: Macmillan.

CERLETTI, A. & ALBERT HOFMANN

1963 »Mushrooms and Toadstools« *The Lancet* January 5, 1963: 58-59. [Letter to the Editor]

CETTO, BRUNO

1987/88 *Enzyklopädie der Pilze* (4 Bde.). München: BLV.

CHILTON, W. SCOTT, JEREMY BIGWOOD & ROBERT E. JENSEN

1979 »Psilocin, Bufotenine and Serotonin: Historical and Biosynthetic Observations« *Journal of Psychedelic Drugs* 11(1-2): 61-69.

CHRISTANSEN, A. L., K. E. RASMUSSEN & K. HØILAND

1981 »The Content of Psilocybin in Norwegian *Psilocybe semilanceata*« *Planta Medica* 42: 229-235.

1984 »Detection of Psilocybin and Psilocin in Norwegian Species of *Pluteus* and *Conocybe*« *Planta Medica* 45: 341-343.

CLARK, JONATHAN
1970 »Psilocybin: The Use of Psilocybin in a Prison« in: Bernard AARONSON & HUMPHRY OSMOND (Hg.),*Psychedelics*, S. 40-44, Garden City, NY: Anchor Books (Doubleday & Co.).

COE, MICHAEL D.
1990 »A Vote for Gordon Wasson« in: Th. J. RIEDLINGER (Hg.), *The Sacred Mushroom Seeker*, S. 43-45, Portland, Oregon: Dioscorides Press.

CORTÉS, JESÚS
1979 »La medicina tradicional en la Sierra Mazateca« *Actes du XLIIe Congrès des Américanistes* Bd.6: 349-356, Paris: Societé de Américanistes.

COX, PAUL ALLEN
1981 »Use of a Hallucinogenic Mushroom, *Copelandia cyanescens*, in Samoa« *Journal of Ethnopharmacology* 4(1): 115-116.

D

DÄHNCKE, ROSE MARIE
1993 *1200 Pilze in Farbfotos*. Aarau: AT Verlag.

DAWSON, P.
1975 *A Guide to the Major Psilocybin Mushrooms of British Columbia (Psilocybe semilanceata)*. Vancouver, B.C.: Self-published.

DEKORNE, JIM
1994 *Psychedelic Shamanism*. Port Townsend, WA: Loompanics Unlimited.

DEVEREUX, PAUL
1992 *Shamanism and the Mystery Lines*. New York usw.: Quantum.

DEWHURST, K.
1980 »Psilocybin Intioxication (Letter)« *British Journal of Psychiatry* 137: 303-304.

DIAZ, JOSÉ LUIS
1977 »Ethnopharmacology of Sacred Psychoactive Plants Used by the Indians of Mexico« *Annual Review of Pharmacology and Toxiocology* 17: 647-675.
1979 »Ethnopharmacology and Taxonomy of Mexican Psychodysleptic Plants« *Journal of Psychedelic Drugs* 11(1-2): 71-101.

DIBBLE, CHARLES E. & ARTHUR J. O. ANDERSON
1963 *Florentine Codex, Book 11 – Earthly Things*. Santa Fe: The University of Utah.

DOBKIN DE RIOS, MARLENE
1974 »The Influence of Psychotropic Flora and Fauna on Maya Religion« *Current Anthropology* 15(2): 147-164.
1990 *Hallucinogens: Cross-Cultural Perspectives*. Bridport/Dorset: Prism Press.

DÖRFELT, HEINRICH (Hg.)
1989 *Lexikon der Mykologie*. Stuttgart, New York: Gustav Fischer Verlag.

E

EISNER, BETTY GROVER
1995 »Huautla - Place Where Eagles are Born« *Jahrbuch für Ethnomedizin und Bewußtseinsforschung* 4 (im Druck), Berlin: VWB.

ELFERINK, JAN G. R.
1988 »Some Little-Known Hallucinogenic Plants of the Aztecs« *Journal of Psychoactive Drugs* 20(4): 427-435.

EMBODEN, WILLIAM A.
1979 *Narcotic Plants* (Revised and Enlarged). New York: Macmillan.
1981 »Pilz oder Seerose – literarische und bildliche Zeugnisse von Nymphaea als rituellem

Psychotogen in Mesoamerika« in: G. VÖLGER (Hg.), *Rausch und Realität*, Bd.1: 352-357, Köln: Rautenstrauch-Joest Museum.

1982 »The Mushroom and the Water Lily: Literary and Pictorial Evidence for *Nymphaea* as a Ritual Psychotogen in Mesoamerica« *Journal of Ethnopharmacology* 5(2): 139-148.

1983 »The Ethnobotany of the Dresden Codex with Special Reference to the Narcotic Nymphaea ampla« *Botanical Museum Leaflets* 29(2): 87-132.

1990 »Whence Ethnomycology?« *The Albert Hofmann Foundation Bulletin* 1(4): 8.

ENOS, L.
1970 *A Key to the American Psilocybin Mushroom*. Lemon Groove, CA: Youniverse.

ESCALANTE H., ROBERTO & ANTONIO LOPEZ G.
1974 »Hongos sagrados de los Matlazincas« In: *Atti del XL Congresso Internazionale degli Americanisti* Bd.2: 245.

ESTRADA, ÁLVARO
1980 *Maria Sabina - Botin der heiligen Pilze*. München: Trikont.

F

FERICGLA, JOSEP MARIA
1994 *El Hongo y la génesis de las culturas*. Barcelona: Los Libros de la Liebre de Marzo.

FESTI, FRANCESCO
1985 *Funghi allucinogeni: Aspetti psichofisiologici e storici*. Rovereto: Musei Civici di Rovereto (LXXXVI Pubblicazione).

FESTI, FRANCESCO & GIOVANNI ALIOTTA
1990 »Piante psicotrope spontanee o coltivate in Italia« *Annali dei Musei Civici di Rovereto* 5(1989): 135-166.

FINDLAY, W. P. K.
1982 *Fungi: Folklore, Fiction, & Fact*. Richmont, England: Richmond Publishing Co.

FISCHER, ROLAND, RONALD FOX & MARY RALSTIN
1972 »Creative Performance and the Hallucinogenic Drug-Induced Creative Experience« *Journal of Psychedelic Drugs* 5(1): 29- 36. [Über Psilocybin und Kreativitätsforschung]

FORCIER, MICHAEL W. & RICK DOBLIN
1994 »Longterm Follow-Up to Leary's Concord Prison Psilocybin Study« *Maps* 4(4): 20-21.

FORTE, ROBERT
1988 »A Conversation with R. Gordon Wasson (1898-1986)« *ReVision* 10(4): 13-30.

FRASER, L.
1992 »Xochipilli: A Context for Ecstasy« *Whole Earth Review* 75: 38-43.

FURST, PETER T.
1972 (Hg.), *Flesh of the Gods*. New York: Praeger.

1974 »Hallucinogens in Precolumbian Art« in: MARY ELIZABETH KING & Idris R. TRAYLOR, Jr. (Hg.), *Art and Environment in Native America*, The Museum of Texas Tech, Texas Tech University (Lubbock), Special Publication, no.7.

1976a *Hallucinogens and Culture*. Novato, CA: Chandler & Sharp.

1976b »Fertility, Vision Quest and Auto-Sacrifice« in: *Segunda Mesa Redonda de Palenque* 3: 181-193, Pebble Beach, CA: Pre-Columbian Art Research.

1981 »Pflanzenhalluzinogene in frühen amerikanischen Kulturen – Mesoamerika und die Anden« in: G. VÖLGER (Hg.), *Rausch und Realität*, Bd.1: 330-339, Köln: Rautenstrauch-Joest Museum.

1986 *Mushrooms: Psychedelic Fungi*. New York: Chelsea House

Publishers (Second Edition 1992).

1990 »Schamanische Ekstase und botanische Halluzinogene: Phantasie und Realität« in: G. GUNTERN (Hg.), *Der Gesang des Schamanen*, S. 211-243, Brig: ISO-Stiftung.

G

GARTZ, JOCHEN

1985a »Zur Analytik der Inhaltsstoffe zweier Pilzarten der Gattung Conocybe« *Pharmazie* 40(5): 366.

1985b »Zum Nachweis der Inhaltsstoffe einer Pilzart der Gattung *Panaeolus*« *Pharmazie* 40(6): 431f.

1986 »Ethnopharmakologie und Entdeckungsgeschichte der halluzinogenen Wirkstoffe von europäischen Pilzen der Gattung *Psilocybe*« *Zeitschrift für ärztliche Fortbildung* 80: 803-805.

1986 »Untersuchungen zum Vorkommen des Muscarins in *Inocybe aeruginascens* BABOS« *Zeitschrift für Mykologie* 52(2): 359-361.

1986 »Vorkommen von Psilocybin und Baeocystin in Fruchtkörpern von *Pluteus salicinus*« Planta Medica 1987 No.3: 290-291.

1986 »Quantitative Bestimmung der Indolderivate von *Psilocybe semilanceata* (Fr.) KUMM.« *Biochem. Physiol. Pflanzen.* 181: 117-124.

1986 »Nachweis von Tryptaminderivaten in Pilzen der Gattungen *Gerronema, Hygrocybe, Psathyrella* und *Inocybe*« *Biochem. Physiol. Pflanzen* 181: 275-278.

1986 »Psilocybin in Mycelkulturen von *Inocybe aeruginascens*« *Biochem. Physiol. Pflanzen* 181: 511-517.

1987 »Variation der Indolalkaloide von *Psilocybe cubensis* durch unterschiedliche Kultivierungsbedingungen« *Beiträge zur Kenntnis der Pilze Mitteleuropass* 3: 275-281.

1989 »Occurence of Psilocybin, Psilocin and Baeocystin in *Gymnopilus purpuratus*« *Persoonia* 14: 19-22.

1991a »Einflüsse von Phosphat auf Fruktifikation und Sekundärmechanismen der Myzelien von *Psilocybe cubensis, Psilocybe semilanceata* und *Gymnopilus purpuratus*« *Zeitschrift für Mykologie* 57: 149-154.

1991b »Psychotrope Inhaltsstoffe in verschiedenen einheimischen Pilzarten« *Jahrbuch des Europäischen Collegiums für Bewußtseinsstudien* (ECBS) 1991: 101-108, Berlin: VWB.

1992a »Further Investigations on Psychoactive Mushrooms of the Genera *Psilocybe, Gymnopilus* and *Conocybe*« *Annali dei Musei civici - Rovereto* 7(1991): 265-274.

1992b *Inocybe aegurascens*, ein 'neuer' Pilz Europas mit halluzinogener Wirkung« *Jahrbuch für Ethnomedizin und Bewußtseinsforschung* 1 (1992): 89-98, Berlin: VWB.

1992c »Der älteste bekannte Pilzkult - ein mykologischer Vergleich« *Jahrbuch des Europäischen Collegiums für Bewußtseinsstudien* (ECBS) 1992: 91-94, Berlin: VWB.

1993a *Narrenschwämme: Psychotrope Pilze in Europa.* Genf/Neu- Allschwil: Editions Heuwinkel.

1993b »Eine neuere Methode der Pilzzucht aus Nordamerika« *Integration* 4: 37-38.

1993c »New Aspects of the Occurence, Chemistry and Cultivation of European Hallucinogenic

Mushrooms« in: *Atti del 2° Convegno Nazionale sugli Avvelenamenti da Funghi, Ann. Mus. Civ. Rovereto, Suppl.* vol.N.8 (1992): 107-123.
1994a »Das Letzte von Ötzi« *Jahrbuch für Ethnomedizin und Bewußtseinsforschung* 2 (1993): 163, Berlin: VWB.
1994b »Fuchsbandwurm und Pilze« *Jahrbuch für Ethnomedizin und Bewußtseinsforschung* 2 (1993): 165-166, Berlin: VWB.
1994c »Ethnopharmakologie psilocybinhaltiger Pilze im pazifischen Nordwesten der USA« in: *Jahrbuch des Europäischen Collegiums für Bewußtseinsstudien* 1993/1994: 159-164.
1994d »Extraction and Analysis of Indole Derivatives from Fungal Biomass« *Journal of Basic-Microbiology* 34(1): 17-22.
1995 »Psychotrope Pilze in Ozeanien« *Curare* 18(1).

GARTZ, JOCHEN, JOHN W. ALLEN & MARK D. MERLIN
1994 »Ethnomycology, Biochemistry, and Cultivation of *Psilocybe samuiensis* GUZMÁN, BANDALA and ALLEN, a New Psychoactive Fungus from Koh Samui, Thailand« *Journal of Ethnopharmacology* 43: 73-80.

GARTZ, J.[OCHEN] & G. DREWITZ
1985 »Der erste Nachweis von Psilocybin in Rißpilzen« *Zeitschrift für Mykologie* 51(2): 199-203.

GEERKEN, HARTMUT
1988 *mappa*. Spenge: Klaus Kramm. [Ein literarischer Pilztrip]

GELPKE, RUDOLF
1962 »Von Fahrten in den Weltraum der Seele: Berichte über Selbstversuche mit Delysid (LSD) und Psilocybin (CY)« *Antaios* 3: 393-411.
1995 *Vom Rausch im Orient und Okzident* (2.Auflage). Mit einem neuen Nachwort von MICHAEL KLETT. Stuttgart: Klett-Cotta.

GESCHWINDE, THOMAS
1990 *Rauschdrogen: Marktformen und Wirkungsweisen*. Berlin usw.: Springer-Verlag.

GHOULED, F. C.
1972 *Field Guide to the Psilocybin Mushroom: Species Common to North America*. New Orleans: Guidance Publications.

GNIRSS, FRITZ
1959 »Untersuchung mit Psilocybin, einem Phantastikum aus dem mexikanischen Rauschpilz *Psilocybe mexicana*« *Schweizer Archiv für Neurologie, Neurochirurgie und Psychiatrie* 84: 346-348.

GOLOWIN, SERGIUS
1973 *Die Magie der verbotenen Märchen: Von Hexendrogen und Feenkräutern*. Hamburg: Merlin Verlag.
1991 »Psychedelische Volkskunde« in: W. BAUER et al. (Hg.), *Der Fliegenpilz*, S.43-65, Köln: Wienand Verlag. [Überarbeitete, erweiterte und aktualisierte Fassung von GOLOWIN 1971 in *Antaios* 12: 590-604.]

GONZALEZ TORRES, YOLOTL
1989 »Altered States of Consciousness and Ancient Mexican Ritual Techniques« in: M. HOPPAL & O. J. VON SADOVSKY (Hg.), *Shamanism: Past and Present*, S. 349-353, Budapest, Los Angeles: ISTOR Books.

GOTTLIEB, ADAM
1976 *Psilocybin Producer's Guide*. Kistone Press.

GRAVES, ROBERT [= RANKE-GRAVES]
1960 *Food for Centaurs*. New York: Doubleday.
1992 *The Greek Myths* (Complete Edition). London: Penguin Books.

GRINSPOON, LESTER & JAMES B. BAKALAR
1981 *Psychedelic Drugs Reconsidered*. New York: Basic Books.

GROF, STANISLAV
1978 *Topographie des Unbewußten: LSD im Dienst der tiefenpsychologischen Forschung.* Stuttgart: Klett-Cotta.
1994 *Totenbücher: Bilder vom Leben und Sterben.* München: Kösel.

GRUBER, ELMAR
1982 *TranceFormation: Schamanismus und die Auflösung der Ordnung.* Basel: Sphinx.
Darin ein Kapitel über María Sabina und die mexikanischen Pilze (S.154ff.).

GUERRA, FRANCISCO
1967 »Mexican Phantastica: A Study of the Early Ethnobotanical Sources on Hallucinogenic Drugs« *British Journal of Addiction* 62: 171-187.
1971 *The Pre-Columbian Mind.* London: Seminar Press.
1990 *La medicina precolombiana.* [Spanien:] Instituto de Cooperacion Iberoamericana.

GUZMÁN, GASTÓN
1978a »Further Investigations of the Mexican Hallucinogenic Mushrooms with Descriptions of New Taxa and Critical Observations on Additional Taxa« *Nova Hedwigia* 29: 625-664.
1978b *Hongos.* México, D.F.: Editorial Limusa.
1980 *Identificación de los hongos: Comestible, venenosos y alucinantes.* México, D.F.: Editorial Limusa.
1983a *The Genus Psilocybe.* Vaduz, Liechtenstein: Beihefte zur Nova Hedwigia, Nr.74.
1983b »Los hongos de la Península de Yucatán« *Biotica* 8: 71-100.
1990 »Wasson and the Development of Mycology in Mexico« in: Th. J. RIEDLINGER (Hg.), *The Sacred Mushroom Seeker,* S.83-110, Portland, Oregon: Dioscorides Press.
1992 »The Sacred Mushrooms in Mesoamerica« in: Teruo MIYANISHI (Hg.), *Memoria de Primer Simposium Internacional de Medicina Maya - The Ancient Maya and Hallucinogens,* S.75-89, Wakayama, Japan:Wakayama Univ.

GUZMÁN, GASTÓN, V. M. BANDALA & JOHN W. ALLEN
1993 »A New Bluing *Psilocybe* from Thailand« *Mycotaxon* 46: 155-160.

GUZMÁN, GASTÓN & JONATHAN OTT
1976 »Description and Chemical Analysis of a New Species of Hallucinogenic *Psilocybe* from the Pacific Northwest« *Mycologia* 68(6): 1261-1267.

GUZMÁN, GASTÓN, JONATHAN OTT, JERRY BOYDSTON & STEVEN H. POLLOCK
1976»Psychotropic Mycoflora of Washington, Idaho, Oregon, California and British Columbia« *Mycologia* 68(6): 1267-1272.

H

HAARD, RICHARD & KAREN HAARD
1980 *Poisonous & Hallucinogenic Mushrooms* (2nd Edition). Seattle: Homestead Book Co.

HALIFAX, JOAN
1981 *Die andere Wirklichkeit der Schamanen.* Bern, München: O.W.Barth/Scherz.
Darin: Auszüge aus einem Interview mit María Sabina, das von Alberto Ongaro geführt und im El Europeo vom 25.11.1971 abgedruckt wurde.

HARNER, MICHAEL
1973 (Hg.), *Hallucinogens and Shamanism.* London usw.: Oxford University Press.
1994 *Der Weg des Schamanen: Ein praktischer Füher zu innerer Heilkraft.* Genf, München: Ariston Verlag. [= Harner 1990]

HARRIS, BOB
1989 *Growing Wild Mushrooms: A Complete Guide to Cultivating Edible and Hallucinogenic Mushrooms* (Revised Edition). Seattle: Homestead Book Co.

HASENEIER, MARTIN
1992 »Der Kahlkopf und das kollektive Unbewußte: Einige Anmerkungen zur archetypischen Dimension des Pilzes« *Integration* 2&3: 5-38. [Reprinted in: RIPPCHEN]

HATFIELD, G. M., L. J. VALDES & A. H. SMITH
1978 »The Occurence of Psilocybin in Gymnopilus Species« *Lloydia* 41(2): 140-144.

HAUSNER, MILAN & MARTA SEMERDZIEVA
1991 »'Acid Heads' und 'Kahlköpfe' in Forschung und Therapie - Zum Stand der Psycholyse in der Tschechoslowakei« *Jahrbuch des Europäischen Collegiums für Bewußtseinsstudien* (ECBS) 1991: 109-118, Berlin: VWB.

HEFFERN, RICHARD
1974 *Secrets of Mind-Altering Plants of Mexico.* New York: Pyramid.

HEIM, ROGER
1959 *Les investigations anciennes et récentes propes aux Agarics hallucinogènes du Mexique, à leur action et aux substaces qui en sont responsables.* Paris: Masson.
1963 *Les Champignons Toxiques et Hallucinogènes.* Paris: Editions N. Boubee. [2. Aufl. 1978]

HEIM, ROGER, ARTHUR BRACK, HANS KOBEL, ALBERT HOFMANN & ROGER CAILLEUX
1958 »Déterminisme de la formation des carpophores et des sclérotes dans la culture du „psilocybe mexicana" HEIM, agaric hallucinogène du Mexique, et mise en évidence de la psilocy bine et dans de la psilocine« *Comptes rendus des séances de l'Académie des Sciences* (Paris) 246: 1346-1351.

HEIM, ROGER & ALBERT HOFMANN
1958a »Isolement de la Psilocybine à partir de *Stropharia Cubensis* EARLE et d'autre espèces de champignons hallucinogènes mexicains appartenant au genre *Psilocybe*« *Compt. rend. Acad. sc. Paris* 247: 557-561.
1958b »La psilocybine et la psilocine chez les psilocybes et *strophaires* hallucinogènes« in: HEIM & WASSON: 258-262.

HEIM, ROGER, ALBERT HOFMANN & H. TSCHERTER
1966 »Sur une intoxication collective à syndrome psilocybien causée en France par un Copelandia« *Comtes rendus Académie. Sc.* (Paris) 262: 519-523.

HEIM, ROGER et al.
1966 »Nouvelles investigations sur les champignons hallucinogènes« *Archives du Muséum National d'Histoire Naturelle* 9(1965-1966): 111-220 + 11 planches.

HEIM, ROGER & R. GORDON WASSON
1958 »Les champignons hallucinogènes du Mexique« *Archives du National d'Histoire Naturelle*, Septième Série, Tome VI, Paris. [siehe Review by WALTER H. SNELL in: *Mycologia* 52(1960): 169-170]
1965 »The 'Mushroom Madness' of the Kuma« *Botanical Museum Leaflets* 21(1): 1-36.

HEYDEN, DORIS
1985 *Mitologia y simbolismo de la flora en el México prehispanico.* México, D.F.: UNAM.

HOFFER, A. & H.[UMPHREY] OSMOND
1967 *The Hallucinogens.* New York, London: Academic Press.

HOFMANN, ALBERT
1958 »La psilocybine sur une auto-expérience avec le *psilocybe mexicana* HEIM« in: HEIM & WASSON: 278-280.

1959a »Psychotomimetic Drugs: Chemical and Phamacologial Aspects« *Acta Physiol. Pharmacol. Neerlandica* 8: 240-258.

1959b »Chemical Aspects of Psilocybin, the Psychotropic Principle from the Mexican Fungus, *Psilocybe mexicana* HEIM« in: BRADLEY et al. (Hg.), *Neuro-Psychopharmacology*, S. 446-448, Amsterdam: Elsevier.

1960a »Die psychotropen Wirkstoffe der mexikanischen Zauberpilze« *Chimia* 14: 309-318.

1960b »Die psychotropen Wirkstoffe der mexikanischen Zauberpilze« *Verhandlungen der Naturforschenden Gesellschaft in Basel* 71: 239-256.

1960c »Das Geheimnis der mexikanischen Zauberpilze gelüftet« *Radio + Fernsehen - Schweizer Radiozeitung* Nr.4, 1960: 8-9.

1960d »Psychotomimetica: Chemische, pharmakologische und medizinische Aspekte« *Svensk Kemisk Tidskrift* 72(12): 723-747.

1961a »Die Erforschung der mexikanischen Zauberpilze« *Schweizerische Zeitschrift für Pilzkunde* 1: 1-10.

1961b »Psychotomimetics, Chemical, Pharmacological and Clinical Aspects« *The Indian Practitioner* 14: 195-197.

1961c »Die Erforschung der mexikanischen Zauberpilze« *Basler Nachrichten* Nr. 468 (3.Nov.).

1961d »Chemical, Pharmacological and Medical Aspects of Psychotomimetics« *J. Expt. Med. Sc.* 5(2): 31-51.

1962 »Arzneimittel pflanzlicher Herkunft« *Kontakt* 15: 4.

1963 »Psychotomimetic Substances« *The Indian Journal of Pharmacy* 25(8): 245-256.

1964a »Die Erforschung der mexikanischen Zauberpilze und das Problem ihrer Wirkstoffe« *Basler Stadtbuch* 1964: 141-156.

1964b *Die Mutterkornalkaloide*. Stuttgart: Enke.

1964c »Mexikanische Zauberdrogen und ihre Wirkstoffe« *Planta Medica* 12(3): 341-352.

1965 »Pilzgifte als Halluzinogene« *Selecta* VII, 2146 (No. 49).

1966 »Alcaloides indoliques isolés de plantes hallucinogènes et narcotique du Mexique« in: CENTRE NATIONAL DE LA RECHERCHE SCIENTIFIQUE, Paris (Hg.), *Colloques internationaux du Centre National de la Recherche Scientifique: Phytochimie et Plantes Médicinales des Terres du Pacifique, Noméa (Nouvelle-Calédonie) 28.4.-5.5.1964*, S. 223-241.

1967 »Psycho-aktive Stoffe aus Pflanzen« *Therapie-Woche* 43: 1739-1746.

1968 »Psychotomimetic Agents« in: ALFRED BURGER (Hg.), *Chemical Constitution and Pharmacodynamic Action, Volume II: Drugs Affecting the Central Nervous System*, Chapter V, S.169-235, New York: M. Dekker Inc.

1969 »Investigaciones sobre los hongos alucinogenos mexicanos y la importancia que tienen en la medicina sus substancias activas« *Artes de México* 16(Nr.124): 23-31.

1970a »Les Hallucinogènes« *La Recherche Atomes* 3: 239-257.

1970b »The Discovery of LSD and Subsequent Investigations on Naturally Occuring Hallucinogens« in: F. J. AYD, jr. & B. BLACKWELL (Hg.), *Discoveries in Biological Psychiatry*, S.91-106, Philadelphia, Toronto: J. B. Lippencott.

1970c »Struktur und Synthese der Halluzinogene« *Journal Mondial de Phamacie* 3(13): 187-205.

1970d »Psychoaktive Drogen als Berührungspunkt naturwissenschaftlicher Forschung mit modernem Mystizismus« *Neue Züricher Zeitung* Nr.105 (4.3.70): 27-29.
1971a »The Active Principles of the Seeds of *Rivea corymbosa* (L.) HALL F. (Ololiuhqui, Badoh) and *Ipomoea tricolor* Cav. (Badoh Negro)« in: *Homenaje a Roberto J. Weitlaner*, 349-357, Mexcio: UNAM.
1971b »Gli allucinogeni« *Panorama Medico Sandoz* Nr.1: 4-10.
1971c »Teonanácatl and Ololiuqui, two Ancient Magic Drugs of Mexico« *Bulletin on Narcotics* 23(1): 3-14. [auch in der französischen Ausgabe]
1972 »Teonanácatl and Ololiuqui, two Ancient Magic Drugs of Mexico« in: S. A. FOURNIER (Hg.), *Libro Homenaje al Professor Dionisio Nieto G.*, S.??????, México, D.F.: .
1975 »LSD und die mexikanischen Zauberdrogen: Ihr Aspekt in der heutigen Rauschmittelwelle« *Norddeutsche Gesellschaft für ärztliche Fortbildung* XVI: 3-15, München: Werk-Verlag Dr. E. Banaschewski.
1979 *LSD - Mein Sorgenkind* (1.Aufl.). Stuttgart: Klett-Cotta.
1979 »Planification et hasard dans la recherche de la chimie pharmaceutique« *Bulletin Sandoz* No. 50: 4-17.
1986a »Profil« *Sphinx* (Magazin) 35 Dez.85/Jan.86: 38-41.
1986b *Einsichten - Ausblicke*. Basel: Sphinx.
1987a »Die heiligen Pilze in der Heilbehandlung der MarÍa Sabina« in: ADOLF DITTRICH & CHRISTIAN SCHARFETTER (Hg.), *Ethnopsychotherapie*, S.45-52, Stuttgart: Enke.
1987b »Pilzliche Halluzinogene vom Mutterkorn bis zu den mexikanischen Zauberpilzen« *Der Champignon* 310: 22-28.
1990 »The Discovery of the Psychoactive Components of the Magic Mushrooms of Mexico« *The Albert Hofmann Foundation Bulletin* 1(4): 6-7.
1992 »Naturwissenschaft und mystische Welterfahrung« *Jahrbuch für Ethnomedizin und Bewußtseinsforschung* 1(1992): 9-16, Berlin: VWB. [Auch als *Der Grüne Zweig* 150, Löhrbach/Solothurn: Joint Venture]
1993a »Chemistry and Pharmacology of the 'Sacred Mushrooms' of Mexico« in: *Atti del 2° Convegno Nazionale sugli Avvelenamenti da Funghi, Ann. Mus. Civ. Rovereto*, Suppl.vol.N.8 (1992): 97-106.
1993b *LSD - Mein Sorgenkind* (korrigierte Neuauflage, mit einem neuen Vorwort zum LSD-Jubiläum). München: dtv.
1993c »Maria Sabina und die heiligen Pilze« in: C. RÄTSCH (Hg.), *Naturverehrung und Heilkunst*, S.213-222, Südergellersen: Verlag Bruno Martin.

HOFMANN, ALBERT, A. FREY, H. OTT, TH. PETRZILKA & F. TROXLER
1958 »Konstitutionsaufklärung und Synthese von Psilocybin« *Experientia* 14(11): 397-401.

HOFMANN, ALBERT, ROGER HEIM, A. BRACK & H. KOBEL
1958 »Psilocybin, ein psychotroper Wirkstoff aus dem mexikanischen Rauschpilz *Psilocybe mexicana* HEIM« *Experientia* 14(3): 107-112.

HOFMANN, ALBERT, ROGER HEIM, A. BRACK, H. KOBEL, A. FREY, H. OTT, TH. PETRZILKA & F. TROXLER
1959 »Psilocybin und Psilocin, zwei psychotrope Wirkstoffe aus

mexikanischen Rauschpilzen« *Helvetica Chimica Acta* 42 (No.162): 1557-1572.

HOFMANN, ALBERT, ROGER HEIM & HANS TSCHERTER
1963 »Présence de la psilocybine dans une espèce européenne d'Agaric, le *Psilocybe semilanceata* Fr.Note (*) de MM.« in: *Comptes rendus des séances de l'Académie des Sciences* (Paris), t. 257: 10-12.

HOFMANN, ALBERT & F. TROXLER
1959 »Identifizierung von Psilocin« *Experientia* 15(3): 101-104.

HOILAND, K.
1978 »The Genus Psilocybe in Norway« *Norwegian Journal of Botany* 25: 111-122.

HOOGSHAGEN, SEARLE
1959 »Notes on the Sacred (Narcotic) Mushrooms from Coatlán, Oaxaca, Mexico« *Oklahoma Anthrop. Society, Bulletin* 7: 71-74.

HUTTERER ARIZA, OSCAR
1992 »María Sabina - Shamana de los Teonanácates« in: TERUO MIYANISHI (Hg.), *Memoria de Primer Simposium Internacional de Medicina Maya - The Ancient Maya and Hallucinogens*, S.3-15, Wakayama, Japan: Wakayama University.

HUXLEY, ALDOUS
1984 *Eiland*. München: Piper.
1983 *Moksha: Auf der Suche nach der Wunderdroge*. München: Piper.

HYDE, C., G. GLANCY, P. OMEROD, D. HALL & G. S. TAYLOR
1978 »Abuse of Indigenous Psilocybin Mushrooms: A New Fashion and Some Psychiatric Complications« *British Journal of Psychiatry* 132: 602-604.

J

INCHAUSTEGUI, CARLOS
1977 *Relatos del mundo mágico mazateco*. México, D.F.: INAH.
1983 *Figuras en la niebla: relatos y creencias de los mazatecos*. México, D.F.: Premia Editora.

JOKIRANTA, J. ET AL.
1984 »Psilocybin in Finnish *Psilocybe semilanceata*« *Planta Medica* 50: 277-278.

JOHNSON, JEAN BASSET
1939a »The Elements of Mazatec Witchraft« *Ethnological Studies* (= *Etnologiska Studier*) 9: 128-150.
1939b »Some Notes on the Mazatec« *Revista Mexicana de Estudios Antropológicos* 3: 142-156.
1940 »Note on the Discovery of Teonanacatl« *American Anthropologist* N.S. 42: 549-550.

JORDAN, MICHAEL
1989 *Mushroom Magic*. London: Elm Tree Books.

JOSUTTIS, MANFRED & LEUNER, HANS-CARL (Hg.)
1972 *Religion und die Droge*. Stuttgart usw.: Kohlhammer (T-Reihe).

JOVANÉ, ANA (Hg.)
1994 *De México al Mundo: Plantas*. México, D.F.: Grupo Azabache. [Kapitel »Hongos enteógenos«, S.118-119]

JÜNGER, ERNST
1980 *Annäherungen: Drogen und Rausch*. Frankfurt/M., Berlin, Wien: Klett-Cotta im Ullstein TB.

K

KAPLAN, REID W.
1975 »The Sacred Mushroom in Scandinavia« *Man* N.S. 10: 72-79.

Kell, Volkbert
1991 *Giftpilze und Pilzgifte*. Wittenberg Lutherstadt:: Ziemsen Verlag (Die Neue Brehm-Bücherei, Bd. 612).

Knecht, Sigrid [später Lechner-Knecht]
1961 »Magische Pilze« *Neue Wissenschaft* 10(2).

Köhler, Ulrich
1976 »Mushrooms, Drugs, and Potters: A New Approach to the Function of Precolumbian Mesoamerican Mushroom Stones« *American Antiquity* 41 (2): 145-153.

Koike, Yutaka, Kohko Wada, Genjiro Kusano, Shigeo Nozoe & Kazumasa Yokoyama
1981 »Isolation of Psilocybin from *Psilocybe argentipes* and Its Determination in Specimens of Some Mushrooms« *Journal of Natural Products* (Lloydia) 44(3): 362-365.

Kotschenreuther, Hellmut
1978 *Das Reich der Drogen und Gifte*. Frankfurt/M. usw.: Ullstein.

Kriegelsteiner, G. J.
1984 »Studien zum *Psilocybe cyanescens*-Komplex in Europa« *Beiträge zur Kenntnis der Pilze in Mitteleuropa* 1: 61-94.

Krippner, Stanley
1970 »Psilocybin: An Adventure in Psilocybin« in: Bernard Aaronson & Humphry Osmond (Hg.), *Psychedelics*, S.35-39, Garden City, NY: Anchor Books (Doubleday & Co.).

Krippner, Stanley & Patrick Scott
1987 *Zwischen Himmel und Erde: Spirituelles Heilen der Schamanen, Hexen, Priester und Medien* Dusslingen: Chiron. Darin ein Kapitel über María Sabina (S. 50-54).

L

La Barre, Weston
1980 *Culture in Context: Selected Writings of Weston La Barre*. Durham, NC: Duke University Press.
1989 *The Peyote Cult, Fifth Edition, Enlarged*. Norman und London: University of Oklahoma Press.
1990 *The Ghost Dance: Origins of Religion*. Prospect Heights, Illinois: Waveland Press.

Laatsch, Hartmut
1994 »Das Fleisch der Götter - Von den Rauschpilzen zur Neurotransmission« in: Adolf Dittrich, Albert Hofmann & Hans-Carl Leuner (Hg.), *Welten des Bewußtseins*, Bd,.3: 181-195, Berlin: VWB.

Leary, Timothy
1970 »The Religious Experience: Its Production and Interpretation« *Journal of Psychedelic Drugs* 3(1): 76-86.
1986 *Denn sie wussten was sie tun: Eine Rückblende*. Basel: Sphinx.

Lechner-Knecht, Sigrid
1978 *Reise ins Zwischenreich - Begegnungen mit Wundertätern und Zauberpriestern*. Freiburg: Herder. Enthält ein Kapitel über eine Pilzerfahrung mit María Sabina (vgl. Knecht 1961).

Leginger, Thomas
1981 *Urwald: Eine Reise zu den Schamanen des Amazonas*. München: Trikont-dianus.

Lehane, Brendan
1977 *The Power of Plants*. Maidenhead: McGraw-Hill.

Leistenfels, H. V.
o.D. *Pilze* (plus «Glücks-Pilze» von Micky Remann). Löhrbach: Werner Pieper's Medien-Xperimente (Der Grüne Zweig 65c).

Skandinavisches Felsbild eines Geisterbootes mit Pilzsymbolen (vgl. Kaplan 1975)

LEUENBERGER, HANS
1969 *Zauberdrogen: Reisen ins Weltall der Seele.* Stuttgart: Henry Goverts Verlag. Danach als:
1979 *Mexiko - Land links vom Kolobri.* Frankfurt/M.: Fischer.

LEUNER, HANSCARL
1962 *Die experimentelle Psychose.* Berlin usw.: Springer (Springer-Monographien 95).
1963a »Die Psycholytische Therapie: Klinische Psychotherapie mit Hilfe von LSD-25 und verwandten Substanzen« *Zeitschrift für Psychotherapie und medizinische Psychologie* 13: 57ff.
1963b »Die optische Halluzinose und ihre Sinngehalte« *Psychopathologie und bildnerischer Ausdruck,* 3.Serie, Basel/ Nürnberg: Sandoz AG.
1966 »Psychotherapie mit Hilfe von Halluzinogenen« *Arzneimittelforschung* 16: 256ff.
1971 »Die Halluzinogenwirkung und ihre religionspsychologische Bedeutung« *Archiv für Religionspsychologie*10: 59ff.
1972 »Ekstase und religiöses Erleben durch Halluzinogene beim modernen Menschen« in: JOSUTTIS & LEUNER: 38-53.
1981 *Halluzinogene.* Bern usw.: Huber.

LEUNER, HANSCARL & G. BAER
1965 »Two Short Acting Hallucinogens of the Psilocybin-Group« in: D. BENTE & P. B. BRADLEY (Hg.), *Neuro-Pharmacology,* Amsterdam: Elsevier.

LEUNG, A. Y. & A. G. PAUL
1969 »The Relationship of Carbon and Nitrogen Nutrition of *Psilocybe baeocystis* to the Production of Psilocybin and its Analogs« *Lloydia* 32 (1): 66-71.

LEVI-STRAUSS, CLAUDE
1992 *Strukturale Anthropologie* II. Frankfurt/M.: Suhrkamp.

LI, HUI-LIN
1975 »Hallucinogenic Plants in Chinese Herbals« *Botanical Museum Leaflets* 25(6): 161-181.

LINDER, ADRIAN
1981 »Kultischer Gebrauch psychoaktiver Pflanzen in Industriegesellschaften - kulturhistorische Interpretation« in: *Rausch und Realität,* Bd. 2: 724-729, Köln: Rautenstrauch Joest Museum.

LIPP, FRANK J.
1971 »Ethnobotany of the Chinantec Indians, Oaxaca, Mexico« *Economic Botany* 25: 234-244.
1990 »Mixe Concepts and Uses of Entheogenic Mushrooms« in: RIEDLINGER: 151-159.
1991 *The Mixe of Oaxaca: Religion, Ritual, and Healing.* Austin: University of Texas Press.

LOW, TIM
1990 *Bush Medicine: A Pharmacopoeia of Natural Remedies.* North Ride NSW: Angus & Robertson.

LOWY, BERNARD
1971 »New Records of Mushroom Stones from Guatemala« *Mycologia* 63(5): 983-993.
1972 »Mushroom Symbolism in Maya Codices« *Mycologia* 64: 816-821.
1974 »Amanita muscaria and the Thunderbolt Legend in Guatemala and Mexico« *Mycologia* 66(1): 188-191.
1975 »Notes on Mushrooms and Religion« *Revista/Review Interamericana* 5(1): 110-117.
1977 »Hallucinogenic Mushrooms in Guatemala« *Journal of Psychedelic Drugs* 9(2): 123-125
1980 »Ethnomycological Inferences from Mushroom Stones, Maya Codices, and Tzutuhil Legend« *Revista/Review Interamericana* 10 (1): 94-103.

M

MACKENZIE, NORMAN
1978 *Träume.* Wiesbaden: Emil Vollmer Verlag. Der Autor vergleicht Traumzustände mit psychedelischen Erfahrungen ausgelöst durch Psilocybin und LSD.

MCDONALD, A.
1980 »Mushrooms and Madness: Hallucinogenic Mushrooms and Some Psychopharmacological Implications« *Canadian Journal of Psychiatry* 25: 586-594.

MCGUIRE, THOMAS
1982 »Ancient Maya Mushroom Connection: A Transcendental Interaction Model« *Journal of Psychoactive Drugs* 14 (3): 221-238.

MCKENNA, TERENCE
1988 »Hallucinogenic Mushrooms and Evolution« *ReVision* 10 (4): 51-57.
1989 *Wahre Halluzinationen.* Basel: Sphinx.
1991 *The Archaic Revival.* San Francisco: Harper.
1992 *Food of the Gods: The Search for the Original Tree of Knowledge.* New York usw.: Bantam.
1993 »Bei den Ayahuasqueros« in: Ch. RÄTSCH (Hg.), *Das Tor zu inneren Räumen,* S. 105-139, Südergellersen: Verlag Bruno Martin.

MCKENNA, DENNIS J. & TERENCE K. MCKENNA
1975 *The Invisible Landscape: Mind, Hallucinogens, and the I Ching.* New York: The Seabury Press, A Continuum Book. [Revised and Updated Edition: San Francisco: Harper, 1993]

MANDEL, MICHAEL
1992 »Eine sonderbare Begegnung« *Integration* 2&3: 132-133. [Erfahrungsbericht mit *Psilocybe sp.* in San Augustín, Kolumbien]

MARTINEZ, MAXIMINO
1987 *Catálogo de nombres vulgares y científicos de plantas mexicanas.* México, D.F.: Fondo de Cultura Económica.

MARTINETZ, DIETER
1994 *Rauschdrogen und Stimulantien: Geschichte - Fakten - Trends.* Leipzig, Jena, Berlin: Urania.

MAYER, KARL HERBERT
1975 »Die heiligen Pilze Mexikos« *Ethnologia Americana* 11(5): 594-596 &11(6): 603-608.
1977 *The Mushroom Stones of Mesoamerica.* Ramona, CA: Acoma Books. [Enthält eine ausgezeichnete Bibliographie]

MENSER, GARY P.
1977 *Hallucinogenic and Poisonous Mushroom Field Guide.* Berkeley, CA: And/Or Press.

METZNER, RALPH
1970 »Mushrooms and the Mind« in: BERNARD AARONSON & HUMPHRY OSMOND (Hg.), *Psychedelics,* S. 90-107, Garden City, NY: Anchor Books (Doubleday & Co.).

MILLER, WALTER S.
1956 *Cuentos Mixes.* (Einleitung von ALFONSO VILLA ROJAS). México, D.F. INI.
1966 »El tonalamtl mixe y los hongos sagrados« in: *Homenaje a Roberto J. Weitlaner,* S.349-357, Mexcio: UNAM.

MIYANISHI, TERUO
1992 »Un estudio de la esquizofrenia en un pueblo de los mazatecos en Mexico« in: TERUO MIYANISHI (Hg.), *Memoria de Primer Simposium Internacional de Medicina Maya - The Ancient Maya and Hallucinogens,* S.139-152, Wakayama, Japan: Wakayama University.

MÜLLER-EBELING, CLAUDIA & CHRISTIAN RÄTSCH
1986 *Isoldens Liebestrank.* München: Kindler.

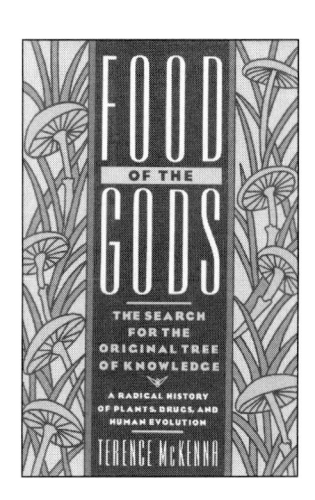

1987 »Kreisrituale« *Sphinx* Magazin 6/86: 42-47.

MUNN, HENRY
1973 »The Mushrooms of Language« in: M. HARNER, *Hallucinogens and Shamanism*, S.86-122, London usw.: Oxford University Press.

N

NADLER, KURT H.
1991 *Drogen: Rauschgift und Medizin.* München: Quintessenz.

O

OHENOJA, E. et al.
1987 »The Occurence of Psilocybin and Psilocin in Finnish Fungi« *Journal of Natural Products* 50: 741-744.

OLA'H, G. M.
1970 »Le Genre Panaeolus« *Rev.Mycol., Mem. Hoers-Serie* 10: 1-273.

ORTIZ DE MONTELLANO, BERNARD R.
1981 »Entheogens: The Interaction of Biology and Culture« *Reviews of Anthropology* 8(4): 339-365.
1990 *Aztec Medicine, Health, and Nutrition.* New Brunswick and London: Rutgers University Press.

OSS, O.T. & O.N. OERIC [= TERENCE MCKENNA & DENNIS MCKENNA]
1981 *Psilocybin: Ein Handbuch für die Pilzzucht.* Linden: Volksverlag. [viele Auflagen und Schwarzdrucke]

OTT, JONATHAN
1975 »Notes on Recreational Use of Hallucinogenic Mushrooms« *Boletín de la Soc.iedad Mexicana de Micología* 9: 131-135.
1978a »Recreational Use of Hallucinogenic Mushrooms in the United States« in: B. H. RUMACK & E. SALZMAN (Hg.), *Mushroom Poisoning: Diagnosis and Treatment*, S. 231-243, West Palm Beach, FL: CRC Press.
1978b *Mr. Jonathan Ott's Rejoinder to Dr. Alexander H. Smith.* Cambridge, Mass.: Botanical Museum of Harvard University (Ethnomycological Studies No.6). [vgl. SMITH 1977; SINGER 1982 und WASSON 1982]
1979a *Hallucinogenic Plants of North America.* (Revised Edition) Berkeley: Wingbow Press.
1979b »To the Editors [*Journal of Natural Products*]«Vashon, WA: *unveröffentlichtes Manuskript.*
1985 *The Cacahuatl Eater: Ruminations of an Unabashed Chocolate Addict.* Vashon, WA: Natural Products Co.
1993 *Pharmacotheon.* Kennewick, WA: Natural Products Co.
1994 »La historia de la planta del 'soma' después de R. Gordon Wasson« in: J. M. FERICGLA (Hg.), *Plantas, Chamanismo y Estados de Consciencia*, S.117-150, Barcelona: Los Libros de la Liebre de Marzo.
1995a *Ayahuasca Analoge: Pangæische Entheogene.* Löhrbach: Werner Pieper's MedienXperimente (Edition Rauschkunde).
1995b »Ethnopharmacognosy and Human Pharmacology of *Salvia divinorum* and *Salvinorin A*« *Curare* 18(1):.

OTT, JONATHAN & JEREMY BIGWOOD (Hg.)
1978 *Teonanacatl: Hallucinogenic Mushrooms of North America.* Seattle: Madrona.

OTT, JONATHAN & GASTÓN GUZMAN
1976 »Detection of Psilocybin in Species of *Psilocybe, Panaeolus &Psathyrella*« *Lloydia* 39: 258-260.

OTT, JONATHAN & R. GORDON WASSON
1983 »Carved 'Disembodied Eyes'

of Teotihuacan« *Botanical Museum Leaflets* 29(4): 387-400.

P

PAGANI, SILVIO [Pseudonym eines bekannten Pilzforschers]
1993 *Funghetti*. Torino: Nautilus.
PAHNKE, WALTER N.
1972 »Drogen und Mystik« in: JOSUTTIS & LEUNER: 54-76.
PASSIE, TORSTEN
1995 »Psilocybin in der westlichen Psychotherapie« *Curare* 18(1).
PEREZ DE BARRADAS, JOSÉ
1957 *Plantas magicas americanas*. Madrid: Inst. 'Bernardino de Sahagún'.
PIKE, EUNICE VICTORIA
1949 »Texts on Mazatec Food Witchcraft« *El México Antiguo* 7: 287-294.
PINKSON, TOM
1992 »Reinigung, Tod und Wiedergeburt: Der klinische Gebrauch von Entheogenen in einem schamanischen Kontext« in: C. RÄTSCH (Hrsg.), *Das Tor zu inneren Räumen*, S.141-166, Südergellersen: Verlag Bruno Martin.
POLLOCK, STEVEN HAYDEN
1974 »A Novel Experience with *Panaeolus*« *Journal of Psychedelic Drugs* 6(1): 85-89.
1975a »The Psilocybin Mushroom Pandemic« *Journal of Psychedelic Drugs* 7(1): 73-84.
1975b »The Alaskan Amanita Quest« *Journal of Psychedelic Drugs* 7(4): 397-399.
1976 »Psilocybian Mycetismus with Special Reference to *Panaeolus*« *Journal of Psychedelic Drugs* 8(1): 43-57.
1977 *Magic Mushroom Cultivation*. San Antonio: Herbal Medicine Research Foundation.
PUHARICH, ANDRIJA
1959 *The Sacred Mushroom: Key to the Door of Eternity*. Garden City, New York: Doubleday & Co. (Paperback issue 1974).

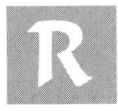

R

RÄTSCH, CHRISTIAN
1986a »Heilige Bäume und halluzinogene Pflanzen« in ders. (Hg.), *Chactun - Die Götter der Maya*, 213-236, Köln: Diederichs.
1986b »Alchemie im Regenwald« *Salix* 2(2): 44-64.
1987 »Mexikanische Propheten - Träume und Visionen« *Grenzgebiete der Wissenschaft* 36(2): 116-134.
1988 *Lexikon der Zauberpflanzen aus ethnologischer Sicht*. Graz: ADEVA.
1989 »Die Pflanzen der Götter auf der Erde« *Imagination* 4(1): 18-20, Graz: ADEVA.
1991a *Indianische Heilkräuter* (2., verb. Aufl.) München: Diederichs.
1991b *Von den Wurzeln der Kultur*. Basel: Sphinx.
1991c »Bridges to the Gods« *Annali dei Musei civici – Rovereto* 6 (1990): 127-138).
1992a »Setting – Der Ort der psychedelischen Erfahrung im ethnographischen Kontext« *Jahrbuch des Europäischen Collegiums für Bewußtseinsstudien* 1992: 123-132, Berlin: VWB.
1992b »Die heiligen Pflanzen unserer Ahnen« in ders. (Hg.), *Das Tor zu inneren Räumen*, Südergellersen: Verlag Bruno Martin, S.95-103.
1992c *The Dictionary of Sacred and Magical Plants*. Santa Barbara: ABC-Clio.
1993a »Zur Ethnologie veränderter Bewußtseinszustände« in: ADOLF DITTRICH, ALBERT HOFMANN & HANSCARL LEUNER

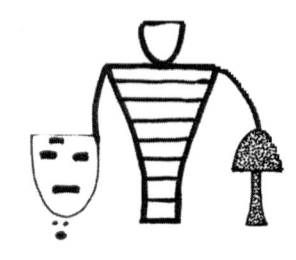

Petroglyph aus dem Südwesten Nordamerikas; vermutlich handelt es sich um die Darstellung eines Schamanen mit Maske und (entheogenem) Pilz (vgl. RÄTSCH 1994g)

(Hg.)., *Welten des Bewußtseins*, Bd.1: 21-45, Berlin: VWB.
1993b »Halluzinogene Pilze und unsere Ahnen« in: RONALD RIPPCHEN (Hg.), *Zauberpilze*, Löhrbach, Werner Pieper's MedienXperimente, [1993], Der Grüne Zweig 155, S.21-24.
1994a »Schamanismus versus halluzinogenunterstützte Psychotherapie« in: RALPH COSACK (Hg.), *Das Wendepunktbuch* 1, S.15-42, Hamburg: Wendepunkt
1994b »Ötzis Pilze in Literaturzitaten« *Jahrbuch für Ethnomedizin und Bewußtseinsforschung* 2(1993): 157-162, Berlin: VWB.
1994c »The Mead of Inspiration and the Magical Plants of the Germans« in: RALPH METZNER, *The Well of Remembrance*. (in press).
1994d »Der Met der Begeisterung und die Zauberpflanzen der Germanen« in RALPH METZNER, *Der Brunnen der Erinnerung*, Braunschweig: Aurum, S.231-249.
1994e »Die LSD-Kultur: Eine kulturanthropologische Skizze« *Jahrbuch des Europäischen Collegiums für Bewußtseinsstudien* 1993/1994: 37-72, Berlin: VWB.
1994f »Die Pflanzen der blühenden Träume: Trancedrogen mexikanischer Schamanen« *Curare* 17(2): 277-314.
1994g »Pilze und Petroglyphen im Südwesten der USA« *Jahrbuch für Ethnomedizin und Bewußtseinsforschung* 3(1994): 199-206, Berlin: VWB.
1995a *Heilkräuter der Antike in Ägypten, Griechenland und Rom*. München: Diederichs.
1995b »Enteogene droge v modernih ritualih« *Mrza Drog* 3(2): 73-93. [Auf Slowenisch]
1995c »Der Rausch der Götter« *Natürlich* 15(9): 22-25.
1995d *Pflanzen der Venus: Aphrodisiaka und Liebestränke*. Hamburg: Ellert & Richter.
RANKE-GRAVES, ROBERT
[vide GRAVES]
1985 *Die Weiße Göttin*. Reinbek: Rowohlt. [angeblich soll dieses Buch durch einen Pilztrip entstanden sein]
RAVICZ, ROBERT
1961 »La mixteca en el estudio comparativo del hongo alucinante« *Anales del Instituto Nacional de Antropología e Historia* 13(1960): 73-92.
REKO, BLAS PABLO
1940 »Teonanacatl, the Narcotic Mushroom« *American Anthropologist* N.S. 42: 368-369.
REKO, VICTOR A.
1938 *Magische Gifte: Rausch- und Betäubungsmittel der neuen Welt* (2. überarb. Aufl.). Stuttgart: Enke (Reprint Berlin: EXpress Edition 1987; VWB 1995).
REMANN, MICKY
1989 *SolarPerplexus: Achterbahn für die Neunziger*. Basel: Sphinx.
REPKE, DAVID B., DALE THOMAS LESLIE & GASTÓN GUZMAN
1977 »Baeocystin in *Psilocybe*, *Conocybe* and *Panaeolus*« *Lloydia* 40(6): 566-578.
REYES G., LUIS
1970 »Una relación sobre los hongos alucinantes« *Tlalocán* 6(2): 140-145.
RIEDLINGER, THOMAS J. (Hg.)
1990 *The Sacred Mushroom Seeker: Essays for E. Gordon Wasson*. Portland, Oregon: Dioscorides Press.
RIEDLINGER, THOMAS & TIMOTHY LEARY
1994 »Strong Medicine for Prisoner Reform: The Concord Prison Experiment« *Maps* 4(4): 22-25.
RIPINSKY-NAXON, MICHAEL
1993 *The Nature of Shamanism: Substance and Function of a*

Religious Metaphor. Albany: State University of New York Press.
1995 »Psychoactivity and Shamanic States of Consciousness« *Jahrbuch für Ethnomedizin und Bewußtseinsforschung* 4 (im Druck).

RIPPCHEN, RONALD (Hg.)
[1993] *Zauberpilze*, Löhrbach: Werner Pieper's MedienXperimente & Solothurn: Nachtschatten Verlag (Joint Venture; Der Grüne Zweig 155).

RIVIER, L.[AURANT]
1984 »Ethnopharmacology of LSD and Related Compounds« in: A. PLETSCHER & D. LADEWIG (Hg.), *50 Years of LSD: Current Status and Perspectives of Hallucinogens*, S. 43-55, New York, London: The Parthenon Publishing Group.

RIVIER, L.[AURANT] & P. E. PILET
1971 »Composés hallucinogènes indoliques naturels« *Année Biol.* 3: 129-149.

ROBBERS, J. E., V. E. TYLER & G. M. OLA'H
1969 »Additional Evidence Supporting the Occurence of Psilocybin in *Panaeolus foenisecii*« *Lloydia* 32(3): 399-400.

ROBICSEK, FRANCIS
1978 *The Smoking Gods: Tobacco in Maya Art, History, and Religion*. Norman: University of Oklahoma Press.

ROLDAN, DOLORES
1975 *Teonanácatl (Carnita Divina): Cuentos antropológicos*. México, D.F.: Editorial Orion.

ROPP, ROBERT DE
1964 *Bewußtsein und Rausch: Drogen und ihre Wirkung*. München: Rütten + Loening Verlag. *[Orig. Drugs and the Mind]*
1983 *Das Meisterspiel*. München: Knaur.

ROSE, R. M.
1977 *Mushroom Stones of Mesoamerica*. Harvard University, Cambridge, Mass.: *unpublished* Ph.D. Thesis.

ROSENBOHM, ALEXANDRA
1991a *Halluzinogene Drogen im Schamanismus*. Berlin: Reimer.
1991b »Der Fliegenpilz in Nordasien« in: WOLLFGANG BAUER et al. (Hg.), *Der Fliegenpilz: Ein kulturhistorisches Museum*, S.121-164, Köln: Wienand-Verlag.

ROTH, LUTZ, MAX DAUNDERER & KURT KORMANN
1984 *Giftpflanzen - Pflanzengifte*. München: Ecomed.

ROTH, LUTZ, HANS FRANK & KURT KORMANN
1990 *Giftpilze - Pilzgifte, Schimmelpilze - Mykotoxine*. München: ecomed.

RUBEL, ARTHUR & JEAN GETTELFINDER-KREJCI
1976 »The Use of Hallucinogenic Mushrooms for Diagnostic Purposes Among Some Highland Chinantects« *Economic Botany* 30: 235-248.

RUCK, CARL A. P.
1981 »Mushrooms and Philosophers« *Journal of Ethnopharmacology* 4: 179-205.
1982 »The Wild and the Cultivated: Wine in Euripides' *Bacchae*« *Journal of Ethnopharmacology* 5: 231-270.
1983 »The Offerings from the Hyperboreans« *Journal of Ethnopharmacology* 8: 177-207.

RUCK, CARL A. P. et al.
1979 »Entheogens« *Journal of Psychedelic Drugs* 11(1-2): 145-146.

RUDGLEY, RICHARD
1993 *The Alchemy of Culture: Intoxicants in Society*. London: British Museum Press.

RUMACK, BARRY H. & EMANUEL SALZMAN (Hg.)
1978 *Mushroom Poisoning:*

Diagnosis and Treatment. West Palm Beach, FL: CRC Press.
SAHAGUN, FRAY BERNARDINO DE [vide SELER 1927]
  1963 *Florentine Codex, Book 11: On Earthly Things.* The University of Utah. Übersetzt von CHARLES E. DIBBLE und ARTHUR J. O. ANDERSON.
  1989 *Aus der Welt der Azteken.* Frankfurt/M.: Insel [Auswahl].

S

SAMORINI, GIORGIO
  1989 »Etnomicologia nell'arte rupestre sahariana (Periodo delle 'Teste Rotonde')« *B. C. Notizie* 6(2): 18-22.
  1990 »Sullo stato attuale della conoscenza dei Basidiomiceti psicotropi Italiani« *Annali dei Musei civici -* Rovereto 5(1989): 167-184.
  1990 »Sciamanismo, funghi psicotropi e stati alterati di coscienza: Un rapporto da chiarire« *Boll. Camuno Studi Preistorici* 25/26: 147-150.
  1992 »The Oldest Representations of Hallucinogenic Mushrooms in the World (Sahara Desert, 9000-7000 b.p.)« *Integration* 2&3: 69-78.
  1993 »Funghi allucinogeni italiani« in: *Atti del 2° Convegno Nazionale sugli Avvelenamenti da Funghi, Ann. Mus. Civ. Rovereto, Suppl.* vol.N.8 (1992): 125-149. [Sehr gute Bibliographie!]
  1995 »Traditional Use of Psychoactive Mushrooms in Ivory Coast?« *Eleusis* 1: 22-27.
SAMORINI, GIORGIO & GILBERTO CAMILLA
  1995 »Rappresentazioni fungine nell'arte greca« *Annali dei Musei Civici di Rovereto* (im Druck).

SAMORINI, GIORGIO & FRANCESCO FESTI
  1989 »Le micotossicosi psicotrope volontarie in Europa: Osservazioni sui casi clinici« *Annali dei Musei civici - Rovereto* 4(1988): 251-257.
SANDFORD, JEREMY
  1973 *In Search of the Magic Mushroom: A Journey through Mexico.* New York: Potter.
SANFORD, JAMES H.
  1972 »Japan's 'Laughing Mushrooms'« *Economic Botany* 26: 174-181.
SAUPE, STEPHEN G.
  1981 »Occurence of Psilocybin/Psilocin in *Pluteus salicinus* (Pluteaceae)« *Mycologia* 73(4): 781-784.
SCHEFFLER, LILIAN
  1983 *Magía y brujería en México.* México, D.F.: Panorama Editorial.
SCHLEIFFER, HEDWIG (Hg.)
  1973 *Narcotic Plants of the New World Indians: An Anthology of Texts from the 16th Century to Date.* New York: Hafner Press (Macmillan).
SCHMIDBAUER, WOLFGANG
  1984 »Psilocybin« in: WOLFGANG SCHMIDBAUER & JÜRGEN VOM SCHEIDT, *Handbuch der Rauschdrogen,* S.344, Frankfurt/M.: Fischer.
SCHULDES, BERT MARCO
  [1993] *Psychoaktive Pflanzen.* Löhrbach: MedienXperimente und Solothurn: Nachtschatten Verlag/Edition Rauschkunde (Der Grüne Zweig 164). [Erweiterte Neuausgabe 1995]
SCHULTES, RICHARD EVANS
  1937 »Peyote *(Lophophora williamsii)* and Plants Confused with it« *Botanical Museum Leaflets* 5(5): 61-88.
  1939 »Plantae mexicanae II: The Identification of Teonanacatl,

A Narcotic Basidiomycete of the Aztecs« *Botanical Musuem Leaflets* 7(3): 37-54.
1940 »Teonanacatl: The Narcotic Mushroom of the Aztecs« *American Anthropol.* N.S. 42: 429-443.
1960 »Tapping Our Heritage of Ethnobotanical Lore« *Economic Botany* 14(4): 257-262.
1963 »Hallucinogenic Plants of the New World« *The Harvard Review* 1(4): 18-32.
1966 »The Search for New Natural Hallucinogens« *Lloydia* 29(4): 293-308.
1976 *Hallucinogenic Plants*. Racine, Wisconsin: Western.
1977 »Mexico and Columbia: Two Major Centres of Aboriginal Use of Hallucinogens« *Journal of Psychedelic Drugs* 9(2): 173-176.
1978 »Evolution of the Identification of the Sacred Hallucinogenic Mushrooms of Mexico« in: J. OTT & J. BIGWOOD (Hg.), *Teonanácatl: Hallucinogenic Mushrooms of North America*, S.25- 43, Seattle: Madrona.
1979 »Hallucinogenic Plants: Their Earliest Botanical Descriptions« *Journal of Psychedelic Drugs* 11(1-2): 13-24.
1990 »Foreword« *The Albert Hofmann Foundation Bulletin* 1(4): 1, 3-4,7. [Über GORDON WASSON und die Pilze]
1995 »Antiquity of the Use of New World Hallucinogens« *Integration* 5: 9-18.
SCHULTES, RICHARD EVANS & ALEC BRIGHT
1979 »Ancient Gold Pectorals from Colombia: Mushroom Effigies?« *Botanical Musuem Leaflets* 27(5-6): 113-141.
SCHULTES, RICHARD E. & ALBERT HOFMANN
1980 *The Botany and Chemistry of Hallucinogens*. (Second Edition). Springfield, Illinois: Charles C. Thomas.
1980 *Pflanzen der Götter*. Bern: Hallwag. [Neueste Ausgabe Aarau: AT Verlag 1995]
SCHURZ, JOSEF
1969 *Vom Bilsenkraut zum LSD: Giftsuchten und Suchtgifte*. Stuttgart: Kosmos Bibliothek.
SCHWAIGER, SASKIA
1994 »Schwammerlrausch« *Profil* Nr.42, 17.10.94: 88-89.
SCHWESTER KRÖTENSTUHL
1992 »Eine Reise im Herbst« *Integration* 2&3: 129-130
SELER, EDUARD
1927 *Einige ausgewählte Kapitel aus dem Geschichtswerke des Fray Bernardino de Sahagun*. Stuttgart: Strecker und Schröder.
SELVIN, JOEL
1994 *Summer of Love*. London: Dutton/Penguin.
SEMERDZIEVA, MARTA & F. NERUD
1973 »Halluzinogene Pilze in der Tschechoslowakei« *Ceska Mykologie* 27: 42-47.
SEMERDZIEVA, MARTA & M. WURST
1986 »Psychotrope Inhaltsstoffe zweier Psilocybearten (Kahlköpfe) aus der CSSR« *Mykol. Mitt. Blt.*, Halle 29: 65-70.
SEMERDZIEVA, MARTA & M. WURST, T. KOZA & JOCHEN GARTZ
1986 »Psilocybin in Fruchtkörpern von *Inocybe aeruginascens*« *Planta Medica* 47: 83-85.
SEPULVEDA, MARIA TERESA
1983 *Magia, brujería y supersticiones en México*. México, D.F.: Editorial Everest Mexicana.
SHEA, ROBERT
1991 *Der weiße Schamane*. München: Goldmann (5. Aufl., 1993).
SHEPHERD, C. J. & C. J. TOTTERDELL
1988 *Mushrooms and Toadstools of Australia*. Melbourne, Sydney: Inkata Press.

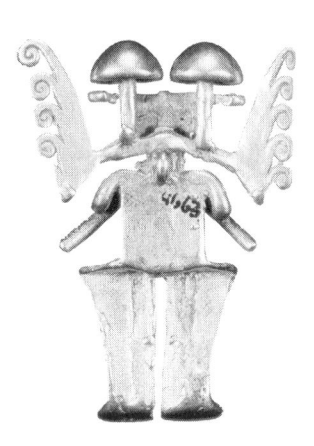

Gold Pectoral der Tairona. Der anthropomorphen Figur wachsen zwei Pilze aus dem Kopf (vgl. SCHULTES & BRIGHT 1979)

ROBERT SHEA, der der einst mit ROBERT ANTON WILSON die psychedelische Trilogie *Illuminatus!* geschrieben hat, beginnt seinen Roman über einen Schamanen mit einem Pilztrip. Übrigens hat NOAH GORDON seinen Bestseller *Der Schamane* von SHEAS Buch abgeschrieben.

SHULGIN, ALEXANDER T.
1980 »Psilocybin« *Journal of Psychedelic Drugs* 12(1): 79.

SIEGEL, RONALD K.
1981 »Castanedas Privatapotheke« in: *Rausch und Realität*, Bd. 2: 716-723, Köln: Rautenstrauch-Joest Museum.
1995 *Rauschdrogen: Sehnsucht nach dem Künstlichen Paradies*. Frankfurt/M.: Eichborn.

SINGER, ROLF
1958 »Mycological Investigation on Teonanácatl, the Mexican Hallucinogenic Mushroom. Part I. The History of Teonanácatl, Field Work and Culture Work« *Mycologia* 50: 239-261.
1978 »Interesting and New Species of Basidiomycetes from Ecuador II« *Nova Hedwigia* 29: 1-98.

SINGER, ROLF & ALEXANDER H. SMITH
1958a »New Species of Psilocybe« *Mycologia* 50: 141-142.
1958b »Mycological Investigation on Teonanácatl, the Mexican Hallucinogenic Mushroom. Part II. A Taxonomic Monograph of *Psilocybe*, Section *Caerulescentes*« *Mycologia* 50: 262-303.
1960 »Hongos psicotrópicos« *Lilloa* 30: 124-126.
1982 *A Correction*. Cambridge, Mass.: Botanical Museum of Harvard University (Ethnomycological Studies No.8). [vgl. OTT 1978b, SMITH 1977 und WASSON 1982]

SMITH, ALEXANDER H.
1977 »Comments on Hallucinogenic Agarics and the Hallucinations of Those Who Study Them« *Mycologia* 69: 1196-1200.

SNYDER, SOLOMON H.
1988 *Chemie der Psyche: Drogenwirkungen im Gehirn*. Heidelberg: Spektrum.

STAFFORD, PETER
1980 *Psilocybin und andere Pilze*. Markt Erlbach: Raymon Martin Verlag.
1992 *Psychedelics Encyclopedia* (Third Expanded Edition). Berkeley: Ronin.

STAMETS, PAUL
1978 *Psilocybe Mushrooms & Their Allies*. Seattle: Homestead.
1993 *Growing Gourmet & Medicinal Mushrooms*. Berkeley: Speed Press.
1996 *The Field Guide to Psilocybin Mushrooms of the World*. (im Druck).
1996 *Gardening with Gourmet & Medicinal Mushrooms: The Zen and Art of Mycological Landscaping*. (im Druck).

STAMETS, PAUL & J. S. CHILTON
1983 *The Mushroom Cultivar*. Olympia, WA: Agarikon Press.

STEIN, SAM I.
1959 »Clinical Observations on the Effects of *Panaeolus venenosus* versus *Psilocybe caerulescens* Mushrooms« *Mycologia* 51: 49-50.

STEVENS, JULE & RICH GEE
1977 *How to Identify and Grow Psilocybin Mushrooms*. Seattle: Sun Magic Publishing (Revised Edition).

STIJVE, T.
1984 »*Psilocybe semilanceata* als hallucinogene paddestoll« *Coolia* 27: 36-43.

STIJVE, T. & T. W. KUYPER
1985 »Occurence of Psilocybin in Various Higher Fungi from Several European Countries« *Planta Medica* 5: 385-387.
1988 »Absence of Psilocybin in Species of Fungi Previously Reported to Contain Psilocybin and Related Tryptamin Derivatives« *Persoonia* 13: 463-465.

STORL, WOLF-DIETER
1993 *Von Heilkräutern und Pflanzengöttern*. Braunschweig: Aurum.

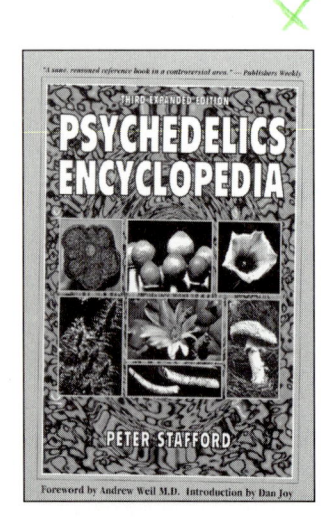

STRASSMAN, RICK
1992 »DMT and Psilocybin Research« *Maps* 3(4): 8-9.
1994 »Update on University of Mexico Studies« *Maps* 5(1): 32-33.
1995 »University of New Mexico DMT and Psilocybin Studies« *Maps* 5(3): 14-15.

T

THOMAS, KLAUS
1970 *Die künstlich gesteuerte Seele.* Stuttgart: Enke.
THOMPSON, JOHN P., M. DOUGLAS ANGLIN, WILLIAM EMBODEN & DENNIS GENE FISCHER
1985 »Mushroom Use by College Students« *Journal of Drug Education* 15(2): 111-124.
TIBÓN, GUTIERRE
1983 *La ciudad de los hongos alucinantes.* México, D.F.: Panorama.
TORRES, MIGUEL F.
1992 »Alucinogenos rituales de los mayas« in: TERUO MIYANISHI (Hg.), *Memoria de Primer Simposium Internacional de Medicina Maya -The Ancient Maya and Hallucinogens,* S.91-105, Wakayama, Japan: Wakayama University.
TROXLER, F., F. SEEMANN & ALBERT HOFMANN
1959 »Abwandlungsprodukte von Psilocybin und Psilocin« *Helvetica Chimica Acta* 42(No.226): 2073-2103.
TURNER, D. M.
1994 *The Essential Psychedelic Guide.* San Francisco: Panther Press.
TYLER, VARRO E.
1961 »Indole Derivatives in Certain North American Mushrooms« *Lloydia* 24: 71-74.
1979 »The Case for Victor A. Reko: An Unrecognized Pioneer Writer on New-world Hallucinogens« *Journal of Natural Products* 42(5): 489-495.

V

VENTURINI, MAURIZIO & CLAUDIO VANNINI
1995 *Zur Geschichte der Halluzinogenforschung: Schwerpunkt Schweiz (Teil I: 1938-1965).* Zürich: Lizentiatsarbeit an der Philosophischen Fakultät I der Universität Zürich (Privatdruck).
VILLOLDO, ALBERT & STANLEY KRIPPNER
1986 *Heilen und Schamanismus.* Basel: Sphinx.
VOLLENWEIDER, FRANZ X.
1992 »Der Einsatz von PET (Positronen-Emissions-Tomographie) zum Studium neuronaler Aktivität während veränderter Bewußtseinszustände« *Jahrbuch des Europäischen Collegiums für Bewußtseinsstudien* (ECBS) 1992: 33-52, Berlin: VWB.
1994 »Evidence for a Cortical-Subcortical Imbnalance of Sensory Information Processing During Altered States of Counsciousness Using Positron Emission Tomography and [^{18}F]fluorodeoxyglucose« in: A. PLETSCHER & D. LADEWIG (Hg.), *50 Years of LSD: Current Status and Perspectives of Hallucinogens,* S. 67-86, New York, London: The Parthenon Publishing Group.

W

WAGNER, HILDEBERT
1970II *Rauschgift-Drogen.* Berlin usw.: Springer.
WÄLTY, SAMUEL
1981 »Einfluß des Tourismus auf den Drogengebrauch in Kuta, Bali« in: *Rausch und Realität* Bd.2: 572-575, Köln: Rauten-

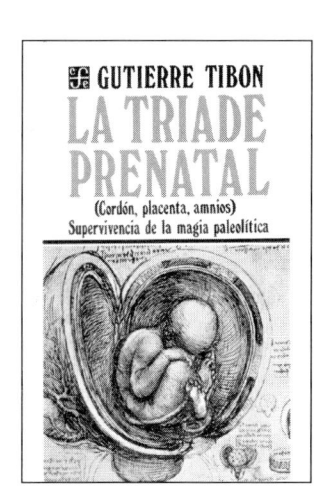

strauch-Joest Museum für Völkerkunde.

WALLNÖFER, HEINRICH
1991 *Die vergessene Heilkunst der Azteken: Geheimnisse der altmexikanischen Medizin.* Stuttgart: Edition Hannemann.

WALTERS, MAURICE B.
1965 »*Pholiota spectabilis*, a Hallucinogenic Fungus« *Mycologia* 57: 837-838.

WASSON, R. GORDON
1957 »Seeking the Magic Mushroom« *Life* (13 May 1957) 42(19): 100ff.
1961 »The Hallucinogenic Fungi of Mexico: An Inquiry into the Origins of the Religious Idea Among Primitive Peoples« *Botanical Mueseum Leaflets*, Harvard University 19(7): 137-162. [Reprinted 1965]
1963 »The Hallucinogenic Mushrooms of Mexico and Psilocybin: A Bibliography« *Botanical Museum Leaflets*, Harvard University 20(2a): 25-73c. [Second printing, with corrections and addenda]
1967 »Fly Agaric and Man« in: D.H. EFRON (Hg.), *Ethnopharma- cological Search for Psychoactive Drugs*, S. 405-414, Washington: U.S. Government Printing Office.
1968 *Soma: Divine Mushroom of Immortality.* New York: Harcourt Brace Jovanovich.
1971 »Ololiuqui and the Other Hallucinogens of Mexico« in: *Homenaje a Roberto J. Weitlaner*, 329-348, Méxcio, D.F.: UNAM.
1973a »Mushrooms in Japanese Culture« *Transactions of the Asiatic Society of Japan* 11: 5-25.
1973b »The Role of 'Flowers' in Nahuatl Culture: A Suggested Interpretation« *Botanical Museum Leaflets* 23(8): 305-324.
1974 »The Role of 'Flowers' in Nahuatl Culture« *Journal of Psychedelic Drugs* 6(3): 351-360. [Reprint from WASSON 1973b]
1978a »The Hallucinogenic Fungi of Mexico« in: J. OTT & J. BIGWOOD (Hg.), *Teonanacatl: Hallucinogenic Mushrooms of North America.* S.63-84, Seattle: Madrona.
1978b »Soma Brought Up-to-Date« *Botanical Museum Leaflets* 26(6): 211-223. [auch in: *Journal of the American Oriental Society* 99(1979)].
1979 »Traditional Use in North America of Amanita muscaria for Divinatory Purposes« *Journal of Psychedelic Drugs* 11 (1-2): 25-27.
1980 *The Wondrous Mushroom: Mycolatry in Mesoamerica.* New York: McGraw-Hill.
1982 *R. Gordon Wasson's Rejoinder to Dr. Rolf Singer.* Cambridge, Mass.: Botanical Museum of Harvard University (Ethnomycological Studies No.9).
1983a »The Last Meal of the Buddha« *Botanical Museum Leaflets* 29(3): 219-249.
1983b *El hongo maravilloso teonanácatl: Micolatría en Mesoámerica.* México, D.F.: Fondo de Cultura Económica.
1986a »Persephone's Quest« in: R.G. WASSON et al., *Persephone's Quest: Entheogens and the Origins of Religion*, S.17-81, New Haven and London: Yale University Press.

WASSON, R. GORDON, GEORGE AND FLORENCE COWAN, WILLARD RHODES
1974 *María Sabina and her Mazatec Mushroom Velada.* New York und London: Harcourt Brace Jovanovich.

WASSON, R. GORDON, ALBERT HOFMANN & CARL A. P. RUCK
1984 *Der Weg nach Eleusis: Das*

Geheimnis der Mysterien. Frankfurt/M.: Insel.

WASSON, R. GORDON, STELLA KRAMRISCH, JONATHAN OTT & CARL A. P. RUCK
1986 *Persephone's Quest: Entheogens and the Origins of Religion.* New Haven and London: Yale University Press.

WASSON, R. GORDON & VALENTINA P. WASSON
1957 *Mushrooms, Russia, and History.* New York: Pantheon Books.

WATSON, IAN
1983 *Das Babel-Syndrom.* München: Heyne. Ein ausgezeichneter Science Fiction-Roman in dem es um einen indianischen Pilzkult in Amazonien geht.

WEATHERFORD, JACK
1995 *Das Erbe der Indianer: Wie die Neue Welt Europa verändert hat.* München: Diederichs.

WEEKS, R. ARNOLD, ROLF SINGER & WILLIAM LEE HEARN
1979 »A New Psilocybian Species of Copelandia« *Journal of Natural Products* 42(5): 469-474.

WEIL, ANDREW
1975 »Mushroom Hunting in Oregon« *Journal of Psychedelic Drugs* 7(1): 89-102.
1977 »The Use of Psychoactive Mushrooms in the Pacific Northwest: An Ethnopharmacologic Report« *Botanical Museum Leaflets, Harvard University* 25(5): 131-149.
1980 *The Marriage of the Sun and Moon.* Boston: Houghton MIfflin Company.

WEITLANER, ROBERTO J.
1952 »Curaciones mazatecas« *Anales del Instituto de Antropología e Historia* 4: 279-285.

WEITLANER, ROBERTO J. & WALTER A. HOPPE
1969 »The Mazatec« in: EVON Z. VOGT (Hg.), *Handbook of Middle American Indians,* Volume VII: *Ethnology* (Part I), S. 516-522, Austin: University of Texas Press.

WEITLANER, ROBERTO J. & IRMGARD WEITLANER DE JOHNSON
1946 »The Mazatec Calendar« *American Antiquity* 11: 194-197.
1963 »Nuevas versiones sobre calendarios Mixes« *Revista Mexicana de Estudios Antropológicos* 19: 41-53.

WERNER, HELMUT
1993 *Die Magie der Zauberpflanzen, Edelsteine, Duftstoffe und Farben.* München: Droemer-Knaur.

WIESNER, CHRISTIAN
1964 »Aus der Geschichte der indianischen Zauberpflanzen« *Die Grünenthal Waage* 5(3): 197-200.

Y

YOKOYAMA, KAZUMASA
1973 »Poisoning by Hallucinogenic Mushroom, *Psilocybe subcaerulipes* Hongo« *Transactions of the Mycological Society of Japan* 14: 317-320.
1976 »A New Hallucinogenic Mushroom, *Psilocybe argentipes* K. YOKOYAMA sp. nov. from Japan« *Transactions of the Mycological Society of Japan* 17: 349-354.

YOUNG, R. E., R. MILROY, S. HUTCHISON & C. M. KESSON
1982 »The Rising Price of Mushrooms« *The Lancet* 8265(1): 213-215.

In diesem »bepilzten« Science Fiction-Roman greift der Autor auf Berichte von Jesuiten zurück, die im 17. und 18. Jahrhundert die inzwischen ausgerotteten Yurimagua-Indianer im peruanischen Amazonasgebiet missionieren wollten. Es heißt, diese Indianer hätten aus Pilzen, die an Bäumen wachsen, einen stark berauschenden Trank hergestellt. Vermutlich benutzten sie dazu die *Psilocybe yungensis*.

A JOINT VENTURE

NACHTSCHATTEN
CH-SOLOTHURN

MEDIENEXPERIMENTE
D-LÖRBACH

Ronald Rippchen Hrsg.

ZauberPilze
Der Grüne Zweig 155

Über 100 Abbildungen! Außerdem weiterführende Literaturangaben und Bezugsquellen.
240 Seiten, natürlich auf Hanfpapier.
ISBN 3-925817-55-7   30 DM/32 SFr/275 ÖS

Unser erstes Buch über halluzinogene Pilze von B. Vetterling wurde indiziert. Das zweite von H. v. Leistenfels ist inhaltlich nicht mehr haltbar. Also hat der *taz*-Kolumnist Ronald Rippchen ein Pilz-Buch für die 90er verfaßt.

Hier findet man alles über: Kulturgeschichte, Botanik, Chemie, Beschreibung der einzelnen Arten, Speisepilzkultivierung, Ernte, Dosierung, Einnahme, Erfahrungsberichte aus Forschung und Freizeit, mehr zum Pilz in Religion, Literatur, Film, Comix, UnRecht & im kollektiven Unbewußten.

Zu den AutorInnen gehören: Dr. Albert Hofmann, Christian Rätsch, Terence McKenna, Tim Leary, Jochen Gartz, Maria Sabina, Herrmann von Leistenfels, Lewis Carroll, Valentina Wasson, Ann Shulgin, Uschlä, Micky Remann, Werner Pieper, Rüdiger Böhm und Martin Haseneier. Dazu Illustrationen von Martin Haseneier und Kat Harrison, sowie ein großer Bilderteil diverser Zauberpilze.

"Bis in unsere Zeit hinein hat sich in manchen deutschsprachigen Gebieten die Redewendung erhalten: 'Der hat wohl Narrenschwämme gegessen.' Gemeint ist jemand, der seine Narrheit, Tollheit oder seinen Wahnsinn auslebt. Der Name ist eine volkstümliche Erinnerung daran, daß es Pilze (= Schwämme) gibt, die einen normalen Menschen in einen außergewöhnlichen Bewußtseinszustand versetzen. Einige unserer einheimischen Pilze, wie z.B. der Spitzkegelige Kahlkopf (Psilocybe semilanceata), enthalten dieselben Wirkstoffe wie die berühmten mexikanischen Zauberpilze. Diese können genauso wie jene farbenprächtige Visionen einer anderen, höheren oder wirklicheren Wirklichkeit vermitteln. Sie können Fragen beantworten, Lösungen liefern und das Leben des einzelnen mit Sinn erfüllen. Sie können aber auch die Abgründe der eigenen Seele in Form von Dämonen und Horrorgestalten offenbaren. Wer Angst vor sich selbst hat, wird durch die Pilze leicht närrisch. Wer weiterkommen will, der findet echte Verbündete." – *Jochen Gartz*

Ein Joint Venture von Nachtschatten Verlag, CH-4502 Solothurn, und Werner Pieper's MedienXperimente · D-69488 Löhrbach · Fax 06201 / 22585
Das kostenlose Gesamtverzeichnis gibt es gegen Einsendung von 2 DM Portoanteil.

MAGISCHE PFLANZEN

Richard E. Schultes / Albert Hofmann
Pflanzen der Götter
Die magischen Kräfte der Rausch- und Giftgewächse
Mit Pflanzenlexikon und Bildatlas

Der Genuss von halluzinogenen Pflanzen ist seit Jahrtausenden Teil des menschlichen Lebens. Ein Chemiker, der Schweizer Albert Hofmann, Entdecker des LSD, und ein Botaniker, Richard Schultes, Harvard, USA, geben hier in einer verständlichen Sprache und in vielen Illustrationen eine Übersicht über die komplexe Wissenschaft von den Rausch- und Giftgewächsen und ihren Wirkungen auf den Menschen.

Christian Rätsch
Pflanzen der Liebe
Aphrodisiaka in Mythos, Geschichte und Gegenwart
Mit Rezepten und praktischen Anleitungen

Seit Menschengedenken und bei allen Völkern der Welt werden Pflanzen als Aphrodisiaka zur Steigerung von Lust und Lebensfreude verwendet. Dieser Bildband gibt einen umfassenden Überblick über die wichtigsten aphrodisisch wirksamen Pflanzen und vermittelt ein detailliertes Wissen über die Botanik, Chemie, Pharmakologie und medizinische Aspekte der einzelnen Pflanzen.

Jeder Band mit vielen farbigen und schwarzweissen Abbildungen, gebunden mit Schutzumschlag,
Fr. 48.– / DM 48,– / öS 375,–

AT Verlag Aarau

Bahnhofstrasse 39 - 43, CH-5001 Aarau
Telefon 062 - 836 62 46

Fachbücher zum Thema Drogen

MDMA – DIE PSYCHOAKTIVE SUBSTANZ FÜR THERAPIE, RITUAL & REKREATION
Constanze Weigle & Ronald Rippchen (Hrsg.), Der Grüne Zweig 103

MDMA – auch Ecstasy oder Adam genannt – hinterlässt tiefe Eindrücke bei Usern und erzeugt Reaktionen bei den Gesetzgebern. Dieses Buch vereinigt alle bislang bekannten Fakten zur Chemie, historischen Entwicklung, Psychopharmakologie von MDMA, ergänzt durch Berichte über Einsatz in Therapie, Ritual und Freizeit.

ISBN 3–925817–03–4, 92 Seiten, 15DM, 17SFR, 135ÖS
A Joint Venture Grüner Zweig & Nachtschatten Verlag

INS HERZ DER DINGE LAUSCHEN – VOM ERWACHEN DER LIEBE
Samuel Widmer – Über MDMA und LSD: Die unerwünschte Psychotherapie

Die psycholytische Therapie eröffnet neue Perspektiven in der Psychotherapie. Samuel Widmer verfügt wohl über die europaweit reichste Erfahrung mit dem Einsatz bestimmter Drogen in der Psychotherapie.

ISBN 3–907080–03–3: 2.überarbeitete Auflage, 304 Seiten, gebunden, 59.50DM, 58SFR, 526ÖS

VOM URKULT ZUR KULTUR – DROGEN UND TECHNO
Hans Cousto

Umfassende Informationen zur Techno-Kultur für RaverInnen, PartyorganisatorInnen, Eltern, DrogenberaterInnen, Interessierte, GesetzgeberInnen und Polizei. Mit den vollständigen Texten des deutschen und schweizerischen Betäubungsmittelgesetztes.
    Hans Cousto, Musikwissenschaftler und Sachbuchautor (Die Kosmische Oktave), Mitbegründer «Eve & Rave» Berlin, Verein zur Förderung der Technokultur und Minderung der Drogenproblematik.

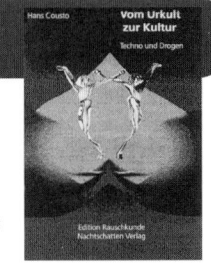

ISBN 3–907080–10–6, 352 Seiten, 39DM/SFR, 359ÖS

CHAOS & CYBERKULTUR
Timothy Leary

Die Drogen sind nicht mehr Timothy Learys Hauptbeschäftigung; an deren Stelle ist der Computer getreten. Learys Domäne sind heute die wilden Zukunftsdimensionen der virtuellen Realität, des «Cyberspace».
    Diese wohl wichtigste Arbeit Learys seit den sechziger Jahren enthält unter anderem auch Gespräche mit William Gibson, Winona Ryder, William S. Burroughs und David Byrne.

ISBN 3–907080–13–0, erscheint Sommer '96, ca. 300 Seiten, Grossformat, ca. 58DM/SFR, 534ÖS

Unseren Gesamtprospekt erhalten Sie, wenn Sie uns 2DM/SFR in Briefmarken senden.
Nachtschatten Verlag, Postfach 448, CH–4502 Solothurn

NACHT-SCHATTEN VERLAG